조선시대 공신 톺아보기

문학박사 조성린

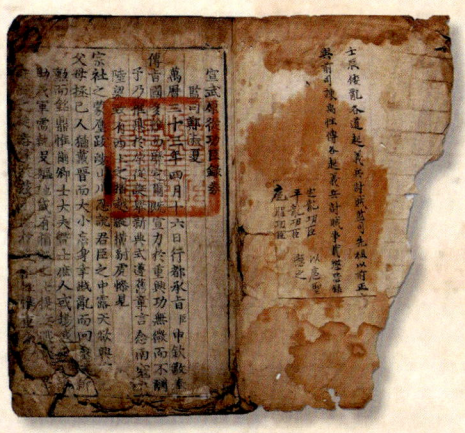
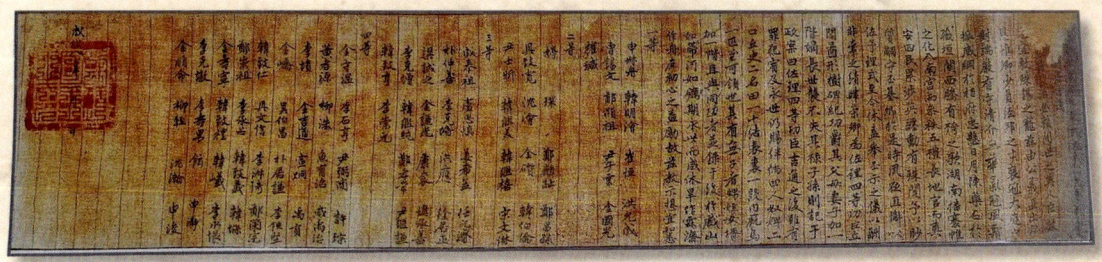

조은출판사

저자 조성린(趙成獜)

- 문학박사, 시인, 사회복지사(1급)
- 서울시청, 종로구청 생활복지국장, 기획재정국장 등(전)
- 종로문화원 전문위원, 조은출판사 대표(현)
- 저서
  - 시호받은 사람이 3,090명이나 된다고? • 신통방통고사통
  - 조선의 청백리 222 • 종묘에 배향된 공신들 등 18권

조선시대공신톺아보기

인쇄 2024년 10월 31일
발행 2024년 11월 11일

지은이 조성린   펴낸이 조성린   발행처 조은출판사
주소 고양특례시 일산서구 일현로 140. 115-1501
전화 010 5380 3831

ISBN 978-89-969248-6-9 03910   값 18,000원

** 이 책의 출판권은 지은이에게 있으며 이 책 내용을 무단으로 전재하거나 복제하는 것은 관련법에 저촉됩니다.
** 잘못된 책은 교환하여 드립니다.

조선시대공신톺아보기

책을 내면서

제가 약 3년여에 걸쳐 노력한 결과물인 또 한 권의 책을 많은분들에게 선보이게 되어 뿌듯한 기분 이루 형언할 수 없습니다.

2021년 출판한 <시호 받은 사람이 3,090명이나 된다고?>를 집필하기 위해 자료를 수집하러 다니다 보니 조선시대에 공신이 된 분들이 많이 있다는 것을 알았고 과연 조선시대에 공신이 된 분들은 어떤 분들이며 몇 분이나 되는지 궁금했습니다.

그래서 조선왕조실록, 승정원일기, 청선고, 전고대방 등을 조사해보니 자료마다 조금씩 다르고 그분들의 인적 사항이 제대로 나와 있는 책이 없었습니다. 자료를 정리하다 보니 우리가 잘 알지 못하던 분들이 의외로 많이 있었고 더구나 환관 등은 족보 등에서도 확인이 되지 않는 경우가 여러 명 있습니다.

공신 책정 내용을 보면 성종 즉위 후 시행한 좌리공신은 그야말로 아무런 사건 사고도 없이 그저 고위직에 있는 사람들끼리 잔치를 한 것이 아닌가 싶습니다. 적개공신, 선무공신, 진무공신, 분무공신은 실제 전투에 참여한 사람들이 대부분이므로 듣도 보도 못한 사람들 이름이 있기도 합니다.

좀 문제가 있다 싶은 것은 중종반정에 참여하여 공을 세운 정국공신은 인원도 가장 많은 117명이나 되지만 그중에는 문제의 소지가 되는 사람도 여럿 보입니다. 그래서 나중에 조광조 등이 삭훈을 요구하였다가 거꾸로 조광조 등이 변을 당하는 원인이 되기도 하였습니다.

임진왜란으로 의주로 몽진하는 선조를 보필한 사람들에게 내린 호성공신 중에는 환관이나 마부, 의관 등이 있어 좀 의아했는데 내용을 확인하다 보니 의주로 가는 도중 양반입네, 관리들이네 하는 사람들이 저 살기 바빠 움직일 때 환관 등은 열과 성을 다해 선조를 보필한 것을 보니 어느 정도 이해가 되었고 공신 책정할 때 신하들이 반대하자 선조는 관리들은 당시 무엇을 했냐고 오히려 역공하는 것을 보니 어느정도 이해가 되었습니다.

공신 중에는 인조반정에 참여한 이귀와 그 아들들, 중종반정 시 박원종과 그 집안사람들, 유효립의 반역 모의 사건을 고변한 허적과 그 집안사람들을 보면서 어찌 보면 목숨을 담보로 하는 때도 있으니 비밀 유지가 가능한 범위 내에서 사람을 모아야 하는 형편이므로 집안사람들 여럿이 참여하였다고도 보입니다.

공신 664명을 본관별로 나누어보면 전주이씨가 가장 많은 50명이고 청주한씨 26명, 안동권씨 17명, 남양홍씨 16명, 파평윤씨 16명, 안동김씨 13명, 경주이씨 12명, 문화유씨 12명, 광주이씨 11명, 한산이씨 11명, 연안 이씨 10명 순입니다. 또 출신별로 보면 문과 출신이 230명, 무과 출신이 142명이며 나머지는 음직, 왕족, 환관 등입니다.

이제 제 개인적으로는 9번째 저서이고 종로문화원 향토사료집 집필을 맡아 1년에 1권씩 9권을 발간했고 올해에도 또 1권을 집필 중이며 앞으로도 몇 권 더 발간할 예정입니다.

금년 5월은 우리 부부가 결혼한 지 50주년이 됩니다. 그동안 우리 아이들을 키워주신 장모님에게 감사드리고 50년을 같이 살아온 아내에게 감사하고 자랑스러운 우리 3명의 딸과 사위, 그리고 학교를 열심히 다니고 있는 4명의 손주에게 늘 좋은 일만 가득하기를 바랍니다.

2024년 10월 일
저자 조성린 드림

공신녹권

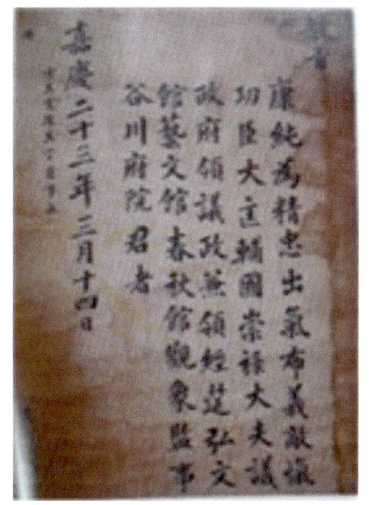

강순 공신녹권

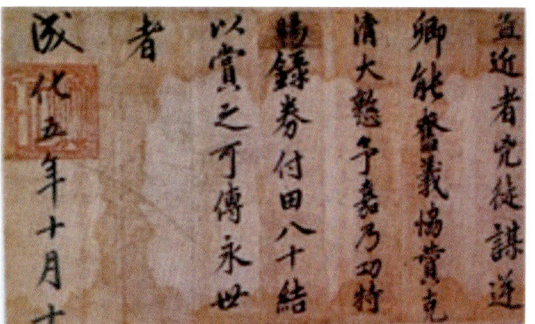

강희맹 공신녹권

경종지 공신녹권

김교 공신녹권

공신녹권, 공신회맹문

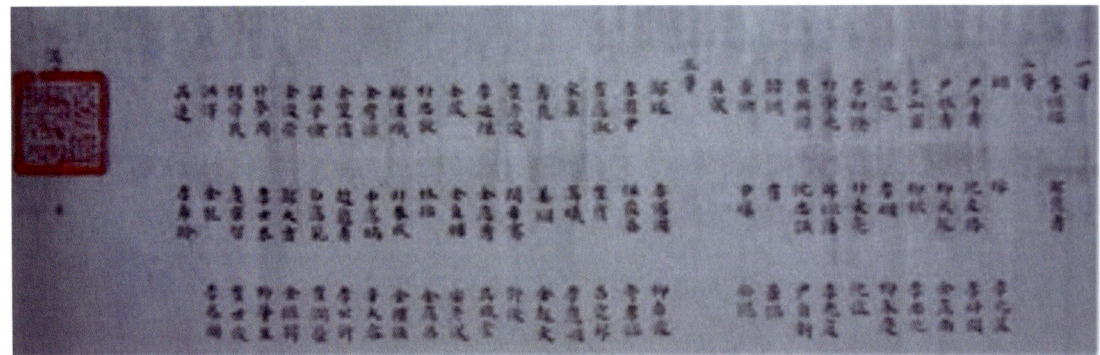

김응남 공신녹권

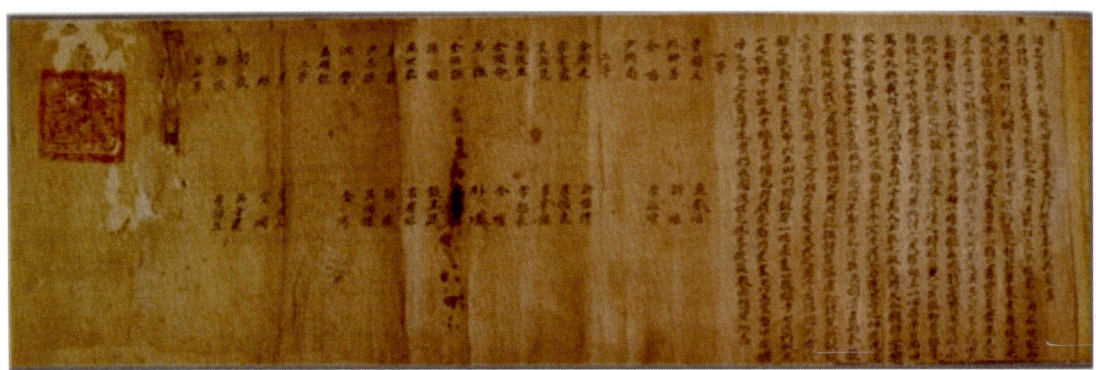

우공 공신녹권

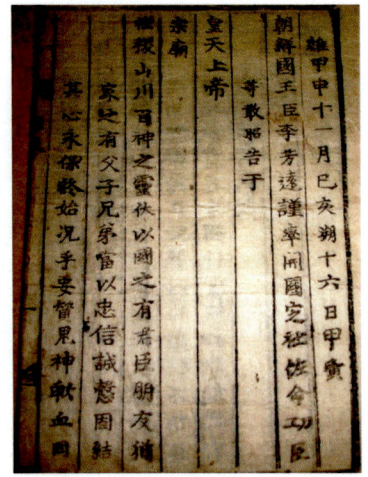

공신회맹문

초상화

권 협

김석주

마천목

박문수

설계조

신경영

초상화

양성지

오자치

유백증

유순정

유 창

윤두수

이거이

이 귀

이산해

이순신

이원익

이천우

초상화

이항복

이후원

장 만

정도전

정충신

조문명

조영무

차운혁

최산휘

한계미

허 준

황 진

묘

고언백 묘

김명원 묘

김새신 묘

박강 묘

심회 묘

원유남 묘

이숙번 묘

이윤남 묘

이응순 묘

정희계 묘

조익정 묘

홍진문 묘

글씨

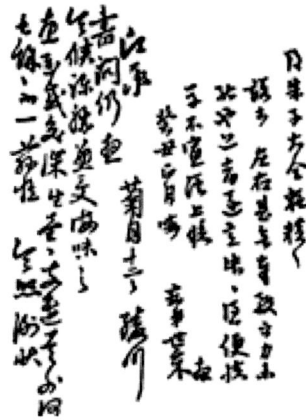
구인후 글씨

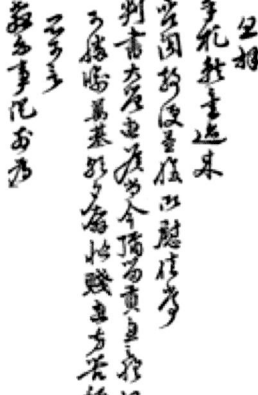
김만기 글씨

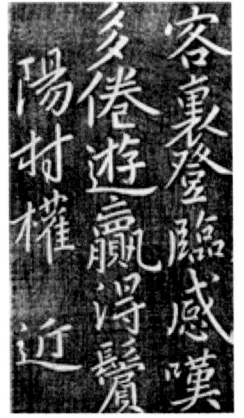
권근 글씨

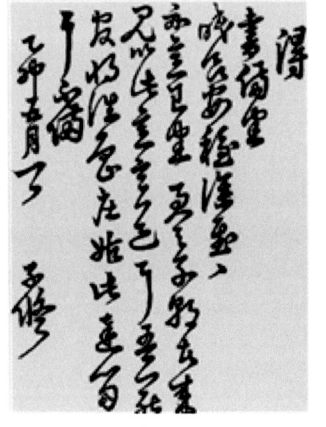
성석린 글씨

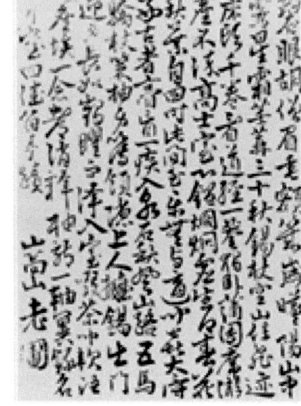
유순 글씨

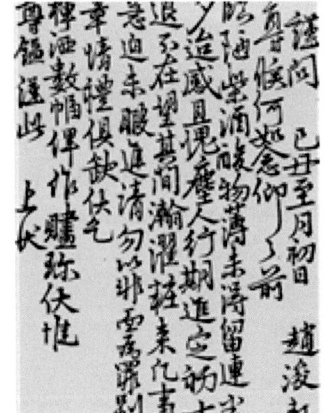
조준 글씨

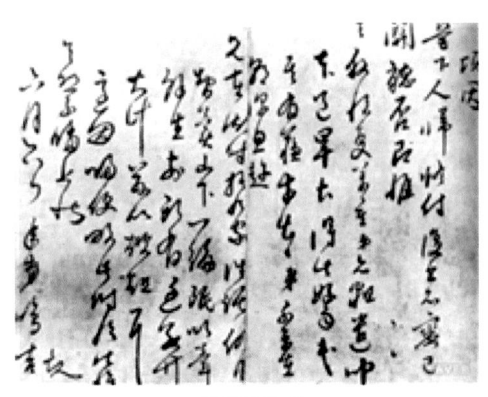
최명길 글씨

사당·부조묘, 신도비각

김길통 부조묘

김시민 사당

김양보 사당

박원종 사당

정미수 사당

지계최 신도비각

교지, 기타

권율 도원수집터

정철선생 나신곳

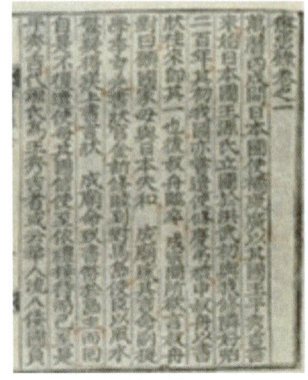
유성룡-징비록

김양언 국조인물고

허계 증직교지

하륜-하조대

한명회-압구정

일 러 두 기

1. 공신 명단은 정사(正史)인 『조선왕조실록』에 공신으로 책정된 것을 위주로 하였으므로 비문(碑文)이나 문집 등과 다른 경우도 있습니다.
2. 개인별로 문제가 있어 삭훈 된 경우는 이 자료집에 포함했지만 공신 칭호 자체가 삭훈된 공신은 이책 뒷부분에 명단 등을 간단히 첨부하였습니다.
3. 공적 내용은 참고문헌에 있는 여러 자료를 참고하여 기술한 것이므로 기존의 자료와 다르게 표현된 것도 있습니다.
4. 벼슬 이름은 조선 초기에는 고려 시대 것을 그대로 사용하다가 차차 변경 되었으므로 같은 의미이지만 용어가 다른 경우가 많이 있습니다.
5. 같은 벼슬 이름도 부르는 방법이 여러 가지이므로 같은 벼슬을 다르게 표현된 예도 있습니다. 예를 들면 관찰사, 감사 등입니다.
6. 사망 후 추증받았다는 벼슬은 『조선왕조실록』이나 『승정원일기』에서 확인이 되지 않는 경우가 많고 족보 등에서 확인된다는 점을 생각하시기 바랍니다.
7. 시호 받은 분은 최대한 표시하였고 청백리나 배향공신도 표시하였습니다. 간혹 시호를 받았다고 족보에 있는 예도 있는데 근거를 확인하여 최대한 근거를 표시하였고 확인이 되지 않는 경우는 확인 불명이라고 표시 하였 습니다.
8. 1명의 공신이 여러 족보에 실려있는 경우가 여러 명인데 최대한 진짜 공신이 누구인지 규명하려고 노력했으나 도저히 판별할 수 없는 경우도 있습니다.
9. 아버지가 여러 번 결혼하여 실제 어머니가 누구인지 판단하기 어려운 경우 첫 번째 부인을 어머니로 하였고 서얼(庶孼)의 경우 어머니의 인적 사항이 거의 기록되어 있지 않아 불명이라고 한 경우가 많습니다.

조선시대공신톺아보기

차 례

1. 친공신, 원종공신, 배향공신 / 21

2. 공신 책록 현황 / 26

3. 성씨별, 본관별 공신 / 52

4. 공신열전 / 55

5. 공신책정 자체가 삭제된 공신 / 407

친공신, 원종공신, 배향공신

공신(功臣) 종류에는 친공신, 원종공신, 배향공신이 있는데 이들은 성격이 조금씩 다르다.

친공신(親功臣)

보통 공신이라고 하면 친공신을 말하며 조선시대에 친공신으로 책정한 내역은 아래와 같다. 개국공신, 적개공신, 선무공신 등 나라를 세우거나 나라에 큰일이 있을 때 공을 세운 사람들을 대체로 3~4등급으로 나누어 공신 칭호와 공신임을 증명하는 녹권(錄券)을 주고 노비, 토지를 하사하고 본인, 부모 등의 벼슬을 올려주며 자식 등에게도 많은 혜택을 주었다.

공신 호칭	연대	공 적 내 용	1등	2등	3등	4등
개국(開國)	태조 원년	조선 개국	19	13	22	
정사(定社)	정종 원년	제1차 왕자의 난 평정	12	17		
좌명(佐命)	태종 원년	제2차 왕자의 난 평정	9	3	12	24
정난(靖難)	단종 1년	수양대군이 김종서 등을 제거하고 정권 장악	11	11	20	
좌익(佐翼)	세조 원년	수양대군이 왕으로 즉위, 단종이 상왕이 됨.	7	12	26	
적개(敵愾)	세조 13년	이시애 난 평정	10	24	12	
익대(翊戴)	예종 원년	남이, 강순 등의 역적모의 처리	5	10	24	
좌리(佐理)	성종 2년	성종 즉위 및 보좌	9	12	18	36
정국(靖國)	중종 원년	연산군을 폐하고 중종 즉위	8	13	31	65
정난(定難)	중종 2년	이과 등의 역적모의 처리	1			
광국(光國)	선조 23년	중국 측 기록에 태조가 이인임의 아들이라고 되어있는 것을 바로잡음.	3	7	9	
평난(平難)	선조 23년	정여립의 역적모의 처리	3	12	7	
호성(扈聖)	선조 37년	임진왜란 때 선조 호종(扈從)	2	31	53	
선무(宣武)	선조 37년	임진왜란 때 전공(戰功)이 많은 사람	3	5	10	

공신 호칭	연대	공적 내용	1등	2등	3등	4등
청난(淸難)	선조 37년	이몽학의 반란 평정	1	2	2	
정사(靖社)	인조 원년	광해군을 폐하고 인조 즉위	10	15	28	
진무(振武)	인조 2년	이괄의 난 평정	3	9	20	
소무(昭武)	인조 5년	이인거의 난 평정	1	2	3	
영사(寧社)	인조 6년	유효립 등의 역적모의 처리	1	4	5	
영국(寧國)	인조 22년	심기원 등의 역적모의 처리	2	2	1	
보사(保社)	숙종 6년	허견 등의 역적모의 처리	2	5	5	
부사(扶社)	경종 3년	임인의 옥을 통한 노론 제거	-	-	1	
분무(奮武)	영조 4년	이인좌 등의 난 평정	1	7	7	

※ 중종대의 위사공신과 광해군대의 정운, 형난, 위성, 익사공신은 나중에 전부 삭제됨

원종공신(原從功臣)

원종공신은 그 공이 친공신에는 미치지 못하지만 다소의 공이 있는 자들을 대개 3등급으로 나누어 원종공신 녹권을 주고 특권과 전토(田土) 등을 주었으며 죄를 지었을 경우 감해주기도 하였다. 개국 이후 원종공신 책정 현황을 보면 아래와 같다.

공신 호칭	연대	공적 내용	인원(명)
개국 원종공신	태조 2년(1393)	조선 개국	677
좌명 원종공신	태종 11년(1410)	제1차 왕자의 난 평정	85
좌익 원종공신	세조 1년(1455)	수양대군이 왕으로 즉위, 단종이 상왕이 됨.	2,187
좌리 원종공신	성종 2년(1470)	성종 즉위 및 보좌	1,059
정국 원종공신	중종 1년(1506)	연산군을 폐하고 중종 즉위	610
호성 원종공신	선조 38년(1605)	임진왜란 으로 피난시 선조 호종	2.475
선무 원종공신	〃	임진왜란 때 전공(戰功)이 많은 자	9,060
청난 원종공신	〃	이몽학의 반란 평정	995
정사 원종공신	인조 3년(1625)	광해군을 폐하고 인조 즉위	약 3,000
진무 원종공신	인조 3년(1625)	이괄의 난 평정	약 6,000

공신 호칭	연대	공 적 내 용	인원(명)
소무 원종공신	인조 6년(1628)	이인거의 난 평정	약 950
영사 원종공신	〃	유효립 등의 역적모의 처리	약 900
영국 원종공신	인조 24년(1646)	심기원 등의 모반사건 처리	2,655
보사 원종공신	숙종 7년(1680)	허견 등의 역적모의 처리	약 4,000
분무 원종공신	영조 4년(1727)	이인좌의 난 평정	약 7,200

이들 중에는 하급관리, 서리, 역관, 출신(出身)[1] 서얼, 관노(官奴), 사노(私奴) 등이 많았으며 선조~영조 사이의 원종공신을 분석한 자료를 보면 37,230여명 중 중인은 3,945명(10.6%), 양인은 5,967명(16%), 신분은 양인이나 실제로는 천인이 하는 일을 하는 사람이 1,231명(3.3%), 관노 또는 사노가 3,429명(9.2%) 등 39%인 14,572명이 중인 이하의 신분을 가지고 있었다.

이들 중 서얼은 승진 한계가 해제되었고 이들 대부분이 벼슬을 하는데 여러가지 혜택을 입었으며 후손들도 이런저런 혜택을 입었다. 또 이렇게 많은 사람들이 신분 상승하거나 노비를 면하게 됨에 따라 신분제가 무너지는 계기가 되었다.

배향공신(配享功臣)

배향공신은 왕이 사망한 후 사망한 왕이 좋아하던 사람이나 그 왕 재위시 공이 많았던 신하를 정하여 종묘 공신당에 모시는데 전토(田土) 등을 주는 등 혜택은 없었다. 그러나 그 후손이 벼슬을 하는데 혜택을 받는 경우는 있었다.

왕의 신주를 봉안할 때 모든 배향공신을 함께 정하는 것은 아니고, 그 왕과 특별한 관계에 있던 사람이 이미 사망한 사람이면 바로 배향하고 신하가 나중에 사망하면 그때에 이르러 사후에 배향되기도 하였다. 또한 후대에 추가로 배향하는 일도 흔하였으며, 배향공신에서 삭제되는 일도 있었다.

태종 10년(1410) 처음으로 태조 배향공신을 정하였다. 이때 처음 배향한 사람은 조준(趙浚), 조인옥(趙仁沃), 이화(李和), 이지란(李之蘭) 등 4명이었는데, 세종 3년

---

[1] 처음에는 벼슬길에 오르는 모든 길을 뜻하다가 과거합격자라는 말로 사용되다가 나중에는 무과합격자라는 뜻으로 사용되었다.

(1421) 남재(南在), 남은(南誾), 이제(李濟) 등을 추배(追配)하여 조선 태조의 배향공신은 결국 7명이 되었다.

이와 같은 추배는 아주 신중을 기했으므로, 송시열(宋時烈)은 정조 즉위년(1776)에야 효종묘에 배향되는 등 사안에 따라 달랐다. 고종 때에 이르러 이 추배가 급증하였는데, 고종 2년(1865) 양녕대군(讓寧大君), 효령대군(孝寧大君), 남연군(南延君) 등을 추배하였고, 1886년에는 이이(李珥), 민정중(閔鼎重), 김수항(金壽恒) 등을 추배하였다.

또 정식으로 왕위에 있지 않았던 추존왕(追尊王)의 묘정에도 배향공신을 정하여 1875년 헌종(憲宗)의 아버지 문조(文祖, 효명세자)의 묘정에 남공철(南公轍) 등 3명을, 1899년에는 정조(正祖)의 아버지 장조(莊祖, 사도세자)의 묘정에 이종성(李宗城) 등 2명을 각각 추배하였다. 조선시대 전체 배향공신은 모두 94명이다.

■ 정전(正殿)

임금별	인원	배향공신 명단
태조(太祖)	7	조준(趙浚), 이화(李和), 남재(南在), 이제(李濟), 이지란(李之蘭), 남은(南誾), 조인옥(趙仁沃)
태종(太宗)	5	하륜(河崙), 조영무(趙英茂), 정탁(鄭擢), 이천우(李天祐), 이래(李來)
세종(世宗)	7	황희(黃喜), 최윤덕(崔潤德), 허조(許稠), 신개(申槩), 이수(李隨), 이제(李禔), 양녕대군, 이보(李補), 효령대군
세조(世祖)	3	권람(權擥), 한확(韓確), 한명회(韓明澮)
성종(成宗)	3	신숙주(申叔舟), 정창손(鄭昌孫), 홍응(洪應)
중종(中宗)	4	박원종(朴元宗), 성희안(成希顔), 유순정(柳順汀), 정광필(鄭光弼)
선조(宣祖)	3	이준경(李浚慶), 이황(李滉), 이이(李珥)
인조(仁祖)	7	이원익(李元翼), 신흠(申欽), 김류(金瑬), 이귀(李貴), 신경진(申景禛), 이서(李曙), 이보(李俌, 능원대군)
효종(孝宗)	6	김상헌(金尙憲), 김집(金集), 송시열(宋時烈), 이요(李㴭, 인평대군), 민정중(閔鼎重), 민유중(閔維重)
현종(顯宗)	4	정태화(鄭太和), 김좌명(金佐明), 김수항(金壽恒), 김만기(金萬基)
숙종(肅宗)	6	남구만(南九萬), 박세채(朴世采), 윤지완(尹趾完), 최석정(崔錫鼎), 김석주(金錫胄), 김만중(金萬重)

임금별	인원	배향공신 명단
영조(英祖)	5	김창집(金昌集), 최규서(崔奎瑞), 민진원(閔鎭遠), 조문명(趙文命), 김재로(金在魯)
정조(正祖)	3	김종수(金鍾秀), 유언호(俞彦鎬), 김조순(金祖淳)
순조(純祖)	6	이시수(李時秀), 김재찬(金載瓚), 김이교(金履喬), 조득영(趙得永), 이구(李球, 남연군), 조만영(趙萬永)
문조(翼宗, 효명세자)	3	남공철(南公轍), 김로(金鏴), 조병귀(趙秉龜)
헌종(憲宗)	2	이상황(李相璜), 조인영(趙寅永)
철종(哲宗)	3	이헌구(李憲球), 이희(李曦, 익평군), 김수근(金洙根)
고종(高宗)	4	박규수(朴珪壽), 신응조(申應朝), 이돈우(李敦友), 민영환(閔泳煥)
순종(純宗)	2	송근수(宋近洙), 서정순(徐正淳)

■ **영녕전**(永寧殿)

임금별	인원	배향공신 명단
정종(定宗)	1	이방의(李芳毅, 익안대군)
문종(文宗)	1	하연(河演)
예종(睿宗)	1	박원형(朴元亨)
인종(仁宗)	2	홍언필(洪彦弼), 김안국(金安國)
명종(明宗)	2	심연원(沈連源), 이언적(李彦迪)
경종(景宗)	2	이유(李濡), 민진후(閔鎭厚)
장조(莊祖, 사도세자)	2	민백상(閔百祥), 이종성(李宗城)

** 단종, 연산군, 광해군은 없음.

조선시대공신톺아보기

공신 책록 현황

1. 개국공신(開國功臣)

- **공신 책정이유** : 1392년 7월 17일 조선을 개국하고 이성계를 왕위에 올리는데 기여한 사람들을 포상
- **공신책정일** : 태조 1년(1392) 8월 20일
  - 추록 : ①태조 1년 9월 27일(조견, 한상경, 임언충, 황거정, 장사정, 한충, 민여익) ② 태조 1년 11월 19일(황희석) ③ 태조 7년 12월 15일(이방의, 이방간, 이방원)
- **공신 명단**

등급	공신 명단
1등 (19명)	배극렴(裵克廉), 조준(趙浚), 김사형(金士衡), 이제(李濟), 이화(李和), 정희계(鄭熙啓), 이지란(李之蘭), 남은(南誾), 장사길(張思吉), 정총(鄭摠), 조인옥(趙仁沃), 남재(南在), 정탁(鄭擢), 김인찬(金仁贊) 〈추록〉 이방의(李芳毅) 〈추록→삭훈〉 이방간(李芳幹) 〈삭훈〉 정도전(鄭道傳), 조박(趙璞), 오몽을(吳蒙乙)
2등 (13명)	윤호(尹虎), 이민도(李敏道), 조영규(趙英珪), 조온(趙溫), 조반(趙胖), 홍길민(洪吉旼), 유창(劉敞) 〈추록〉 조견(趙狷), 황희석(黃希碩) 〈삭훈〉 조기(趙琦), 정용수(鄭龍壽), 장담(張湛), 박포(朴苞)
3등 (22명)	고여(高呂), 함부림(咸傅霖) 〈2등→3등〉 안경공(安景恭), 김균(金稛), 유원정(柳爰廷), 이직(李稷) 오사충(吳思忠), 이서(李舒), 조영무(趙英茂), 이백유(李伯由), 이부(李敷), 김로(金輅) 〈추록〉 한상경(韓尙敬), 한충(韓忠), 민여익(閔汝翼), 〈삭훈〉 손흥종(孫興宗), 심효생(沈孝生), 이근(李懃), 장지화(張至和) 〈추록→삭훈〉 임언충(任彦忠), 장사정(張思靖), 황거정(黃居正)

** 태종 이방원은 제1차 왕자의 난 이후 1등 공신에 추록되었으나 왕위에 오르면서 삭제

■ 공신에 대한 포상

등급	포상 내역
1등	〈배극렴, 조준〉 식읍(食邑) 1천 호(戶), 식실봉(食實封) 3백 호, 전지 2백 20결, 노비 30명, 구사(丘史) 7명, 진배파령(眞拜把領) 10명 〈김사형(金士衡), 정도전(鄭道傳), 남은(南誾)〉 전지 2백 결, 노비 25명, 구사(丘史) 7명, 진배파령(眞拜把領) 10명 〈이제(李濟), 이화(李和), 정희계(鄭熙啓), 이지란(李之蘭), 장사길(張思吉), 조인옥(趙仁沃), 남재(南在), 조박(趙璞), 정탁(鄭擢)〉 전지 1백 70결, 노비 20명, 구사(丘史) 7명, 진배파령(眞拜把領) 10명 〈정총(鄭摠), 오몽을(吳蒙乙), 김인찬(金仁贊)〉 전지 1백 50결, 노비 15명, 구사(丘史) 7명, 진배파령(眞拜把領) 10명
2등	전지 1백 결, 노비 10명, 구사 5명, 진배파령 8명
3등	전지 70결, 노비 7명, 구사 3명, 진배파령 6명

** 진배파령(眞拜把領) : 임금이 공신에게 내려준 군사, 후일의 반당(伴倘)

■ 그 외

<1등 공신>

부모와 처(妻)에게는 3등을 뛰어서 봉증(封贈)하고 직자(直子)는 3등을 뛰어서 음직(蔭職)을 제수하며 직자가 없으면 생질(甥姪)·사위에게 1등을 뛰어서 음직(蔭職)을 제수한다.

<2등 공신>

부모와 처는 2등을 뛰어서 봉증(封贈)하고 직자(直子)는 2등을 뛰어서 음직(蔭職)을 제수하며 직자가 없으면 생질·사위에게 1등을 뛰어서 음직을 제수한다.

<3등 공신>

부모와 처는 1등을 뛰어서 봉증(封贈)하고 직자는 1등을 뛰어서 음직을 제수하며 직자가 없으면 생질·사위에게 음직을 제수한다.

<기타>

공신각(功臣閣)을 건립하여 모습을 그려 두며 비(碑)를 세워 공로를 기념하고 적장(嫡長)은 세습(世襲)하여 그 녹봉(祿俸)을 잃지 않게 하고 자손(子孫)은 정안(政案)에 기록하기를 개국(開國) □등 공신 □□□의 후손이라. 하여 비록 죄를 범하는

일이 있더라도 용서한다.

2. 정사공신(定社功臣)

- **공신 책정이유** : 태조 7년(1398) 8월 태조 이성계의 첫 번째 부인 소생인 이방원(태종)을 주축으로 하는 왕자들이 두 번째 부인 소생인 세자 방석과 방석을 지지하는 정도전 등을 제거하고 정권을 잡는데 공을 세운 사람들을 포상
- **공신 책정일** : 정종 즉위년(1398) 9월 17일
- **공신 명단**

등급	공신 명단
1등 (12명)	이화(李和), 이방의(李芳毅), 조준(趙浚), 김사형(金士衡), 하륜(河崙), 조영무(趙英茂), 〈삭훈→복훈〉 이애(李薆) 〈삭훈〉 이방간(李芳幹), 이거이(李居易), 조박(趙璞), 이무(李茂)
2등 (17명)	이양우(李良祐), 이복근(李福根), 이지란(李之蘭), 장사길(張思吉), 조온(趙溫), 김로(金輅), 정탁(鄭擢), 이천우(李天祐), 장철(張哲), 신극례(辛克禮) 〈삭훈〉 민무구(閔無咎), 민무질(閔無疾), 이숙번(李叔蕃), 장담(張湛), 장사정(張思靖), 심종(沈悰), 박포(朴苞)

** 태종 이방원은 제1차 왕자의 난 이후 1등 공신에 추록되었으나 왕위에 오르면서 삭제

- **공신에 대한 포상**

등급	포상 내역
1등	전지 200결(結), 노비(奴婢) 25명, 내구마(內廐馬) 1필, 금대(金帶) 1개, 표리(表裏) 1단(段).
2등	〈조온(趙溫), 이천우(李天祐), 장철(張哲), 이숙번(李叔蕃), 신극례(辛克禮), 민무구(閔無咎), 민무질(閔無疾)〉 전지 1백50결, 노비(奴婢) 15명, 내구마(內廐馬) 1필, 금은대(金銀帶) 1개, 표리(表裏) 1단(段) 〈이양우(李良祐), 심종(沈悰), 이복근(李福根), 이지란(李之蘭), 장사길(張思吉), 김로(金輅), 박포(朴苞), 정탁(鄭擢), 장사정(張思靖), 장담(張湛)〉 전지 100결, 노비(奴婢) 10명, 내구마(內廐馬) 1필, 금은대(金銀帶) 1개, 표리(表裏) 1단(段)

**표리(表裏) : 옷의 겉감과 안감.

3. 좌명공신(佐命功臣)

- **공신 책정이유** : 제1차 왕자의 난 이후 태조의 4남 이방간과 5남 이방원(태종) 간 알력이 생겨 정종 2년(1400) 1월 이방간이 박포를 앞세워 이방원측을 공격했으나 결국 이방원측이 승리했고 그해 11월 정종은 상왕으로 물러나고 이방원이 3대 왕으로 즉위하는데 공이 많은 사람들에게 포상
- **공신 책정일** : 태종 1년(1401) 1월 15일
  - 추록 : 단종 2년(1454) 2월 10일(김덕생)
- **공신 명단**

등급	공신 명단
1등 (9명)	하륜(河崙), 조영무(趙英茂), 신극례(辛克禮) 〈삭훈→복훈〉이애(李薆) 〈삭훈〉이거이(李居易), 이무(李茂), 민무구(閔無咎), 민무질(閔無疾), 이숙번(李叔蕃)
2등 (3명)	이래(李來), 이화(李和), 이천우(李天祐)
3등 (12명)	성석린(成石璘), 이숙(李淑), 윤저(尹柢), 김영렬(金英烈), 윤곤(尹坤), 박은(朴訔), 박석명(朴錫命), 마천목(馬天牧), 이지란(李之蘭) 〈삭훈〉황거정(黃居正), 조희민(趙希閔), 유기(柳沂)
4등 (24명)	조온(趙溫), 권근(權近), 이원(李原), 이직(李稷), 유량(柳亮), 조연(趙涓), 김승주(金承霔), 서익(徐益), 홍서(洪恕), 윤자당(尹自當), 이승상(李升商), 김정경(金定卿), 서유(徐愈), 이종무(李從茂), 이응(李膺), 심귀령(沈龜齡), 연사종(延嗣宗), 한규(韓珪), 김우(金宇), 문빈(文彬), 송거신(宋居信) 〈추록〉김덕생(金德生) 〈삭훈〉윤목(尹穆), 조박(趙璞)

- **공신에 대한 포상** - 태종 1년(1401) 1월 15일

등급	포상 내역
1등	전 150결(結), 노비 13명, 백은(白銀) 50냥(兩), 표리(表裏) 1단(段), 구마(廐馬) 1필, 구사(丘使) 7명, 진배파령(眞拜把領) 10명
2등	전 100결, 노비 10명, 백은 25냥, 표리 1단, 구마 1필, 구사 5명, 진배파령 8명
3등	전 80결, 노비 8명, 2품(品) 이상 백은 25냥, 3품 이하 은대(銀帶) 1개, 표리 1단, 구마 1필, 구사 3명, 진배파령 6명
4등	전 60결, 노비 6명, 2품 이상 백은 25냥, 3품 이하 은대 1개, 표리 1단, 구마 1필, 구사 1명, 진배파령 4명

■ 그 외

<1등 공신>

부·모·처에게 3등을 올려주고, 직계 아들은 3등을 올려 음직(蔭職)을 제수하되 직계 아들이 없으면 조카나 사위에게 2등을 올려준다.

<2등 공신>

부·모·처에게 2등을 올려주고 직계 아들은 2등을 올려 음직을 제수하되 직계 아들이 없으면 조카나 사위에게 1등을 올려준다.

<3등 공신>

부·모·처에게 1등을 올려주며 직계 아들은 1등을 올려 음직을 제수하고 직계 아들이 없으면 조카나 사위에게 음직을 제수한다.

<4등 공신>

부·모·처에게 증직하며 직계 아들에게 음직을 제수한다.

4. 정난공신(靖難功臣)

- **공신 책정이유** : 1452년 5월 단종이 즉위 후 김종서 등이 조정을 좌지우지하고 종친을 경계하자 단종 1년(1453) 10월 10일 계유년에 수양대군이 정적인 김종서, 황보인 등을 죽이고 정권을 잡는데 공을 세운 사람들에게 포상
- **공신 책정일** : 단종 1년(1453) 11월 8일
- **공신 명단**

등급	공신 명단
1등 (11명)	정인지(鄭麟趾), 한확(韓確), 박종우(朴從愚), 김효성(金孝誠), 이사철(李思哲), 이계전(李季甸), 박중손(朴仲孫), 최항(崔恒), 홍달손(洪達孫), 권남(權擥), 한명회(韓明澮)
2등 (11명)	권준(權蹲), 신숙주(申叔舟), 윤사윤(尹士昀), 유수(柳洙), 유하(柳河), 홍윤성(洪允成), 곽연성(郭連城), 전균(田畇) <삭훈> 양정(楊汀), 봉석주(奉石柱), 엄자치(嚴自治)
3등 (20명)	이흥상(李興商), 이예장(李禮長), 권언(權躽), 설계조(薛繼祖), 유사(柳泗), 강곤(康袞), 임자번(林自蕃), 유자환(柳子煥), 권경(權擎), 송익손(宋益孫), 홍순손(洪順孫), 유서(柳溆), 안경손(安慶孫), 한명진(韓明溍), 한서귀(韓瑞龜), 이몽가(李蒙哥), 홍순로(洪純老) <삭훈> 최윤(崔潤), 성삼문(成三問), 김처의(金處義)

** 수양대군은 1등 공신이었으나 왕위에 오르면서 삭제

■ 공신에 대한 포상

등급	포상 내역
1등	내구마 1필, 백은 50냥, 채단의 안팎 옷감 2벌
2등	내구마 1필, 백은 25냥, 채단의 안팎 옷감 1벌,
3등	내구마 1필, 백은 10냥, 채단의 안팎 옷감 1벌

5. 좌익공신(佐翼功臣)

■ **공신 책정이유** : 1455년 윤6월 단종을 상왕으로 하고 세조가 왕위에 오르는데 공을 세운 신하들에게 내린 공신호
■ **공신 책정일** : 세조 1년(1455) 9월 5일
   - 추록 1455년 10월 22일(윤형), 11월 12일(홍윤성) 1456년 7월 10일(김질)
   - 상향조정 <3등→2등> 정창손(鄭昌孫)
■ **공신 명단**

등급	공신 명단
1등 (7명)	이증(李璔), 이곤(李𤤽), 한확(韓確), 윤사로(尹師路), 권람(權擥), 신숙주(申叔舟), 한명회(韓明澮)
2등 (12명)	정인지(鄭麟趾), 이사철(李思哲), 윤암(尹巖), 이계린(李季疄), 이계전(李季甸), 최항(崔恒), 전균(田畇), 홍달손(洪達孫), 권반(權攀) 〈**추록**〉 윤형(尹炯) 〈**3등→2등**〉 정창손(鄭昌孫) 〈**삭훈**〉 양정(楊汀)
3등 (26명)	권공(權恭), 이징석(李澄石), 황수신(黃守身), 박강(朴薑), 박원형(朴元亨), 구치관(具致寬), 윤사윤(尹士昀), 조석문(曺錫文), 이예장(李禮長), 원효연(元孝然), 한종손(韓終孫), 황효원(黃孝源), 윤자운(尹子雲), 이극배(李克培), 이극감(李克堪), 권개(權愷), 조효문(曺孝門), 한계미(韓繼美), 정수충(鄭守忠), 조득림(趙得琳), 〈**추록**〉 홍윤성(洪允成), 김질(金礩) 〈**삭훈**〉 최유(崔濡), 성삼문(成三問), 권자신(權自愼), 이휘(李徽)

■ 공신에 대한 포상

등급	포상 내역
1등	전 1백 50결(結), 노비 13명, 근수(根隨) 7명, 반당(伴倘) 10명, 백금(白金) 50냥(兩), 표리(表裏) 1벌, 내구마(內廐馬) 1필,
2등	전 1백 결, 노비 10명, 근수(根隨) 5명, 반당(伴倘) 8명, 백금 25냥(兩), 표리 1벌, 내구마 1필,
3등	전 80결, 노비 8명, 근수(根隨) 3명, 반당(伴倘) 6명, 백금 25냥, 표리 1벌, 내구마 1필,

**근수(根隨) : 고위직 또는 공신들을 수행하는 하인. 구사(丘史)와 같음.

■ 그 외

<1등 공신>

부모와 처(妻)에게는 3등을 뛰어서 봉증(封贈)하고 직자(直子)는 3등을 뛰어서 음직(蔭職)을 제수하며 직자가 없으면 생질(甥姪)·사위에게 1등을 뛰어서 음직(蔭職)을 제수한다.

<2등 공신>

부모와 처는 2등을 뛰어서 봉증(封贈)하고 직자(直子)는 2등을 뛰어서 음직(蔭職)을 제수하며 직자가 없으면 생질·사위에게 1등을 뛰어서 음직을 제수한다.

<3등 공신>

부모와 처는 1등을 뛰어서 봉증(封贈)하고 직자는 1등을 뛰어서 음직을 제수하며 직자가 없으면 생질·사위에게 음직을 제수한다.

<기타>

공신각(功臣閣)을 건립하여 모습을 그려 두며 비(碑)를 세워 공로를 기념하고 적장(嫡長)은 세습(世襲)하여 그 녹봉(祿俸)을 잃지 않게 하고 자손(子孫)은 정안(政案)에 기록하기를 좌익(佐翼) □등 공신 □□□의 후손이라. 하여 비록 죄를 범하는 일이 있더라도 용서한다.

6. 적개공신(敵愾功臣)

■ **공신 책정이유** : 세조 13년(1467) 5월 함경도에서 발생한 이시애의 난을 8월

에야 진압에 성공, 진압에 공이 많은 신하들에게 내린 포상
- **공신 책정일** : 세조 13년(1467) 9월
  - 추록 : 1467년 10월 14일(차운혁)
  - 추록 : 예종 즉위년(1468) 10월 27일(유자광)
- **공신 명단**

등급	공신 명단
1등 (10명)	조석문(曺錫文), 어유소(魚有沼), 박중선(朴仲善), 허종(許琮), 윤필상(尹弼商), 김교(金嶠), 이숙기(李叔琦) 〈삭훈〉 이준(李浚), 강순(康純), 남이(南怡)
2등 (24명)	김국광(金國光), 허유례(許惟禮), 이운로(李雲露), 이덕량(李德良), 배맹달(裵孟達), 이형손(李亨孫), 이종생(李從生), 이서장(李恕長), 김순명(金順命), 김관(金瓘), 구겸(具謙), 박식(朴植), 김백겸(金伯謙), 어세공(魚世恭), 오자치(吳自治), 장말손(張末孫), 손소(孫昭), 오순손(吳順孫), 심응(沈膺), 김면(金沔), 맹석흠(孟碩欽) 〈삭훈→복훈〉 윤말손(尹末孫) 〈추록→삭훈〉 유자광(柳子光) 〈삭훈〉 정숭로(鄭崇魯)
3등 (12명)	이보(李溥), 이종(李徖), 한계미(韓繼美), 선형(宣炯), 민발(閔發), 오자경(吳子慶), 최유림(崔有臨), 우공(禹貢), 정종(鄭種), 정준(鄭俊), 이양생(李陽生), 〈추록〉 차운혁(車云革)

- **공신에 대한 포상**

등급	포상 내역
1등	전지(田地) 150결(結), 노비 13명, 구사(丘史) 7명, 반당(伴倘) 10명, 은 50냥, 의복 1~2습, 내구마(內廐馬) 1~2필
2등	전지(田地) 100결(結), 노비 10명, 구사(丘史) 5명, 반당(伴倘) 8명, 은 25냥, 의복 1습, 내구마 1필
3등	전지(田地) 80결(結), 노비 8명, 구사(丘史) 3명, 반당(伴倘) 6명, 은 10냥, 의복 1습, 내구마 1필

- **그 외**

<1등 공신> 아비와 직자(直子)에게 작(爵) 4급(級)을 올려줌
<2등 공신> 아비와 직자(直子)에게 작(爵) 3급(級)을 올려줌
<3등 공신> 아비와 직자(直子)에게 작(爵) 2급(級)을 올려줌

7. 익대공신(翊戴功臣)

- **공신 책정이유** : 예종 즉위년(1468) 10월 24일 유자광이 남이장군이 역모를 꾸몄다며 고변하여 발생한 소위 <남이의 옥> 사건을 잘 처리한 신하들에게 내린 포상
- **공신 책정일** : 예종 즉위년(1468) 10월 28일
  - 추록 1469년 6월 27일(강희맹, 이존)
- **공신 명단**

등급	공신 명단
1등 (5명)	신숙주(申叔舟), 한명회(韓明澮), 신운(申雲), 한계순(韓繼純) <삭훈> 유자광(柳子光)
2등 (10명)	이침(李琛), 이서(李曙), 이보(李溥), 심회(沈澮), 박원형(朴元亨), 이복(李復), 이극증(李克增), 정현조(鄭顯祖), 박지번(朴之蕃) <삭훈> 이준(李浚)
3등 (24명)	정인지(鄭麟趾), 정창손(鄭昌孫), 조석문(曺錫文), 한백륜(韓伯倫), 노사신(盧思愼), 박중선(朴仲善), 홍응(洪應), 강곤(康袞), 조득림(趙得琳), 신승선(愼承善), 권감(權瑊), 어세겸(魚世謙), 윤계겸(尹繼謙), 정효상(鄭孝常), 권찬(權攢), 조익정(趙益貞), 안중경(安仲敬), 서경생(徐敬生), 김효강(金孝江), 이존명(李存命), 유한(柳漢), 한계희(韓繼禧) <추록> 강희맹(姜希孟), 이존(李存)

- **공신에 대한 포상**

등급	포상 내역
1등	전지(田地) 150결(結), 노비(奴婢) 13명, 구사(丘史) 7명, 반인(伴人) 10명, 은(銀) 50냥(兩), 표리(表裏) 1투(套), 내구마(內廐馬) 1필(匹),
2등	전지 100결(結), 노비 10명, 구사(丘史) 5명, 반인(伴人) 8명, 은(銀) 25냥(兩), 표리(表裏) 1투(套), 내구마(內廐馬) 1필(匹)
3등	전지 80결(結), 노비 8명, 구사(丘史) 3명, 반인(伴人) 6명, 은(銀) 25냥(兩), 표리(表裏) 1투(套), 내구마(內廐馬) 1필(匹)

■ 그 외

<1등 공신>

부모와 처(妻)에게는 3등을 뛰어서 봉증(封贈)하고 직자(直子)는 3등을 뛰어서 음직(蔭職)을 제수하며 직자가 없으면 생질(甥姪)·사위에게 1등을 뛰어서 음직(蔭職)을 제수한다.

<2등 공신>

부모와 처는 2등을 뛰어서 봉증(封贈)하고 직자(直子)는 2등을 뛰어서 음직(蔭職)을 제수하며 직자가 없으면 생질·사위에게 1등을 뛰어서 음직을 제수한다.

<3등 공신>

부모와 처는 1등을 뛰어서 봉증(封贈)하고 직자는 1등을 뛰어서 음직을 제수하며 직자가 없으면 생질·사위에게 음직을 제수한다.

<기타>

공신각(功臣閣)을 건립하여 모습을 그려 두며 비(碑)를 세워 공로를 기념하고 적장(嫡長)은 세습(世襲)하여 그 녹봉(祿俸)을 잃지 않게 하고 자손(子孫)은 정안(政案)에 기록하기를 익대(翊戴) □등 공신 □□□의 후손이라. 하여 비록 죄를 범하는 일이 있더라도 용서한다.

품계(品階)가 다한 자는 부자(父子)·형제·숙질(叔姪)·사위·손자 중에서 대신 받도록 허락하고 종친(宗親)은 외친(外親)·처족(妻族)·매부(妹夫)·외손(外孫) 중에서 4촌(寸)까지 한하여 대신 받도록 한다.

8. 좌리공신(佐理功臣)

■ **공신 책정이유** : 1469년 11월 성종 즉위 및 보좌를 잘했다고 신하들에게 내린 포상
■ **공신 책정일** : 성종 2년(1471) 3월 27일(이전)
  - 추록 : 성종 2년 9월 6일(구치관)

■ 공신 명단

등급	공신 명단
1등 (9명)	신숙주(申叔舟), 한명회(韓明澮), 최항(崔恒), 홍윤성(洪允成), 조석문(曺錫文), 정현조(鄭顯祖), 윤자운(尹子雲), 김국광(金國光), 권감(權瑊)
2등 (12명)	이정(李婷), 이침(李琛), 정인지(鄭麟趾), 정창손(鄭昌孫), 심회(沈澮), 김질(金礩), 한백륜(韓伯倫), 윤사흔(尹士昕), 한계미(韓繼美), 한계희(韓繼禧), 송문림(宋文琳) 〈추록〉 구치관(具致寬)
3등 (18명)	성봉조(成奉祖), 노사신(盧思愼), 강희맹(姜希孟), 임원준(任元濬), 박중선(朴仲善), 홍응(洪應), 이극배(李克培), 서거정(徐居正), 양성지(梁誠之), 김겸광(金謙光), 강곤(康袞), 신승선(愼承善), 이극증(李克增), 한계순(韓繼純), 정효상(鄭孝常), 윤계겸(尹繼謙), 한치형(韓致亨), 이숭원(李崇元)
4등 (36명)	김수온(金守溫), 이석형(李石亨), 윤필상(尹弼商), 허종(許琮), 유수(柳洙), 어유소(魚有沼), 황효원(黃孝源), 함우치(咸禹治), 이훈(李塤), 김길통(金吉通), 선형(宣炯), 우공(禹貢), 오백창(吳伯昌), 김교(金嶠), 박거겸(朴居謙), 이철견(李鐵堅), 한치인(韓致仁), 구문신(具文信), 이숙기(李淑琦), 정난종(鄭蘭宗), 정숭조(鄭崇祖), 이승소(李承召), 한치의(韓致義), 한보(韓堡), 김수녕(金壽寧), 한치례(韓致禮), 한의(韓嶬), 이영은(李永垠), 이극돈(李克墩), 이수남(李壽男), 이현(李鉉), 김순명(金順命), 유지(柳輊), 심한(沈澣), 신준(申浚) 〈사형〉 신정(申瀞)

■ 공신에 대한 포상

등급	포상 내역
1등	전 40결, 노비 5명, 구사(丘史) 5명, 반당(伴黨) 10명, 향표리 1, 아마(兒馬)1필
2등	전 30결, 노비 4명, 구사 4명, 반당 8명, 향표리 1, 아마 1필
3등	전 20결, 노비 3명, 구사 3명, 반당 6명, 향표리 1, 아마 1필
4등	전 10결, 노비 2명, 구사 2명, 반당 4명, 향표리 1, 아마 1필

9. 정국공신(靖國功臣)

■ **공신 책정이유** : 연산군의 폭정을 견디지 못한 신하들이 1506년 9월 반정을 일으켜 연산군을 내쫓고 진성대군을 왕으로 옹립하였는데 이때 공이 많은 신

하들에게 내린 포상
- **공신 책정일** : 중종 1년(1506) 9월 8일
  - 추록 : 중종 1년 9월 17일(윤탕로)
- **공신 명단**

등급	공신 명단
1등 (8명)	박원종(朴元宗), 성희안(成希顔), 유순정(柳順汀), 장정(張珽), 홍경주(洪景舟) 〈삭훈〉 유자광(柳子光), 신윤무(辛允武), 박영문(朴永文)
2등 (13명)	이효성(李孝誠), 심순경(沈順徑), 변수(邊脩), 최한홍(崔漢洪), 윤형로(尹衡老), 조계상(曺繼商), 유순(柳洵), 김수동(金壽童), 김감(金勘), 이계(李誡), 이계남(李季男), 구수영(具壽永), 이활(李濊)
3등 (31명)	고수겸(高守謙), 심형(沈亨), 황탄(黃坦), 유세웅(柳世雄), 유계종(柳繼宗), 윤사정(尹士貞), 이심(李深), 이식(李軾), 민회발(閔懷發), 민회창(閔懷昌), 허상(許磡), 장온(張溫), 구현휘(具賢暉), 백수장(白壽長), 이극정(李克正), 이석번(李碩蕃), 김우증(金友曾), 이손(李蓀), 신준(申浚), 정미수(鄭眉壽), 박건(朴楗), 송일(宋軼), 강혼(姜渾), 한순(韓恂), 유경(柳涇), 김수경(金壽卿), 정윤겸(鄭允謙), 김경의(金敬義), 이함(李菡), 심정(沈貞) 〈추록〉 윤탕로(尹湯老)
4등 (65명)	변준(卞儁), 변사겸(邊士謙), 한숙창(韓叔昌), 박이검(朴而儉), 유영(柳濚), 성희옹(成希雍), 윤형(尹衡), 홍경림(洪景霖), 강지(姜漬), 윤금손(尹金孫), 유응룡(柳應龍), 윤탄(尹坦), 신수린(申壽麟), 조세훈(趙世勳), 한세창(韓世昌), 이맹우(李孟友), 윤여필(尹汝弼), 이성동(李盛同), 이종의(李宗義), 허광(許礦), 이한원(李翰元), 유홍(柳泓), 이기(李夔), 성율(成瑮), 조원륜(趙元倫), 김선(金瑄), 민효증(閔孝曾), 김극성(金克成), 황맹헌(黃孟獻), 성몽정(成夢井), 이세응(李世應), 장한공(張漢公), 한사문(韓斯文), 김임(金任), 조계은(曹繼殷), 이상(李讃), 박이온(朴而溫), 이성언(李誠彦), 신은윤(辛殷尹), 윤희평(尹熙平), 강윤희(康允禧), 이창(李敞), 최유정(崔有井), 채수(蔡壽), 권균(權鈞), 김준손(金俊孫), 반우형(潘佑亨), 이곤(李坤), 우정(禹鼎), 김무(金碔), 문치(文致), 서경생(徐敬生), 김계공(金繼恭), 김숙손(金叔孫), 김은(金銀), 임원산(任元山) 〈삭훈→복훈〉 박영창(朴永昌), 〈삭훈〉 신윤문(辛允文), 손동(孫소), 유승건(柳承乾), 윤장(尹璋), 조계형(曺繼衡), 이우(李堣), 박영분(朴永蕡), 이희옹(李希雍)

■ 공신에 대한 포상- 중종 1년(1506) 9월 10일

등급	포상 내역
1등	전(田) 1백 50결(結), 노비(奴婢) 13명, 반당(伴倘) 10명, 구사(丘史) 7명, 은(銀) 50냥(兩), 표리(表裏) 1단(段), 내구마(內廐馬) 1필(匹)
2등	전 1백 결, 노비 10명, 반당 8명, 구사 5명, 은 30냥, 표리 1단, 내구마 1필
3등	전 80결, 노비 8명, 반당 6명, 구사 3명, 은 20냥, 표리 1단, 내구마 1필
4등	전 60결, 노비 6명, 반당 4명, 구사 2명, 은 10냥, 표리 1단, 내구마 1필

■ 그 외

<1등>

본인은 3자급을 초수(超授)하고, 그 부모와 처자에게도 관작(官爵)을 주어 3자급을 초수하되 아들이 없는 이는 생질이나 사위에게 2계(階)를 초수함

<2등>

본인은 2계(階)를 초수하고 그 부모와 처자에게 관작을 주어 2계를 초수하되, 아들이 없는 이는 생질이나 사위에게 1자급을 더함

<3등, 4등>

본인은 1계(階)를 더하고 그 부모와 처자에게 관작을 주어 1계를 더하되, 아들이 없는 이는 생질이나 사위에게 품계를 더함.

■ 위훈 삭제 문제

조광조 등은 정국공신 중 실제 공훈이 없음에도 공신이 된 사람들이 많다고 계속 주장하여 중종 14년(1519) 11월 삭훈하라는 지시를 내렸지만 결국 이것이 도화선이 되어 기묘사화가 발생하였고 조광조 등이 유배된 후 10일만에 삭훈한 일은 없던일로 하였다. 이때 삭훈대상자 명단에 든 사람들은 아래와 같다.

강윤희(康允禧)·강지(姜漬)·강혼(姜渾)·구수영(具壽永)·권균(權鈞)·김감(金勘)·김계공(金繼恭)·김극성(金克成)·김무(金珷)·김선(金瑄)·김수경(金壽卿)·김수동(金壽童)·김숙손(金叔孫)·김은(金銀)·김임(金任)·김준손(金俊孫)·문치(文致)·민효증(閔孝曾)·박

건(朴楗)·박이검(朴而儉)·박이온(朴而溫)·반우형(潘佑亨)·변사겸(邊士謙)·변준(卞僑)·서경생(徐敬生)·성몽정(成夢井)·성율(成瑮)·성희옹(成希雍)·송일(宋軼)·신수린(申壽麟)·신은윤(辛殷尹)·신준(申浚)·우정(禹鼎)·유경(柳涇)·유순(柳洵)·유영(柳濚)·유응룡(柳應龍)·유홍(柳泓)·윤금손(尹金孫)·윤여필(尹汝弼)·윤탄(尹坦)·윤탕로(尹湯老)·윤형(尹衡)·윤희평(尹熙平)·이계(李誡)·이계남(李季男)·이곤(李坤)·이기(李夔)·이맹우(李孟友)·이상(李讚)·이석번(李碩蕃)·이성동(李盛同)·이성언(李誠彦)·이세응(李世應)·이손(李蓀)·이종의(李宗義)·이창(李敞)·이한원(李翰元)·이활(李瀇)·이효성(李孝誠)·임원산(任元山)·장온(張溫)·장한공(張漢公)·정미수(鄭眉壽)·조계은(曺繼殷)·조세훈(趙世勛)·조원륜(趙元倫)·채수(蔡壽)·최유정(崔有井)·한사문(韓斯文)·한세창(韓世昌)·한숙창(韓淑昌)·한순(韓洵)·허광(許礦)·홍경림(洪景霖)·황맹헌(黃孟獻)

10. 정난공신(定難功臣)

- **공신 책정이유** : 이과(李顆) 등은 당초 연산군을 몰아내는 반정을 꾀하다가 박원종 등이 중종반정에 성공하자 그만두었다. 박원종 등은 그 공을 생각하여 정국공신 원종공신으로 책정해 주었으나 불만을 가지고 있는 것을 우림위 병졸 노영손이 고변하였지만 이과는 끝까지 실토하지않고 처형됨
- **공신 책정일** : 중종 2년(1507) 9월 2일
- **공신 책정인원** : 1등 1명
- **변동사항** : 당초에는 1등에 노영손 등 5명, 2등에 민효증 등 5명, 3등에 설맹손 등 11명이 정해졌으나 대간 등이 끈질기게 노영손 외에는 공이 없다며 삭훈을 요청하여 중종 12년 노영손을 제외한 다른 사람은 전부 삭훈(削勳)함.
- **공신 명단**

등급	공신 명단
1등	노영손(盧永孫)

- **공신에 대한 포상**
   - 이과(李顆)의 재산을 주고 관직에 등용하며 군호(君號)를 줌.

11. 광국공신(光國功臣)

- **공신 책정이유** : 1394년 중국의 『대명회전』에 태조 이성계가 이인임의 후손이라고 되어 있는 것을 알게 되어 수차례 사신을 보내 고쳐줄 것을 요청하였으나 명나라는 고칠수 없다고 하였다. 그러다 역관(譯官) 홍순언과 명나라 예부상서 석성(石星)의 후처와의 인연 등으로 약 200년 만에 정정(訂正)에 성공하자 그간 사신으로 갔다오는 등 공이 있는 사람들에게 내린 포상
- **공신 책정일** : 선조수정실록 23년(1590) 8월 1일
- **공신 명단**

등급	공신 명단
1등(3명)	윤근수(尹根壽), 황정욱(黃廷彧), 유홍(兪泓)
2등(7명)	홍성민(洪聖民), 이후백(李後白), 윤두수(尹斗壽), 한응인(韓應寅), 윤섬(尹暹), 윤형(尹泂), 홍순언(洪純彦)
3등(9명)	기대승(奇大升), 김주(金澍), 이양원(李陽元), 황임(黃琳), 윤탁연(尹卓然), 정철(鄭澈), 이산해(李山海), 유성룡(柳成龍), 최황(崔滉)

** 태종 3년(1403) 사은사로 종계변무 주본(奏本)을 올린 이빈(李彬)을 2등으로 추록했다가 삭제

- **공신에 대한 포상**
  선조실록에서 확인되지 않음

12. 평난공신(平難功臣)

- **공신 책정이유** : 문과에 급제하여 벼슬을 하던 정여립은 당초 서인이었으나 동인으로 전향하여 서인을 공격하다가 눈밖에 나서 벼슬을 버리고 고향으로 돌아갔다. 선조 22년(1589) 10월 황해도관찰사 한준 등이 정여립이 역모를 꾀한다고 고변하여 정철이 위관(委官)이 되어 사건을 처리하면서 약 1,000명을 숙청하였다. 이 사건 처리를 하는데 공이 있는 사람들에게 내린 포상.
- **공신 책정일** : 선조 수정실록 23년(1590) 8월 1일,

■ 공신 명단

등급	공신 명단
1등 (3명)	박충간(朴忠侃), 이축(李軸), 한응인(韓應寅)
2등 (12명)	민인백(閔仁伯), 한준(韓準), 이수(李綏), 조구(趙球), 남절(南截), 김귀영(金貴榮), 유전(柳堧), 유홍(俞泓), 정철(鄭澈), 이산해(李山海), 홍성민(洪聖民), 이준(李準)
3등 (7명)	이헌국(李憲國), 최황(崔滉), 김명원(金命元), 이증(李增), 이항복(李恒福), 강신(姜紳), 이정립(李廷立)

■ 공신에 대한 포상

선조실록에서 확인되지 않음.

13. 호성공신(扈聖功臣)

■ **공신 책정이유** : 임진왜란으로 선조가 의주로 몽진할 때 수가(隨駕)한 신하들에게 내린 포상, 처음부터 끝까지 수가(隨駕)한 자를 호종(扈從)으로 하였다가 뒤에 호성(扈聖)으로 고쳤다.
■ **공신 책정일** : 선조 37년(1604) 6월 25일
■ 공신 명단

등급	공신 명단
1등 (2명)	이항복(李恒福), 정곤수(鄭崐壽)
2등 (31명)	이후(李珝), 이부(李栲), 이원익(李元翼), 윤두수(尹斗壽), 심우승(沈友勝), 이호민(李好閔), 윤근수(尹根壽), 유성룡(柳成龍), 김응남(金應南), 이산보(李山甫), 유근(柳根), 이충원(李忠元), 홍진(洪進), 이국(李磵), 유영경(柳永慶), 이유징(李幼澄), 박동량(朴東亮), 심대(沈岱), 박숭원(朴崇元), 정희번(鄭姬藩), 이광정(李光庭), 최흥원(崔興源), 심충겸(沈忠謙), 윤자신(尹自新), 한연(韓淵), 이기(李耆), 이경온(李景溫), 이경검(李景儉), 신잡(申磼), 안황(安滉), 구성(具宬)
3등 (53명)	정탁(鄭琢), 이헌국(李憲國), 유희림(柳希霖), 이유중(李有中), 임발영(任發英), 기효복(奇孝福), 최응숙(崔應淑), 최빈(崔賓), 여정방(呂定邦), 이응순(李應順), 이수곤(李壽崑), 송강(宋康), 고희(高曦), 강인(姜絪), 이사공(李士恭), 유조생(柳肇生), 양순민(楊舜民), 경종지(慶宗智)

등급	공신 명단
	〈의관(醫官)〉 허준(許浚), 이연록(李延祿), 이공기(李公沂) 〈환관〉 김기문(金起文), 최언순(崔彦恂), 민희건(閔希蹇), 김봉(金鳳), 김양보(金良輔), 안언봉(安彦鳳), 박충경(朴忠敬), 임우(林祐), 김응창(金應昌), 정한기(鄭漢璣), 박춘성(朴春成), 김예정(金禮楨), 김수원(金秀源), 신응서(申應瑞), 신대용(辛大容), 김새신(金璽信), 조구수(趙龜壽), 양자검(梁子儉), 백응범(白應範), 최윤영(崔潤榮), 김준영(金俊榮), 정대길(鄭大吉), 김계한(金繼韓), 박몽주(朴夢周) 〈이마(理馬) 등 잡직〉 김응수(金應壽), 오치운(吳致雲), 최세준(崔世俊), 홍택(洪澤), 전용(全龍), 이춘국(李春國), 오연(吳連), 이희령(李希齡)

** 2등 공신 정원군(定遠君) 이부(李琈)는 인조의 아버지로 원종(元宗)으로 추존됨

■ 공신에 대한 포상

등급	포상 내역
1등	전(田) 150결, 노비 13명, 구사(丘史) 7명, 반당(伴倘) 10명, 은자(銀子) 10냥, 내구마(內廐馬) 1필.
2등	전 80결, 노비 9명, 구사 4명, 반당 6명, 은자 7냥, 내구마 1필
3등	전 60결, 노비 7명, 구사 2명, 반당 4명, 은자 5냥, 내구마 1필

■ 그 외

<1등공신>

본인과 부모·처자에게 각각 3계의 계(階)를 더해 주고 적장(嫡長)에게 그 녹을 세습하도록 함.

<2등공신>

본인과 부모·처자에게 각기 2계의 계(階)를 더해 주고 적장(嫡長)에게 그 녹을 세습하도록 함.

<3등공신>

본인과 부모·처자에게 각기 1계의 계(階)를 더해 주고 적장(嫡長)에게 그 녹을 세습하도록 함.

14. 선무공신(宣武功臣)

- **공신 책정이유** : 임진왜란 때 전공을 세우거나 양곡 조달 등에 공을 세운 신하에게 준 포상, 처음에는 정왜(征倭)로 하였다가 뒤에 선무(宣武)로 고쳤다.
- **공신 책정일** : 선조 37년(1604) 6월 25일
- **공신 명단**

등급	공신 명단
1등 (3명)	이순신(李舜臣), 권율(權慄), 원균(元均)
2등 (5명)	신점(申點), 권응수(權應銖), 김시민(金時敏), 이정암(李廷馣), 이억기(李億祺)
3등 (10명)	정기원(鄭期遠), 권협(權悏), 유사원(柳思瑗), 고언백(高彦伯), 이광악(李光岳), 조경(趙儆), 권준(權俊), 이순신(李純信), 기효근(奇孝謹), 이운룡(李雲龍)

- **공신에 대한 포상**

등급	포상 내역
1등	전지(田地) 150결, 노비 13명, 구사(丘史) 7명, 반당(伴倘) 10명, 은자(銀子) 10냥(兩), 내구마(內廐馬) 1필
2등	전지 80결, 노비 9명, 구사 4명, 반당 6명, 은자 7냥, 내구마 1필
3등	전지 60결, 노비 7명, 구사 2명, 반당 4명, 은자 5냥, 내구마 1필

- **그 외**

<1등 공신>

본인과 부모 처자에게 3계(三階)를 올려주고, 자식이 없을 때는 조카나 사위에게 2계를 올려 주며 적장자(嫡長子)가 그 녹(祿)을 세습하도록 한다.

<2등 공신>

본인과 부모 처자에게 2계(階)를 올려주고, 자식이 없으면 조카나 사위에게 1계를 올려주고, 적장자가 그 녹을 세습하도록 한다.

<3등 공신>
본인과 처자에게 각각 1계(階)를 올리고, 자식이 없을 때는 조카나 사위에게 가계(加階)하며, 적장자가 세습하도록 한다.

15. 청난공신(淸難功臣)

- **공신 책정이유** : 선조 29년(1596) 7월 이몽학이 충청도 홍산에서 승속군(僧俗軍) 600~700명을 이끌고 난을 일으켜 여러 고을을 함락시키고 홍주로 쳐들어가자 홍주목사 홍가신 등이 이를 진압하였다. 난 진압에 공이 많은 사람들을 포상
- **공신 책정일** : 선조 37년(1604) 6월 25일
- **공신 명단**

등급	공신 명단
1등(1명)	홍가신(洪可臣)
2등(2명)	박명현(朴名賢), 최호(崔湖)
3등(2명)	신경행(辛景行), 임득의(林得義)

- **공신에 대한 포상**

등급	포상 내역
1등	전(田) 150결(結), 노비 30명, 구사(丘使) 7명, 반당(伴倘) 10명, 은자(銀子) 10냥(兩), 내구마(內廐馬) 1필(匹)
2등	전 80결, 노비 9명, 구사 4명, 반당 6명, 은자 7냥, 내구마 1필
3등	전 60결, 노비 7명, 구사 2명, 반당 4명, 은자 5냥, 내구마 1필

- **그 외**

<1등 공신>
본인과 어버이·처자에게 3계(階)를 올려 주고, 아들이 없으면 조카·사위에게

2계를 올려주며 적장(嫡長)이 그 녹(祿)을 세습한다.

<2등 공신>

본인과 어버이·처자에게 2계(階)를 올려주고, 아들이 없으면 조카·사위에게 1계를 올려주며 적장(嫡長)이 그 녹을 세습한다.

<3등 공신>

본인과 어버이·처자에게 1계(階)를 올려주고, 아들이 없으면 조카·사위에게 가계(加階)하며 적장(嫡長)이 그 녹을 세습한다.

16. 정사공신(靖社功臣)

- **공신 책정이유** : 1623년 3월 광해군을 몰아내고 능양군을 왕위에 오르게 한 일에 공이 있는 신하들에게 내린 포상
- **공신 책정일** : 인조 1년(1623) 윤 10월 18일
- **공신 명단**

등급	공신 명단
1등(10명)	김류(金瑬), 이귀(李貴), 신경진(申景禛), 이서(李曙), 최명길(崔鳴吉), 구굉(具宏), 심명세(沈命世) 〈삭훈〉 김자점(金自點), 심기원(沈器遠), 이흥립(李興立)
2등(15명)	신경인(申景禋), 이중로(李重老), 이시백(李時白), 이시방(李時昉), 장유(張維), 원두표(元斗杓), 이해(李澥), 신경유(申景裕), 박효립(朴孝立), 장돈(張暾), 구인후(具仁垕), 장신(張紳) 〈삭훈〉 이괄(李适), 김경징(金慶徵), 심기성(沈器成)
3등(28명)	박유명(朴惟明), 한교(韓嶠), 송영망(宋英望), 이항(李沆), 최내길(崔來吉), 신경식(申景植), 구인기(具仁墍), 조흡(趙潝), 이후원(李厚源), 홍진도(洪振道), 원유남(元裕男), 신준(申埈), 노수원(盧守元), 유백증(俞伯曾), 박정(朴炡), 홍서봉(洪瑞鳳), 이의배(李義培), 이기축(李起築), 이원영(李元榮), 송시범(宋時范), 강득(姜得), 홍효손(洪孝孫), 유순익(柳舜翼), 한여복(韓汝復), 홍진문(洪振文), 유구(柳頓) 〈삭훈→복훈〉 김원량(金元亮) 〈삭훈〉 김련(金鍊)

- **공신에 대한 포상**

인조실록, 승정원일기 등에서 전답 등을 준 기록을 찾지못함.

17. 진무공신(振武功臣)

- **공신 책정이유** : 인조 2년(1624)년 1월 22일 부원수 이괄이 역모 혐의로 자기의 아들을 잡으러 온 금부도사 등을 죽이고 반란을 일으켜 2월 10일 한양을 점령하였으나 뒤쫓아온 정부군이 당일 늦게 길마재(무악재)를 점령하자 이튿날인 2월 11일 이괄군과 정부군 사이에 전투가 벌어져 이괄군은 패배하고 도망가다가 이괄 등은 부하에게 죽임을 당하였다. 이 과정에서 공을 세운 사람들에게 준 포상
- **공신 책정일** : 인조 2년(1624) 3월 8일,
  - 추록 : 인조 2년(1624) 9월 13일(이우, 문회, 김광소),
    인조 3년 1월 3일(김기종, 남이웅)
- **공신 명단**

등급	공신 명단
1등(3명)	장만(張晩), 정충신(鄭忠信), 남이흥(南以興)
2등(9명)	이수일(李守一), 변흡(邊潝), 유효걸(柳孝傑), 김경운(金慶雲), 이희건(李希健), 조시준(趙時俊), 박상(朴瑺), 성대훈(成大勳) 〈**추록**〉 김기종(金起宗)
3등(20명)	신경원(申景瑗), 김완(金完), 이신(李愼), 이휴복(李休復), 송덕영(宋德榮), 최응일(崔應一), 김양언(金良彦), 김태흘(金泰屹), 오박(吳珀), 최응수(崔應水), 지계최(池繼漼), 이락(李珞), 이경정(李慶禎), 이택(李澤), 이정(李靖), 안몽윤(安夢尹) 〈**추록**〉 이우(李祐), 문회(文晦), 김광소(金光爀), 남이웅(南以雄)

- **공신에 대한 포상**

  인조실록, 승정원일기, 연려실기술에서 전답 등을 준 기록을 찾지못함.

- **그 외**

  <1등 공신>에게는 3계를, <2등 공신>에게는 2계를, <3등 공신>에게는 1계를 각각 올려주었으며 1628년 왕명에 따라 공신 또는 그 적장(嫡長)에게 1계씩 더 올려주었다.

18. 소무공신(昭武功臣)

- **공신 책정이유** : 횡성에 은거하던 전 익찬 이인거는 인조반정 공신들이 나라를 그르친다고 생각하여 인조 5년(1627) 9월 군사 70여명과 많은 백성들을 선동하여 반란을 일으켰으나 횡성현감 이탁남의 급보를 받은 원주목사 홍보 등의 공격으로 난이 진압되었다. 이때 공을 세운 사람들 포상.
- **공신 책정일** : 인조 5년(1627) 11월,
  - 추록 : 인조 6년 2월 2일(진극일)
- **공신 명단**

등급	공신 명단
1등(1명)	홍보(洪靌)
2등(2명)	이탁남(李擢男), 원극함(元克諴)
3등(3명)	이윤남(李胤男), 신경영(辛慶英)　〈**추록**〉 진극일(陳克一)

- **공신에 대한 포상**
  인조실록, 승정원일기 등에서 전답 등을 준 기록을 찾지못함.

19. 영사공신(寧社功臣)

- **공신 책정이유** : 광해군 때 우부승지 등을 지낸 유효립은 인조반정으로 제천에 유배되었다. 그는 측근들과 모의하여 광해군을 상왕으로 하고 인성군 공(珙)을 왕으로 추대하기로 하였으나 1628년 1월 전 부사 허적 등이 밀고하여 일당들은 모두 체포되었다. 그 과정에 공을 세운 사람들에게 내린 포상.
- **공신 책정일** : 인조 6년(1628) 3월 15일
- **공신 명단**

등급	공신 명단
1등(1명)	허적(許𥛚)

등급	공신 명단
2등(4명)	홍서봉(洪瑞鳳), 황성원(黃性元), 허계(許棨), 황진(黃縉), 허선(許選)
3등(5명)	김득성(金得聲), 김진성(金振聲), 신서회(申瑞會), 최산휘(崔山輝), 이두견(李斗堅)

■ **공신에 대한 포상**

인조실록, 승정원일기 등에서 전답 등을 준 기록을 찾지못함.

20. 영국공신(寧國功臣)

■ **공신 책정이유** : 인조 22년(1644) 3월 황헌, 이원로 등은 인조반정의 주역인 심기원 등이 인조를 제거하고 회은군 덕인(德仁)을 왕으로 추대하려 한다고 고변하자 구인후 등이 이들을 일망타진하는데 공을 세운 사람들 포상.
■ 이석룡은 1646.5.16. 유탁(柳濯) 역모사건 고변자로 공적이 다른 사람임.
■ **공신 책정일** : 인조 22년(1644) 6월 6일,
 - 추록 : 인조 24년 5월 16일(이석룡)
■ **공신 명단**

등급	공신 명단
1등(2명)	구인후(具仁垕), 김류(金瑬)
2등(2명)	황헌(黃瀗), 이원로(李元老)
3등(1명)	〈추록〉 이석룡(李碩龍)

■ **공신에 대한 포상**

인조실록, 승정원일기 등에서 전답 등을 준 기록을 찾지못함.

21. 보사공신(保社功臣)

- **공신 책정이유** : 숙종 6년(1680) 4월 당시의 권력자인 허적(許積)의 서자인 허견, 왕족인 복창군 형제 등의 역적모의를 적발하여 처리한 경신환국(庚申換局)에 공을 세운 신하에게 내린 포상.
- **공신 책정일** : 숙종 6년(1680) 5월 18일,
  - 추록 : 같은해 11월 21일(이사명, 김익훈, 조태상, 신범화, 이광한, 이원성)
- **공신 명단**

등급	공신 명단
1등(2명)	김석주(金錫胄), 김만기(金萬基)
2등(5명)	이입신(李立身) 〈추록〉 이사명(李師命), 김익훈(金益勳), 조태상(趙泰相), 신범화(申範華)
3등(5명)	남두북(南斗北), 박빈(朴斌) 〈추록→삭훈→복훈〉 이광한(李光漢), 이원성(李元成) 〈삭훈〉 정원로(鄭元老)

- **공신에 대한 포상**
  인조실록, 승정원일기 등에서 전답 등을 준 기록을 찾지못함.

22. 부사공신(扶社功臣)

- **공신 책정이유** : 경종 2년(1722) 지관 출신인 목호룡이 노론이 경종을 살해하기 위하여 3단계의 살해 계획을 도모했다는 삼급수설(三急手說)을 고변하여 노론측 인사 다수가 사형당하거나 유배된 사건에 공을 세운 사람 포상.
- **공신 책정일** : 경종 3년(1723) 2월 18일
- **공신 명단**

등급	공신 명단
3등(1명)	〈삭훈〉 목호룡(睦虎龍)

■ **공신에 대한 포상**

인조실록, 승정원일기 등에서 전답 등을 준 기록을 찾지못함.

23 분무공신(奮武功臣)=양무공신(揚武功臣)

■ **공신 책정이유** : 영조 4년(1728) 3월 15일 이인좌 등 소론 강경파가 영조를 임금으로 인정할 수 없다며 난을 일으켜 청주를 점령하고 서울로 진격하다가 안성, 죽산에서 정부군과 싸워 대패하고 이인좌는 붙잡혀 처형되었다. 동조자 정희량은 경상도에서 난을 일으켰다가 붙잡혀 처형되었다. 이 진압과 관련하여 공을 세운 사람들 포상. 영조 40년(1764) 3월 명나라 의종의 휘호에 분(奮)자가 있다고 이를 피해 양(揚)자로 바꾸었다.

■ **공신 책정일** : 영조 4년(1728) 4월 29일

■ **공신 명단**

등급	공신 명단
1등(1명)	오명항(吳命恒)
2등(6명)	박문수(朴文秀), 이삼(李森), 조문명(趙文命), 박필건(朴弼健), 김중만(金重萬), 이만유(李萬囿) 〈삭훈〉 박찬신(朴纘新)
3등(7명)	이수량(李遂良), 이익필(李益馝), 김협(金浹), 조현명(趙顯命), 이보혁(李普赫), 권희학(權喜學), 박동형(朴東亨)

■ **공신에 대한 포상** - 영조 4년(1728) 7월 19일

등급	포상 내역
1등	전 150결, 노비 13명, 구사 7명, 반당 10명, 은자 50량, 표리 1단, 내구마 1필,
2등	전 80결, 노비 9명, 구사 4명, 반당 6명, 은자 30량, 표리 1단, 내구마 1필,
3등	전 60결, 노비 7명, 구사 2명, 반당 4명, 은자 20량, 표리 1단, 내구마 1필,

■ 그 외

<1등 공신>

형상을 그려주고 본인은 3자급을 초수(超授)하고, 그 부모와 처자에게도 관작(官爵)을 주어 3자급을 초수하고 적장(嫡長)은 대대로 이어받아 그 녹(祿)을 잃지 않게 하고, 아들이 없는 사람은 생질(甥姪)과 사위에게 2등을 뛰어 올려주라.

<2등 공신>

형상을 그려주고 본인은 2계를 초수하고, 그 부모와 처자에게 관작을 주어 2계를 초수하며 적장(嫡長)은 대대로 이어받아 그 녹(祿)을 잃지 않게 하고, 아들이 없는 이는 생질이나 사위에게 1자급을 더함

<3등 공신>

형상을 그려주고 본인은 1계를 초수하고, 그 부모와 처자에게 관작을 주어 1계를 초수하며 적장(嫡長)은 대대로 이어받아 그 녹(祿)을 잃지 않게 하고, 아들이 없는 이는 생질이나 사위에게 자급을 더함

성씨별, 본관별 공신

성별(姓別)	명(名)	본관별
강(姜)	7	진주(晉州) 7
강(康)	3	신천(信川) 2, 곡산(谷山) 1
경(慶)	1	청주(淸州) 1
고(高)	4	제주(濟州) 3, 개성(開城) 1
곽(郭)	1	청주(淸州) 1
구(具)	9	능성(綾城) 9
권(權)	17	안동(安東) 17
기(奇)	3	행주(幸州) 3
김(金)	69	안동(安東) 13, 광산(光山) 8, 청풍(淸風) 6, 경주(慶州) 4, 연안(延安) 3, 순천(順川) 3, 김해(金海) 2, 삼척(三陟) 2, 언양(彦陽) 2, 김녕(金寧) 2, 강릉(江陵) 2, 가평(加平) 1, 상산(商山) 1, 상주(尙州) 1, 선산(善山) 1, 안산(安山) 1, 양근(楊根) 1, 연기(燕岐) 1, 영산(永山) 1, 원주(原州) 1, 의성(義城) 1, 진주(晉州) 1, 함창(咸昌) 1, 희천(熙川) 1, 불명 9
남(南)	7	의령(宜寧) 7
노(盧)	3	광주(光州) 1, 교하(交河) 1, 불명 1
마(馬)	1	장흥(長興) 1
맹(孟)	1	신창(新昌) 1
목(睦)	1	사천(泗川) 1
문(文)	3	남평(南平) 3
민(閔)	9	여흥(驪興) 9
박(朴)	34	밀양(密陽) 6, 순천(順川) 6, 반남(潘南) 5, 죽산(竹山) 5, 함양(咸陽) 3, 상주(尙州) 2, 고령(高靈) 1, 무안(務安) 1, 운봉(雲峰) 1, 충주(忠州) 1, 고성(高城) 1. 불명 2
반(潘)	1	거제(巨濟) 1
배(裵)	2	성산(星山) 1, 곤산(昆山) 1
백(白)	2	수원(水原) 2
변(邊)	3	원주(原州) 3
변(卞)	1	초계(草溪) 1

성별(姓別)	명(名)	본관별
봉(奉)	1	하음(河陰) 1
서(徐)	4	이천(利川) 2, 대구(大丘) 1, 불명 1
선(宣)	1	보성(寶城) 1
설(薛)	1	순창(淳昌) 1
성(成)	8	창녕(昌寧) 8
손(孫)	3	경주(慶州) 1, 불명 2
송(宋)	8	여산(礪山) 6, 연안(延安) 1, 진천(鎭川) 1
신(申)	16	평산(平山) 9, 고령(高靈) 4, 흥양(興陽) 1, 죽산(竹山) 1, 불명 1
신(辛)	7	영월(寧越) 5, 영산(靈山) 2
신(愼)	1	거창(居昌) 1
심(沈)	15	청송(靑松) 10, 풍산(豊山) 4, 부유(富有) 1
안(安)	6	순흥(順興) 2, 안산(安山) 1, 광주(廣州) 1. 불명 2
양(梁)	4	청주(淸州) 2, 남원(南原) 1, 불명 1
어(魚)	3	함종(咸從) 2, 충주(忠州) 1
엄(嚴)	1	영월(寧越) 1
여(呂)	1	함양(咸陽) 1
연(延)	1	곡산(谷山) 1
오(吳)	10	해주(海州) 4, 보성(寶城) 2, 흥양(興陽) 2, 영원(寧遠) 1, 나주(羅州) 1
우(禹)	2	단양(丹陽) 2
원(元)	5	원주(原州) 5
유(柳)	30	문화(文化) 12, 진주(晉州) 8, 영광(靈光) 3, 전주(全州) 2, 고흥(高興) 2, 서산(瑞山) 1, 풍산(豊山) 1, 불명 1
유(兪)	2	기계(杞溪) 2
유(劉)	1	강릉(江陵) 1
윤(尹)	29	파평(坡平) 16, 남원(南原) 4, 칠원(漆原) 3, 무송(茂松) 2, 해평(海平) 2, 양주(楊州) 1, 해주(海州) 1
이(李)	155	전주(全州) 50, 경주(慶州) 12, 광주(廣州) 11, 한산(韓山) 11, 연안(延安) 10, 전의(全義) 7, 함평(咸平) 6, 고성(固城) 4, 덕수(德水) 4, 평창(平昌) 3, 양성(陽城) 3, 원주(原州) 2, 청해(靑海) 2, 청주(淸州) 2, 성주(星州) 2, 용인(龍仁) 2, 홍주(洪州) 2, 함안(咸安) 1, 가평(加平) 1, 공주(公州) 1, 단양

성별(姓別)	명(名)	본관별
		(丹陽) 1, 벽진(碧珍) 1, 상산(商山) 1, 수안(遂安) 1, 아산(牙山) 1, 안성(安城) 1, 양산(梁山) 1, 영천(永川) 1, 여주(驪州) 1, 인천(仁川) 1, 장수(長水) 1, 재령(載寧) 1, 진보(眞寶) 1, 합천(陜川) 1, 해주(海州) 1, 불명 4
임(林)	3	평택(平澤) 2, 예천(醴泉) 1
임(任)	4	장흥(長興) 1, 풍천(豊川) 1, 불명 2
장(張)	13	안동(安東) 4, 인동(仁同) 3, 덕수(德水) 3, 단양(丹陽) 1, 불명 2
전(全)	1	정선(旌善) 1
전(田)	1	하음(河陰) 1
정(鄭)	26	동래(東萊) 7, 하동(河東) 5, 청주(淸州) 4, 경주(慶州) 2, 초계(草溪) 2, 해주(海州) 1, 봉화(奉化) 1, 영일(迎日) 1, 온양(溫陽) 1. 불명 2
조(趙)	23	풍양(豊壤) 7, 한양(漢陽) 4, 평양(平壤) 3, 김제(金堤) 2, 배천(白川) 2, 신창(新昌) 1, 양주(楊州) 1, 불명 3,
조(曺)	5	창녕(昌寧) 5
지(池)	1	충주(忠州) 1
진(陳)	1	여양(驪陽) 1
차(車)	1	연안(延安) 1
채(蔡)	1	인천(仁川) 1
최(崔)	19	경주(慶州) 6, 전주(全州) 3, 수성(隋城) 3, 해주(海州) 2, 삭녕(朔寧) 1, 탐진(耽津) 1, 불명 3
하(河)	1	진주(晉州) 1
한(韓)	27	청주(淸州) 26, 개성(開城) 1
함(咸)	2	강릉(江陵) 2
허(許)	8	양천(陽川) 8
홍(洪)	19	남양(南陽) 16, 당성(唐城) 2, 풍산(豊山) 1
황(黃)	11	장수(長水) 6, 창원(昌原) 3, 상주(尙州) 1, 평해(平海)1
계	664명	

공신열전

강 - 봉

강곤(康袞)

- **출생, 사망** : 1411~1484
- **출신** : 무과
- **부모** : 평양서윤 강생경(康生敬), 총랑(摠郎) 장연(張縯)의 딸
- **공신 내용** : 정난공신(3등), 익대공신(3등), 좌리공신(3등)

본관은 신천(信川)이고 무과에 급제 후 내금위 소속 무관으로 단종 즉위년(1452) 10월 수양대군이 단종의 고명(誥命)사은사로 명나라에 갈 때 수행하였다. 이듬해 10월 수양대군이 일으킨 계유정난에 가담하여 정난공신(靖難功臣)에 녹훈(錄勳)되고 호군(護軍)이 되었다.

1455년 세조가 즉위하자 첨지중추원사가 되었으며 이듬해 동지중추원사에 오르고 신천군(信川君)에 봉해졌다. 1459년 충청도도절제사를 지냈고 예종 즉위년(1468) 남이(南怡)의 옥사 처리에 공을 세워 익대공신(翊戴功臣)에 녹훈되고 전라도절도사가 되었으며 성종 즉위 및 보좌에 공이 있어 성종 2년(1471) 좌리공신(佐理功臣)에 녹훈되었다. 1474년 영안남도절도사(永安南道節度使), 1481년 지중추부사가 되었다.

- **시호(諡號)** : **공양(恭襄)** -성종실록 15년(1484) 2월 12일

강득(姜得)

- **출생, 사망** : ?~?
- **출신** : 불명
- **부모** : 강수천(姜守泉), 전주이씨(全州李氏)
- **공신 내용** : 정사공신 (3등)

본관은 진주(晉州)이고 장단부의 파총(把摠)으로 장단부사 이서(李曙)를 따라 인조반정에 참여하여 정사공신(靖社功臣)에 녹훈되고 진평군(晉平君)에 봉해졌으며 가선대부에 오르고 맹산군수 등을 지냈다.

강맹경(姜孟卿)

- **출생, 사망** : 1410~1461
- **출신** : 문과

- **부모** : 지창녕현사 강우덕(姜友德), 지보주사 이혜(李惠)의 딸
- **공신 내용** : 좌익공신(2등)

본관은 진주(晉州)이고 자(字)는 자장(子章)이다. 세종 11년(1429) 문과 급제 후 사인·지승문원사·집의를 지냈다. 문종 1년(1451) 동부승지, 이듬해 도승지·이조 참판이 되었고 뒤이어 예문관제학·의정부우참찬을 역임하였다. 1455년 세조 즉위에 협력한 공으로 좌익공신(佐翼功臣)에 녹훈되고 진산부원군(晉山府院君)에 봉해졌다. 세조 2년(1456) 좌찬성을 거쳐 이듬해 우의정에 오르고 1458년 좌의정을 거쳐 이듬해 영의정이 되었다.

- **시호(諡號)** : **문경(文景)** -세조실록 7년(1461) 4월 17일

강순(康純)

- **출생, 사망** : 1390~1468
- **출신** : 갑사(甲士)
- **부모** : 무안현사 강진(康鎭), 부사 유경(柳坰)의 딸
- **공신 내용** : 적개공신 (1등)

본관은 곡산(谷山)이고 갑사(甲士)로 벼슬을 시작하였으며 문종 즉위년(1450) 첨지중추원사로 있다가 회령도호부사·판 의주목사를 지내고 세조 4년(1458) 다시 첨지중추원사로 복귀하였다. 세조 6년(1460) 판 길주목사로 부임했다가 새로 설치된 영북진(寧北鎭)도호부사로 전임되었다. 그 뒤 신숙주의 모련위(毛憐衛) 야인(野人) 정벌에 종군해 공을 세우고 자헌대부에 오르고 종성절제사가 되었다.

이듬해 함길도도절제사가 된 뒤 세조 11년(1465) 중추원사로 전임되었다. 세조 12년(1467) 이시애(李施愛)가 난을 일으키자 진북장군(鎭北將軍)으로 평안도 병사를 이끌고 남이(南怡) 등과 함께 홍원·북청 등지에서 반란군을 격파하는 큰 공을 세웠다. 그 공으로 적개공신(敵愾功臣) 1등에 녹훈되고 우의정, 산양군(山陽君)에 제수되었다.

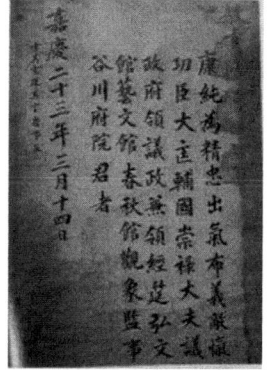

강순 공신녹권

이어 서정장군(西征將軍)으로 남이·어유소 등과 압록강을 건너 건주위(建州衛)의 동북쪽 파저강 올미부(兀彌部)의 여러 곳을 소탕하고 추장 이만주(李滿住)를 죽이는 등 공을 세웠다. 세조 14년(1468) 신천부원군(信川府院君)으로 영

의정 겸 오위도총관이 되었다. 같은 해 세조가 사망하고 예종이 즉위하자 그해 10월 유자광의 무고로 일어난 남이의 옥사에 연루되어 사형당하였다. 순조 18년(1818) 누명이 풀리고 관작이 복구되었다.
- **시호**(諡號) : **장민**(莊愍) -고종실록 8년(1871) 3월 16일
- 참고 : 신천 강씨 족보에도 등재되어 있음.

강신(姜紳)
- **출생, 사망** : 1543~1615
- **출신** : 문과
- **부모** : 우의정 강사상(姜士尙), 훈련원 부정(副正) 윤광운(尹光運)의 딸
- **공신 내용** : 평난공신(3등)

본관은 진주(晉州)이고 자(字)는 면경(勉卿)이며 호는 동고(東皐)이다. 선조 10년(1577) 문과에 장원급제하였고 여러 관직을 거쳐 1589년 정여립의 역모 사건 처리에 문사랑(問事郞)으로 참여하여 그 공으로 평난공신(平難功臣)에 책록되고 진흥군(晉興君)에 봉해졌다.

이조의 낭관(郞官)·홍문관직을 역임하고 1592년 승지로 있다가 임진왜란이 일어난 뒤 강원도관찰사로 임명되었고 이후 도승지·대사간·경기도관찰사·우참찬·좌참찬 등을 역임했다.
- **시호**(諡號) : **의간**(懿簡) -청선고

강윤희(康允禧)
- **출생, 사망** : 예종~중종 무렵
- **출신** : 공신
- **부모** : 지중추부사 강곤(康袞), 사인(舍人) 이장손(李長孫)의 딸
- **공신 내용** : 정국공신(4등)

본관은 신천(信川)이고 중종반정에 참여하여 공신이 되고 신평군(信平君)에 봉해졌다.
- 참고 : 족보에 시호가 경무(景武)라고 되어있으나 시호 받은 근거 불명

강인(姜絪)
- **출생, 사망** : 1555~1634
- **출신** : 천거(학행)

■ **부모** : 우의정 강사상(姜士尙), 훈련원 부정(副正) 윤광운(尹光運)의 딸
■ **공신 내용** : 호성공신(3등)

본관은 진주(晉州)이고 자(字)는 인경(仁卿)이며 호는 시암(是庵)이다. 학행으로 천거되어 왕자사부에 제수되었고 1592년 임진왜란 때 의주로 몽진하는 선조를 호종하였으며 여러 고을의 수령을 지낸 뒤 선조 27년(1594) 공조좌랑이 되었다. 이듬해 영유현령, 1602년 선천군수가 되었다. 1604년 호성공신(扈聖功臣)에 녹훈되고 진창군(晉昌君)에 봉해졌다.

이듬해 홍주목사가 되고 광해군 2년(1610) 상주목사를 역임했다. 1632년 한성부 좌윤, 1634년 한성부 우윤을 역임하였다.

강지(姜漬)
■ **출생, 사망** : 1453~1517   ■ **출신** : 음직
■ **부모** : 정랑 강이찬(姜利纘), 우부승지 이문환(李文煥)의 딸
■ **공신 내용** : 정국공신(4등)

본관은 진주(晉州)이며 음직으로 관직을 시작하여 성종 8년(1477) 겸사복(兼司僕)이 되었고 고산리첨절제사·벽동군수·용천군수를 거쳐 군자감첨정·선공감부정(副正) 등을 지냈다. 그 뒤 정평(定平)부사를 지내다 1년 만에 투옥되었고 이듬해 중종반정시 공을 세워 정국공신(靖國功臣)에 녹훈되고 영선군(永善君)에 봉해졌다.

중종 5년(1510) 겸사복장·오위장이 되었고 중종 9년(1514) 삼척부사, 중종 11년(1516) 동지중추부사가 되었다. 사망 후 병조판서에 추증되었다.

■ **시호(諡號)** : **소정**(昭靖) -청선고

강혼(姜渾)
■ **출생, 사망** : 1464~1519   ■ **출신** : 문과
■ **부모** : 강인범(姜仁範), 호군 여인보(呂仁甫)의 딸
■ **공신 내용** : 정국공신(3등)

본관은 진주(晉州)이고 자(字)는 사호(士浩)이며 호는 목계(木溪)이다. 1486년 문과에 급제하였고 연산군 4년(1498) 무오사화가 일어나자 김종직의 문인(門人)이라 하여 장류(杖流)되었다가 얼마 뒤 풀려났다. 그 뒤 문장과 시를 잘하여 연산군의 총

애를 받고 도승지에 올랐다.

1506년 중종반정 당일 주동자 박원종 등이 죽이려 하였으나 영의정 유순(柳洵)의 주선으로 반정에 가담하여 정국공신(靖國功臣)에 녹훈되고 진천군(晉川君)에 봉해졌다. 그 뒤 대제학·공조판서를 거쳐 중종 7년(1512) 한성부판윤이 되고, 이어 우찬성·판중추부사에 이르렀다.

- 시호(諡號) : **문간**(文簡) -승정원일기 고종 20년(1883) 12월 1일(이전)

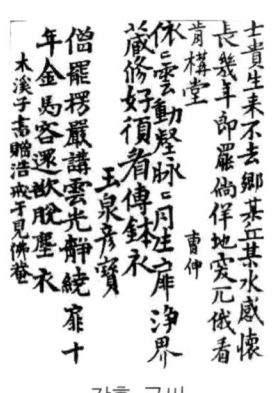

강혼 글씨

강희맹(姜希孟)

- 출생, 사망 : 1424~1483
- 출신 : 문과
- 부모 : 지돈녕부사 강석덕(姜碩德), 영의정 심온(沈溫)의 딸
- 공신 내용 : 익대공신(3등), 좌리공신(3등)

본관은 진주(晉州)이고 자(字)는 경순(景醇)이며 호는 사숙재(私淑齋)이다. 세종 29년(1447) 문과에 장원급제하여 종부시 주부가 되고 이후 예조좌랑·돈녕부 판관을 지냈다. 단종 1년(1453) 예조정랑이 되었으며 1463년 이후 중추원부사·세자빈객·예조판서·형조판서 등을 지냈다.

강희맹 공신녹권

예종 즉위년(1468) 남이(南怡)의 역모사건 처리에 기여한 공으로 익대공신(翊戴功臣)에 추록되고 진산군(晉山君)에 봉해졌다. 성종 즉위 및 보좌에 공이 있어 성종 2년(1471) 좌리공신(佐理功臣)에 녹훈되고 지춘추관사·돈녕부판사·우찬성 등을 거쳐 1482년 좌찬성에 이르렀다. 세종의 왕비 소헌왕후가 이모이다.

- 시호(諡號) : **문양**(文良) -성종실록 14년(1483) 2월 18일

경종지(慶宗智)

- 출생, 사망 : ?~?
- 출신 : 무과
- 부모 : 경안국(慶安國), 창녕성씨(昌寧成氏)

■ **공신 내용** : 호성공신(3등)

본관은 청주(淸州)이며 무과에 급제 후 여러 관직을 거쳐 임진왜란으로 의주로 몽진하는 선조를 수가(隨駕)하였다. 선조 30년(1597) 임실현감이 되었으나 탕패한 고을을 다스리기에 적합하지 않다는 사헌부의 보고에 의해 교체되었다. 선조 37년(1604) 호성공신(扈聖功臣)에 녹훈되고 낭성군(浪城君)에 봉해졌다. 사망 후인 광해군 4년(1612) 공조판서로 추증되었다.

경종지 공신녹권

고려(高呂)

- ■ **출생, 사망** : ?~1402
- ■ **출신** : 불명
- ■ **부모** : 병마절제사 고영수(高永壽), 찬성사 권현(權鉉)의 딸
- ■ **공신 내용** : 개국공신(3등)

본관은 제주(濟州)이며 고려 때 여러 관직을 거쳐 고려말 상장군·이부시랑 등을 지냈다. 고려 우왕 6년(1380) 황산대첩 때 삼도도순찰사 이성계(李成桂) 휘하에서 전공을 세웠고 1385년 함주(咸州)·북청 등지에 왜적 150여 척이 침입하였을 때 이성계의 휘하 별장(別將)으로 이를 소탕하는데 공을 세웠다.

공양왕 4년(1392) 이방원(태종)의 명으로 조영규 등과 함께 정몽주를 격살하였다. 1392년 7월 조선을 개국하고 이성계를 왕위에 옹립하는데 기여한 공으로 같은 해 8월 개국공신(開國功臣)에 녹훈되었으며 전의감에 임명되고 고성군(高城君)에 봉해졌다. 1398년 제1차 왕자의 난으로 태조가 정종에게 양위하고 함경도지방으로 가자 태조를 모시고 갔다.

고수겸(高守謙)

- ■ **출생, 사망** : ?~?
- ■ **출신** : 무과

- **부모** : 홍원현감 고맹손(高孟孫), 어머니는 불명
- **공신 내용** : 정국공신(3등)

본관은 개성(開城)이며 연산군 4년(1498) 무과 급제 후 발포만호·선전관 등을 지냈고 중종반정에 참여하여 공신에 책록되고 개성군(開城君)에 봉해졌으며 이후 군수를 지냈다.

- **참고** : 족보에는 문과에 급제하고 강원감사를 지냈고 사후 예조판서에 증직되었다고 되어있으나 <한국역대인물종합정보시스템>에는 연산군 4년(1498) 무과에 급제하였다고 되어있음.

고언백(高彦伯)

- **출생, 사망** : ?~1608
- **출신** : 무과
- **부모** : 고춘방(高春邦), 전주이씨(全州李氏)
- **공신 내용** : 선무공신(3등)

본관은 제주(濟州)이며 강화도 교동의 향리였다가 선조 9년(1576) 무과에 급제 후 종사관·청성만호 등을 역임하였다. 1592년 임진왜란이 일어나자 영원군수(寧遠郡守)로서 대동강 등지에서 적을 맞아 싸웠고 양주목사로 승진하여 그해 10월 삭녕전투에서 대승을 거두었다.

이듬해 양주에서 왜병 42명을 참살한 공으로 2품으로 승진하였고 태릉이 한때 왜군의 침범을 받았으나 고언백의 수비로 여러 능이 잘 보호될 수 있었다. 그 공으로 경기도방어사에 영전하였다.

또 명나라 군사를 도와 서울 탈환에 공을 세우고 경상좌도병마절도사로 승진하였으며, 정유재란 때는 경기도방어사가 되어 전공을 크게 세웠고, 선조 37년(1604) 선무공신(宣武功臣)에 녹훈되고 제흥군(濟興君)에 봉하여졌다. 1608년 광해군이 왕위에 올라 임해군을 제거할 때 임해군과 가깝다고 하여 처형되었다. 인조반정 후 복관되고 병조판서에 추증되었다.

고언백 묘

고희(高曦)

- **출생, 사망** : 1550~1615
- **출신** : 무과
- **부모** : 군수 고사렴(高士廉), 참봉 안수인(安守仁)의 딸
- **공신 내용** : 호성공신(3등)

본관은 제주(濟州)이며 선조 17년(1584) 무과에 급제한 후 여러 관직을 거쳐 선조 25년(1592) 임진왜란이 발생하자 선전관으로 왕을 수행하다가 선천에 이르러 특지로 곽산군수가 되었다. 1594년 덕천군수가 되었고 1597년 정유재란 때 공세전운사(貢稅轉運使)에 임명되어 명나라 사신들의 영접에 진력하였다.

그 뒤 부령부사·박천군수 등을 지냈고 1601년 군기시 판관으로 옮겼다가 이듬해 유원첨사가 되었다. 1604년 호성공신(扈聖功臣)에 녹훈되고 영성군(瀛城君)에 봉하여졌으며 이후 풍천부사·용천군수 등을 지냈고 사망 후 호조판서에 추증되었다.

곽연성(郭連城)

- **출생, 사망** : ?~1464
- **출신** : 내금위→무과
- **본관** : 청주(淸州)
- **관직** : 경상도도절제사
- **부모** : 좌찬성 곽충보(郭忠輔), 어머니는 불명
- **공신 내용** : 정난공신(2등)

본관은 청주(淸州)이고 자(字)는 보지(保之)이며 호는 안양(安襄)이다. 내금위에 속해 있다가 무과에 급제하였고 단종 즉위년(1452) 10월 수양대군이 단종의 고명(誥命) 사은사로 명나라에 갈 때 수행하였다. 단종 1년(1453) 10월 수양대군이 계유정난을 일으킬 때 어머니상(喪)을 당해 집에 있었으나 수양대군의 부름을 받고 즉시 나아가 협력한 공으로 정난공신(靖難功臣)에 녹훈되고 청성군(淸城君)에 봉해졌다.

세조 3년(1457) 무과중시에 급제하고 첨지중추원사·함길도병마도절제사·경창부윤(慶昌府尹)등을 지내고 이듬해 한성부윤이 되었다. 1459년 동지중추원사에 제수되며 청평군(淸平君)에 봉해졌고, 1460년 이조참판 등을 지내고 경상도도절제사가 되었다.

- **시호(諡號)** : **안양**(安襄) -세조실록 10년(1464) 12월 25일

구겸(具謙)

- **출생, 사망** : ?~1494(?)
- **출신** : 군관
- **부모** : 목사 구치명(具致明), 평해군사 전유성(全由性)의 딸
- **공신 내용** : 적개공신(2등)

본관은 능성(綾城)이며 세조 13년(1467) 5월 이시애(李施愛)의 난 때 도총사 이준(李浚)의 군관으로 종군하여 그 공로로 적개공신(敵愾功臣)에 녹훈되고 능산군(綾山君)에 봉해지고 첨지중추부사에 올랐다. 그 해 건주야인(建州野人)을 정벌할 때 진서대장군(鎭西大將軍)이 된 큰아버지 영의정 구치관을 따라 호분위(虎賁衛)의 위장(衛將)으로 출전하여 공을 세웠다.

성종 6년(1475) 경상우도병마절도사를 지냈고 1492년 의주목사가 되었다.

- **시호(諡號)** : **장양(莊襄)** -청선고

구굉(具宏)

- **출생, 사망** : 1577~1642
- **출신** : 음직→무과
- **부모** : 좌찬성 구사맹(具思孟), 우승지 신상(申常)의 딸
- **공신 내용** : 정사공신(1등)

본관은 능성(綾城)이고 자(字)는 인보(仁甫)이며 호는 군산(群山)이다. 1598년 음직으로 도총부도사가 되었고 선조 41년(1608) 무과에 급제하였다. 이후 장연현감 등을 지냈고 1623년 이귀·이서 등이 주도한 반정에 참여하여 정사공신(靖社功臣)에 녹훈되고 능성군(綾城君)에 봉해졌다. 이후 지중추부사·한성판윤이 되었고 1629년 통제사에 제수되었다.

1631년 형조판서가 되었고 1636년 병자호란 때에는 공조판서로서 임금을 호종해 남한산성으로 들어가 총융사로서 경기도의 군사를 거느리고 남성(南城)을 지켰다. 그 뒤 능성부원군에 책봉되었고 병조판서, 형조판서, 훈련원·어영청·총융청의 직을 두루 역임하였다. 인조의 외삼촌이다.

- **시호(諡號)** : **충목(忠穆)** -청선고

구문신(具文信)

- **출생, 사망** : 1415~1485
- **출신** : 음직

- **부모** : 공조판서 구서(具緒), 중랑장 전오돈(全五敦)의 딸
- **공신 내용** : 좌리공신(4등)

　본관은 능성(綾城)이고 자(字)는 가립(可立)이며 호는 양평(襄平)이다. 세종 19년(1437) 음직으로 내금위에 속하였으며 곧 겸사복직장(兼司僕直長)에 제수되고 여러 번 옮겨 여연진(閭延鎭)첨절제사를 거쳐 단종 즉위년(1452) 첨지중추원사에 임명되었다. 1454년 강계도병마절제사 겸 도호부사를 지냈고 세조 4년(1458) 동지중추원사, 상호군 등을 지냈다.

　이어 경창부윤(慶昌府尹)을 지내고 1463년 경상우도병마도절제사를 거쳐 성종 1년(1470) 도총부의 겸도총관이 되었다. 성종 즉위 및 보좌에 공이 있어 성종 2년(1471) 좌리공신(佐理功臣)에 녹훈되고 능원군(綾原君)에 봉해졌으며 1478년 경상우도수군절도사, 1482년 겸도총관 등을 지냈다.

- **시호**(諡號) : **양평**(襄平) -성종실록 16년(1485) 윤4월 10일

구성(具宬)

- **출생, 사망** : 1558~1618
- **출신** : 문과
- **부모** : 좌찬성 구사맹(具思孟), 우승지 신상(申常)의 딸
- **공신 내용** : 호성공신(2등)

　본관은 능성(綾城)이고 자(字)는 원유(元裕)이며 호는 초당(草塘)이다. 선조 18년(1585) 문과 급제 후 예조정랑 등을 거쳐 1589년 정언(正言)으로서 정여립의 역모사건 처리에 소홀하여 파직되었다. 얼마 뒤 병조좌랑으로 복직되어 성균관직강·병조정랑을 지냈으며 임진왜란이 일어나자 의주로 몽진하는 선조를 수가(隨駕)하였다.

　이후 집의·좌승지·형조참의 등을 지내고 1596년 이후 호조참판, 판결사(判決事), 해주목사를 거쳐 1601년 대사성에 승진되었으나 다시 정여립 역모사건 처리와 관련 홍주(洪州)에 유배되었다. 1604년 호성공신(扈聖功臣)에 녹훈되었고 능해군(綾海君)에 봉해졌다. 인조의 외삼촌으로 인조반정 후 영의정에 추증되었다.

- **시호**(諡號) : **충숙**(忠肅) -청선고

구수영(具壽永)

- **출생, 사망** : 1456~1523
- **출신** : 영응대군 사위

- **부모** : 지중추부사 구치홍(具致洪), 좌랑 송계후(宋啓後)의 딸
- **공신 내용** : 정국공신(2등)

본관은 능성(綾城)이고 자(字)는 미숙(眉叔)이다. 12세 때 세조의 아우 영응대군의 사위가 되고 부호군이 되었다. 예종이 즉위한 뒤 절충장군에 오르고 1469년 성종이 즉위하자 지중추부사가 되었다. 성종 16년(1485) 지돈녕부사가 되었고 성종 24년(1493) 오위도총부 도총관이 되어 중앙군을 통솔하였고 상의원제조를 겸하였다. 연산군 7년(1501) 지돈령부사가 되고 이어 판돈령부사, 판의금부사가 되었다.

1505년 장악원 제조가 되었고 이어 한성판윤이 되었다. 중종반정이 일어나자 이에 협력하여 정국공신(靖國功臣)에 녹훈되고 능천부원군(綾川府院君)에 봉해졌다. 그러나 연산군의 충복이었다는 탄핵을 받아 중종 4년(1509) 파직되었다.

구인기(具仁墍)
- **출생, 사망** : 1597~1676
- **출신** : 공신
- **부모** : 병조판서 구굉(具宏), 사의(司議) 조정(趙玎)의 딸
- **공신 내용** : 정사공신(3등)

본관은 능성(綾城)이고 자(字)는 후경(厚卿)이다. 인조와 외 4촌간으로 인조가 왕위에 오르기 전에 함께 공부하였으며 인조반정에 처음부터 깊이 관여한 공으로 정사공신(靖社功臣)에 녹훈되었다. 이어 사헌부감찰에 제수되었고 이후 군자감판관·홍천현감·김제군수·청주목사 등을 지냈다.

1640년 첨지중추부사로 소현세자가 머물고 있는 심양관(瀋陽館)에 파견되었고 인조 26년(1648) 수원부사가 되고 능풍군(綾豊君)에 봉해졌으며 이후 충청도병마절도사·공조참판·총융사 등을 거쳐 공조판서에 이르렀다. 1675년 능풍부원군(綾豊府院君)에 봉해졌고 사망 후 영의정에 추증되었다.
- **시호**(諡號) : **충간**(忠簡) -숙종실록 2년(1676) 4월 9일

구인후(具仁垕)
- **출생, 사망** : 1578~1658
- **출신** : 무과
- **부모** : 대사성 구성(具宬), 별좌 정억령(鄭億齡)의 딸
- **공신 내용** : 정사공신(2등), 영국공신(1등)

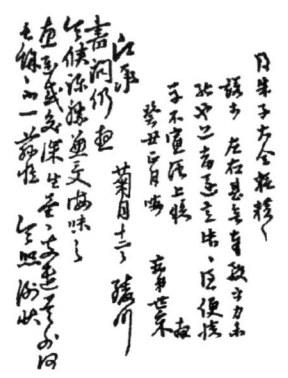
구인후 글씨

본관은 능성(綾城)이고 자(字)는 중재(仲載)이며 호는 유포(柳浦)이다. 선조 36년(1603) 무과에 급제 후 1606년 선전관이 되고 고원군수·갑산부사 등을 지냈고 인조반정 모의에 처음부터 참여하였다. 그 공으로 정사공신(靖社功臣)에 녹훈되고 능천군(綾川君)에 봉해졌다.

인조반정 뒤 통제사·한성부윤을 거쳐 1627년 정묘호란으로 인조가 강화도로 몽진할 때는 주사대장(舟師大將)이 되었다. 이후 전라도병마절도사·포도대장·충청도병마절도사·수원방어사 등을 역임했다. 1636년 병자호란 때는 군사 3,000명을 거느리고 남한산성에 들어가 국왕을 호위했으며 그 공으로 어영대장이 되었다.

병자호란 후 도총부도총관·비변사 제조·판의금부사 등을 겸임했으며 인조 22년(1644) 3월 심기원(沈器遠) 등의 역모사건을 잘 처리한 공으로 그해 6월 영국공신(寧國功臣)에 녹훈되고 능천부원군(綾川府院君)에 봉해졌다. 이후 병조판서를 비롯해, 형조·공조의 판서와 수원부사·훈련대장 등을 두루 역임했다.

효종 3년(1652) 판의금부사·홍청도병마절도사가 되었고, 이듬해 우의정이 되었고 이후 좌의정에 올랐다. 인조와 외 4촌간이다

■ **시호**(諡號) : **충무**(忠武) -효종실록 10년(1659) 윤3월 18일

구치관(具致寬)

- ■ **출생, 사망** : 1406~1470
- ■ **출신** : 문과
- ■ **부모** : 공주목사 구양(具揚), 황해도관찰사 윤사영(尹思永)의 딸
- ■ **공신 내용** : 좌익공신(3등), 좌리공신(2등)

본관은 능성(綾城)이고 자(字)는 이율(而栗)이다. 세종 16년(1434) 문과 급제 후 예문관 검열에 등용되었고 1453년 계유정난에 가담하여 동부승지로 발탁되었고 이어서 좌승지가 되었다.

1455년 세조의 즉위를 도와 좌익공신(佐翼功臣)에 녹

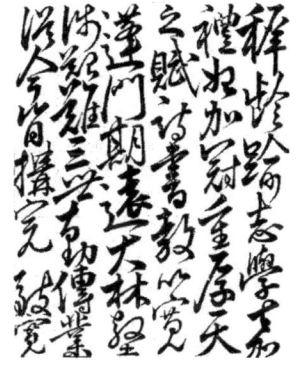
구치관 글씨

훈되고 능성부원군에 봉해졌으며 평안도병마절도사·이조판서·우의정을 거쳐 1466년 영의정에 올랐다. 이듬해 건주위(建州衛)의 여진족이 변방을 침입하자 진서대장군이 되어 여진족을 토벌하여 세조로부터 "능성은 나의 만리장성"이라는 칭찬을 들었다. 성종 즉위 및 보좌에 공이 있어 성종 2년(1471) 좌리공신(佐理功臣)에 추록되었다.

- **시호**(諡號) : **충렬**(忠烈) -성종실록 1년(1470) 9월 13일

구현휘(具賢暉)
- **출생, 사망** : 성종~중종 무렵
- **출신** : 역사(力士)
- **부모** : 형조판서 구겸(具謙), 어머니는 불명
- **공신 내용** : 정국공신(3등)

본관은 능성(綾城)이고 성종 22년(1491) 영안도 오랑캐를 정벌하러 갈 때 부원수 이계동의 군관으로 참여하여 공을 세웠고 중종반정에 참여하여 중종 1년(1506) 정국공신(靖國功臣)에 녹훈되고 능성군(綾城君)에 봉해졌으며 중종 5년(1510) 절충장군, 조방장이 되었다.

- **시호**(諡號) : **양녕**(襄寧) -청선고

권감(權瑊)
- **출생, 사망** : 1423~1487
- **출신** : 음직
- **부모** : 중추원부사 권극화(權克和), 좌참찬 조계생(趙啓生)의 딸
- **공신 내용** : 익대공신(3등), 좌리공신(1등)

본관은 안동(安東)이고 자(字)는 차옥(次玉)이다. 세종 26년(1444) 음직으로 사직서 녹사(錄事)가 되었고 세조 1년(1456) 주부(注簿)로서 좌익원종공신이 되었으며 이후 황해도도사·호조정랑 등을 거쳐 세조 13년(1467) 도승지를 역임했다. 1468년 예종 즉위 후 남이(南怡)의 옥 처리 및 예종 즉위에 공을 세워 익대공신(翊戴功臣)에 녹훈되고 화천군(花川君)에 봉해졌다.

성종 즉위 및 보좌에 공이 있어 성종 2년(1471) 좌리공신(佐理功臣)에 녹훈되었고 이듬해 대사헌이 되었으며 1473년 판한성부윤이 되었다. 1477년 판중추부사, 1478년 의정부 좌참찬, 1483년 병조판서가 되었다.

- **시호**(諡號) : **양평**(襄平) -성종실록 18년(1487) 9월 6일

권개(權愷)
- **출생, 사망** : ?~1468
- **출신** : 문과
- **부모** : 권식(權湜), 양일우(梁一雨)의 딸
- **공신 내용** : 좌익공신(3등)

본관은 안동(安東)이며 세종 29년(1447) 문과에 급제하였고 여러 관직을 거쳐 병조정랑에 임명되었다. 단종 1년(1453) 수양대군이 계유정난을 일으키던 날 대궐 안에 입직해 있다가 분주하게 움직였고 세조 즉위에 기여하여 좌익공신(佐翼功臣)에 녹훈되었다.

이듬해 판종부시사·좌사간을 지내고 세조 3년(1457) 지병조사·병조참의, 이듬해 첨지중추원사, 1461년 강원도관찰사가 되었고 이듬해 복천군(福川君)에 봉해지고 전라도도관찰사, 경상도도관찰사에 임명되었다. 1463년 중추원부사가 되었다가 경기관찰사가 되었다.

- **시호**(諡號) : **문평**(文平) -세조실록 14년(1468) 5월 24일

권경(權擎)
- **출생, 사망** : 1429~1482
- **출신** : 음직
- **부모** : 우찬성 권제(權踶), 사재감사 이준(李儁)의 딸
- **공신 내용** : 정난공신(3등)

본관은 안동(安東)이고 자(字)는 신지(愼之)이다. 세종 30년(1448) 음직으로 중군사용(中軍司勇)이 되고 단종 1년(1453) 계유정난에 참여하여 정난공신(靖難功臣)에 녹훈되고 종부시주부가 되었다. 이듬해 형조정랑이 되고 1456년 예빈시소윤이 되었고 이후 사재감부정·사복시소윤 등을 거쳐 세조 6년(1460) 판사복시사(判司僕寺事)가 되었다가 이듬해 첨지중추원사를 거쳐 공조참의가 되었다.

1463년 이후 상호군·동지중추원사를 지냈고 영가군(永嘉君)에 봉해졌다. 1467년 이조참판, 1477년 경상우도병마절도사, 1481년 자헌대부 행사직(行司直)에 이르렀다. 계유정난의 주모자 권람의 동생이다.

- **시호**(諡號) : **양정**(襄靖) -성종실록 13년(1482) 1월 17일

권공(權恭)
- **출생, 사망** : ?~1462
- **출신** : 부마(태종의 딸 숙근옹주)
- **부모** : 강계도호부사 권복(權復), 교서감 왕미(王麛)의 딸
- **공신 내용** : 좌익공신(3등)

본관은 안동(安東)이고 자(字)는 경부(敬夫)이다. 세종 14년(1432) 태종의 딸 숙근옹주와 결혼하고 화천군(花川君)에 책봉되었다. 단종 1년(1453) 경상좌도병마도절제사를 역임하고 화천위(花川尉)에 개수(改修)되었으며 세조 즉위에 협력하여 세조 1년(1455) 좌익공신(佐翼功臣)에 녹훈되고 화천군에 봉해졌다.

- **시호(諡號)** : **양효**(襄孝) -세조실록 8년(1462) 4월 14일

권균(權鈞)
- **출생, 사망** : 1464~1526
- **출신** : 문과
- **부모** : 현감 권형(權迥), 사직 박윤문(朴允文)의 딸
- **공신 내용** : 정국공신(4등)

본관은 안동(安東)이고 자(字)는 정경(正卿)이며 호는 유연당(悠然堂)이다. 성종 22년(1491) 문과에 급제 후 사관(史官)이 되었고 여러 관직을 거쳐 연산군 1년(1495) 이후 충익부도사·춘추관기주관(記注官)·교리·장령 등을 거쳐 1502년 보덕(輔德)이 되었고 이듬해 동부승지가 되었다.

1505년 도승지, 다음해 공조판서를 지내고 1506년 중종반정에 협력하여 정국공신(靖國功臣)에 녹훈되고 영창군(永昌君)에 봉해졌다. 1507년 좌참찬을 거쳐 형조판서가 되었고 좌찬성·의금부판사(判事) 등에 올랐다. 이듬해 예조판서가 되고 영창부원군(永昌府院君)이 되었다. 1520년 호조판서·한성판윤 등을 지냈고 1523년 우의정이 되었다.

- **시호(諡號)** : **충성**(忠成) -중종실록 23년(1528) 7월 8일

권근(權近)
- **출생, 사망** : 1352~1409
- **출신** : 문과
- **부모** : 좌정승 권희(權僖), 좌정승 한종유(韓宗愈)의 딸
- **공신 내용** : 좌명공신(4등)

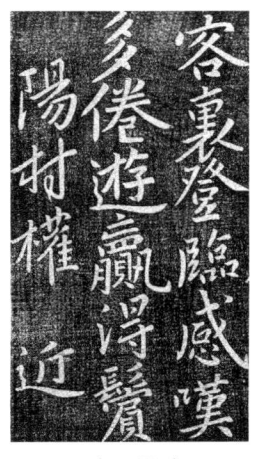
권근 글씨

본관은 안동(安東)이고 자(字)는 가원(可遠)이다. 고려 공민왕 18년(1369) 문과에 급제 후 응교·좌사의대부·밀직사사 등을 지냈고 조선이 개국되자 중추원사가 되었다. 태조 5년(1396) 명나라에 보낸 찬표(撰表)를 명나라에서 문제삼자 찬표를 쓴 정도전을 대신해서 명나라에 가서 해명을 잘하여 명 황제로부터 지극한 예우를 받고 돌아왔다.

1400년 제2차 왕자의 난 때 이방원(태종)측에 협력하여 좌명공신(佐命功臣)에 녹훈되고 길창군(吉昌君)에 봉해졌다. 그 후 의정부 찬성사를 거쳐 대제학에 이르렀다.

■ **시호**(諡號) : **문충**(文忠) -태종실록 9년(1409) 2월 14일

권람(權擥)

- ■ **출생, 사망** : 1416~1465
- ■ **출신** : 문과
- ■ **부모** : 우찬성 권제(權踶), 사재감사 이준(李儁)의 딸
- ■ **공신 내용** : 정난공신(1등), 좌익공신(1등)

본관은 안동(安東)이고 자(字)는 정경(正卿)이며 호는 소한당(所閑堂)이다. 세종 32년(1450) 문과에 장원급제 후 사헌부감찰이 되었으며 이듬해 집현전 교리로서 수양대군과 함께 『진설(陣設)』을 편찬하면서 수양대군과 가까워졌다. 단종 즉위 후 수양대군에게 한명회를 소개하고 집권을 모의했다.

단종 1년(1453) 10월 계유정난을 주도한 공으로 정난공신(靖難功臣)에 녹훈되었고 승정원 동부승지가 되었으며 이듬해 우부승지·좌부승지가 되었다. 1455년 세조가 즉위하는데 공을 세워 이조참판에 발탁되고 좌익공신(佐翼功臣)에 녹훈되었다.

세조 2년(1456) 2월 이조판서·집현전 대제학이 되었고 길창군(吉昌君)에 봉해졌다. 이듬해 판중추원사로 승진되었고 1458년 우찬성에 오른 후 좌찬성과 우의정을 거쳐 1462년 좌의정에 올랐으나 이듬해 관직에서 물러났고 길창부원군(吉昌府院君)으로 진봉되었

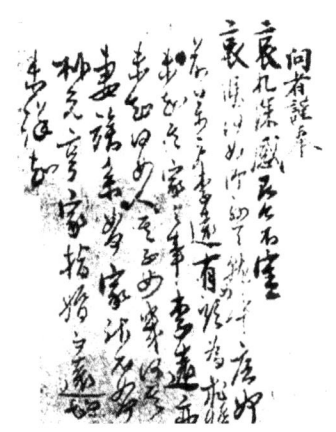
권람 글씨

다. 세조 묘정(廟庭)에 배향되었다.
- **시호**(諡號) : **익평**(翼平) -세조실록 11년(1465) 2월 6일

권반(權攀)
- **출생, 사망** : 1419~1472
- **출신** : 음직→문과
- **부모** : 우찬성 권제(權踶), 사재감사 이준(李儁)의 딸
- **공신 내용** : 좌익공신(2등)

본관은 안동(安東)이고 자(字)는 자룡(子龍)이며 호는 무진(無盡)이다. 음직으로 현릉직(顯陵直)이 되었고 그 뒤 상서승(尙書丞)에 이르렀다. 단종 1년(1453) 수양대군이 일으킨 계유정난에 참여하였고 세조가 즉위하는데 공을 세워 세조 1년(1455) 좌익공신(佐翼功臣)에 녹훈되었고 전농시 소윤(少尹)이 되었다가 이듬해 예빈시윤(尹)이 되었다.

1459년 첨지중추원사가 되었고 같은해 문과에 급제하여 대사헌이 되었다. 1461년 형조참판, 이듬해 한성부윤이 되었으며, 화산군(花山君)에 봉해지고 1463년 이후 강원도관찰사 등을 지냈다. 계유정난의 주동자 권람의 동생이다.
- **시호**(諡號) : **안양**(安襄) -성종실록 3년(1472) 9월 25일

권언(權躽)
- **출생, 사망** : ?~1467
- **출신** : 무과
- **부모** : 영춘현감 권첨(權瞻), 현감 유우(劉祐)의 딸
- **공신 내용** : 정난공신(3등)

본관은 안동(安東)이며 단종 1년(1453) 무과에 장원 급제하였고 같은 해 10월 수양대군이 계유정난을 일으켰을 때 공을 세워 정난공신(靖難功臣)에 녹훈되고 복성군(福城君)에 봉해졌다. 1456년 첨지중추원사를 거쳐 1459년 공조참의, 1460년 충청도처치사가 되었다. 세조 9년(1463) 중추원부사(副使)를 지냈다.
- **시호**(諡號) : **양정**(襄靖) -세조실록 13년(1468) 11월 30일

권율(權慄)
- **출생, 사망** : 1537~1599
- **출신** : 문과

- **부모** : 영의정 권철(權轍), 적순부위 조승현(曺承晛)의 딸
- **공신 내용** : 선무공신(1등)

권율 도원수 집터

본관은 안동(安東)이고 자(字)는 언신(彦愼)이며 호는 만취당(晩翠堂)이다. 1582년 문과에 급제하여 승문원 정자(正字)가 되었고 이어 예조좌랑·전라도 도사·의주목사 등을 지냈다. 임진왜란이 발발하자 광주(光州) 목사에 제수되었고 병력을 이끌고 전라도관찰사를 따라 북진하다가 용인 부근에서 대패하였다.

그 뒤 남원에서 의병을 모집하여 금산 이치(梨峙) 고개에서 왜군의 정예부대를 격퇴한 공으로 전라도관찰사가 되었다. 한양 탈환을 목적으로 북상하던 도중 오산(烏山)의 독왕산성(禿旺山城)에 주둔하다가 왜군이 후퇴하는 것을 보고 추격하여 승리를 거두었다.

1593년 2월 행주산성에서 군민(軍民)들과 함께 왜군 3만명의 공격을 잘 방어하였다. 이 공(功)으로 도원수에 올랐다가 해직되었고 다시 한성부판윤으로 재기용되어 비변사 당상을 겸직하였고 1596년 충청도 순찰사에 이어 다시 도원수가 되었다. 1599년 노환으로 관직에서 물러났으며 사망 후인 선조 37년(1604) 선무공신(宣武功臣)에 녹훈되고 영가부원군(永嘉府院君)에 봉해졌으며 영의정에 추증되었다.

- **시호(諡號)** : **충장**(忠莊) -숙종실록 38년(1712) 12월 25일

권응수(權應銖)

- **출생, 사망** : 1546~1608
- **출신** : 무과
- **부모** : 권덕신(權德臣), 좌통례 이운겸(李云謙)의 딸
- **공신 내용** : 선무공신(2등)

본관은 안동(安東)이고 자(字)는 중평(仲平)이며 호는 백운재(白雲齋)이다. 선조 17년(1584) 무과에 급제하였고 경상좌도수군절도사 박홍(朴泓)의 부하로 부산에 있다가 임진왜란이 일어나자 고향으로 돌아와 두 동생과 함께 의병을 모아 영천성(永川城)을 탈환하는 등 공을 세워 의병대장이 되었다. 예천·문경 등지의 전투에서 연승하였고 이듬해 경상좌도

권응수

병마사 겸 방어사에 제수되었고 1599년 밀양부사가 되었다.

1600년 의흥위부사직이 되었고 선조 37년(1604) 선무공신(宣武功臣)에 녹훈되고 화산군(花山君)에 봉해졌다. 이어 도총부 도총관이 된 뒤 1606년 경상도 방어사, 1608년 남영장(南營將)을 겸하였다.

- **시호**(諡號) : **충의**(忠毅) -숙종실록 17년(1691) 윤7월 21일

권자신(權自愼)
- **출생, 사망** : ?~1456
- **출신** : 음직
- **부모** : 판한성부사 권전(權專), 서운관부정 최용(崔鄘)의 딸
- **공신 내용** : 좌익공신(3등)

본관은 안동(安東)이며 단종 1년(1453) 동부승지로 있다가 좌부승지·우승지를 지내고 1455년 호조참판이 되었다. 같은해 세조 즉위에 협조하지 않았음에도 좌익공신(佐翼功臣)에 녹훈되었고 1456년 예조판서가 되었다.

이 해 성삼문 등과 함께 단종 복위를 도모하다가 발각되어 심한 국문(鞫問)을 당한 끝에 거열형(車裂刑)을 당했다. 중종 8년(1513) 관작이 복구되고 뒤에 강원도 영월의 장릉(莊陵)에 배향되었다. 단종의 외삼촌이다.

- **시호**(諡號) : **충장**(忠莊) -영조실록 45년(1769) 6월 26일

권준(權蹲)
- **출생, 사망** : 1405~1459
- **출신** : 음직
- **부모** : 의정부찬성사 권근(權近), 우정언 이존오(李存吾)의 딸
- **공신 내용** : 정난공신(2등)

본관은 안동(安東)이며 세종 9년(1427) 음직으로 감찰이 되었고 1430년 호조좌랑, 1434년 종부시판관·지평, 1444년 군기부정, 1450년 음죽현감 등을 지냈고 1452년 이후 우부승지·좌부승지 등을 역임하였다.

단종 1년(1453) 수양대군이 일으킨 계유정난에 협력하여 정난공신(靖難功臣)에 녹훈되고 대사헌에 제수되었다. 이후 한성부윤·이조참판 등을 지내다가 세조가 즉위하자 형조판서가 되었다. 세조 2년(1456) 이후 호조판서·함길도관찰사·지중추원사 등을 역임하였다.

- **시호**(諡號) : **안숙**(安肅) -세조실록 5년(1459) 4월 30일

권준(權俊)
- **출생, 사망** : 1547~1611
- **출신** : 무과
- **부모** : 금갑도만호 권눌(權訥), 부장 이윤우(李允耦)의 딸
- **공신 내용** : 선무공신(3등)

본관은 안동(安東)이며 선조 12년(1579) 무과에 급제했고 여러 관직을 거쳐 선조 22년(1589) 순천도호부사가 되었다. 선조 25년(1592) 임진왜란이 일어나자 전라좌도수군절도사 이순신(李舜臣) 휘하에서 옥포해전, 한산대첩, 부산포해전 등에서 중위장(中衛將)으로서 활약하며 조선 수군이 연승하는 데 큰 역할을 했다.

선조 30년(1597) 나주목사·경기방어사 등을 거쳐 선조 34년(1601) 충청도병마절도사가 되었으며 선조 37년(1604) 선무공신(宣武功臣)에 녹훈되고 안창군(安昌君)에 책봉되었다. 이듬해 황해도병마절도사가 되었으나 선조 40년(1607) 해랑도(海浪島)에 출몰한 수적(水賊)을 체포하지 못한 책임으로 파직되었다.

권찬(權攢)
- **출생, 사망** : 1430~1487
- **출신** : 의서습독관
- **부모** : 사재감직장 권훤(權煊), 성천도호부사 김명리(金明理)의 딸
- **공신 내용** : 익대공신(3등)

본관은 안동(安東)이며 자(字)는 취지(聚之)이다. 세조 8년(1462) 의서습독관(醫書習讀官)이 되었고 1466년 내의원 주부 겸 의학교수·감찰을 역임하고 1467년 공조좌랑으로 있을 때 왕손의 질병을 고친 공으로 종친부 전부 겸 의학교수에 승진되었다.

예종 즉위년(1468) 세조의 시병(侍病)에 대한 노고로 세조의 유언에 의해 품계를 뛰어넘었고 예종을 곁에서 모시고 남이(南怡)의 옥사에 헌신한 공으로 익대공신(翊戴功臣)에 녹훈되었다. 같은 해 사섬시첨정, 1469년 호군, 성종 1년(1470) 가선대부에 오르면서 현복군(玄福君)에 봉해졌다.

1477년 성종의 병 치료 및 한계희와 『의서유취(醫書類聚)』를 간행한 공로로 자헌대부에 승진되었다. 1483년 약방제조를 겸임하다가 공조판서에 발탁되었다.

- **시호**(諡號) : **정순**(靖順) -성종실록 18년(1487) 6월 11일

권협(權悏)
- **출생, 사망** : 1553~1618
- **출신** : 문과
- **부모** : 동지중추부사 권상(權常), 어모장군 나운걸(羅云傑)의 딸
- **공신 내용** : 선무공신(3등)

권협

본관은 안동(安東)이며 자(字)는 사성(思省)이고 호는 석당(石塘)이다. 선조 10년 (1577) 문과에 급제 후 지평·광주목사·교리 등을 지냈고 『명종실록(明宗實錄)』 편찬에 참여하였다. 1597년 응교로 있을 때 정유재란이 일어나자 고급사(告急使)로 명나라에 가서 사태의 시급함을 알리고 원병을 청하였다. 돌아와서 예조참판·호조참의가 되었다가 황해도관찰사가 되었다.

선조 33년(1600) 나주목사, 1602년 우부승지 등을 지냈고 이듬해 호조참의, 1604년 대사헌이 되었고 명나라에 원병을 청하는 등의 공으로 선무공신(宣武功臣)에 녹훈되고 이듬해 길창군(吉昌君)에 봉해졌으며 전라도감사가 되었다. 1607년 예조판서를 지냈고 광해군 때 홍문관의 탄핵을 받아 관직을 버리고 두문불출하였다. 사망 후 영의정에 추증되었다.

- **시호**(諡號) : **충정**(忠貞) -숙종실록 19년(1693) 1월 2일

권희학(權喜學)
- **출생, 사망** : 1672~1742
- **출신** : 군관
- **본관** : 안동(安東)
- **관직** : 장연부사
- **부모** : 권명형(權命逈), 동지중추부사 조득인(趙得仁)의 딸
- **공신 내용** : 분무공신(3등)

본관은 안동(安東)이고 자(字)는 문중(文仲)이며 호는 감고당(感顧堂)이다. 숙종 23년(1697) 세자책봉 주청사 최석정의 군관으로 청나라에 다녀온뒤 여러 고을의 첨사를 역임하였다. 영조 4년(1728) 3월 이인좌(李麟佐)의 난이 일어나자 금위영 교련관으로 도순무사(都巡撫使) 오명항을 따라 안성·죽산 등지에서 전공을 세워 같은

해 4월 분무공신(奮武功臣)에 책록되고 화원군(花原君)에 봉해졌다. 그 뒤 곤양군수·장연부사 등 여러 고을의 수령을 역임하였다.

기대승(奇大升)

- **출생, 사망** : 1527~1572
- **출신** : 문과
- **부모** : 기진(奇進), 사과 강영수(姜永壽)의 딸
- **공신 내용** : 광국공신(3등)

본관은 행주(幸州)이고 자(字)는 명언(明彦)이며 호는 고봉(高峰)이다. 명종 13년(1558) 문과에 급제한 뒤 승문원 부정자·예문관 검열 등을 거쳐 1563년 승정원 주서·홍문관 부수찬이 되었다.

1565년 이조정랑 등을 거쳐 이듬해 사헌부 지평·사인(舍人) 등을 역임하였다. 1567년 선조가 즉위하자 사헌부 집의에 이어 전한(典翰)이 되었다.

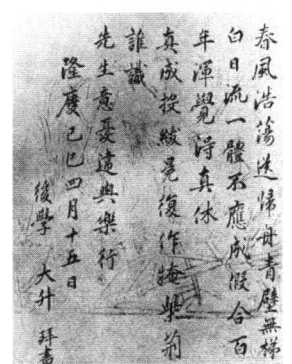

기대승글씨

1570년 대사성으로 있다가 종계변무주청사(宗系辨誣奏請使)로 명나라에 갔다 온 뒤 대사간·공조참의를 지내다가 병으로 벼슬을 그만두고 귀향하던 도중 고부(古阜)에서 사망하였다. 종계변무주청사로 고생한 공로로 사망 후인 1590년 광국공신(光國功臣)에 녹훈되고 덕원군(德原君)에 봉해졌다.

- **시호(諡號)** : **문헌(文憲)** -승정원일기 영조 5년(1729) 1월 30일(이전)

기효근(奇孝謹)

- **출생, 사망** : 1542~1597
- **출신** : 무과
- **부모** : 사과(司果) 기대유(奇大有), 오림(吳琳)의 딸
- **공신 내용** : 선무공신(3등)

본관은 행주(幸州)이고 자(字)는 숙흠(叔欽)이다. 선조 12년(1579) 무과 급제 후 선전관이 되었고 1588년 평안우후, 1590년 남해현령이 되었으며 1592년 임진왜란이 일어나자 경상우도수군절도사 원균(元均) 휘하에서 여러 차례 해전에 참가하였다.

전투 때 마다 선봉이 되어 큰 공을 세웠으므로 통정대부가 되었다. 1597년 정유재란 때 병(病)으로 현령을 사직하고 고향으로 돌아오는 길에 적병을 만나자 어머니와 함께 바다에 몸을 던져 자살하였다. 사망 후인 선조 37년(1604) 선무공신(宣武功臣)에 녹훈되고 개백군(皆伯君)에 봉해졌으며 병조판서에 추증되었다.

기효복(奇孝福)
- **출생, 사망** : 명종~인조 무렵
- **출신** : 무과
- **부모** : 기봉년(奇鳳年), 어머니는 불명
- **공신 내용** : 호성공신(3등)

본관은 행주(幸州)이며 무과 급제 후 여러 관직을 거쳐 선조 25년(1592) 임진왜란 때 군관으로 선조가 의주로 몽진할 때 수가(隨駕)하였다. 1597년 구성부사, 1603년 동래부사 등을 거쳐 선조 37년(1604) 순천부사가 되었고 같은해 호성공신(扈聖功臣)에 녹훈되고 고흥군(高興君)에 봉해졌다.

선조 39년(1606) 충청도수군절도사가 되었다가 이듬해 충청도병마절도사가 되었고 같은 해 충청도수군절도사로 재직하다 파직되었으나 바로 밀양부사(密陽府使)가 되었다.

- **시호(諡號)** : **충희(忠喜)** -전고대방

김감(金勘)
- **출생, 사망** : 1466~1509
- **출신** : 문과
- **부모** : 안동도호부사 김원신(金元臣), 강석덕(姜碩德)의 딸
- **공신 내용** : 정국공신(2등)

본관은 연안(延安)이고 자(字)는 자헌(子獻)이며 호는 일재(一齋)이다. 성종 20년(1489) 문과에 급제 후 승문원 정자에 임용되었고 1498년 이후 응교·직제학 등을 역임하고 연산군 7년(1501) 부제학이 되었다. 이어 병조참지·홍문관대제학 등을 거쳐 예조판서에 임명되었다.

그 뒤 우찬성을 거쳐 판중추부사로서 경상도관찰사를 겸임했으며 1506년 중종반정에 협력해 정국공신(靖國功臣)에 녹훈되

김감신도비

고 연창부원군(延昌府院君)에 봉해졌다. 이어 감춘추관사(監春秋館事)가 되어 『연산군일기(燕山君日記)』를 편찬하는 데 참여하였다. 그러나 중종 2년(1507) 박경(朴耕) 등이 박원종 등을 해치려는 모의에 연좌되어 금산에 유배되었다. 그 뒤 혐의가 풀려 연창부원군으로서 영경연사(領經筵事)가 되었다.

- **시호**(諡號) : **문경**(文敬) -중종실록 4년(1509) 5월 6일

김겸광(金謙光)

- **출생, 사망** : 1419~1490
- **출신** : 문과
- **부모** : 사헌부감찰 김철산(金鐵山), 성천도호부사 김명리(金明理)의 딸
- **공신 내용** : 좌리공신(3등)

본관은 광산(光山)이고 자(字)는 위경(撝卿)이다. 단종 1년(1453) 문과에 급제 후 예문관검열·병조정랑 등을 거쳐 세조 6년(1460) 장령이 되었다. 같은 해 신숙주(申叔舟)의 종사관이 되어 건주위(建州衛) 야인을 정벌하는 데 공을 세웠고 군기감정에 올랐으며 이듬해 지병조사(知兵曹事)·우승지·평안도관찰사 등을 역임하였다.

1465년 호조참판을 거쳐 1467년 예조판서, 이듬해 경상도관찰사가 되었고 예종 1년(1469) 다시 예조판서가 되었다. 성종 즉위 및 보좌에 공이 있어 성종 2년(1471) 좌리공신(佐理功臣)에 녹훈되었고 광성군(光城君)에 봉해졌으며 한성판윤이 되었다.

1483년 우참찬이 되어 세조 왕비인 정희왕후의 상례(喪禮)를 주관했으며 1484년 좌참찬을 거쳐 1486년 세자 좌빈객이 되었다. 성종 때 청백리에 선정되었다.

김겸광 묘

- **시호**(諡號) : **공안**(恭安) -성종실록 21년(1490) 7월 20일

김경운(金慶雲)

- **출생, 사망** : ?~1624
- **출신** : 무과
- **부모** : 동지중추부사 김응함(金應緘), 어머니는 불명
- **공신 내용** : 진무공신(2등)

본관은 안동(安東)이며 광해군 때 무과에 급제하여 1618년 사과(司果)·호군 등의 관직에 있었고 광해군 10년(1618) 용감한 장수로 뽑혀 양계(兩界)의 한 읍에 수령 겸 조방장을 맡게 되었다. 1624년 이괄(李适)의 난 때 선천부사로서 휘하 병사를 이끌고 정충신 지휘 아래 길마재전투에서 척후장으로 참여하여 앞장서 싸우다가 전사하였다. 사망 후 진무공신(振武功臣)에 녹훈되고 화산군(花山君)에 봉해졌으며 병조판서에 추증되었다.

김경의(金敬義)
- 출생, 사망 : 1460~1529
- 출신 : 무신(武臣)
- 부모 : 군자감 부정 김문취(金文就), 함양오씨(咸陽吳氏)
- 공신 내용 : 정국공신(3등)

본관은 강릉(江陵)이며 자(字)는 선지(宣之)이다. 무신 출신으로 방산첨사를 지냈고 중종반정에 협력하여 정국공신(靖國功臣)이 되고 지산군(支山君)에 봉해졌으며 부총관·의주목사 등을 지냈고 중종 5년(1510) 경상우도조방장, 중종 9년(1514) 황주목사를 지냈다. 사망 후 공조판서에 추증되었다.

김경징(金慶徵)
- 출생, 사망 : 1589~1637
- 출신 : 공신
- 부모 : 영의정 김류(金瑬), 좌찬성 유근(柳根)의 딸
- 공신 내용 : 정사공신(2등)

본관은 순천(順天)이며 광해군 3년(1621) 문과에 급제하였으나 파방(罷榜)되었다. 1623년 아버지를 따라 인조반정에 참여하여 정사공신(靖社功臣)이 되고 순흥군(順興君)에 봉해졌다. 그 뒤 병조좌랑·홍문관응교·사간원 사간 등을 거쳐 도승지·한성부판윤이 되었다.

1636년 병자호란이 일어나자 강화도검찰사에 임명되었으나 대비를 소홀히 하였고 청군이 침입한다는 보고를 받자 해변의 방어를 포기하고 강화성도 지키기 어렵게 되자 본인은 나룻배로 피신하고 강화성은 함락되고 말았다.

병자호란이 끝난 뒤 강화도 수비 실책으로 삼사(三司)로부터 탄핵을 받자 임금은 원훈(元勳)의 외아들이라고 특별히 용서하여 강계로 귀양보냈다가 삼사의 탄핵이

워낙 완강하자 소환하여 사사(賜死)하였고 삭훈되었다.

김계공(金繼恭)
- **출생, 사망** : ?~?
- **출신** : 환관
- **부모** : 불명
- **공신 내용** : 정국공신(4등)

본관은 가평(加平)이며 환관으로서 성종·연산군·중종을 연이어 모셨다. 『연산군일기』 9년(1503) 6월 기록을 보면 김계공을 장형(杖刑) 80에 처하기도 했다. 1506년 중종반정에 참여하여 정국공신(靖國功臣)에 녹훈되고 가평군(加平君)에 봉해졌다. 중종 6년(1511) 중종이 이례적으로 김계공에게 서반(西班) 관직을 제수하였지만 조정 신료들의 반대로 결국 취소되었다.
- **참고** : (1) 내시 족보인 양세계보(養世系譜)를 보면 내시 이득수(李得壽)의 양자로 들어갔고 본인도 내시 김광필(金光弼)을 양자로 들였다. (2) 가평김씨 족보에는 무과에 급제하고 병조참판을 지냈다고 되어있다.

김계한(金繼韓)
- **출생, 사망** : ?~1625
- **출신** : 환관
- **부모** : 김겸(金謙), 어머니는 불명
- **공신 내용** : 호성공신(3등)

환관으로서 임진왜란으로 선조가 의주로 몽진할 때 수가(隨駕)한 공으로 호성공신(扈聖功臣)에 책록되고 연양군(延陽君)에 봉해졌다. 환관으로 종1품 숭록대부까지 승진하였으며 승전색(承傳色)으로도 활동하였다.
- **참고** : 『성씨의 고향』을 보면 연안(延安)김씨 공신란에 김계한이 있으나 자손록에서 찾지못하였음. 내시 족보인 연양군과 시조라고 하며 본인도 내시 김광택(金光澤)을 양자로 삼는 등 내시의 족보가 있음.

김관(金瓘)
- **출생, 사망** : 1425~1485
- **출신** : 문과
- **부모** : 선천군사 김숙보(金叔甫), 서유(徐愈)의 딸

■ **공신 내용** : 적개공신(2등)

본관은 언양(彦陽)이고 자(字)는 영중(瑩中)이며 호는 묵재(默齋)이다. 문종 1년(1451) 문과 급제 후 승문원 정자에 임명되었고 그 후 형조좌랑·예조정랑이 되었다. 세조 12년(1466) 병조정랑이 되었고 1467년 5월 이시애의 난이 일어나자 병마부총사 조석문(曺錫文)의 종사관으로 공을 세워 적개공신(敵愾功臣)에 녹훈되고 종부시정에 임명되었다.

이듬해 강원도관찰사, 예종 원년(1469) 언양군(彦陽君)에 봉해졌고 충청도관찰사가 되었으며 이듬해 황해도관찰사로 전임되었으나 도적을 잡지 못하였다고 체직되었다. 1473년 영안도관찰사를 지냈고 1479년 동지중추부사, 1481년 전주부윤을 지내고, 1484년 전라도관찰사에 이르렀다.

■ **시호(諡號)** : **공양(恭襄)** -성종실록 16년(1485) 6월 21일

김광소(金光熽)

■ **출생, 사망** : 1598~1648　　■ **출신** : 불명
■ **부모** : 우의정 김상용(金尙容), 김계휘(金繼輝)의 딸
■ **공신 내용** : 진무공신(3등)

본관은 안동(安東)이며 참봉으로 있으면서 이괄 등이 역모를 꾀한다고 밀고한 공으로 진무공신에 추록되고 동원군(東原君)에 봉해졌으며 통정대부로 평강현감 등을 지냈다. 사망 후 호조판서에 증직되었다.

김교(金嶠)

■ **출생, 사망** : 1428~1480　　■ **출신** : 무과
■ **부모** : 판예빈시사 김시로(金時露), 여산송씨(礪山宋氏)
■ **공신 내용** : 적개공신(1등), 좌리공신(4등)

본관은 선산(善山)이고 자(字)는 고경(高卿)이다. 세종 32년(1450) 무과에 급제한 후 훈련원 판관 등을 거쳐 부호군이 되었다. 1460년 도체찰사 신숙주의 군관으로 모련위 토벌에 공을 세워 사복시윤으로 초수(超授)되었으며, 길주목사·충청도수군절도사 등을 역임했다.

세조 13년(1467) 5월 이시애의 난이 일어난 뒤 경원부사에 임명되자 군사를 이끌

고 출정해 공을 세워 적개공신(敵愾功臣)에 녹훈되었고 경원도호부사 겸 경원진병마첨절제사가 되고 오림군(烏林君)에 봉해졌다.

이어 회령도호부사·함경북도병마절도사를 거쳐 첨지중추부사가 되었고 선산군(善山君)으로 고쳐 봉해졌다. 성종 즉위 및 보좌에 공이 있어 성종 2년(1471) 좌리공신(佐理功臣)에 녹훈되었다. 그해 7월 경상좌도병마절도사를 거쳐 공조판서·평안도관찰사 등을 역임하였다.

1479년 12월 명나라의 요청으로 건주야인(建州野人)을 토벌할 때 도원수 윤필상과 함께 부원수로 출전해 공을 세우고 명나라로부터 은대(銀帶)를 받았다. 평안도관찰사로 있다가 사망하였다.

- **시호**(諡號) : **양양**(良襄) -성종실록 11년(1480) 12월 19일

김교 공신녹권

김국광(金國光)

- **출생, 사망** : 1415~1480
- **출신** : 문과
- **부모** : 사헌부감찰 김철산(金鐵山), 성천도호부사 김명리(金明理)의 딸
- **공신 내용** : 적개공신(2등), 좌리공신(1등)

본관은 광산(光山)이고 자(字)는 관경(觀卿)이며 호는 서석(瑞石)이다. 세종 23년(1441) 문과에 급제하여 승문원 정자가 되었고 그 후 황해도도사, 승문원 교리 등을 지냈다. 세조 3년(1457) 사헌부 지평, 성균관 사예가 되었고『경국대전(經國大典)』 편찬에 참여하였다. 그 후 좌부승지 등을 거쳐 병조참판·호조판서·병조판서가 되었다. 1467년 우참찬이 되고 병조판서와 오위도총부 도총관을 겸하게 하였다.

이어 우찬성으로 도승지를 겸직하였고 1467년 5월 이시애(李施愛) 난을 평정하

는데 공을 세워 적개공신(敵愾功臣)에 녹훈되고 좌찬성이 되었으며 광산군(光山君)에 봉해졌다. 예종 원년(1469) 우의정이 되고 이듬해 좌의정이 되었다. 성종 즉위 및 보좌에 공이 있어 성종 2년(1471) 좌리공신(佐理功臣)에 녹훈되고 광산부원군(光山府院君)에 봉해졌다. 성종 8년(1477) 영중추부사가 되었다.

- 시호(諡號) : 정정(丁靖) -성종실록 11년(1480) 11월 11일

김귀영(金貴榮)

- 출생, 사망 : 1520~1594
- 출신 : 문과
- 부모 : 김응무(金應武), 이수관(李守寬)의 딸
- 공신 내용 : 평난공신(2등)

본관은 상주(尙州)이고 자(字)는 현경(顯卿)이며 호는 동원(東園)이다. 명종 2년(1547) 문과에 급제 후 정자(正字)·박사 등을 지냈다. 이후 부제학을 거쳐 이조판서·대제학 등을 지냈다. 선조 14년(1581) 우의정이 되었다가 1583년 좌의정에 올랐고 정여립의 모반사건 처리에 공이 있어 1590년 평난공신(平難功臣)에 녹훈되고, 상락부원군(上洛府院君)에 봉해진 뒤 기로소에 들어갔다.

임진왜란 때 영중추부사로서 임해군(臨海君)을 배종하여 함경도 회령에 수개월 머물렀는데 왜군이 침입하자 회령부 아전 국경인(鞠景仁) 등에 의해 임해군·황정욱 등과 함께 적장 가토기요마사(加藤淸正)에게 넘겨졌다. 가토의 강요에 의하여 강화를 권하는 목적으로 행재소(行在所)에 파견되었는데 적과 내통하였다는 의심을 받아 희천으로 유배 가 있다가 사망하였다. 현종 때 관작이 복관되었다.

김균(金稛)

- 출생, 사망 : 1341~1398
- 출신 : 문과
- 부모 : 의정(議政) 김지윤(金智允), 어머니는 불명
- 공신 내용 : 개국공신(3등)

본관은 경주(慶州)이며 고려 공민왕 9년(1360) 성균시에 합격하였다. 공양왕대에 조준(趙浚)이 권력을 잡자 친구인 관계로 전법판서(典法判書)에 이

김균 묘

르렀다.

1392년 7월 조선을 개국하고 이성계를 왕위에 옹립하는데 기여한 공으로 태조 1년(1392) 8월 개국공신(開國功臣)에 녹훈되고 중추원부사로 가자되고 계림군(鷄林君)에 봉하여졌다. 벼슬이 좌찬성에 이르렀다.

- 시호(諡號) : **제숙**(齊肅) -시호보

김극성(金克成)

- 출생, 사망 : 1474~1540
- 출신 : 문과
- 부모 : 김맹권(金孟權), 김삼달(金三達)의 딸
- 공신 내용 : 정국공신(4등)

본관은 광산(光山)이며 자(字)는 성지(成之)이고 호는 청라(青蘿)이다. 연산군 4년(1498) 문과에 급제, 전적에 임명되었고 그 뒤 헌납·병조정랑 등을 역임하였다. 1506년 중종반정에 협력하여 정국공신(靖國功臣)에 녹훈되고 장악원정(掌樂院正)에 임명되었다. 이듬해 서천군수로 부임하였다가 장례원판결사·병조참의를 지냈다.

이후 의주목사·경상도관찰사 등을 역임하였다. 중종 16년(1521) 공조참판·대사헌을 거쳐 1523년 예조판서·이조판서 등을 지내다가 평안도관찰사가 되었다. 다시 병조판서 등을 지내다 흥덕에 유배되었다. 이듬해 김안로가 죽자 귀양에서 풀리고 우의정에 발탁되었다.

- 시호(諡號) : **충정**(忠貞) -승정원일기 고종 11년(1874) 5월 25일(이전)

김기문(金起文)

- 출생, 사망 : 1545~1617
- 출신 : 환관
- 부모 : 부사직 김논동(金論仝), 어모장군 이극정(李克禎)의 딸
- 공신 내용 : 호성공신(3등)

본관은 삼척(三陟)이며 환관으로서 임진왜란이 일어나자 의주로 몽진하는 선조를 수가(隨駕)하였다. 그 공으로 선조 37년(1604) 호성공신(扈聖功臣)에 녹훈되고 진성군(眞城君)에 봉해졌으며 품계가 숭록대부까지 올랐다.

- 참고 : (1) 『조선왕조실록』과 『청선고』에는 환관이라고 되어있고 『전고대방』에는 왕자사부라고 되어있다. (2) 족보를 보면 명종 기사(己巳)생이고 정사(丁

巳)년 사망하였으며 73세라고 하는데 명종 즉위년인 을사(乙巳)년을 착각한 것으로 보이며 왕자사부(王子師傅)라고 되어있음. (3) 동시대 인물로 김기문(金起門)이 있는데 그는 본관이 진위(振威)이고 1567년 문과에 급제했으며 명천현감 등을 지냈지만 호종공신이 아니다. 두 사람을 혼동하여 문과급제자로 호종공신이며 숭록대부까지 올랐고 진성군(眞城君)에 봉해졌다고 하는 것 같다. (4) 비슷한 시기인 1546년 문과급제자로 김기문(金起文)이 있는데 그는 본관이 경주(慶州)이며 아버지는 김우석(金禹錫)이다.

김기종(金起宗)

- **출생, 사망** : 1585~1635
- **출신** : 문과
- **부모** : 김철명(金哲命), 신백윤(申伯潤)의 딸
- **공신 내용** : 진무공신(2등)

김기종

본관은 강릉(江陵)이며 자(字)는 중윤(仲胤)이고 호는 청하(聽荷)이다. 광해군 10년(1618) 문과에 장원급제하여 정자(正字)가 되었다. 인조 2년(1624) 이괄의 난이 일어나자 팔도도원수(關西元帥) 장만(張晩)의 종사관으로 있으면서 공을 세워 1625년 1월 진무공신(振武功臣)에 추록되고 영해군(瀛海君)에 봉해지고 당상관에 올랐다.

같은 해 안주목사가 되었고 과거에 오른 지 12년 만에 호조판서가 되었다. 사망 후 영의정에 추증되었다.

- **시호(諡號)** : **충정**(忠定) -영조실록 43년(1767) 11월 14일
- **참고** : (1) 수원 김씨 족보에도 진무공신 김기종(金起宗)이 있다. 족보를 보면 셋째 아들의 5세손 천관(天寬)은 명종 병진생(1556년)이고 6세손 명신(明信)은 선조 갑술생(1574년)이다. 김기종이 1624년에 일어난 이괄의 난에 공을 세워 진무공신이 되었다면 그는 적어도 150세 정도는 되었다는 이야기인데 이해하기 어려움. (2)『국조공신록』을 보면 적장손 일정(一精)에게 세습했다고 하는데 강릉김씨 족보에 손자 일정(一精)이 있는 것을 보면 강릉김씨가 맞다고 생각된다.

김길통(金吉通)

- **출생, 사망** : 1408~1473
- **출신** : 문과
- **부모** : 현감 김효례(金孝禮), 오은(吳隱)의 딸
- **공신 내용** : 좌리공신(4등)

본관은 청풍(淸風)이고 자(字)는 숙경(叔經)이며 호는 월천(月川)이다. 세종 14년(1432) 문과에 급제한 후 의영고 부사·병조좌랑 등을 지내고 1436년 진잠현감(鎭岑縣監)이 되었다. 1440년 우헌납이 되고 그 뒤 이조정랑·사예를 거쳐 지승문원사가 되고 이듬해 판종부시사가 되었다. 1453년 우사간대부를 거쳐 세조 2년(1456) 황주목사를 지내고 첨지중추원사를 거쳐 세조 4년(1458) 전주부윤이 되었다.

세조 6년(1460) 대사헌·인수부윤을 지내고 황해도와 전라도의 관찰사가 되었고 예조와 형조의 참판, 한성부 좌윤을 거쳐 예종 1년(1469) 동지중추부사가 되었다.

성종 즉위 후 지중추부사, 한성부판윤 등 여러 내외직을 두루 지내고 호조판서에 오르고 성종 즉위 및 보좌에 공이 있어 성종 2년(1471) 좌리공신(佐理功臣)에 녹훈되고 월천군(月川君)에 봉해졌다.

김길통 부조묘

- **시호**(諡號) : **문평**(文平) -성종실록 4년(1473) 8월 5일

김덕생(金德生)

- **출생, 사망** : ?~?
- **출신** : 무과
- **부모** : 중랑장 김운보(金云寶), 대호군 조수(趙琇)의 딸
- **공신 내용** : 좌명공신(4등)

본관은 상산(商山)이며 무과에 급제하여 우왕 6년(1380) 전옥서령(典獄署令)이 되었다. 이방원(태종)이 왕위에 오르기 전 송거신(宋居信)과 함께 이방원을 시위하였다. 태조 4년(1395) 낭장으로서 이방원을 따라 사냥을 나갔다가 이방원이 표범의 습격을 받자 표범을 쏘아죽이고 이방원을 구해내 태조로부터 말 한필을 하사받았다.

태종의 신임이 두터웠으나 일찍 사망하였다. 세종 18년(1436) 가정대부에 추증되

었고 1445년 다시 동지중추원사에 추증되었다. 단종 2년(1454) 평소 이방원(태종)을 보필한 공을 인정하여 좌명공신(佐命功臣)에 추록되었다.

- 참고 : 족보에 충간(忠簡)이라는 시호를 받았다고 되어있으나 근거불명.

김득성(金得聲)

- **출생, 사망** : 1599~1664
- **출신** : 공신
- **부모** : 희릉참봉 김정로(金廷老), 안동권씨(安東權氏)
- **공신 내용** : 영사공신(3등)

본관은 청풍(淸風)이다. 죽산에 살던 유효립의 일당인 허유의 심복 이두견에게 포섭된 김득성은 인조 6년(128) 1월 장인 황성원으로부터 역모 사실을 고변하러 적(嫡) 처남인 황진 등이 한양으로 떠났다는 얘기를 듣고 4촌 동생 김진성과 함께 한양으로 달려와 역모사실을 고변하여 거사 전날 동대문과 남대문으로 들어오던 반군들은 일망타진 되어 처형되었다.

그해 3월 영사공신(寧社功臣)이 되고 청흥군(淸興君)에 봉해졌으며 인조 15년(1637) 경복궁 위장, 인조 25년(1647) 영변군수 등을 지냈다. 사망 후 한성판윤에 추증되었다.

- 참고 : 안동김씨(신)로 진무공신 김득성이 있다는 자료도 있으나 안동김씨(신) 족보에서 찾지못함.

김련(金鍊)

- **출생, 사망** : ?~1652
- **출신** : 공신
- **부모** : 영의정 김자점(金自點), 함안군수 변이중(邊以中)의 딸
- **공신 내용** : 정사공신(3등)

본관은 안동(安東)으로 인조반정의 주모자인 김자점의 아들이고 같은 반정 주모자인 이시백의 사위로 1623년 인조반정에 참여하여 정사공신(靖社功臣)이 되고 인조 3년(1625) 승정원주서, 이듬해 우봉현령이 되었으며 1627년 공조정랑 등을 거쳐 1631년 백천군수로 있다가 병으로 체직되었으나 1636년 인천부사가 되었다.

인조 16년(1638) 금산군수가 되었으며 1644년 첨지중추부사, 1646년 판결사가 되었다. 1650년 한산군수가 되었고 효종 즉위 후 아버지가 역적모의로 처벌받으면

서 김련도 유배되었다가 처형되었고 공신이 삭훈되었다.
- ■ **참고** : 족보, 『조선왕조실록』 등에서 군호(君號)를 확인할 수 없음.

김로(金輅)

- ■ **출생, 사망** : 1355~1416
- ■ **출신** : 불명
- ■ **부모** : 밀직부사 김을진(金乙珍), 대언 조온(趙蘊)의 딸
- ■ **공신 내용** : 개국공신(3등), 정사공신(2등)

본관은 연안(延安)이며 고려 때 호군(護軍)에 이어 삼사우윤(三司右尹)에 올랐다. 1392년 7월 조선을 개국하고 이성계를 왕위에 옹립하는데 기여한 공으로 태조 1년(1392) 8월 개국공신(開國功臣)에 녹훈되고 대호군에 올랐으며 태조 5년(1396) 중추원사로 있으면서 서북면의 이성수령(泥城守令)을 겸하였다.

그 뒤 사농경(司農卿)·중추원동지사, 의흥삼군부의 우군동지절제사, 중추원판사에 올랐고 1398년 제1차 왕자의 난 때 이방원(태종) 측에 협력하여 정사공신(定社功臣)에 녹훈되었다. 이어 의정부지사(知事)가 되고 연성군(延城君)에 봉해졌다.

- ■ **시호(諡號)** : 공경(恭頃) -태종실록 16년(1416) 10월 12일
- ■ **참고** : 족보에는 시호가 공회(恭僖), 개국공신, 정난공신(靖難功臣)이라고 되어 있음.

김류(金瑬)

- ■ **출생, 사망** : 1571~1648
- ■ **출신** : 문과
- ■ **부모** : 의주목사 김여물(金汝岉), 현감 박수강(朴壽岡)의 딸
- ■ **공신 내용** : 정사공신(1등), 영국공신(1등)

본관은 순천(順天)이고 자(字)는 관옥(冠玉)이며 호는 북저(北渚)이다. 선조 29년(1596) 문과에 급제 후 주로 지방관으로 전전하였다. 광해군 12년(1620)부터 이귀(李貴) 등과 반정을 도모하였다. 1623년 인조반정 때 대장으로 추대되었고 반정 성공으로 정사공신(靖社功臣)에 녹훈되었고 이후 이조판서·좌의정·영의정 등을 역임하였다.

병자호란 당시에는 방어를 총책임진 도체찰사의 직임을

김류

소홀히 하여 문제가 되었다. 또 아들 김경징이 병자호란 당시 강화도의 방어를 책임진 검찰사의 임무를 소홀히 하다가 강화도가 함락되자 그에 대한 비난은 가중되었다. 아들이 처형되고 본인도 간관들의 탄핵을 받아 사임하였다가 1644년 다시 영의정이 되었다.

인조 22년(1644) 심기원 등이 인조를 제거하고 회은군 덕인(德仁)을 왕으로 추대하려 한다는 고변이 접수되자 이들을 체포, 처리한 공로로 그해 6월 영국공신(寧國功臣)에 녹훈되었다. 인조 묘정(廟庭)에 배향되었다.

- **시호(諡號) : 문충(文忠)** -인조실록 26년(1648) 윤3월 5일

김만기(金萬基)

- **출생, 사망** : 1633~1687
- **출신** : 문과
- **부모** : 김익겸(金益兼), 전라도관찰사 윤지(尹墀)의 딸
- **공신 내용** : 보사공신(1등)

본관은 광산(光山)이고 자(字)는 영숙(永叔)이며 호는 서석(瑞石)이다. 효종 4년(1653) 문과에 급제해 승문원에 등용되었고 이어 주서·설서·지평·수찬·교리 등을 역임하였다. 1671년 딸이 세자빈이 되었고 1674년 숙종이 즉위하자 국구(國舅)로서 영돈녕부사가 되고 광성부원군(光城府院君)에 봉해졌다.

숙종 6년(1680) 4월 당시의 권력자인 허적(許積)의 서자인 허견, 왕족(王族)인 복창군 형제 등의 역적모의가 고변되자 이를 잘 처리하여 같은해 5월 보사공신(保社功臣)에 녹훈되었다. 사망 후인 1689년 기사환국으로 남인이 정권을 잡자 삭직되었다가 숙종 20년(1694) 갑술환국으로 서인이 재집권하자 관작을 회복하였다. 현종 묘정(廟庭)에 배향되었다.

김만기 글씨

- **시호(諡號) : 문충(文忠)** -숙종실록 13년(1687) 3월 15일

김면(金沔)

- **출생, 사망** : ?~?
- **출신** : 불명

- **부모** : 광주부윤 김유장(金有章), 첨정 신응철(申應喆)의 딸
- **공신 내용** : 적개공신(2등)

본관은 광산(光山)이며 세조 12년(1467) 5월 이시애의 난이 일어나자 무사로서 공을 세워 적개공신(敵愾功臣)에 녹훈되고 광천군(光川君)에 봉해졌으며 절충장군·온성부사를 지냈고 예종 즉위년(1468) 경원부사를 지냈으며 병마절도사까지 승진하였다.

- **참고** : (1) 시호가 장도(莊悼)라고 하나 시호받은 근거불명.
  (2) 두 집안의 족보에 아래와 같이 김면(金沔), 적개공신이라고 실려있음. 『청선고』에는 광주인(光州人), 『전고대방』에는 광산인(光山人)이고 광천군(光川君)에 봉해졌다고 되어있음.

본관	생몰년	족보 확인결과
광산	불명	- 본관이 광산(光山)이고 광천군(光川君)도 맞음 - 아버지 출생연도가 세종 계묘년(1423년)이고 4촌형 출생연도가 1434년이므로 이시애란 때는 본인 나이는 20대였을 것이고 어떤 직책이었는지도 불명
김해	불명	- 족보를 보면 출생, 사망연도는 불명이고 광천군(廣川君), 적개공신, 정국공신, 호성공신, 선무원종공신이라고 하는데 - 적개공신은 1467년, 정국공신은 1506년, 호성공신은 1592년 임어난 임로 공신이 된 것인데 단순히 3가지 연도만 보아도 125년이 차이나며 첫 공신이 될 때의 나이를 가정해 보면 호성공신이 될 때는 본인 나이가 적어도 150세 이상 이라는 얘기인데 상식적으로 이해가 되지 않음.

(3) 『국조공신록』을 보면 적장손 명남(命男)에게 세습되었다고 하는데 광산김씨 김면(金沔) 6세손에 명남(命男)이 있는 것을 보면 광산김씨가 맞다고 생각된다. 다만 출생연도 등을 보면 무언가 잘못되었거나 애매한 점이 있다.

김명원(金命元)

- **출생, 사망** : 1534~1602
- **출신** : 문과
- **부모** : 대사헌 김만균(金萬鈞), 제용감정 안존의(安尊義)의 딸
- **공신 내용** : 평난공신(3등)

본관은 경주(慶州)이고 자(字)는 응순(應順)이며 호는 주은(酒隱)이다. 명종 16년(1561) 문과에 급제해 홍문관정자가 되고 이어 수찬 등을 지냈고 1568년 종성부사,

김명원 묘

그 뒤 형조참의·정주목사 등을 지냈다. 1579년 의주목사가 되고 이어 전라감사·병조참판 등을 거쳐 1584년 함경도감사·도총관 등을 지냈다. 1587년 우참찬으로 승진했고 이어 형조판서·경기감사를 거쳐 좌참찬으로 지의금부사를 겸했다.

1589년 정여립(鄭汝立)의 역모사건을 처리하는 데 공을 세워 이듬해 평난공신(平難功臣)에 녹훈되고 경림군(慶林君)에 봉해졌다. 1592년 임진왜란이 일어나자 팔도도원수가 되어 한강 및 임진강을 방어했으나 중과부적으로 적을 막지 못하고 적의 침공만을 지연시켰다.

평양이 함락된 뒤 순안에 주둔해 행재소(行在所) 경비에 힘썼다. 그 뒤 호조·예조·공조의 판서를 지냈다. 1597년 정유재란 때는 병조판서로 유도대장(留都大將)을 겸임했고 좌찬성·이조판서·우의정을 거쳐 1601년 경림부원군(慶林府院君)에 봉해지고 좌의정에 이르렀다.

■ **시호**(諡號) : **충익**(忠翼) -인조실록 11년(1633) 1월 26일

김무(金碔)

- ■ **출생, 사망** : 1441~1514
- ■ **출신** : 음직
- ■ **부모** : 동지중추부사 김종숙(金宗淑), 사복시정 이양직(李良直)의 딸
- ■ **공신 내용** : 정국공신(4등)

본관은 안동(安東)이며 음직으로 관리가 되어 세조 14년(1469) 사헌부 집의, 성종 8년(1477) 춘천부사, 1483년 예빈시부정 등을 거쳐 성종 21년(1490) 우부승지가 되었고 그 후 강원도관찰사 등을 지냈다. 1506년 중종반정에 참여하여 정국공신(靖國功臣)에 녹훈되고 흥양군(興壤君)에 봉해졌다. 중종 3년(1508) 풍양군(豐壤君)으로 개봉(改封)되었다. 같은 반정공신인 김수동의 숙부이며 중종 때 청백리에 선정되었다.

김백겸(金伯謙)

- ■ **출생, 사망** : 1428~1506
- ■ **출신** : 내금위→무과

- **부모** : 김혁(金革), 낭천현감 곽휴(郭休)의 딸
- **공신 내용** : 적개공신(2등)

본관은 광산(光山)이고 자(字)는 자양(子讓)이다. 세조 4년(1458) 내금위에 근무하다가 1460년 무과에 급세하여 승의교위(承義校尉)가 되었다. 1462년 대호군에 올랐고 1467년 이시애(李施愛)의 난 때 4도병마도총사 이준(李浚) 휘하의 군관으로 출정하여 공을 세워 적개공신(敵愾功臣)에 녹훈되고 첨지중추부사에 임명되었다.

곧이어 공조참의가 되고 다시 건주위(建州衛)의 야인정벌에 공을 세워 의주목사로 승진되었다. 성종 1년(1470) 평안도 우후 등을 역임하고 1473년 광원군(光原君)에 봉해졌으며 겸사복장을 역임하고 이듬해 경상좌도병마절도사를 지냈으며 1477년 첨지중추부사가 되었다. 1478년 순천도호부사가 되었고 1485년 평안도절도사로 부임하였다가 사직하였다. 사망 후 병조판서에 추증되었다.

- **시호(諡號)** : **양호**(襄胡) -청선고

김봉(金鳳)
- **출생, 사망** : ?~?
- **출신** : 환관
- **부모** : 불명
- **공신 내용** : 호성공신(3등)

환관으로서 임진왜란으로 의주로 몽진하는 선조를 수가(隨駕)한 공으로 호성공신에 녹훈되고 영성군(寧城君)이 되었다. 광해군 시절 극간(極諫) 하다가 사망하였다.

- **참고** : 『성씨의 고향』을 보면 김해김씨 공신명단에 김봉이 있는데 족보에서는 찾지 못함. 20회맹록을 보면 적장손 김선(金善)이 참여했다고 되어있음.

김사형(金士衡)
- **출생, 사망** : 1341~1407
- **출신** : 음직
- **부모** : 영삼사사 김천(金蔵), 진현관대제학 곽원진(郭元振)의 딸
- **공신 내용** : 개국공신(1등), 정사공신(1등)

본관은 안동(安東)이고 자(字)는 평보(平甫)이며 호는 낙포(洛圃)이다. 고려 때 음직으로 앵계관직(鶯溪舘直)이 되었고 이후 개성윤 등을 지냈고 그 뒤 지밀직사사·지문하부사가 되었다. 1392년 7월 조선을 개국하고 이성계를 왕위에 옹립하는데

김사형 철권 봉안각

기여한 공으로 태조 1년(1392) 8월 개국공신(開國功臣)에 녹훈되고 문하시랑찬성사 겸 판상서사사 겸 병조전서 응양상장군에 올랐다.

같은 해 12월 문하우시중에 제수되고 상락백(上洛伯)에 봉해졌다. 태조 5년(1396) 5도병마처치사로서 대마도를 정벌하였고 태조 7년(1398) 제1차 왕자의 난 때 백관을 거느리고 대궐에 들어가 적장(嫡長)을 후사로 세울 것을 요청해 정종의 즉위를 도운 공으로 정사공신(定社功臣)에 녹훈되었다.

정종 2년(1400) 판문하부사(判門下府事), 1401년 좌정승에 임명되고 이듬해 영사평부사를 지낸 다음 상락부원군(上洛府院君)에 봉해진 뒤 관직에서 물러났다.

- **시호(諡號) : 익원(翼元)** -태종실록 7년(1407) 7월 30일

김새신(金璽信)

- **출생, 사망** : 1555~1633
- **출신** : 환관
- **부모** : 불명
- **공신 내용** : 호성공신 (3등)

자(字)는 군보(君寶)이고 환관으로서 임진왜란으로 의주로 몽진하는 선조를 수가(隨駕)한 공으로 호성공신에 녹훈되고 낙성군(樂城君)에 봉해졌으며 정헌대부까지 올랐다.

- **참고** : (1) 『성씨의 고향』을 보면 경주김씨 공신명단에 김새신이 있는데 족보에서는 찾지 못함. 20공신회맹록을 보면 계(繼) 적장손 김광련(金光鍊)이 참여했다고 되어 있음.
(2) 묘는 은평구 신사동 덕산중학교 뒷산에 있는데 부모에 대한 기록은 없음.

김새신묘

김석주(金錫胄)

- **출생, 사망** : 1634~1684
- **출신** : 문과
- **부모** : 지중추부사 김좌명(金佐明), 동양위 신익성(申翊聖)의 딸
- **공신 내용** : 보사공신(1등)

본관은 청풍(淸風)이고 자(字)는 사백(斯百)이며 호는 식암(息庵)이다. 현종 3년(1662) 문과에 장원으로 급제, 전적(典籍)이 된 뒤 이조좌랑·수찬(修撰)·교리 등을 역임하고 1674년 겸보덕(兼輔德)에 이어 좌부승지가 되었다. 1674년 자의대비(慈懿大妃)의 복상 문제로 제2차 예송논쟁이 일어나자 남인 허적(許積) 등과 결탁해 송시열·김수항 등을 숙청하고 수어사(守御使)에 이어 도승지로 특진되었다.

김석주

숙종 6년(1680) 4월 당시의 권력자인 허적(許積)의 서자인 허견, 왕족(王族)인 복창군 형제 등의 역적모의 고발이 있자 이를 잘 처리하여 그해 5월 보사공신(保社功臣)에 녹훈되고 이조판서가 되었으며 청성부원군(淸城府院君)에 봉해졌다. 1682년 우의정으로 호위대장을 겸직하였다.

1683년 음험한 수법으로 남인의 타도를 획책했다 하여 같은 서인의 소장파로부터 공격을 받았다. 사후인 1689년 기사환국으로 남인이 집권하자 공신호를 박탈당했다가 1694년 갑술환국으로 서인이 다시 집권하자 복작되었다. 현종의 왕비 명성왕후와 4촌간이고 숙종 묘정(廟庭)에 배향되었다.

- **시호(諡號)** : **문충**(文忠) -숙종실록 11년(1685) 8월 5일

김선(金瑄)

- **출생, 사망** : 1438~1510
- **출신** : 문과
- **부모** : 사헌부감찰 김우현(金遇賢), 어머니는 불명
- **공신 내용** : 정국공신(4등)

본관은 함창(咸昌)이고 자(字)는 대가(待價)이다. 세조 13년(1468) 문과에 급제하였고 여러 관직을 거쳐 성종 16년(1485) 이후 경상도 도사·봉상시정·부제학 등을 거쳐 연산군 8년(1502) 부제학, 이듬해 병조참지, 전주부윤 등을 지냈고 연산군 12년(1506) 강원도관찰사가 되었다. 같은 해 일어난 중종반정에 협력하여 정국공신

(靖國功臣)에 녹훈되고 함원군(咸原君)에 봉해졌으며 중종 5년(1510) 특진관이 되었다.

김수경(金壽卿)
- **출생, 사망** : 1465~1525
- **출신** : 불명
- **부모** : 첨지중추부사 김적(金磧), 동부승지 안질(安實)의 딸
- **공신 내용** : 정국공신(3등)

본관은 안동(安東)이고 호는 양한재(養閑齋)이다. 연산군 1년(1495) 선왕의 명복을 빌기 위한 불사(佛事)를 반대하다가 장형(杖刑)을 받고 유배당하였다. 1498년 사평(司評)이 되었다가 공조좌랑으로 옮겼으며 1506년 병조참지에 올랐다.

그 해 중종반정이 일어나자 형(兄) 김수동을 따라 반정군에 가담하여 정국공신(靖國功臣)에 녹훈되고 영안군(永安君)에 봉해졌다. 그러나 연산군 12년(1506) 어머니 상중에도 근신하지 않은 사실이 드러나 탄핵을 받고 벼슬에서 물러났다. 중종 11년(1516) 마전군수(麻田郡守) 등을 지냈고 그 뒤 장단·연안의 부사를 거쳐 1523년 이천부사가 되었다.

김수녕(金壽寧)
- **출생, 사망** : 1436~1473
- **출신** : 문과
- **부모** : 절충장군 김숙(金潚), 병조판서 안숭선(安崇善)의 딸
- **공신 내용** : 좌리공신(4등)

본관은 안동(安東)이고 자(字)는 이수(頤叟)이며 호는 소양당(素養堂)이다. 단종 1년(1453) 문과에 장원급제하여 집현전 부수찬이 되었다. 세조 1년(1455) 집현전 수찬에 승진되고 이어 병조좌랑·예문관응교 등을 역임하였다. 1458년부터 1462년까지 충청도 등 5도의 체찰사인 한명회의 종사관이 되어 소임을 담당하였다. 1463년 집의에 오르고 그 뒤 동부승지, 1465년에는 좌승지를 지냈다.

세조 12년(1466) 공조참의가 되고 이어 형조·호조의 참의를 지냈고 1468년 호조참의로 세조의 『주역구결(周易口訣)』 간행에 참여하였다. 1470년 대사간이 되었으며 성종 즉위 및 보좌에 공이 있어 성종 2년(1471) 좌리공신(佐理功臣)에 책록되고 복창군(福昌君)에 봉해졌다. 이어 공조참판과 호조참판에 이르렀다.

- **시호**(諡號) : **문도**(文悼) -성종실록 4년(1473) 7월 3일

김수동(金壽童)
- **출생, 사망** : 1457~1512
- **출신** : 문과
- **부모** : 첨지중추부사 김적(金磧), 동부승지 안질(安質)의 딸
- **공신 내용** : 정국공신(2등)

본관은 안동(安東)이고 자(字)는 미수(眉叟)이며 호는 만보당(晩保堂)이다. 성종 8년(1477) 문과에 급제해 예문관 주서·사인(舍人) 등을 거쳐 장령(掌令)에 올랐다. 연산군 즉위 후 전한(典翰)·부제학 등을 역임하였다.

연산군 3년(1497) 동부승지, 이듬해 좌승지를 거쳐 전라도관찰사를 역임하고 예조참판이 되었다. 그 뒤 경상도관찰사·형조판서 겸 지춘추관사, 제학 등을 두루 거치고 1504년 이조판서에 올랐다.

연산군 12년(1506) 어머니상(喪)으로 사직하였으나 3개월 만에 기복되어 우의정에 보임되었다. 이때 중종반정에 참여해 좌의정에 오르고 정국공신(靖國功臣)에 녹훈되었으며 영가부원군(永嘉府院君)에 봉해졌다. 사림으로부터 연산군에게 충실했다고 비난받았으나 갑자사화 때 선비들을 보호하는데 힘썼다는 평도 있다. 1510년 영의정이 되었다.

- **시호**(諡號) : **문경**(文敬) -중종실록 7년(1512) 7월 7일

김수온(金守溫)
- **출생, 사망** : 1410~1481
- **출신** : 문과
- **부모** : 전시사소윤 김훈(金訓), 이조판서 이행(李行)의 딸
- **공신 내용** : 좌리공신(4등)

본관은 영산(永山)이고 자(字)는 문량(文良)이며 호는 괴애(乖崖)이다. 세종 23년(1441) 문과에 급제, 정자(正字)가 되었다가 곧 집현전 학사가 되었고 『치평요람(治平要覽)』수찬에 참여하였다. 1446년 부사직(副司直)이 되고 이어서 훈련원주부·병조정랑을 거쳐 문종 1년(1451) 전농시소윤, 이듬해 지영천군사(知榮川郡事) 등을 역임하였다.

세조 3년(1457) 첨지중추부사, 이듬해 동지중추부사가 되고 1459년 한성부윤, 이

김수온부조묘

듬해 상주목사, 1464년 지중추부사·공조판서를 역임하였다. 1466년 판중추부사에 오르고 이어 호조판서를 거쳐 성종 즉위 및 보좌에 공이 있어 성종 2년(1471) 좌리공신(佐理功臣)에 책록되고 영산부원군(永山府院君)에 봉해졌으며 1474년 영중추부사를 역임하였다.

- 시호(諡號) : **문평**(文平) -성종실록 12년(1481) 6월 7일

김수원(金秀源)

- 출생, 사망 : ?~?
- 출신 : 환관
- 부모 : 불명
- 공신 내용 : 호성공신(3등)

환관으로서 임진왜란으로 의주로 몽진하는 선조를 수가(隨駕)한 공으로 공신이 되고 가성군(伽城君)에 봉하여졌다.

- 참고 : (1)『성씨의 고향』을 보면 김해김씨 공신란에 김수원이 있으나 환관 김수원은 족보에서 찾지못함 (2) 김해김씨 삼현파 족보를 보면 김일손(金馹孫)의 증손자로 김수원이 있는데 문헌편에는 선조 2년(1569)생으로 초명(初名)이 김계원(金啓源)이고 무과에 급제하였고 임진왜란때 선조를 호종하여 호성공신이 되고 내금위장 등을 지냈으며 가성군에 봉해졌고 사망 후 공조판서에 추증되었다고 되어있으나 자손록에서는 찾지못함.

김숙손(金叔孫)

- 출생, 사망 : ?~?
- 출신 : 환관
- 부모 : 불명
- 공신 내용 : 정국공신(4등)

성종 19년(1488) 대비가 강녕(江寧)하시다고 망아지 1필과 활 1장(張)을 하사받았고 1506년 중종반정이 있던 날 환관으로서 분주하게 고생하였다고 정국공신(靖國功臣)에 녹훈되고 흥안군(興安君)에 봉하여졌다.

- 참고 :『성씨의 고향』을 보면 성주 김씨 공신란에 김숙손이 있는데 족보에서는

찾지 못함.

김순명(金順命)
- **출생, 사망** : 1435~1487
- **출신** : 문과
- **부모** : 호조판서 김길통(金吉通), 예빈시판사 이심지(李審之)의 딸
- **공신 내용** : 적개공신(2등), 좌리공신(4등)

본관은 청풍(淸風)이고 자(字)는 거이(居易)이다. 세조 2년(1456) 문과에 급제 후 정자(正字)가 되었고 이어 승정원 주서·호조정랑 등을 역임하였다. 1467년 이시애(李施愛)의 난이 일어나자 4도병마도총사 구성군 이준(李浚)의 종사관으로 출정하여 공을 세워 적개공신에 녹훈되고 군자감정에 임명되었다.

예종 1년(1469) 장례원 판결사를 거쳐 우부승지로 전임되었고 성종 즉위 및 보좌에 공이 있어 성종 2년(1471) 좌리공신(佐理功臣)에 녹훈되고 좌부승지를 거쳐 이듬해 예조참판이 되었다. 성종 6년(1475) 전라도관찰사, 1477년 형조·호조·예조의 참판을 역임하고 이듬해 청릉군(淸陵君)에 봉해졌다. 1481년 의금부동지사로 있다가 파직되었으나 이듬해 황해도관찰사로 나갔다가 다시 파직되었다. 1484년 고신(告身)을 돌려받고 다시 청릉군에 봉해졌다.

김순명 묘

- **시호(諡號)** : **공양(恭襄)** -성종실록 18년(1487) 4월 3일

김승주(金承霆)
- **출생, 사망** : 1347~1424
- **출신** : 별장(別將)
- **부모** : 정주목사 김유정(金惟精), 권동(權洞)의 딸
- **공신 내용** : 좌명공신(4등)

본관은 순천(順天)이고 호는 월담(月潭)이다. 고려 우왕 6년(1380) 흥위위별장을 거쳐 군기시 소윤(少尹)을 지내고 고려 창왕 1년(1389) 지풍주사가 되었다. 그때 풍주 연해를 노략질하던 왜구를 무찌르는 데 큰 공을 세웠다. 조선이 건국되자 태조 2년(1393) 전중경(殿中卿)에 오르고 이어서 이성만호(泥城萬戶)·형조전서 등을 역

임하였다.

1396년 이후 호조전서·경상도병마도절제사 등을 지냈다. 정종 2년(1400) 제2차 왕자의 난이 일어나자 좌군총제로서 이방원(태종) 측에 협력하여 좌명공신(佐命功臣)에 녹훈되고 여산군(麗山君)에 봉해졌다. 태종 초 강계도병마사에 이어 공조판서·지의정부사(知議政府事)를 지냈고 1407년 동북면병마도절제사 겸 영흥부윤·도순문찰리사 등을 지냈다.

1411년 참찬의정부사에 이어 1413년 서북면도순문사 겸 평양부윤을 지냈다. 태종 14년(1414) 병조판서로 있다가 이듬해 평양군(平陽君)으로 개봉(改封)되었으며, 판중군도총제가 되었다. 1417년 평양부원군에 진봉되었다.

■ **시호**(諡號) : **양경**(襄景) -세종실록 6년(1424) 2월 8일

김시민(金時敏)

■ **출생, 사망** : 1554~1592   ■ **출신** : 무과
■ **부모** : 지평 김충갑(金忠甲), 참봉 이성춘(李成春)의 딸
■ **공신 내용** : 선무공신(2등)

본관은 안동(安東)이고 자(字)는 면오(勉吾)이다. 선조 11년(1578) 무과에 급제하여 훈련원 판관이 되었고 이후 여러 관직을 거쳤다. 선조 24년(1591) 진주통판(晉州通判)이 되었고 이듬해 임진왜란이 일어나자 사천, 고성, 진해에 주둔하는 왜군을 공격하여 승리를 거두었으며 그 공으로 진주목사가 되었다.

같은 해 9월에는 적장 소평태(小平泰)를 사로잡은 공으로 통정대부가 되고 10월에는 경상우도 병마절도사가 되었다. 같은 달 왜군이 진주성을 공격해오자 그는 3,800여 명의 군대를 지휘하여 적장 하세가와(長谷川秀一)가 이끄는 1만의 군대를 맞아 대승을 거두었다.

김시민 사당-충민사

10월 5일부터 11일까지 계속된 이 전투에서 마지막 날 적군이 쏜 탄환을 이마에 맞았고 며칠 후 사망하였다. 사망 후인 선조 37년(1604) 선무공신(宣武功臣)에 녹훈되고 상락군(上洛君)에 봉해졌으며 영의정에 추증되었다.

- **시호**(諡號) : **충무**(忠武) -숙종실록 37년(1711) 6월 16일

김양보(金良輔)

- **출생, 사망** : 1554~?
- **출신** : 환관
- **부모** : 김난손(金蘭孫), 연일정씨(延日鄭氏)
- **공신 내용** : 호성공신(3등)

본관은 삼척(三陟)이며 환관으로서 정여립 역모사건이 일어났을 때 선전관과 함께 정여립 일당을 체포하러 갔었고 임진왜란 때 의주로 몽진하는 선조를 수가(隨駕)한 공으로 호성공신(扈聖功臣)에 녹훈되고 척주군(陟州君)에 책록되었다.

김양보 제사(齊祠)

- **참고** : 족보에는 무과에 급제하였다고 되어있고 공신 내용은 같으며 한성판윤에 증직되었다고 되어있다.

김양언(金良彦)

- **출생, 사망** : 1583~1627
- **출신** : 의병
- **부모** : 훈련원정 김덕수(金德秀), 청주한씨(淸州韓氏)
- **공신 내용** : 진무공신(3등)

본관은 진주(晉州)이고 자(字)는 선익(善益)이다. 할아버지 형제는 임진왜란 때 사망하였고 아버지는 무과에 급제하여 임진왜란 때 여러 차례 전공을 세워 훈련원정에 이르렀는데 광해군 11년(1619) 강홍립(姜弘立)을 따라 후금의 군대를 공격하다가 심하전투(深河戰鬪)에서 전사하였다.

이때 작은아버지도 사망하였으므로 항상 <복수> 두 글자를 크게 써서 몸에 차고 다니면서 전쟁에서 죽은 자들의 자손 300여 명을 모집하여 <복수군>이라 이름하고 아버지의 복수를 결심하였다.

국조인물고

인조 2년(1624) 이괄(李适)이 반란을 일으키

자 도원수 장만(張晩)에게 자청하여 척후장이 되어 길마재 전투에서 전공을 세워 진무공신(振武功臣)에 녹훈되고 군기시 주부(主簿)와 태천현감에 제수되었으나 모두 사양하고 변방의 수비를 자원하였다.

권관(權管)으로서 1627년 정묘호란이 일어나자 병사 남이흥의 휘하에서 안주를 수비하다가 적병이 쳐들어오자 끝까지 싸우다가 강에 투신하였다. 판중추부사 겸 판의금부사에 추증되고, 진흥군(晉興君)에 추봉되었다.

- **참고** : (1)『청선고』및『전고대방』등에 본관이 없고 진흥군(晉興君)이라고만 되어있으며 (2) 경주김씨에도 김양언(金良彦)이 있는데 생몰년은 불명이고 정란(靖亂) 원종공신, 정난공신(定難功臣)이라고 하나 정란(靖亂) 원종공신은 책정한 기록이 없고 정난공신 명단에 김양언이 없음

김영렬(金英烈)

- **출생, 사망** : 1353~1404
- **출신** : 문과
- **부모** : 의성부원군 김굉(金紘), 대장군 정엄(鄭儼)의 딸
- **공신 내용** : 좌명공신(3등)

본관은 의성(義城)이고 호는 맹암(孟巖)이다. 고려 때 과거 급제 후 전서(典書)로 있다가 태조 3년(1394) 경기우도수군첨절제사가 되었고 1396년 경기도도수군절제사가 되었다. 이듬해 투항해온 왜적이 울주지사를 납치해 도망갔는데 잡지 못했다고 파직되고 수군에 충군되었다가 이듬해 풀려났다. 정종 2년(1400) 지삼군부사(知三軍府事)로 있을 때 제2차 왕자의 난이 일어나자 이방원(태종)측에 협력한 공으로 좌명공신(佐命功臣)에 녹훈되었다.

1401년 경기좌우도수군절제사, 1402년 동북면, 강원도도안무사가 되었고 안변에서 반란을 일으킨 조사의 부자를 잡았으며 1404년 삼도수군도지휘사·참판승추부사로 있었고 의성군(義城君)으로 봉작되고 사망 후 우의정에 추증되었다.

- **시호(諡號)** : **양소**(襄昭) -태종실록 4년(1404) 12월 1일

김예정(金禮禎)

- **출생, 사망** : ?~?
- **출신** : 환관
- **부모** : 내시(통훈대부) 전세걸(全世傑), 어머니는 불명

- **공신 내용** : 호성공신(3등)

본관은 이천(伊川)이고 자(字)는 경화(景和)이다. 환관으로 임진왜란으로 의주로 몽진하는 선조를 수가(隨駕)한 공으로 공신이 되고 화천군(花川君)에 봉해졌으며 자헌대부 상선(尙膳)까지 되었다.

- **참고** : (1) 이천(伊川) 김씨 김선강(金善康) 계(系)라고 함
  (2) 내시 족보인 양세계보(養世系譜)를 보면 윤득부 가문의 후손으로 장동파(壯洞派) 시조라고 하며 고향은 수안(遂安)으로 되어있음.
  (3) 일부 자료에는 이름이 김예정(金禮貞)으로 되어있음.

김완(金完)

- **출생, 사망** : 1577~1635
- **출신** : 의병→무과
- **부모** : 이성현감(利城縣監) 김극조(金克祧), 장명손(張命遜)의 딸
- **공신 내용** : 진무공신(3등)

본관은 김해(金海)이고 자(字)는 자구(子具)이다. 정유재란 중 의병으로 전라병사 이복남(李福男) 휘하에 들어가 용맹을 인정받았다. 그해 무과에 급제, 경상방어사의 막하로 들어가 임기를 마치고 돌아오는 길에 왜적을 만나 전공을 세웠다.

김완 신도비

이듬해 전라병사 이광악을 따라 남원에 갔고 1604년 검모포(黔毛浦) 만호, 1607년 남원판관 등을 거친 뒤 어머니가 사망하자 관직을 그만두었다.

광해군 7년(1615) 고산첨사(高山僉使) 등을 거쳐 창성방어사에 이르렀다. 인조 2년(1624) 이괄(李适)의 난이 일어나자 좌방어사로 참여하여 공을 세워 진무공신(振武功臣)에 녹훈되고 학성군(鶴城君)에 봉해졌다. 이후 전라도수군절도사·황해병사 등을 지냈으며 사망 후 병조판서에 추증되었다.

- **시호(諡號)** : **양무(襄武)** -영조실록 24년(1748) 10월 3일

김우(金宇)
- **출생, 사망** : ?~1418
- **출신** : 태종 시위(侍衛)
- **부모** : 강계만호 김영비(金英庇), 우탁(禹倬)의 딸
- **공신 내용** : 좌명공신(4등)

본관은 희천(熙川)이며 태종이 잠저에 있을 때부터 시위(侍衛)하였고 태조 7년(1398) 군자감을 지냈다. 정종 2년(1400) 대장군으로 있으면서 제2차 왕자의 난 때 이방원(태종)측에 협력하여 좌명공신(佐命功臣)에 녹훈되고 희천군(熙川君)에 봉해졌다. 1407년 강계도병마사·좌군총제, 1409년 평양도절제사, 1410년 안주도병마도절제사를 거쳐 1415년 우군도총제가 되었고 1417년 좌군도총제와 병조판서를 역임하였다.

- **시호(諡號)** : **양정(襄靖)** -태종실록 18년(1418) 2월 19일

김우증(金友曾)
- **출생, 사망** : ?~?
- **출신** : 무과
- **부모** : 사재감첨정 김극함(金克諴), 소윤 남상명(南相明)의 딸
- **공신 내용** : 정국공신(3등)

본관은 청풍(淸風)이고 자(字)는 희여(希輿)이다. 무과(武科)에 급제하여 선전관을 지냈고 연산군 10년(1504) 명천(明川)현감이 되었을 때 갑자사화로 귀양 온 윤여해에게 꽃을 수놓은 돗자리 등을 제공한 죄로 연산군의 진노를 사서 장배(杖配)되었다.

김우증 묘

1506년 중종반정에 참여하여 정국공신(靖國功臣)에 녹훈되었다. 그 후 북도우후, 정주목사(定州牧使) 등을 역임하였고 영조 18년(1742) 병조판서, 청평군(淸平君)에 추증되었다.

김원량(金元亮)
- **출생, 사망** : 1589~1624
- **출신** : 공신
- **부모** : 김변(金忭), 현감 구영준(具英俊)의 딸
- **공신 내용** : 정사공신(3등)

본관은 경주(慶州)이고 자(字)는 명숙(明叔)이며 호는 미촌(麋村)이다. 이괄(李适)의 5촌 조카로 인조반정의 주동자 이귀의 아들 이시백의 권유를 받아 인조반정 모의에 참여하였고 이괄을 반정군에 끌어들였다. 거사 당일에는 부모의 병으로 군사행동에는 가담하지 못했으나 정사공신(靖社功臣)에 녹훈되고 장례원 사평(司評)에 임명되었으며 공조좌랑을 거쳐 김집(金集)과 함께 학행으로 추천받아 지평에 발탁되었다.

1624년 이괄(李适)의 모반에 대한 고변이 있자 백방으로 이괄의 무죄를 변호하다가 투옥되었고 이어 반란군의 공격으로 조정이 피난할 때 적에게 이용될 염려가 있다는 주장에 따라 옥중에서 참살당하였다. 현종 5년(1664) 삭훈되었다가 숙종 7년(1681) 훈작(勳爵)이 복구되고 호조판서·월성군(月城君)에 추증되었다.

- **시호(諡號) : 강민(剛愍)** -정조실록 12년(1788) 4월 6일

김은(金銀)

- **출생, 사망** : ?~?
- **출신** : 환관
- **부모** : 불명
- **공신 내용** : 정국공신(4등)

환관으로서 중종반정이 있던 날 대궐에 근무하면서 반정을 도운 공으로 정국공신(靖國功臣)에 녹훈되고 공산군(公山君)에 봉해졌다.

- **참고** : 『성씨의 고향』을 보면 공주 김씨 공신란에 김은(金銀)이 있는데 족보에서는 찾지 못함.

김응남(金應南)

- **출생, 사망** : 1546~1598
- **출신** : 문과
- **부모** : 김형(金珩), 김덕유(金德裕)의 딸
- **공신 내용** : 호성공신(2등)

본관은 원주(原州)이고 자(字)는 중숙(重叔)이며 호는 두암(斗巖)이다. 선조 1년(1568) 문과에 급제해 예문관·홍문관 정자를 역임하고 여러 관직을 거쳐 동부승지에 이르렀다. 1583년 병조판서 이이(李珥)를 탄핵한 삼사(三司)의 송응개 등이 선조의 노여움으로 유배될 때 그들과 일당이라는 혐의로 제주목사로 좌천되었다. 2년 뒤

인 1585년 우승지로 기용되고 이어 대사헌·대사간·이조참판 등을 역임하였다.

그 후 한성판윤이 되었고 선조 25년(1592) 임진왜란으로 선조가 의주로 몽진할 때 병조판서 겸 부체찰사가 되어 선조를 호종하였다. 1593년 이조판서로서 왕을 따라 환도, 1594년 우의정, 1595년 좌의정이 되어 영의정 유성룡과 함께 임진왜란 후의 혼란한 정국을 안정시켰고 원성부원군(原城府院君)이 되었다.

1597년 정유재란 때는 안무사로서 영남 지방에 내려갔다가 풍기(豊基)에서 병이 위독해져서 귀경 후 사직하고 이듬해 사망하였다. 사망 후인 1604년 호성공신에 녹훈되었다.

- **시호**(諡號) : **충정**(忠靖) -영조실록 29년(1753) 4월 23일

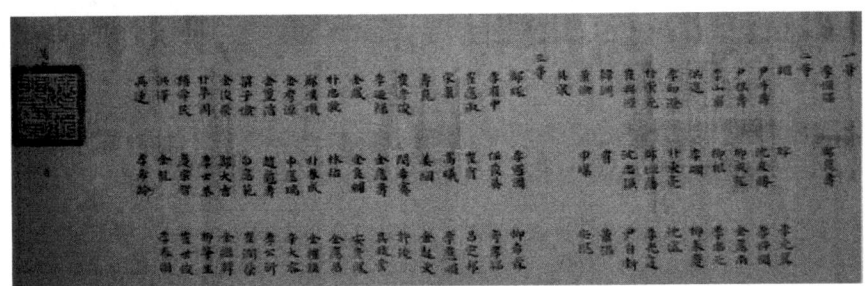

김응남 공신녹권

김응수(金應壽)

- **출생, 사망** : 1547~1605
- **출신** : 마의(馬醫)
- **부모** : 김복룡(金福龍), 밀양박씨(密陽朴氏)
- **공신 내용** : 호성공신(3등)

본관은 김녕(金寧)이며 사복시 잡직(정7품)인 마의(馬醫)로서 선조 25년(1592) 임진왜란으로 의주로 몽진하는 선조를 모시고 황해도 평산까지 호종하여 그 공을 크게 인정받았다. 1592년 5월 4일 선조가 평산에 도착하여 주변을 정비하는 과정에서 하급직인 김응수와 오치운만이 자신을 호종하고 있다는 사실을 보고 받고 이들을 동반(東班)에 등용하도록 하였다.

선조 26년(1593) 사복시 주부가 되고 1595년 종4품인 사복시첨정까지 오르자 거센 반발이 계속 있었지만 선조는 이를 물리치고 김응수를 신임하였으며 1604년 호성공신(扈聖功臣)에 녹훈되고 분성군(盆城君)에 봉해졌다.

■ **참고** : 아래와 같이 호성공신 김응수가 여러명 있는데 맨 위 사람이 맞는 것 같음.

구분	생몰년	부모	족보 내용
김녕김씨 분성군파	정미 (丁未, 1547)생	위와 같음	1592년 통훈대부 사복시주부 1595년 통훈대부 사복시첨정 1597년 절충장군 충좌위부호군 1604년 호성공신, 분성군(盆城君) 1605년 추증(숭록대부, 영의정) ** 영의정에 추증되었다는 것은 의심스러움
수원김씨 (갑술대동보1권)	병신 (丙申, 1536)생	위와 같음	호성공신 1등, 자헌대부, 한성판윤, 분성군, 부조(不祧) ** 호성공신 1등 명단에 김응수 없음.
김해김씨김녕군파, 횡성현감공파	성종 5년 (1474)생	부(父) 세경(世經) 모(母)직장 경조(慶祚)의 딸	사직서령, 을묘문과, 의병장, 홍문관 교리, 호성공신, 분성군 ** 임진왜란은 1592년 발생했는데 119세로 호종했다는게 이치적으로 맞지않음.

** 수원김씨 갑술대동보 1권에 김언신(金彦臣)이 선무공신이라고 되어있으나 관직도 없고 선무공신 명단에 없음.

김응창(金應昌)

■ **출생, 사망** : ?~1624   ■ **출신** : 환관
■ **공신 내용** : 호성공신(3등)

환관으로서 임진왜란으로 의주로 몽진하는 선조를 수가(隨駕)한 공으로, 1604년 호성공신(扈聖功臣)에 녹훈되고 개성군(開城君)에 봉하여졌다. 1624년 이괄(李适)의 난에 연루되어 죽임을 당하였다.

■ **참고** : (1) 『성씨의 고향』 개성(開城) 김씨 공신을 보면 김응창이 있는데 족보에서 찾지 못함. (2) 부모 인적사항은 불분명하고 환관인 박한종(朴漢宗)에게 입양되고 환관이 되었다. (3) 20공신회맹록을 보면 계(繼)적장손 김학해(金學海)가 참여했다고 되어있음.

김익훈(金益勳)
- **출생, 사망** : 1619~1689
- **출신** : 음직
- **부모** : 이조참판 김반(金槃), 첨지중추부사 김진려(金進礪)의 딸
- **공신 내용** : 보사공신(2등)

본관은 광산(光山)이고 자(字)는 무숙(懋叔)이며 호는 광남(光南)이다. 음직으로 등용되어 의금부도사·남원부사·사복시첨정 등을 역임하고 현종 8년(1667) 사도시정(司䆃寺正)이 되었다. 1675년 숙종이 즉위한 뒤 왕비의 숙부로서 어영대장 등 군권(軍權)의 요직을 지냈다.

숙종 6년(1680) 김석주의 주도로 경신대출척을 일으켜 조정에서 남인들을 숙청하는데 적극 참여했으며 그 공으로 보사공신(保社功臣)에 추록되고 광남군(光南君)에 봉해졌다. 이후 광주부윤·어영대장 등 요직을 역임하면서 김석주 등과 함께 훈척으로서 병권을 장악하고 정국을 주도하였다.

1689년 어영대장 재직 중 기사환국으로 남인이 정권을 잡자 공신이 삭훈되고 강계에 유배되었으며 무고한 사람들을 많이 죽였다는 죄명으로 고문을 받고 투옥되었다가 죽었다. 1694년 갑술환국으로 다시 서인이 집권하자 복훈되었다.

- **시호** : **충헌(忠獻)** -고종실록 8년(1871) 3월 16일

김인찬(金仁贊)
- **출생, 사망** : 1336~1392
- **출신** : 불명
- **부모** : 사복전서 김존일(金存一), 남양홍씨(南陽洪氏)
- **공신 내용** : 개국공신(1등)

본관은 양근(楊根)이고 자(字)는 의지(義之)이며 호는 의암(毅菴)이다. 고려 우왕 2년(1376) 북청천호(北靑千戶)가 되고 1383년 이성계(李成桂)의 부하가 되었다. 1388년 이성계를 따라 위화도에서 회군한 뒤 공양왕 2년(1390) 밀직부사(密直副使)에 오르고 1392년 밀직사 동지사에 올랐다.

1392년 7월 조선을 개국하고 이성계를 왕위에 옹립하는데 기여하였고 중추원사·의흥친군위동지절제사가 되어 태조의 친병을 통솔하는 책임을 맡았으나 곧 사망하였다. 사망 후 개국공신(開國功臣) 1등에 녹훈되고 익화군(益和君)에 추봉(追封)되고 문하시랑찬성사에 추증되었다.

- **시호**(諡號) : **충민**(忠愍) -청선고

김임(金任)
- **출생, 사망** : 1448~1514
- **출신** : 무과
- **부모** : 호조좌랑 김영원(金永源), 제용감판관 김계(金啓)의 딸
- **공신 내용** : 정국공신(4등)

본관은 경주(慶州)이며 성종 11년(1480) 무과에 급제한 후 강령현감·의성현령 등을 거쳐 1506년 양주목사로 있으면서 중종반정에 협력하여 정국공신(靖國功臣)에 녹훈되고 한성부 우윤이 되었으며 학성군(鶴城君)에 봉하여졌다.

김자점(金自點)
- **출생, 사망** : 1588~1651
- **출신** : 음직
- **부모** : 현감(縣監) 김탁(金琢), 좌의정 유홍(俞泓)의 딸
- **공신 내용** : 정사공신(1등)

본관은 안동(安東)이고 자(字)는 성지(成之)이며 호는 낙서(洛西)이다. 음직으로 벼슬길에 나아가 광해군 때 병조좌랑이 되었다. 인목대비 폐모론이 발생한 후 벼슬을 단념하고, 이귀·최명길 등과 함께 반정을 모의하였다. 1623년 인조반정이 성공하자 정사공신(靖社功臣)에 녹훈되었다.

이후 순검사(巡檢使)·한성판윤 등을 맡아 능력을 인정받고 강직하다는 평판을 얻기도 했으나 삭탈관직되었다. 1627년 정묘호란이 일어나자 병권(兵權)에 적임자가 없어 다시 등용되었다. 정묘호란 때 왕실을 호종한 공로로 도원수가 되었고 1636년 병자호란이 일어나자 도원수로서 임진강 이북에서 적군의 급속한 남하를 제대로 저지하지 못하였다.

그 일로 강화도에 위리안치되었으나 1년 만에 풀려났다. 인조 18년(1640) 1월 강화유수에 제수되었고 그해 2월에는 호위대장으로 재기용되었다. 1644년 심기원의 역모 사건 이후 권력 기반을 확고히 하고 1646년 영의정에 올랐다.

1645년 손자 김세룡(金世龍)을 인조의 딸 효명옹주와 결혼시킴으로써 권력을 더욱 확고히 하였으나 효종이 즉위하여 북벌론이 대두되자 위협을 느끼고 청나라에 북벌론을 누설하였다. 그 일로 탄핵을 받아 광양으로 유배되었고 뒤에 아들, 손자

등과 역모를 꾀하다가 발각되어 처형되었고 아울러 삭훈되었다.

김정경(金定卿)
- **출생, 사망** : 1345~1419
- **출신** : 음직
- **부모** : 진주목사 김성경(金星慶), 밀직부사 조천사(趙千祀)의 딸
- **공신 내용** : 좌명공신(4등)

본관은 안산(安山)이며 고려 때 음직으로 벼슬하였으나 조선이 개국하는데 협력하고 이성계(李成桂)가 왕위에 나가는데 협력하였다. 조선 개국 후 삼군절도사를 거쳐 이조전서를 지냈다. 태조 5년(1396) 판예빈시사(判禮賓寺事)가 되었다.

1400년 제2차 왕자의 난이 일어나자 한성부윤으로서 이방원(태종)에 협력하여 좌명공신(佐命功臣)에 녹훈되고 연성군(蓮城君)에 봉해졌다. 그 뒤 공안부윤(恭安府尹)이 되었으며 태종 4년(1404) 좌군도총제, 1408년 개성부유후(開城府留後)를 역임하였다.

- **시호(諡號)** : **위정(威靖)** -세종실록 1년(1419) 7월 15일

김주(金澍)
- **출생, 사망** : 1512~1563
- **출신** : 문과
- **부모** : 김공량(金公亮), 이팽수(李彭穗)의 딸
- **공신 내용** : 광국공신(3등)

본관은 안동(安東)이고 자(字)는 응림(應霖)이며 호는 우암(寓菴)이다. 중종 34년(1539) 문과에 장원으로 급제하였고 여러 관직을 거쳐 전라도·경상도 관찰사 및 개성유수·대사헌 등을 지냈고 예조참판에 이르렀다. 1563년 동지중추부사로 종계변무사(宗系辨誣使)로 명나라에 가서 사명을 완수하였으나 그곳에서 병들어 죽자 예조판서를 추증하였다. 선조 23년(1590) 광국공신(光國功臣)에 녹훈되고 화산군(花山君)에 추봉되었다.

- **시호(諡號)** : **문단(文端)** -정조실록 14년(1790) 4월 11일

김준손(金俊孫)
- **출생, 사망** : 1454~1525
- **출신** : 문과

■ 공신 내용 : 정국공신(4등)

본관은 연기(燕岐)이며 성종 17년(1486) 문과에 급제하고 연산군 10년(1504) 장령, 집의 등을 거쳐 이듬해 승지가 되었으며 1506년 승지로서 중종반정에 협력하여 정국공신(靖國功臣)에 녹훈되고 연성군(鷰城君)에 봉해졌다. 1509년 지중추부사, 1516년 도총관이 되었다.

- ■ 참고 : 연기(燕岐) 김씨 시조로 경주김씨에서 분관(分貫), 아버지는 김덕의(金德義)이며 선계(先系)는 확인 불가.

김준영(金俊榮)

- ■ 출생, 사망 : 1531~1607
- ■ 출신 : 환관
- ■ 부모 : 돈녕부지사 김석숭(金錫崇), 어머니는 불명
- ■ 공신 내용 : 호성공신(3등)

본관은 김녕(金寧)이며 환관으로서 임진왜란으로 의주로 몽진하는 선조의 어가를 호종(扈從)하였다. 그 공으로 호성공신(扈聖功臣)에 책록되었고 분성군(盆城君)에 봉해졌다.

- ■ 참고 : (1) 김녕김씨 분성공(盆城公)파 시조. 일부 자료에는 문과에 급제하고 통훈대부, 사간(司諫)이라고 하고 또 대광보국숭록대부에 추증되었으며 숙종 원년(1675) 충정(忠貞)이라는 시호를 받았다고 하는데 근거를 찾지 못함.
  (2) 『성씨의 고향』 김해김씨 공신에 보면 똑같이 호성공신 3등 김준영(金俊榮)이 있으나 김녕김씨가 한동안 본관을 김해김씨로 사용하였으므로 혼동이 생긴 것으로 보인다.

김중만(金重萬)

- ■ 출생, 사망 : 1681~1755
- ■ 출신 : 무과
- ■ 부모 : 김석창(金碩昌), 광산김씨(光山金氏)
- ■ 공신 내용 : 분무공신(2등)

본관은 언양(彦陽)이며 무과 급제자로서 1728년 3월 이인좌(李麟佐)가 난을 일으키려 병력을 모으자 그 무리에서 탈출하여 이를 미리 고변(告變)하여 난(亂) 평정에 큰 공을 세웠다. 그 공으로 같은 해 4월 분무공신(奮武功臣)에 녹훈되고 언성군(彦

城君)에 봉해졌다. 오위장 등을 거쳐 영조 6년(1730) 희천 군수를 지냈고 영조 28년(1752) 충청도수군절도사를 역임하였다.

김진성(金振聲)
- **출생, 사망** : 1602~1656
- **출신** : 불명
- **부모** : 제용감봉사 김정립(金廷立), 제주고씨(濟州高氏)
- **공신 내용** : 영사공신(3등)

본관은 청풍(淸風)이다. 죽산에 살던 유효립 일당인 허유의 심복 이두견에게 포섭된 김진성은 인조 6년(1628) 1월 4촌형 김득성으로부터 허적의 조카 허선 등이 역모사실을 고변하러 이미 한양으로 떠났다는 것을 알고 자기들도 급히 한양으로 올라와 고변하여 거사 전날 동대문과 남대문으로 들어오던 반군들은 일망타진 되어 처형되었다.

역모 사실을 고변한 공으로 영사공신(寧社功臣)에 녹훈되고 청릉군(淸陵君)에 봉해졌으며 이듬해 광흥창주부, 인조 15년(1637) 개령현감, 1646년 삭주부사 등을 지냈다. 사망 후 한성판윤에 추증되었다.

김질(金礩)
- **출생, 사망** : 1422~1478
- **출신** : 음직→문과
- **부모** : 동지중추부사 김종숙(金宗淑), 사복시정 이양직(李良直)의 딸
- **공신 내용** : 좌익공신(3등), 좌리공신(2등)

본관은 안동(安東)이고 자(字)는 가안(可安)이며 호는 쌍곡(雙谷)이다. 음직으로 충의위에 속하였다가 부사직(副司直) 때인 문종 즉위년(1450) 문과에 급제, 주부에 제수된 뒤 사간원·병조좌랑을 지냈다. 그 무렵 성삼문 등과 함께 문종의 사랑을 받았다.

세조 1년(1455) 성균관 사예(司藝)가 되고 다음해 성삼문 등과 단종 복위를 꾀하였으나 기회를 놓치고 위험을 느끼게 되자 장인 정창손에게 말한 뒤 둘이서 세조에게 고변하여 단종 복위 모의 사실이 탄로났다. 그 공로로 군기감판사가 되고 이어 좌익공신(佐翼功臣)에 추록되고 상락군(上洛君)으로 봉하여졌다.

평안도관찰사·병조판서 등을 거쳐 예종 즉위년(1468) 우의정, 이어 좌의정으로

승진하였다. 성종 즉위 및 보좌에 공이 있어 성종 2년(1471) 좌리공신(佐理功臣)에 녹훈되고 상락부원군이 되었으며 1474년 다시 우의정이 되었다. 『경국대전』 편찬에도 참여하였다.

- **시호**(諡號) : **문정**(文靖) -성종실록 9년(1478) 2월 24일

김처의(金處義)

- **출생, 사망** : ?~1466
- **출신** : 공신
- **부모** : 병조판서 김효성(金孝誠), 정방보(鄭邦補)의 딸
- **공신 내용** : 정난공신(3등)

본관은 연안(延安)이며 단종 1년(1453) 아버지와 같이 계유정난에 참여하여 정난공신(靖難功臣)에 녹훈되고 연안군(延安君)이 되었다. 그 후 사직(司直)에 제수되고 세조 6년(1460) 상호군이 되었다가 2년 후 지중추원사가 되었다. 평소 행동이 바르지 못해 세조의 질책을 받자 같은 처지인 봉석주, 최윤 등과 같이 역적모의를 꾀하였는데 같이 모의한 봉석주가 세조에게 고변하여 모의 사실이 탄로나 1466년 처형되고 삭훈(削勳)되었다.

- **참고** : 『성씨의 고향』 김해김씨 공신란에 보면 똑같이 정난공신 3등 김처의(金處義)가 있으나 아버지 김효성을 보면 본관이 연안(延安)인 김처의가 정난공신이 맞다.

김태흘(金泰屹)

- **출생, 사망** : 1587~1632
- **출신** : 불명
- **부모** : 김득용(金得鎔), 최덕조(崔德祚)의 딸
- **공신 내용** : 진무공신(3등)

본관은 광산(光山)이며 이괄의 난 때 초산부사로서 반란군 진압에 공을 세워 진무공신(振武功臣)에 녹훈되고 한풍군(韓豊君)에 봉해졌다. 인조 5년(1627) 창성부사가 되고 가선대부에 올랐으며 인조 9년(1631) 삭주부사가 되었다. 사망 후 형조판서에 추증되었다.

- **참고** : 본관이 수원(水原), 광주(廣州)라는 자료도 있음.

김협(金浹)
- **출생, 사망**: 1694~1743
- **출신**: 무과
- **부모**: 팽성군수 김중우(金重禹), 이강(李綱)의 딸
- **공신 내용**: 분무공신(3등)

본관은 안동(安東)이고 자(字)는 윤경(潤卿)이다. 무과에 급제하였고 영조 4년(1728) 3월 발생한 이인좌의난 때 금위영 천총(千摠)으로 반란군 진압에 공을 세워 같은해 4월 분무공신(奮武功臣)에 녹훈되고 화천군(花川君)에 봉하여졌다. 영조 10년(1734) 함경북도병사가 되고 1739년에는 황해도수군절도사가 되었다.

김효강(金孝江)
- **출생, 사망**: ?~1502(?)
- **출신**: 환관
- **부모**: 불명
- **공신 내용**: 익대공신(3등)

환관으로서 예종 즉위년(1468) 남이의 옥 처리에 공을 세워 익대공신(翊戴功臣)이 되고 장천군(長川君)에 봉하여졌다.
- **참고**: 『성씨의 고향』을 보면 수원김씨 공신명단에 김효강이 있는데 족보에서는 찾지 못함.

김효성(金孝誠)
- **출생, 사망**: ?~1454
- **출신**: 무과
- **부모**: 공조판서 김남수(金南秀), 길씨(吉氏)
- **공신 내용**: 정난공신(1등)

본관은 연안(延安)이며 무과에 급제하여 태종 7년(1407) 경시서령이 되고 1413년 감찰을 거쳐 1414년 호군에 임명되었다. 세종 1년(1419) 경상우도병마사가 되고 1422년 함길도조전첨절제사, 1426년 충청좌도 도만호가 되고 1433년 조전절제사가 되어 파저강(婆猪江)의 야인정벌에 공을 세워 중추원부사에 임명되고 이듬해 충청도처치사가 되었다.

1436년 병조참판을 거쳐 1442년 함길도병마도절제사가 되고 1447년 병조판서에 올랐다. 1450년 지중추원사가 되었고 단종 1년(1453) 판중추원사가 되었다. 같은해

수양대군이 계유정난을 일으켰을 때 협력하여 정난공신(靖難功臣)에 녹훈되고 연산군(延山君)에 봉해졌다. 이후 병조판서 등을 지냈다.

- **시호(諡號) : 양효(襄孝)** -단종실록 2년(1454) 7월 17일

남두북(南斗北)

- **출생, 사망** : ?~?
- **출신** : 무과
- **부모** : 이조판서 남이공(南以恭), 유몽필(柳夢弼)의 딸
- **공신 내용** : 보사공신(3등)

본관은 의령(宜寧)이며 무과에 급제하였고 충장장(忠壯將)으로 재임하던 숙종 6년(1680) 4월 당시의 권력자인 허적(許積)의 서자인 허견, 왕족인 복창군 형제 등의 역적모의를 알아내 당시의 실세인 김석주에게 보고한 공으로 그해 5월 보사공신(保社功臣)에 녹훈되고 의풍군(宜豊君)에 봉해졌다. 같은 해 윤8월에 부평부사가 되었고 이듬해 9월에는 김포군수가 되었다.

김포군수를 역임하던 숙종 8년(1682) 사간원의 탄핵을 받아 파직되었다. 숙종 15년(1689) 기사환국으로 남인이 집권하자 관작이 삭탈되었다가 숙종 20년(1694) 갑술환국으로 서인이 다시 집권하자 관작이 복구되었다.

남은(南誾)

- **출생, 사망** : 1354~1398
- **출신** : 문과
- **부모** : 검교시중 남을번(南乙蕃), 참의 최강(崔茳)의 딸
- **공신 내용** : 개국공신(1등)

본관은 의령(宜寧)이며 공민왕 23년(1374) 성균시에 급제하였고 우왕 6년(1380) 사직단직(社稷壇直)이 되고 이어서 지삼척군사(知三陟郡事)가 되었고 관내를 침범한 왜구를 격퇴한 공으로 사복시정에 올랐다. 우왕 말년 요동정벌을 하러갈 때 이성계를 따라갔다가 이성계를 따라 위화도에서 돌아와 밀직부사(密直副使)가 되었다.

공양왕 때 대간(臺諫)들이 정도전을 죽이

남은 묘

려고 감옥에 가두었는데 남은은 정도전을 구하려다 실패하였다. 후에 정도전·조인옥 등과 밀의(密議)하여 1392년 7월 조선을 개국하고 이성계를 왕위에 옹립하는데 기여한 공으로 태조 1년(1392) 8월 개국공신(開國功臣)에 녹훈되었다.

정도전과 같이 세자 방석(芳碩) 편이었는데 태조 7년(1398) 제1차 왕자의 난에 이방원(태종) 측에게 죽임을 당했다. 세종 때 복권되고 시호를 받고 태조 묘정(廟廷)에 배향되었다.

- **시호(諡號) : 강무(剛武)** -세종실록 4년(1422) 1월 5일

남이(南怡)

- **출생, 사망** : 1441~1468
- **출신** : 무과
- **부모** : 군수 남빈(南份), 문화현령 홍여공(洪汝恭)의 딸
- **공신 내용** : 적개공신(1등)

본관은 의령(宜寧)이며 태종의 딸 정선공주의 손자로 세조 3년(1457) 17세의 나이로 무과에 급제하였다. 1467년 5월 이시애(李施愛)가 난을 일으키자 우상대장(右廂大將)으로 출정하여 공을 세워 적개공신(敵愾功臣)에 녹훈되고 의산군(宜山君)에 봉해졌다.

남이

이어서 서북변의 건주위(建州衛)를 정벌하는 데도 큰 공을 세웠다. 건주위를 정벌하고 개선하는 길에 백두산에 올라가 만산경(萬山景)을 굽어보면서 읊은 시(詩)가 지금도 널리 알려져 있다. 1468년 세조가 사망하기 얼마 전 병조판서에 임명되었으나 예종이 즉위하자 병조판서에서 체직되고 겸사복장만 유지되었다.

얼마 되지 않아 유자광이 남이가 역모를 꾸민다고 모함하여 강순 등과 함께 주살되었다. 유자광이 남이의 시(詩) 중 <미평국(未平國)>을 <미득국(未得國)>이라고 고쳐서 보고하였던 것이다. 순조 18년(1818) 관작이 복관되었다.

- **시호(諡號) : 충무(忠武)** -순종실록 3년(1910) 8월 20일

남이웅(南以雄)

- **출생, 사망** : 1575~1648
- **출신** : 음직→문과
- **부모** : 군자감주부 남위(南瑋), 한응(韓譍)의 딸
- **공신 내용** : 진무공신(3등)

본관은 의령(宜寧)이고 자(字)는 적만(敵萬)이며 호는 시북(市北)이다. 왕자의 사부(師傅)로 있다가 세마·통례 등을 거쳐 광해군 5년(1613) 문과에 급제, 예조좌랑·응교 등을 지냈다. 1623년 인조반정 이후 오위장(五衛將)·안악군수·의주부윤 등을 역임했다.

이듬해 이괄(李适)의 난이 일어나자 황주수성대장(黃州守城大將)으로 도원수 장만(張晩)을 도와 공을 세워 1625년 진무공신(振武功臣)에 추록되고 춘성군

남이웅

(春城君)에 봉해졌다. 인조 4년(1626) 형조참판에 부총관을 겸했고 그 뒤 호조참판·형조판서 등을 역임했다.

1635년 강화도 유수를 지내고 1636년 좌찬성에 올랐다. 이듬해 소현세자가 볼모로 심양(瀋陽)에 갈 때 우비객으로 세자를 호위했으며 1638년 대사헌이 되었고 1646년 이조판서를 거쳐 우의정, 1647년 좌의정이 되었고 춘성부원군(春城府院君)에 봉해졌다.

- **시호(諡號)** : **문정**(文貞) -국조인물지

남이흥(南以興)

- **출생, 사망** : 1576~1627
- **출신** : 무과
- **부모** : 나주목사 남유(南瑜), 형조판서 유훈(柳壎)의 딸
- **공신 내용** : 진무공신(1등)

본관은 의령(宜寧)이고 자(字)는 사호(士豪)이며 호는 성은(城隱)이다. 선조 35년(1602) 무과에 급제한 후 선전관을 거쳐 포도대장·평안도병마절도사 등을 역임하였다. 1623년 인조반정 뒤 서도(西道)의 수령직을 자청하여 구성부사가 되었다가 시기하는 자의 무고로 하옥되기 직전 도원수 장만(張晩)의 변호로 무사하였다. 그 후 장만 휘하의 중군이 되었다.

인조 2년(1624) 이괄(李适)이 난을 일으키자 장만의 지휘 아래 계원장(繼援將)으로 군사를 이끌고 싸워 많은 공을 세웠다. 특히 이괄의 부하 유순무·이신 등을 회유하여 많은 반군을 귀순하게 하였다. 이러한 공로로 진무공신(振武功臣)에 녹훈되고 의춘군(宜春君)에 봉해졌으며 연안부사가 되었다.

1627년 정묘호란이 일어나자 평안병사로서 안주성 전투에서 목사 김준(金浚), 우후 박명룡 등과 용전(勇戰)하다가 중과부적으로 성을 지키기 어렵게 되자 적을 화약고 쪽으로 유인하여 많은 적과 함께 자폭하였다. 사망 후 영의정에 추증되고 의춘부원군(宜春府院君)에 추봉되었다.

- **시호(諡號) : 충장(忠壯)** -현종실록 4년(1663) 월 29일

남재(南在) 초명(初名)은 남겸(南謙)

- **출생, 사망** : 1351~1419
- **출신** : 문과
- **부모** : 검교시중 남을번(南乙蕃), 참의 최강(崔茳)의 딸
- **공신 내용** : 개국공신(1등)

본관은 의령(宜寧)이고 자(字)는 경지(敬之)이며 호는 귀정(龜亭)이다. 고려 공민왕 20년(1371) 과거에 급제했고 좌부대언 등을 지냈다. 공양왕 1년(1389) 우사의(右司議)가 되었고 이듬해 판전교시사 겸 집의가 되어 이성계가 위화도에서 회군하자 사직(社稷)의 대계(大計)를 의논하고 계책을 도왔다.

1392년 7월 조선을 개국하고 이성계를 왕위에 옹립하는데 기여한 공으로 태조 1년(1392) 8월 개국공신(開國功臣)에 녹훈되고 중추원학사가 되었으며 의성군(義城君)에 봉해졌다. 이어 판중추원사가 되고 다음 해 참찬문하부사가 되었다.

1396년 예문관춘추관태학사, 1398년 정당문학이 되었고 태종이 즉위하자 세자의 서연관(書筵官)이 되었다. 1404년 찬성사, 1408년 대사헌, 1414년 우의정·감춘추관사가 되고 또 하륜(河崙)과 함께 『고려사(高麗史)』를 개수했다. 그해 좌의정이 되었고 이듬해 의령부원군(宜寧府院君)에 봉해졌으며 수문전대제학 겸 세자부(世子傅)가 되었다. 1416년 영의정이 되었으며 태조 묘정(廟庭)에 배

남재 글씨

향되었다.
- **시호**(諡號) : **충경**(忠景) -세종실록 4년(1422) 1월 5일

남찰(南巀)
- **출생, 사망** : 1531~1611
- **출신** : 음직
- **부모** : 부사직 남인석(南仁錫), 참봉 안산수(安山壽)의 딸
- **공신 내용** : 평난공신(2등)

본관은 의령(宜寧)이며 음직으로 감찰이 되었고 이후 정여립의 역모 사건 처리에 공을 세워 1590년 평난공신(平難功臣)에 녹훈되고 의계군(宜溪君)에 봉해졌다. 선조 29년(1596) 군자감 첨정, 이듬해 온양군수 등을 지냈다.
- **시호**(諡號) : **양정**(襄靖) -숙종실록 45년(1719) 11월 10일

노사신(盧思愼)
- **출생, 사망** : 1427~1498
- **출신** : 문과
- **부모** : 동지돈녕부사 노물재(盧物載), 영의정 심온(沈溫)의 딸
- **공신 내용** : 익대공신(3등), 좌리공신(3등)

본관은 교하(交河)이고 자(字)는 자반(子胖)이며 호는 보진재(葆眞齋)이다. 단종 1년(1453) 식년 문과에 급제, 집현전학사가 되었고 이어 부수찬, 세자우문학, 지평이 되었다. 1458년 사간원 좌정언을 지냈고 세조 7년(1462) 동부승지에 제수되었다. 1463년 도승지가 되었고 1465년 호조판서가 되어 최항(崔恒)과 함께『경국대전(經國大典)』편찬을 총괄하였다.

세조 12년(1467) 말 건주위 정벌시 공을 세워 군공 2등(軍功二等)을 받았다. 예종 즉위년(1468) 남이(南怡)의 역모를 다스린 공으로 익대공신(翊戴功臣)에 녹훈되고 선성군(宣城君)에 봉해졌다. 1469년 의정부 우참찬·좌참찬을 거쳐 우찬성에 올랐다. 성종 1년(1470) 이조판서를 지냈으며 성종 즉위 및 보좌에 공이 있어 성종 2년(1471) 좌리공신(佐理功臣)에 녹훈되었다.

1476년 영돈녕부사가 되었고 선성부원군(宣城府院君)으로 진봉(進封)되었다. 1477년 우의정, 1492년 좌의정, 1494년 영의정에 올랐다. 세종의 왕비 소헌왕후가 이모이다.

■ 시호(諡號) : **문광**(文匡) -연산군일기 4년(1498) 9월 6일

노수원(盧守元)
- ■ 출생, 사망 : 1598~1658
- ■ 출신 : 무과
- ■ 부모 : 태릉참봉 노희윤(盧希尹), 강림(姜霖)의 딸
- ■ 공신 내용 : 정사공신(3등)

본관은 광주(光州)이며 무과에 급제하였고 1623년 인조반정에 참여하여 정사공신(靖社功臣)에 녹훈되고 인조 6년(1628) 홍주영장, 1633년 이천현감 등을 지냈고 1646년 가리포첨사가 되고 무평군(武平君)에 봉해졌으며 사망 후 한성판윤에 증직되었다.

노영손(盧永孫)
- ■ 출생, 사망 : ?~?
- ■ 출신 : 우림위 병졸
- ■ 부모 : 노희동(盧希同), 어머니는 불명
- ■ 공신 내용 : 정난공신(1등)

우림위(羽林衛)의 병졸이 되었으나 임사홍의 비행에 연루되어 직첩이 환수되었다. 중종 2년(1507) 대사성 이과(李顆) 등이 중종반정에 대한 논공행상에 대해 불만을 하자 이를 역모로 고변하여 정난공신(定難功臣)에 녹훈되고 광원군(光原君)에 봉해졌으며 가정대부(嘉靖大夫)에 올랐다.

같은해 절충첨지중추부사가 되고 이듬해 오위부도총관이 되었으며 임금의 총애로 부귀와 영화를 누리며 교만하고 방자하기가 이를 데 없었다. 그리하여 탄핵이 계속되어 마침내 공신녹권이 환수되었다.

- ■ 참고 : 『성씨의 고향』 교하(交河) 노씨 공신란에 노영손이 있는데 족보에서 확인하지 못하였고 광원군(光原君)에 봉해진 것을 보면 광주가 본관이 맞을 것 같은데 광주노씨 족보에서도 확인하지 못함.

마천목(馬天牧)
- ■ 출생, 사망 : 1358~1431
- ■ 출신 : 산원(散員)
- ■ 부모 : 마영(馬榮), 평산신씨(平山申氏)

■ **공신 내용** : 좌명공신(3등)

마천목

본관은 장흥(長興)이고 자(字) 군련(君戀)이며 호는 오천(梧川)이다. 고려 우왕 때 산원(散員)으로 등용되어 대장군에 이르고 태조 7년(1398) 상호군이 되었다. 제1차 왕자의 난때 이방원(태종)측에 협력하였고 1400년 제2차 왕자의 난 때도 이방원(태종)측에 협력하여 좌명공신(佐命功臣)에 녹훈되고 동지총제(同知摠制)가 되었다.

1409년 전라도절제사가 되고 1411년 길주찰리사 등을 거쳤고 1414년 장흥군(長興君)에 봉해지고 1416년 도총제를 거쳐 우군부판사(右軍府判事)가 되었다. 1418년 내시위절제사가 되었고 1429년 장흥부원군에 봉해졌고 사망 후 영의정에 추증되었다.

■ **시호**(諡號) : **충정**(忠靖) -세종실록 13년(1431) 2월 1일

맹석흠(孟碩欽)

■ **출생, 사망** : 1429~? ■ **출신** : 무과
■ **부모** : 세자익위사 세마 맹계증(孟繼曾), 도총제 권방위(權邦緯)의 딸
■ **공신 내용** : 적개공신(2등)

본관은 신창(新昌)이며 무과에 급제한 뒤 여러 관직을 거쳐 충청도병마절도사를 지냈으며 세조 13년(1467) 5월 이시애의 난이 일어나자 4도병마도총사 구성군 이준(李浚) 등과 출정하여 홍원(洪源), 북청(北靑) 등지에서 적을 대파하고 그해 8월 이시애를 사로잡아 참수하였다.

이 공으로 같은 해 9월 적개공신(敵愾功臣)에 녹훈되었고 11월에는 건주(建州)를 정벌한 공으로 3계급 승진하였으며 12월에는 대호군에 제수되었다. 성종 3년(1472) 신창군(新昌君)에 봉해졌으나 이듬해 사간원의 탄핵을 받아 여산(礪山)에 부처(付處)되었다가 곧 직첩을 돌려받았으며 성종 11년(1480) 가정대부로 품계가 높아졌다.

맹석흠 묘

목호룡(睦虎龍)
- **출생, 사망** : 1684~1724
- **출신** : 지관(地官)
- **부모** : 목천□(睦天□), 어머니는 불명
- **공신 내용** : 부사공신(3등)

본관은 사천(泗川)이며 원래 왕족(王族)인 청릉군(靑陵君) 이인기(李麟奇)의 가동(家童)이었는데 시를 잘하고 풍수지리에도 일가견이 있었다.

처음에는 노론인 김용택·이천기 등과 왕세제(영조)를 보호하는 편이었으나 경종 1년(1721) 김일경 등의 소(疏)로 김창집 등 노론 4대신이 실각하여 유배되고 소론정권이 들어서자 다음 해인 1722년 소론편에 가담하여 경종을 시해하려는 모의가 있었다는 이른바 삼급수설(三急手說)을 고변하였다.

이 고변으로 인하여 노론 4대신(大臣)인 이이명·김창집·이건명·조태채 등이 사형되는 신임사화(辛壬士禍)가 일어났다. 목호룡은 고변의 공으로 부사공신(扶社功臣)에 녹훈되고 동성군(東城君)에 봉해졌으며 동지중추부사에 올랐다. 2년 뒤인 1724년 영조가 즉위하면서 노론의 상소로 신임사화는 무고라는 것이 밝혀져 김일경과 함께 붙잡혀 옥중에서 사망하였다.

문빈(文彬)
- **출생, 사망** : ?~1413
- **출신** : 무인(武人)
- **부모** : 병부상서 문중성(文仲誠), 신호(申瑚)의 딸
- **공신 내용** : 좌명공신(4등)

본관은 남평(南平)이며 무관으로 태조 7년(1398) 제1차 왕자의 난이 일어나자 이방원(태종) 측에 가담하였고 정종 2년(1400) 대장군으로 있을 때 제2차 왕자의 난이 일어나자 이방원(태종) 측에 가담하여 공을 세워 좌명공신(佐命功臣)에 녹훈되고 월천군(越川君)에 봉하여졌다. 여러 무관직을 거쳐 1409년 풍해도절제사가 되었고 사망 후 병조판서에 추증되었다.

- **시호(諡號)** : **평익(平翼)** -태종실록 13년(1413) 7월 14일

문치(文致)
- **출생, 사망** : 1455~1526
- **출신** : 환관

- **부모** : 남지부(南之傅), 한재호(韓再浩)의 딸
- **공신 내용** : 정국공신(4등)

본관은 남평(南平)이며 환관으로서 연산군 때 여러번 장(杖)을 맞았고 중종반정이 있던 날 궁궐에서 분주하게 움직인 공으로 정국공신(靖國功臣)이 되고 문원군(文原君)에 봉하여졌다.

- **참고** : 족보에는 환관이라는 말이 없고 영원군(永原君)에 봉해지고 한성판윤 등을 지냈다고 되어있는데 한성판윤은 공신이므로 사망 후 증직을 한 것이 아닌가 싶음. 조카를 양자로 삼았음.

문회(文晦)
- **출생, 사망** : 1586~1634
- **출신** : 불명
- **부모** : 문봉상(文鳳翔), 여산송씨(礪山宋氏)
- **공신 내용** : 진무공신(3등)

본관은 남평(南平)이며 인조 2년(1624) 전(前) 교수(敎授) 신분으로 이우(李佑)·김광소와 함께 윤인발 등이 인성군(仁城君) 이공(李珙)을 추대하는 역모를 꾸민다고 고변하였다. 이에 기자헌·김원량 등 40여 인이 투옥되었으며 곧 이괄(李适)의 난이 터지자 대부분이 처형당하였다.

난이 평정된 뒤 진무공신(振武功臣)에 녹훈되고 가의대부가 되었다. 1625년 다시 박응성(朴應晟) 등의 역모를 고발하였으나 공을 탐낸 무고임이 밝혀져 절도에 정배되었다. 그 뒤 풀려나 1628년 오천군(鰲川君)에 봉하여지고 가의대부에 올랐다.

- **참고** : (1)『국조공신록』에는 1634년 62세로 사망하였다고 되어있음.
  (2) 일부 자료에는 해평윤씨 윤회(尹晦)로 되어있음.

민무구(閔無咎)
- **출생, 사망** : ?~1410
- **출신** : 태종비 원경왕후의 동생
- **부모** : 여흥부원군 민제(閔霽), 송선(宋璿)의 딸
- **공신 내용** : 정사공신(2등), 좌명공신(1등)

본관은 여흥(驪興)이며 태조 7년(1398) 제1차 왕자의 난 때 중군총제로서 동생인 민무질과 함께 매형인 이방원(태종)측을 도와 정사공신(定社功臣)에 녹훈되고, 정종

2년(1400) 제2차 왕자의 난에도 공을 세워 좌명공신(佐命功臣)에 녹훈되고 여강군(驪江君)에 봉해졌고 태종 2년(1402) 첨지중추부사에 올랐다.

태종 7년(1407) 7월 영의정부사 이화 등이 민무질 등을 탄핵하여 연안(延安)에 안치되고 공신녹권(功臣錄券)을 빼앗겼다. 이어 직첩을 환수하고 서인(庶人)으로 삼고 다시 여흥에 유배시켰다. 그런데 유배 중에도 대간 등의 논핵(論劾)을 가중시킬 행동을 자주 하였다.

아버지 민제가 죽고 한 달이 지난 1408년 10월 민무구 형제의 죄를 정식으로 인정하는 교서가 반포되었다. 교서 반포 15일 후 그들이 유배지에서 부랑배들과 작당한다고 하여 다시 민무구를 옹진진(甕津鎭)에 안치하였다.

그 후 민무구 형제는 이무(李茂)의 옥으로 다시 제주도에 안치되고 조호(趙瑚)의 난언 사건 직후 제주 유배지에서 스스로 목숨을 끊었다.

민무질(閔無疾)

- **출생, 사망** : ?~1410
- **출신** : 태종비 원경왕후의 동생
- **부모** : 여흥부원군 민제(閔霽), 송선(宋璿)의 딸
- **공신 내용** : 정사공신(2등), 좌명공신(1등)

본관은 여흥(驪興)이며 태조 7년(1398) 제1차 왕자의 난 때 매형 이방원(태종)을 도와 정사공신(定社功臣)에 녹훈되었다. 정종 2년(1400) 제2차 왕자의 난 때에도 공을 세워 좌명공신(佐命功臣)에 녹훈되고 여성군(驪城君)에 봉해졌으며 좌군총제·우군도총제 등을 역임하였다.

태종 7년(1407) 7월 영의정부사 이화 등이 민무질 등을 탄핵하여 장단(長湍)에 안치되고 공신 녹권을 환수당하였으며 서인(庶人)으로 삼고 다시 대구에 유배시켰다. 아버지 민제가 사망하고 한 달이 지난 1408년 10월 그들의 죄를 비난하는 교서를 반포하고 곧 삼척진(三陟鎭)에 옮겨졌다.

그 뒤 이무의 옥으로 다시 제주도에 옮겨지고 조호(趙瑚)의 난언이 드러난 지 2일 만에 신하들의 강경한 처단 건의에 따라 스스로 목숨을 끊었다.

민발(閔發)

- **출생, 사망** : 1419~1482
- **출신** : 음직→무과

- **부모** : 지봉산군사(知奉山郡事) 민수산(閔壽山), 인천이씨(仁川李氏)
- **공신 내용** : 적개공신(3등)

본관은 여흥(驪興)이고 자(字)는 분충(奮忠)이다. 세종 19년(1437) 내금위에 속하였다가 여러 벼슬을 거쳐 부사직(副司直)에 이르렀고 단종 즉위년(1452) 수양대군이 단종의 고명(誥命) 사은사로 명나라에 갈 때 수행하였다.

단종 1년(1453) 대호군으로 있다가 무과에 급제하여 사복시윤이 되었고 이어 첨지중추원사로 세조 즉위에 공을 세워 정난원종공신에 녹훈되었다.

그 뒤 동지중추원사·첨지중추원사를 거쳐 세조 10년 (1464) 중추원사가 되었다. 1466년 상호군에 임명되었고 1467년 5월 이시애의 난 때 총통도장(銃筒都將) 율원군(栗元君) 이종(李倧) 휘하에서 공을 세워 적개공신(敵愾功臣)에 녹훈되고 여산군(驪山君)에 봉하여졌으며 동지중추부사가 되었다.

민발 신도비

예종 즉위년(1468) 10월 형 민서(閔敍)가 남이(南怡)의 옥사에 관련된 혐의로 처형되자 이에 연루되어 충주로 귀양 갔다가 두어달 뒤 풀려나고 예종 원년(1469) 숭정대부에 올랐다.

- **시호**(諡號) : **위양**(威襄) -성종실록 13년(1482) 4월 4일

민여익(閔汝翼)

- **출생, 사망** : 1360~1431
- **출신** : 문과
- **부모** : 여흥군(驪興君) 민현(閔玹), 어머니는 불명
- **공신 내용** : 개국공신(3등)

본관은 여흥(驪興)이고 자(字)는 보지(輔之)이다. 고려 우왕 6년(1380) 문과에 급제 후 후덕부승(厚德府丞)이 되고 성균사예·예조의랑·우간의 등을 역임하였다. 1392년 7월 조선을 개국하고 이성계를 왕위에 옹립하는데 기여한 공으로 태조 1년 (1392) 9월 개국공신(開國功臣)에 추록되었다. 1393년 중추원 우부승지를 거쳐 도승지를 역임하였고 1396년 12월 대사간으로 임명되었다.

다음 해 여흥군(驪興君)에 봉해졌고 전라도도관찰사가 되었다. 태종 2년(1402)

10월 좌군총제가 되었고 1408년 참지의정부사에 제수되었다. 이듬해 충청도관찰사가 되었고 1415년 세자좌우빈객이 되었고 이듬해 공조판서, 의정부 참찬을 지냈다. 1418년 판한성부사·예조판서를 역임했고 이듬해 호조판서가 되었다. 1426년 여천부원군(驪川府院君)에 봉해졌다.

- 시호(諡號) : **양경**(良敬) -세종실록 13년(1431) 5월 6일

민인백(閔仁伯)

- 출생, 사망 : 1552~1626
- 출신 : 문과
- 부모 : 부정 민사권(閔思權), 노인(盧禋)의 딸
- 공신 내용 : 평난공신(2등)

본관은 여흥(驪興)이고 자(字)는 백춘(伯春)이며 호는 태천(苔泉)이다. 선조 17년(1584) 문과에 장원급제하고 성균관전적을 지냈다. 사헌부감찰 때 서인 정철(鄭澈)의 일파라고 하여 안협현감으로 좌천되었다가 진안현감으로 전임되었는데 기축옥사 때 정여립이 자기 관내로 들어오자 군사를 동원하여 정여립의 아들 정옥남을 잡아들였다.

민인백 신도비

이 공으로 예조참의에 승진되고 평난공신(平難功臣)에 녹훈되었다. 장례원판결사·충주목사 등을 지내고 1592년 임진왜란 때 황주목사로서 임진강을 지키다가 선조를 따라 행재소(行在所)에 이르렀다. 청주목사 등을 거쳐 1598년 여양군(驪陽君)에 봉해졌고 1604년 이후 안변부사·한성부좌윤 등을 역임하고 광해군 13년(1621) 지중추부사가 되었다.

- 시호(諡號) : **경정**(景靖) -숙종실록 9년(1683) 6월 24일

민회발(閔懷發)

- 출생, 사망 : ?~?
- 출신 : 역사(力士)
- 부모 : 영안남도절도사 민효원(閔孝源), 함양박씨(咸陽朴氏)
- 공신 내용 : 정국공신(3등)

본관은 여흥(驪興)이며 참봉으로 중종반정에 참여하여 정국공신(靖國功臣)에 녹훈되고 여성군(驪城君)에 봉해졌으며 관직은 가선대부, 내금위장에 이르렀다.
- ■ **참고** : 족보에는 여흥군(驪興君)이라고 되어있음.

민회창(閔懷昌)
- ■ **출생, 사망** : ?~?
- ■ **출신** : 역사(力士)
- ■ **부모** : 목사 민효간(閔孝幹), 어머니는 불명
- ■ **공신 내용** : 정국공신(3등)

본관은 여흥(驪興)이며 중종반정에 참여하여 정국공신(靖國功臣)에 녹훈되고 여흥군(驪興君)에 봉해졌으며 가선대부가 되었다. 같은 정국공신인 민회발과 4촌간이다.
- ■ **참고** : 족보에는 여산군(驪山君)으로 되어있음.

민효증(閔孝曾)
- ■ **출생, 사망** : 1448~1513
- ■ **출신** : 음직→문과
- ■ **부모** : 사헌부감찰 민오(閔悟), 봉안국(奉安國)의 딸
- ■ **공신 내용** : 정국공신(4등)

본관은 여흥(驪興)이고 자(字)는 희삼(希參)이다. 예종 1년(1469) 석성현감을 지냈고 성종 7년(1476) 문과에 급제 후 경연전경(經筵典經)·사간원 정언 등을 거쳐 1489년 사헌부 장령이 되었다. 1491년 야인을 토벌할 때 서북면 도원수 이극균의 종사관으로 활약하였다. 1493년 사간원사간·사헌부집의를 역임했으며 성천부사로 나갔다.

1501년 형조참의, 이듬해 공조참판을 거친 후 함경도관찰사를 역임하였다.

1504년 한성부판윤·공조판서, 1506년 지의금부사, 좌·우참찬에 이르고 같은 해 도총관으로 입직하고 있다가 중종반정이 일어나자 협력하여 정국공신(靖國功臣)에 녹훈되고 여평부원군(驪平府院君)에 봉해졌다. 중종 2년(1507) 판의금부사를 겸하였다.
- ■ **시호(諡號)** : **공목(恭穆)** -청선고

민희건(閔希騫)

- **출생, 사망** : ?~?
- **출신** : 환관
- **부모** : 불명
- **공신 내용** : 호성공신(3등)

본관은 여흥(驪興)이며 환관으로서 임진왜란으로 인해 의주로 몽진하는 선조를 수가(隨駕)한 공으로 호성공신(扈聖功臣)이 되고 여원군(驪原君)에 봉하여졌다.

- **참고** : 『성씨의 고향』 여흥민씨 공신란에 민희건이 있는데 족보를 보면 민희건이 여러명인데 조건에 맞는 사람을 찾지 못함.

박강(朴薑)

- **출생, 사망** : ?~1460
- **출신** : 불명
- **부모** : 좌의정 박은(朴訔), 전법판서 주언방(周彦邦)의 딸
- **공신 내용** : 좌익공신(3등)

본관은 반남(潘南)이며 성질이 정교하고 기능(技能)이 많아서 세종 26년(1444) 대호군을 거쳐 이듬해 군기감정에 임명되어 항시 이 직무를 맡고 있었다. 조선의 로켓 무기인 <신기전(神機箭)>과 <대신기전(大神機箭)>을 개발하였다. 1449년 공조참의와 이조참의를 거쳐 문종 즉위년(1450) 황해도도절제사가 되고 이듬해 황해도도관찰사 겸 병마도절제사가 되었다.

단종 즉위년(1452) 중추원부사가 되고 세조 1년(1455) 수양대군이 왕위에 오르는데 협력한 공으로 좌익공신(佐翼功臣)에 녹훈되고 금천군(錦川君)에 봉해졌다. 1457년 지중추원사, 이듬해 황해도도순찰사가 되었다. 세조 때 청백리에 선정되었다.

박강 묘

- **시호(諡號)** : **세양(世襄)** -세조실록 6년(1460) 11월 7일

박거겸(朴居謙)

- **출생, 사망** : 1413~1481
- **출신** : 내금위→무과
- **부모** : 박경빈(朴景斌), 풍천노씨(豐川盧氏)

■ **공신 내용** : 좌리공신(4등)

본관은 밀양(密陽)이고 자(字)는 중공(仲恭)이다. 음직으로 별시위에 속하였으며 호군으로 있다가 세종 24년(1442) 무과에 장원 급제하여 대호군으로 세자우익위를 검하였다. 그 뒤 지훈련관사(知訓鍊觀事)를 거쳐 1443년 북칭도호부사를 지냈다. 1449년 경흥도호부사가 되어 새로 설치된 육진(六鎭)을 수비하여 야인정벌에 공을 세웠고 이후 대호군·경상도처치사 등을 역임하였다.

1455년 첨지중추원사가 되었고 1457년 중추원부사(副使)에 승진되었고 같은 해 강릉부사가 되어 4년간 재임하였으며 1460년 동지중추부사가 되었다. 1462년 안주목사가 되고 이후 경상좌도병마절도사, 예종 1년(1469) 오위도총부도총관이 되었으며 성종 즉위 및 보좌에 공이 있어 성종 2년(1471) 좌리공신(佐理功臣)에 녹훈되고 밀산군(密山君)에 봉하여졌다. 그 뒤 경상우도병마절도사·충청도 병마절도사를 지냈다.

■ **시호**(諡號) : **평간**(平簡) -성종실록 12년(1481) 5월 29일

박건(朴楗)

■ **출생, 사망** : 1434~1509   ■ **출신** : 문과
■ **부모** : 좌참찬 박중손(朴仲孫), 공조정랑 문승조(文承祚)의 딸
■ **공신 내용** : 정국공신(3등)

본관은 밀양(密陽)이고 자(字)는 자계(子啓)이다. 단종 1년(1453) 문과에 급제해 집현전 수찬(修撰)·부교리 등을 지냈다. 예종이 즉위 후 전라도관찰사가 되었고 이어 한성부우윤·호조참판이 되었다. 1473년 강원도관찰사로 나갔다가 다시 공조참판·동지중추부사를 역임하였다. 성종 9년(1478) 경상도관찰사가 되었다가 다시 동지중추부사가 되었다.

이듬해 평안도관찰사가 된 이후 사헌부대사헌·예조참판 등을 거쳐 1489년 대사헌에 재임되었다. 1492년 한성부판윤을 거쳐 지중추부사에 임명되었다. 연산군 즉위 후 형조판서에 올랐으며 『성종실록』 편찬에 참여하였다.

그 뒤 우찬성·좌찬성으로 있다가 연산군 10년(1504) 연산군이 생모 폐비 윤씨에게 시호를 내리려고 하자 이를 반대하다가 함경도관찰사로 좌천되었다가 돌아와 판중추부사가 되었다. 중종반정에 협력하여 정국공신(靖國功臣)에 녹훈되고 좌찬성에

임명되었으며 밀산부원군(密山府院君)에 봉해졌다.
- **시호**(諡號) : **공간**(恭簡) -중종실록 4년(1509) 윤9월 5일

박동량(朴東亮)
- **출생, 사망** : 1569~1635
- **출신** : 문과
- **부모** : 대사헌 박응복(朴應福), 별제 임구령(林九齡)의 딸
- **공신 내용** : 호성공신(2등)

본관은 반남(潘南)이고 자(字)는 자룡(子龍)이며 호는 기재(寄齋)이다. 선조 23년(1590) 문과에 급제하여 승문원 부정자를 지내고 선조 25년(1592) 병조좌랑 때 임진왜란으로 의주로 몽진하는 선조를 호종하였고 그해 이조좌랑을 거쳐 이조정랑에 제수되었다. 이어 우부승지·좌승지를 거쳐 선조 27년(1594) 도승지에 올랐다.

선조 29년(1596) 이조참의가 되었고 이후 연안부사·대사헌·병조참판 등을 역임하고 선조 37년(1604) 호성공신(扈聖功臣)에 녹훈되었고 금계군(錦溪君)에 봉해졌으며 이듬해 의정부 우참찬에 올랐다.

1605년 호조판서로 있다가 평안도관찰사로 나갔고 1608년 선조가 사망하자 수릉관(守陵官)이 되었고 광해군 3년(1611) 판의금부사가 된 후 광해군 때와 인조반정의 정치적 혼란기를 맞아 유배와 복관을 반복하였다. 사후 좌의정에 추증되었다.
- **시호**(諡號) : **충익**(忠翼) -승정원일기 영조 2년(1726) 4월 13일

박동형(朴東亨)
- **출생, 사망** : 1695~1739
- **출신** : 유학(儒學)
- **부모** : 통덕랑 박세량(朴世良), 차유진(車有進)의 딸
- **공신 내용** : 분무공신(3등)

본관은 충주(忠州)이고 호는 소와당(笑臥堂)이다. 상주에 거주하는 선비로 평소 이인좌의 난 주모자의 1명인 박필현과 알고 지내던 사이로 영조 4년(1728) 3월 이인좌의 난이 일어나자 피난을 갔다가 긴한 용무가 있어 집에 들렀다가 박필현 부자가 자기집에 와 있는 것을 알았다. 박동형은 이들 부자를 집안 묘지기의 집으로 안내하여 피신을 도왔다.

그런 후 즉시 상주 관아로 달려가 반란 수괴 박필현의 잠입 사실을 고변했다. 즉

시 상주 영장(營將)의 지휘하에 체포 작전은 진행되었고 박필현 부자는 현장에서 참수되었다. 같은해 4월 분무공신(奮武功臣)에 책록되고 충원군(忠原君)에 봉해졌다. 같은해 오위장, 1732년 광양현감, 1734년 남양감목관 등을 지냈다.
- **참고** : 시호가 충효(忠孝)라는 자료도 있으나 시호 받은 근거 불명.

박명현(朴名賢)
- **출생, 사망** : ?~1608
- **출신** : 무과
- **부모** : 천문습독관 박근(朴近), 사평(司評) 이사순(李師舜)의 딸
- **공신 내용** : 청난공신(2등)

본관은 죽산(竹山)이며 선조 22년(1589) 무과에 급제 후 여러 관직을 거쳐 선조 29년(1596) 우후로서 호서병력을 이끌고 청도에 머물고 있다가 이몽학(李夢鶴)이 충청도 홍산에서 승속군(僧俗軍)을 이끌고 반란을 일으켜 여러 고을을 함락하고 홍성으로 진격하자 병력을 거느리고 홍주성으로 들어가 목사 홍가신(洪可臣)을 도왔다.

이몽학이 포위망을 뚫고 달아나자 무장 임득의(林得義)와 함께 청양까지 추격하여 반란군 일당을 일망타진하였다. 이듬해 정유재란 때 충청도방어사·전라도병마절도사 등을 지내면서 호서·호남 일대에서 전공을 세웠다.

선조 37년(1604) 청난공신(淸難功臣)에 책록되고 연창군(延昌君)에 봉해졌다. 광해군이 왕이 된 뒤 임해군(臨海君)을 제거할 때 임해군의 심복이라고 하여 문초를 받던 중 사망하였고 공신도 삭훈되었다.

박몽주(朴夢周)
- **출생, 사망** : ?~?
- **출신** : 환관
- **공신 내용** : 호성공신(3등)

환관으로서 임진왜란으로 의주로 몽진하는 선조를 수가(隨駕)한 공으로 호성공신(扈聖功臣)에 녹훈되고 풍암군(豐巖君)에 봉해졌으며 전사직(殿司直)이 되었다.
- **참고** : 『박씨총보』를 보면 고성 박씨 시조. 정국공신으로 풍암군에 봉해졌다고 되어있으나 고성 박씨 족보를 찾지 못함.

박문수(朴文秀)

- **출생, 사망** : 1691~1756
- **출신** : 문과
- **부모** : 박항한(朴恒漢), 형조참판 이세필(李世弼)의 딸
- **공신 내용** : 분무공신(2등)

본관은 고령(高靈)이고 자(字)는 성보(成甫)이고 호는 기은(耆隱)이다. 경종 3년(1723) 문과에 급제 후 예문관검열·병조정랑 등을 거쳐 영조 즉위년(1724) 노론이 집권할 때 삭직되었다. 1727년 정미환국(丁未換局)으로 소론이 집권하자 사서(司書)에 등용되었으며 영남안집어사로 나가 부정한 관리들을 적발하였다.

영조 4년(1728) 3월 이인좌의 난이 일어나자 사로도순문사(四路都巡問使) 오명항의 종사관으로 출전, 전공을 세워 경상도관찰사에 발탁되었다. 같은해 분무공신(奮武功臣)에 녹훈되고 영성군(靈城君)에 봉해졌다.

박문수

1730년 이후 대사성·도승지·예조참판·호조참판 등을 거쳐 1737년 도승지를 역임한 뒤 병조판서가 되었다. 다시 풍덕부사가 되었다가 1739년 함경도관찰사가 되었고 1741년 어영대장을 역임하였다. 1749년 호조판서, 1751년 예조판서가 되었다. 1752년 왕세손이 사망하자 내의원제조(內醫院提調)로 책임을 추궁당하여 제주로 귀양갔다. 이듬해 풀려나와 우참찬에 올랐다. 죽은 후 영의정에 추증되었다.

- **시호(諡號)** : **충헌(忠憲)** -승정원일기 영조 32년(11756) 5월 29일

박빈(朴斌)

- **출생, 사망** : ?~?
- **출신** : 불명
- **부모** : 불명
- **공신 내용** : 보사공신(3등)

본관은 밀양(密陽)이며 숙종 6년(1680) 4월 남인의 영수 허적의 서자 허견과 인평대군의 아들 복창군 형제들이 역모를 꾀하는 사실을 고변하여 같은 해 5월 보사공신(保社功臣)에 녹훈되고 밀성군(密城君)에 봉해졌으며 관직은 풍천부사에 이르렀다. 숙종 15년(1689) 기사환국(己巳換局)으로 남인이 재집권하자 장사(杖死)되었다가 숙종 20년(1694) 갑술환국으로 서인이 재집권하자 관작이 회복되었다.

- **참고** : 『성씨의 고향』을 보면 밀양박씨 공신란에 박빈이 있는데 족보에서는 찾지 못함. 군호(君號)가 밀림군(密林君), 밀산군(密山君)으로 되어있는 자료도 있음.

박상(朴瑺)
- **출생, 사망** : 1582~1634
- **출신** : 무과
- **부모** : 금성군(錦城君) 박인봉(朴仁鳳), 윤지숙(尹之淑)의 딸
- **공신 내용** : 진무공신(2등)

본관은 무안(務安)이고 자(字)는 중경(仲卿)이다. 선조 33년(1600) 무과 급제 후 경주판관, 철산군수 등을 거쳐 인조 2년(1624) 별장(別將)으로 이괄(李适)의 난을 진압하는데 공을 세워 진무공신(振武功臣)에 녹훈되고 무령군(務寧君)에 봉해졌다. 1625년 충청도병마절도사·정주목사를 지냈고 그 후 전라도병마절도사·경상도병마절도사 등을 지냈고 사망 후 병조판서에 추증되었다.

박석명(朴錫命)
- **출생, 사망** : 1370~1406
- **출신** : 문과
- **부모** : 밀직부사 박가흥(朴可興), 도첨의찬성사 정을보(鄭乙輔)의 딸
- **공신 내용** : 좌명공신(3등)

본관은 순천(順天)이고 호는 이헌(頤軒)이다. 젊었을 때 이방원(태종)과 같이 이불을 덮고 자는데 꿈에 누런 용이 옆에 있으므로 돌아다보니 태종이었다고 한다. 그때부터 기이하게 여겨 더욱 두텁게 지냈다. 고려 때 문과에 급제하여 공양왕 2년(1390) 우부대언(右副代言)·병조판서를 지냈다. 태조 즉위년(1392) 조선이 건국되자 공양왕의 동생 귀의군(歸義君) 왕우(王瑀)의 사위라는 이유로 7년간 은거하였다.

정종 1년(1399) 좌산기상시(左散騎常侍)로 기용되고 안주 목사를 거쳐 이듬해 도승지가 되었다. 정종이 태종에게 선위하는 교서를 가지고 가서 태종을 옹립하였다. 그 공으로 태종 1년(1401) 좌명공신(佐命功臣)에 녹훈되고 평양군(平陽君)에 봉해진 뒤 지신사를 거쳐 1405년 지의정부사, 이듬해 함경도 선위사·전라도 도체찰사 등을 역임하였다. 지의정부사·판육조사(判六曹事)에 올랐다.

- **시호(諡號)** : **문숙**(文肅) -태종실록 6년(1406) 7월 13일

박숭원(朴崇元)
- **출생, 사망** : 1532~1593
- **출신** : 문과
- **부모** : 고원군수 박란(朴蘭), 나성령(羅城令) 이청(李淸)의 딸
- **공신 내용** : 호성공신(2등)

본관은 밀양(密陽)이고 자(字)는 상화(尙和)이다. 명종 19년(1564) 문과에 급제하여 승문원 정자(正字)가 되었고 얼마 뒤 병조좌랑을 거쳐 수찬·동부승지 등을 역임하였다. 그 뒤 강원도 관찰사를 지내고 우부승지가 되었다. 그 뒤 평안도관찰사·대사헌·도승지 등을 역임하였다.

1592년 임진왜란이 일어나자 좌윤으로서 의주로 몽진하는 선조를 호종하여 선조로부터 보검(寶劍)이 하사되었고 도승지를 거쳐 한성부 좌윤에 올랐다. 사망 후인 선조 37년(1604) 호성공신(扈聖功臣)에 녹훈되고, 밀천군(密川君)에 봉해졌으며 좌찬성에 추증되었다.

- **시호(諡號)** : **충정(忠靖)** -순조실록 34년(1834) 5월 30일

박식(朴埴)
- **출생, 사망** : 1432~1488
- **출신** : 무과
- **부모** : 영동 현령 박희굉(朴喜宏), 호조참의 조동신(趙東臣)의 딸
- **공신 내용** : 적개공신(2등)

본관은 죽산(竹山)이며 단종 3년(1455) 무과에 급제한 뒤 여러 관직을 거쳐 1467년 5월 이시애의 난이 일어나자 군관으로 출전하여 공을 세워 적개공신(敵愾功臣)에 녹훈되고 철성군(鐵城君)에 봉해졌다. 이후 형조참의·강원도수군절도사·전라도병마절도사 등을 지냈고 1482년 동지중추부사가 되었고 사망 후 병조판서에 추증되었다.

박영문(朴永文)
- **출생, 사망** : ?~1513
- **출신** : 무과
- **부모** : 안주목사 박휘(朴輝). 영의정 구치관(具致寬)의 딸
- **공신 내용** : 정국공신(1등)

본관은 함양(咸陽)이며 무과에 급제하여 여러 관직을 거쳤고 박원종·성희안·

유순정 등이 연산군을 폐하고 중종을 옹립하려고 할 때 군기시첨정으로서 군자시 부정 신윤무, 사복시첨정 홍경주 등과 더불어 군대 동원의 책임을 맡아 거사를 성사시켰다.

중종 1년(1506) 정국공신(靖國功臣)에 녹훈되고 한양군(咸陽君)에 봉해졌으며 호조참판에 올랐다. 이듬해 오위도총부 도총관·평시서제조에 이르렀으나 대간의 탄핵을 받아 체직되었다. 중종 4년(1509) 삼포(三浦)에서 왜란이 일어나자 도원수 유순정을 따라 왜란을 평정하는 데 공을 세우고 그 공로로 공조판서가 되었다. 그러나 다시 대간의 계속적인 탄핵으로 파직되었다.

그러자 사류(士類) 들에 원한을 품고 1513년 동지였던 신윤무 등과 무인들을 규합하여 성종의 아들 영산군(寧山君) 이전(李恮)을 왕으로 추대하는 무신란을 모의하다가 발각되어 처형되었다.

박영분(朴永賁)

- **출생, 사망** : ?~?
- **출신** : 불명
- **부모** : 불명
- **공신 내용** : 정국공신(4등)

같은 정국공신인 장인 신윤문(辛允文)을 따라 중종반정에 참여하여 정국공신(靖國功臣)에 녹훈되었으나 중종 8년(1513) 같은 정국공신인 처숙(妻叔) 신윤무가 박영문 등과 같이 꾸민 역모 사건에 관련되어 삭훈되었다.

- **참고** : 『성씨의 고향』을 보면 밀양박씨 공신란에 박영분이 있는데 족보에서는 찾지 못함.

박영창(朴永昌)

- **출생, 사망** : ?~?
- **출신** : 불명
- **부모** : 안주목사 박휘(朴輝). 영의정 구치관(具致寬)의 딸
- **공신 내용** : 정국공신(4등)

본관은 함양(咸陽)이며 연산군 때 감찰, 김포현령 등을 지냈다. 중종반정 때 반정 주동자의 한 사람이던 동생 박영문(朴永文)의 권유에 따라 반정(反正)에 참여하여 정국공신(靖國功臣)에 녹훈되고 천령군(天嶺君)에 책봉되었으며 파주목사에 이르렀

다. 중종 8년(1513) 동생 박영문이 역모에 관련되어 죽임을 당하자 연좌되어 훈적(勳籍)이 삭제되고 유배되었다.

1522년 아들의 호소로 유배에서 풀려났으며 왕이 공신녹권까지 환급하고자 하였으나 대간(臺諫)의 반대로 훈작(勳爵)은 회복되지 못하였다.

- **참고** : 영조 때 발간된 『국조공신록』에 공신으로 실려있는 것을 보면 중종~영조 사이에 훈작이 회복된 것으로 생각된다.

박원종(朴元宗)

- **출생, 사망** : 1467~1510
- **출신** : 음직→무과
- **부모** : 이조판서 박중선(朴仲善), 호군 허곤(許稇)의 딸
- **공신 내용** : 정국공신(1등)

본관은 순천(順天)이고 자(字)는 백윤(伯胤)이다. 음직으로 호군·선전관이 되었고 성종 17년(1486) 무과에 급제하였다. 1492년 동부승지로 발탁되자 사헌부에서 두 번이나 서경(署經)을 보류하자 병조참지로 임명하였다.

1495년 연산군 즉위 후 동부승지·우승지·좌승지를 역임하였으나 점차 연산군의 미움을 받아 연산군 6년(1500) 평안도 병마절도사로 좌천되었다가 한성부우윤 등을 역임하고 1502년 평성군(平城君)에 봉해졌다. 이어 강원도관찰사·동지의금부사를 역임하고 1506년 경기관찰사로 나갔다가 삭직되었다.

박원종 사당

1506년 성희안·유순정 등과 반정(反正)을 일으켜 정국공신(靖國功臣)에 녹훈되고 우의정이 되었으며 평원부원군(平原府院君)으로 진봉(進封)되었다. 좌의정을 거쳐 1509년 영의정에 올랐다. 성종의 형 월산대군의 처남이다. 중종 묘정(廟庭)에 배향되었다.

- **시호(諡號)** : **충렬**(忠烈) -중종실록 5년(1510) 4월 17일

박원형(朴元亨)

- **출생, 사망** : 1411~1469
- **출신** : 문과

- **부모** : 병조참의 박고(朴翱), 판 사복시사 이한(李瀚)의 딸
- **공신 내용** : 좌익공신(3등), 익대공신(2등)

본관은 죽산(竹山)이고 자(字)는 지구(之衢)이며 호는 만절당(晩節堂)이다. 세종 16년(1434) 문과에 급제 후 도렴서령·지제교 등을 지냈다. 1450년 문종 즉위 후 좌승지 등을 지냈다. 1455년 세조 즉위 후 동부승지를 거쳐 도승지가 되었고 세조 즉위에 협력한 공으로 좌익공신(佐翼功臣)에 녹훈되었다.

이조참판이 되고 연성군(延城君)에 봉해졌으며 호조·형조·이조·예조의 판서를 거쳐 우찬성을 지냈다. 1466년 좌의정으로 승진하였고 1468년 예종이 즉위하고 남이의 옥사 처리에 공을 세워 익대공신(翊戴功臣)에 녹훈되었으며 연성부원군(延城府院君)에 봉해지고 이어 영의정에 올랐다. 예종 묘정(廟庭)에 배향되었다.

- **시호(諡號)** : **문헌(文憲)** -예종실록 1년(1469) 1월 22일

박유명(朴惟明)

- **출생, 사망** : 1582~1640
- **출신** : 무과
- **부모** : 찰방 박치관(朴致寬), 사간 김서(金澨)의 딸
- **공신 내용** : 정사공신(3등)

본관은 상주(尙州)이고 자(字)는 형부(炯夫)이다. 광해군 12년(1620) 무과에 급제하였고 1623년 인조반정에 참여하여 정사공신(靖社功臣)에 녹훈되고 상원군(商原君)에 봉해졌으며 같은 해 서산군수가 되었고 이후 군기시부정, 덕원도호부사 등을 거쳐 1639년 오위장을 지냈다.

- **참고** : 남원 박씨 시조 박유명(朴維明)도 정사공신 3등이고 오위장을 지냈으며 남원군(南原君)이라고 하는데 어딘지 착오가 있는 것 같다. 세계(世系)불명, 남원 박씨 족보 찾지 못함.

박은(朴訔)

- **출생, 사망** : 1370~1422
- **출신** : 음직→문과
- **부모** : 판전교시사 박상충(朴尙衷), 도첨의찬성사 이곡(李穀)의 딸
- **공신 내용** : 좌명공신(3등)

본관은 반남(潘南)이고 자(字)는 앙지(仰之)이며 호는 조은(釣隱)이다. 고려 때 음

직으로 판숭복도감사(判崇福都監事)가 되었고 우왕 11년(1385) 문과에 급제, 전교시 교감(校勘)·통례문부사 등을 거쳐 1386년 개성부 소윤이 되었다. 1392년 조선이 개국하자 금주지사·영주지사·사수감 판사 등을 지냈다.

1400년 제2차 왕자의 난 때 지춘추사(知春州事)로 군사를 이끌고 이방원(태종)측에 협력하여 태종 즉위 후 좌명공신(佐命功臣)에 녹훈되고 반남군(潘南君)에 봉해졌다. 한성부윤·전라도관찰사·대사헌·병조판서·호조판서 등을 역임한 후 1412년 금천군(錦川君)으로 개봉(改封)되었다.

태종 16년(1416) 우의정 겸 수문관 대제학에 이어 좌의정을 지냈고 금천부원군에 진봉(進封)되었다.
- 시호(諡號) : 평도(平度) -세종실록 4년(1422) 5월 9일

박이검(朴而儉)
- 출생, 사망 : 성종~중종 무렵
- 출신 : 불명
- 부모 : 동지돈녕부사 박숙선(朴叔善), 전직(殿直) 신경(愼庚)의 딸
- 공신 내용 : 정국공신(4등)

본관은 순천(順天)이며 중종반정에 참여하여 정국공신(靖國功臣)에 녹훈되고 순성군(順城君)에 봉해졌으며 청도군수를 지내고 사망 후 공조판서에 추증되었다. 중종반정의 주동자 박원종의 4촌이다.
- 시호 : 양평(襄平) -청선고
- 참고: 자료마다 조금씩 차이가 있는데 순천박씨 족보를 보면 첫째는 정국공신 4등인 박이온(朴而溫)이고 둘째 박이량(朴而良)은 양주목사를 지냈고 셋째 박이공(朴而恭)은 생원이며 넷째가 박이검(朴以儉)이고 막내 박이양(朴而讓)은 현감을 지냈다.

박이온(朴而溫)
- 출생, 사망 : 1461~1524
- 출신 : 불명
- 부모 : 동지돈녕부사 박숙선(朴叔善), 전직(殿直) 신경(愼庚)의 딸
- 공신 내용 : 정국공신(4등)

본관은 순천(順天)이며 자(字)는 자화(子和)이다. 별제(別提)로 있으면서 중종반정

에 참여하여 정국공신(靖國功臣)에 녹훈되고 승평군(昇平君)에 봉해졌다. 1509년 철원부사 등을 지냈고 사망 후 공조판서에 추증되었다. 중종반정의 주동자 박원종의 4촌이다.

박정(朴炡)
- **출생, 사망** : 1596~1632
- **출신** : 문과
- **부모** : 좌참찬 박동선(朴東善), 청성군(淸城君) 이걸(李傑)의 딸
- **공신 내용** : 정사공신(3등)

본관은 반남(潘南)이고 자(字)는 대관(大觀)이며 호는 하석(霞石)이다. 광해군 11년(1619) 문과에 급제, 승문원 부정자로 있다가 아버지가 폐모론에 참여하지 않았다는 이유로 탄핵을 받고 유배되었다.

1623년 인조반정에 참여해 정사공신(靖社功臣)에 녹훈되고 같은 해 홍문관정자·박사를 거쳐 다음 해 집의·검상 등을 역임하였다. 인조 3년(1625) 대사헌 남이공을 탄핵했다가 함평현감으로 좌천되었다. 1627년 동부승지가 되었고 그 뒤 대사간·병조참의 등을 지냈다.

이어 붕당을 만들어 자기파를 천거했다는 탄핵을 받고 남원부사로 좌천되었으나 관내의 도적을 색출하는 공을 세웠다. 금주군(錦州君)에 봉해지고 1631년 대사간·대사헌을 거쳐 이조참판이 되었다가 홍문관 부제학에 임명되었다.

- **시호(諡號)** : **충숙(忠肅)** -숙종실록 12년(1686) 12월 21일

박종우(朴從愚)
- **출생, 사망** : ?~1464
- **출신** : 부마(태종의 딸 정혜옹주)
- **부모** : 의정부 찬성사 박신(朴信), 박옹(朴顒)의 딸
- **공신 내용** : 정난공신(1등)

본관은 운봉(雲峰)이며 세종 즉위년(1419) 태종의 딸 정혜옹주(貞惠翁主)와 결혼하여 운성군(雲城君)에 봉해졌다. 1436년 호조판서, 경상좌도병마도절제사가 되었다. 1442년 호조판서로서 선공감제조를 겸직했으며 이듬해 의금부 제조와 전제상정소제조를 겸직하였다.

1445년 판호조사·함길도도절제사, 1447년 이조판서를 거쳐 좌찬성이 되었고

1449년 함길도도체찰사가 되었다. 단종 1년(1453) 수양대군이 계유정난을 일으킬 때 협력하여 정난공신(靖難功臣)에 녹훈되고 운성부원군(雲城府院君)에 봉해졌다.
- 시호(諡號) : **성열**(成烈) -세조실록 10년(1464) 7월 8일

박중선(朴仲善)
- 출생, 사망 : 1435~1481
- 출신 : 음직→무과
- 부모 : 부지돈녕부사 박거소(朴去疎), 영의정 심온(沈溫)의 딸
- 공신 내용 : 적개공신(1등), 익대공신(3등), 좌리공신(3등)

본관은 순천(順天)이고 자(字)는 자숙(子淑)이다. 무예에 뛰어나 음직으로 충순위에 들어갔다가 세조 6년(1460) 무과에 장원급제해 훈련원부사(副使)가 되었다. 이어 훈련원지사·판군기감사 등을 역임하고 곧 지병조사(知兵曹事)가 되었다. 1463년 병조참의를 거쳐 1466년 병조참판이 되어 오위(五衛)의 부총관을 겸하였다.

1467년 이시애 난이 일어나자 평로장군(平虜將軍)으로서 황해도의 관군을 이끌고 문천(文川)으로 들어가 난을 평정하는데 공을 세워 적개공신(敵愾功臣)에 녹훈되고 평양군(平陽君)에 봉해졌으며 병조판서에 승진되었다.

1468년 9월 평안중도절도사로 나갔다가 이듬해 호조판서에 임명되고 선성군(宣城君)에 봉해졌다. 1468년 10월 남이(南怡)의 옥사에 공을 세워 익대공신(翊戴功臣)에 녹훈되었다.

성종 즉위 및 보좌에 공이 있어 성종 2년(1471) 좌리공신(佐理功臣)에 녹훈되었고 1477 경기도관찰사가 되었고 이후 도총관이 되었다. 1477년 이조판서에 발탁되었으며 이듬해 3월 판돈녕부사(判敦寧府事)에 이르렀다. 세종의 왕비 소헌왕후가 이모이고 성종의 형 월산대군의 장인이다.
- 시호(諡號) : **양소**(襄昭) -성종실록 12년(1481) 8월 27일

박중손(朴仲孫)
- 출생, 사망 : 1412~1466
- 출신 : 문과
- 부모 : 교서관 정자 박절문(朴切問), 영복군(永福君) 왕격(王鬲)의 딸
- 공신 내용 : 정난공신(1등)

본관은 밀양(密陽)이고 자(字)는 경윤(慶胤)이며 호는 묵재(默齋)이다. 세종 17년

(1435) 문과에 급제하여 집현전 박사가 되고 홍문관의 부수찬·지제교를 거쳐 의정부 사인·지병조사(知兵曹事)·동부승지·도승지 등을 역임하였다.

단종 1년(1453) 계유정난 때 수양대군(세조)에 협력하여 정난공신(靖難功臣)에 녹훈되고 응천군(凝川君)에 봉해지면서 병조참판에 제수되었고 이어 한성부윤에 임명되었다.

그 뒤 대사헌, 공조·이조·형조·예조의 판서를 거쳐 밀산군(密山君)으로 개봉(改封)되었고 세조 초에 좌찬성에 승진되었다.

박중손 묘

■ **시호**(諡號) : **공효**(恭孝) -세조실록 12년(1466) 5월 26일

박지번(朴之蕃)
■ **출생, 사망** : 1426~1498　　■ **출신** : 무과
■ **부모** : 사인(舍人) 박소예(朴蘇禮), 칠원윤씨(漆原尹氏)
■ **공신 내용** : 익대공신(2등)

본관은 죽산(竹山)이며 무과에 급제 후 평양 진무(鎭撫)로 있던 세조 13년(1467) 이시애 난 토벌에 참여하여 공을 세워 겸사복에 올랐고 이듬해 남이(南怡)의 옥에 공을 세워 익대공신(翊戴功臣)에 녹훈되고 죽성군(竹城君)에 봉해졌다. 여러 벼슬을 거쳐 경상우도수군절도사·호조참판 등을 지냈고 사망 후 공조판서에 추증되었다.

■ **참고** : 족보를 보면 정통(正統) 병오생(丙午生)이라고 하는데 정통(正統)연호 기간에는 병오(丙午)가 없고 선덕(宣德) 1년이 병오년임. 족보에 시호가 양호(襄胡)라고 되어있는데 시호 받은 근거를 찾을 수 없음.

박찬신(朴纘新)
■ **출생, 사망** : 1679~1755　　■ **출신** : 무과
■ **부모** : 내금위장(內禁衛將) 박종발(朴宗發), 정흥주(鄭興周)의 딸
■ **공신 내용** : 분무공신(2등)

본관은 함양(咸陽)이고 자(字)는 군술(君述)이다. 숙종 28년(1702) 무과에 급제하고 선전관이 되었고 1708년 흥덕현감, 1712년 태안군수, 1716년 창원부사, 1719년

장단부사, 1922년 진주영장 등을 지내고 이듬해 경상우병사가 되었다.

영조 3년(1727) 선전관을 지내고 영조 4년(1728) 이인좌의 난이 발생했을 때 금위영 중군으로 병력을 이끌고 토벌에 참가하여 공을 세워 같은 해 분무공신(奮武功臣)에 녹훈되었고 함녕군(咸寧君)에 봉해졌다.

이후 영변현감·어영대장·포도대장 등을 지냈으나 영조 31년(1755) 나주에서 윤지(尹志)가 소론을 중심으로 역적모의를 한 일명 나주괘서 사건에 관련되어 공훈이 삭제되고 효수당하였다.

박춘성(朴春成)

- 출생, 사망 : 1535~1617
- 출신 : 환관
- 부모 : 박승명(朴承明), 이정식(李廷植)의 딸
- 공신 내용 : 호성공신(3등)

본관은 밀양(密陽)이며 환관으로서 임진왜란이 일어나자 몽진하는 선조를 수가(隨駕)하였다. 그 공으로 호성공신에 책록되고 밀산군(密山君)에 봉하여졌다.

- 참고 : 족보에는 임진왜란 때 춘방관(春坊官)으로 선조를 의주까지 호종하였고 항상 왕의 수호를 맡았다고 되어있음.

박충간(朴忠侃)

- 출생, 사망 : ?~1601
- 출신 : 음직
- 부모 : 황해도감사 박세후(朴世煦), 수찬 안처선(安處善)의 딸
- 공신 내용 : 평난공신(1등)

본관은 상주(尙州)이고 자(字)는 숙정(叔精)이다. 음직으로 벼슬을 시작하여 선조 17년(1584) 호조정랑에 올랐고 1589년 재령군수로 재직 중 선천군수 한응인과 함께 정여립의 모역을 고변하여 그 공으로 형조참판으로 승진되고 또 평난공신(平難功臣)에 녹훈되고 이어 상산군(商山君)에 봉해졌다.

1592년 임진왜란 때 순검사로 국내 여러 성의 수축을 담당하여 서울로 진군하는 왜적에 대비하였으나 왜병과 싸우다 도망한 죄로 파직되었다가 복관되어 영남·호남 지방에 파견되어 군량미 조달을 담당하였다.

1594년 진휼사(賑恤使)가 되어 백성들 구제에 진력하였으며 1597년 순검사·선

공감 제조를 역임하고, 1600년 남이공 등의 파당 행위의 폐해를 상소하였다가 집권층에 밉게 보여 여러 차례 탄핵을 받았다.

박충경(朴忠敬)

- **출생, 사망** : ?~1626
- **출신** : 환관
- **공신 내용** : 호성공신(3등)

환관으로서 임진왜란으로 의주로 몽진하는 선조를 수가(隨駕)한 공으로 선조 37년(1604) 호성공신(扈聖功臣)에 책록되고 오원군(鰲原君)에 봉해졌다.

- **참고** : (1)『전고대방』 공신록에는 경주인(慶州人)이라고 되어있으나 족보에서 확인하지 못함.

  (2)『성씨의 고향』과 상주박씨 족보를 보면 18세손에 박충경(朴忠卿)이 명종조 정사공신(靖社功臣) 1등이라고 하는데 1526년생이고 1608년 사망한 사람임. 정사공신은 1623년 인조반정 때 공을 세운 사람들인데 이미 사망한 사람이 공을 세웠다는게 맞지않음. 아버지는 제용감첨정 박세훈(朴世勳)이고 어머니는 현감 방귀화(房貴和)의 딸임.

  (3) 또 명종때는 어떠한 공신도 책정한 사실이 없음.

박포(朴苞)

- **출생, 사망** : ?~1400
- **출신** : 불명
- **부모** : 찬성사 박문수(朴門壽), 예문관대제학 김광재(金光載)의 딸
- **공신 내용** : 개국공신(2등), 정사공신(2등)

본관은 죽산(竹山)이며 1392년 7월 조선을 개국하고 이성계를 왕위에 옹립하는데 기여한 공으로 태조 1년(1392) 8월 개국공신(開國功臣)에 녹훈되고 대장군이 되었다. 이듬해 사헌중승(司憲中丞)을 거쳐 황주목사로 나갔다. 태조 3년(1394) 죽주로 귀양갔고 태조 7년(1398) 제1차 왕자의 난 때 이방원(태종)측에 협력하여 정사공신(定社功臣)에 녹훈되고 죽성군(竹城君)에 봉해지고 중추부 지사(知事)가 되었다.

그러나 상작(賞爵)이 낮다고 불평하여 이방원의 미움을 사서 죽주(영동)에 유배되었다. 이후 이방간과 가까이 지냈고 이방간은 박포의 계책을 따라 정종 2년(1400)

이방원(태종)을 선제공격하였으나 사전에 대비하고 있던 이방원 측에 패하였다. 이방간이 패하자 청해로 유배되었다가 사형당했고 공신녹권도 회수되었다.

박필건(朴弼健)

- **출생, 사망** : 1671~1738
- **출신** : 음직
- **부모** : 이조판서 박태상(朴泰尚), 장령 조속(趙涑)의 딸
- **공신 내용** : 분무공신(2등)

본관은 반남(潘南)이고 자(字)는 경운(景運)이다. 숙종 36년(1710) 음직으로 영소전 참봉이 되었고 1713년 전생서 주부(主簿)를 거쳐 의금부도사를 지냈다. 그 뒤 청양현감·해주판관 등을 지냈다. 1724년 선산부사가 되었고 1728년 3월 이인좌의 난이 일어나자 우방장(右防將)으로서 거창에서 반란군을 격파해 정희량 등 주모자를 잡는데 공을 세웠다.

같은 해 4월 분무공신(奮武功臣)에 녹훈되고 금릉군(錦陵君)에 봉해졌다.

1729년 부총관이 되고 이듬해 한성부 좌윤·동지의금부사를 지냈다. 1731년 곡산부사가 되었고 1734년 한성부 좌윤이 되고 이어 삼화부사(三和府使)를 지냈으며 1737년 호조참판에 이르렀다. 사망 후 이조판서에 추증되었다.

- **시호(諡號)** : **양정**(襄靖) -청선고

박효립(朴孝立)

- **출생, 사망** : 1565~1624
- **출신** : 공신
- **부모** : 장예원 사평(司評) 박지영(朴枝榮), 제주양씨(濟州梁氏)
- **공신 내용** : 정사공신(2등)

본관은 순천(順天)이며 임진왜란 중에는 의병활동을 하였고 1623년 인조반정 때 반정의 주모자 이귀(李貴)의 별장(別將)으로 공을 세워 정사공신(靖社功臣)에 녹훈되고 순원군(順原君)에 봉해졌다.

인조 2년(1624) 이괄(李适)의 난 때 파주목사로서 이괄군의 남하를 차단하기 위해서 수백 명의 병력을 이끌고 한강 여울목을 지키고 있었으나 이괄군을 막지 못하였다고 사간원에서 여러 번 그를 탄핵하여 수원(水原)에서 참형되었다. 그 후 누명이 벗겨졌으며 숙종 10년(1684) 8월 호조(戶曹)에서 전라도 순천 소재 둔전(屯田)을

사패전답(賜牌田畓)으로 주도록 청하였는데 임금이 허락하였다.

반우형(潘佑亨)
- **출생, 사망** : 1458~1523
- **출신** : 문과
- **부모** : 진주판관 반조(潘慥), 참봉 정학준(鄭學俊)의 딸
- **공신 내용** : 정국공신(4등)

본관은 거제(巨濟)이며 성종 6년(1474) 문과에 급제하였고 1486년 지평(持平), 1490년 이래로 성균관 관리로서 가르치는 데 명성이 있었다. 1493년 장령(掌令), 사간을 거쳐 연산군 1년(1495) 대사성이 되고 연산군 10년(1504) 성균관 동지사를 겸하였다. 이후 동지 중추부사, 한성부 좌윤·우윤, 대사헌 등을 지냈다.

1506년 중종반정 때 협력한 공으로 정국공신(靖國功臣)에 녹훈되고 이성군(利城君)이 되었으며 뒤에 기성군(岐城君)으로 개봉(改封)되었다. 같은 해 반우형이 학문에 밝으니 교회(敎誨)에만 전념하게 하자는 이조(吏曹)의 건의에 따라 대사헌에서 물러나 성균관 교육을 담당하게 되었다. 같은해 기묘사화로 유배되었고 명종 때 신원(伸寃)되었다.

- **참고** : 족보에 시호가 문효(文孝)라고 되어있는데 시호 받은 근거 불명.

배극렴(裵克廉)
- **출생, 사망** : 1325~1392
- **출신** : 음직
- **부모** : 위위시 소윤 배현보(裵玄甫), 전객부령 이천년(李天年)의 딸
- **공신 내용** : 개국공신(1등)

본관은 성산(星山)이고 자(字)는 양가(量可)이며 호는 필암(筆菴)이다. 고려 말 음직으로 관직을 시작하여 진주목사·상주목사·계림윤(鷄林尹) 등을 지냈다. 우왕 2년(1376) 이후 진주, 하동, 울주 등 여러 곳에서 왜구를 격파하였고 1380년 밀직부사에 올랐다.

1388년 요동 출병 때 우군도통수인 이성계 휘하의 조전원수(助戰元帥)로 참여하였고 같이 위화도에서 회군하였다. 창왕 1년(1389) 7월 판개성부사(判開城府事)가 되었다가 그해 10월 문하찬성사로 승진하였고 이어 3군도총제부의 중군총제사가 되어 도총제사 이성계의 병권 장악에 일익을 담당하였다.

이어 판삼사사(判三司事)가 되었고 1392년에는 수문하시중에 올랐다. 그해 7월 조선을 개국하고 이성계를 왕위에 옹립하는데 기여한 공으로 같은 해 8월 개국공신 (開國功臣)에 녹훈되고 성산백(星山伯)에 봉해졌으며 문하좌시중이 되었다.
- **시호**(諡號) : **정절**(貞節) -태조실록 1년(1392) 11월 26일

배맹달(裵孟達)
- **출생, 사망** : 1411~1499
- **출신** : 내금위→무과
- **부모** : 배후(裵厚), 선공감역 심서(沈舒)의 딸
- **공신 내용** : 적개공신(2등)

본관은 곤산(昆山)이며 세종 29년(1447) 내금위 사용(司勇)에 임명되었고 단종 2년(1454) 무과에 급제했다. 1464년 종성절제사, 이듬해 첨지중추원사 등을 지내고 1467년 만포절제사로 있을 때 이시애의 난이 일어나자 편비(偏裨)로 토벌 작전에 참가하여 많은 공을 세워 적개공신(敵愾功臣)에 녹훈되고 곤산군(昆山君)에 봉(封)해졌다. 이후 종성부사, 지중추부사 등을 지내고 1481년 충청도 병마절도사 등을 지냈다.
- **시호**(諡號) : **양호**(襄胡) -청선고

백수장(白壽長)
- **출생, 사망** : 1469~1543
- **출신** : 무과
- **부모** : 연기현감 백맹하(白孟夏), 이희신(李希信)의 딸
- **공신 내용** : 정국공신(3등)

본관은 수원(水原)이며 연산군 4년(1498) 무과 급제 후 도사(都事) 등을 지냈고 1506년 중종반정에 참여하여 정국공신(靖國功臣)에 녹훈되고 정해군(貞海君)에 봉해졌다. 영흥판관, 사복시 첨정 등을 지내고 중종 4년(1509) 전라도 진도(珍島)에서 민란(民亂)이 이어지자 진도군수에 제수되어 민심을 안정시키고 질서를 회복시켰다. 이후 훈련원 도정을 지냈다.

백응범(白應範)
- **출생, 사망** : ? ~ ?
- **출신** : 환관

- **공신 내용** : 호성공신(3등)

본관은 수원(水原)이며 환관으로서 임진왜란으로 의주로 몽진하는 선조를 수가(隨駕)한 공으로 공신이 되고 한남군(漢南君)에 봉하여졌다.
- **참고** : 수원백씨대동보 세1권 경조(敬祖) 편에 호성공신 3등 백응범이 있는데 자손록에서는 찾지 못함.

변사겸(邊士謙)
- **출생, 사망** : 성종~중종 무렵
- **출신** : 무과
- **부모** : 월곶진 첨사 변환(邊煥), 현감 김유의(金由義)의 딸
- **공신 내용** : 정국공신(4등)

본관은 원주(原州)이며 무과 급제 후 여러 관직을 거쳐 1506년 중종반정에 참여하여 정국공신(靖國功臣)에 녹훈되고 원양군(原陽君)에 봉하여졌다. 이후 서산군수, 내금위장 등을 지냈다. 1539년 첨지중추부사 등을 지냈으며 사망 후 호조판서에 추증되었다.
- **시호(諡號)** : **양호**(襄胡) -청선고

변수(邊脩)
- **출생, 사망** : 1447~1524
- **출신** : 무과
- **부모** : 함양군수 변상회(邊尙會), 유역생(柳易生)의 딸
- **공신 내용** : 정국공신(2등)

본관은 원주(原州)이며 무과에 급제 후 여러 관직을 거쳐 성종 10년(1479) 병조참지에 올랐다. 그 후 동부승지가 되었고 형조참의, 병조참지를 거쳐 경상우도 수군처치사로 나갔다가 1489년 충청도수군절도사를 거쳐 경상우도수군절도사가 되었다.

연산군 즉위 후 은성부사로 임명되자 임지를 바꿔 달라고 요구하였다가 연산군의 노여움을 사서 파직되었다.

1506년 박원종 등이 주도한 반정에 가담하여 정국공신(靖國功臣)에 녹훈되고 원천군(原川君)에 봉해졌다. 이후 부총

변수

관, 사직서제조 등을 거쳐 1511년 이조참판, 충청도와 전라도 수군절도사를 역임하다가 1513년 봉조하가 되었다.

변준(卞儁)

- **출생, 사망** : 1465~1513
- **출신** : 불명
- **부모** : 덕천 군수 변옥곤(卞玉崐), 사재서령 안철산(安鐵山)의 딸
- **공신 내용** : 정국공신(4등)

본관은 초계(草溪)이며 첨지중추부사로서 1506년 중종반정에 참여하여 정국공신(靖國功臣)에 녹훈되고 초계군(草溪君)에 봉해졌고 이후 병조판서 등을 지냈다.

- **참고** : 시호가 충경(忠敬)이라는 자료가 있는데 시호 받은 근거 불명.

변흡(邊潝)

- **출생, 사망** : 1568~1644
- **출신** : 무과
- **부모** : 포도대장 변양걸(邊良傑), 충의위(忠義衛) 조광종(趙光琮)의 딸
- **공신 내용** : 진무공신(2등)

본관은 원주(原州)이며 선조 36년(1603) 무과에 급제, 여러 관직을 거쳐 광해군 9년(1617) 종성부사(鍾城府使)가 되었다. 1622년 이후 여러 관직을 거쳐 경상도 병마절도사가 되었다.

인조 2년(1624) 이괄(李适)의 난 때 황해도 병마절도사로서 양서순변사(兩西巡邊使)를 겸하여 난의 평정에 크게 공헌하여 진무공신(振武功臣)에 녹훈되고 원흥군(原興君)에 봉해졌다.

1629년 경기도 수군절도사 겸 교동부사에 임명되었고 뒤에 삼도수군통제사와 오위도총부 도총관(都摠管)을 역임하였다.

봉석주(奉石柱)

- **출생, 사망** : 1418~1465
- **출신** : 무과
- **부모** : 좌찬성 봉안국(奉安國), 상당군 곽추(郭樞)의 딸
- **공신 내용** : 정난공신(2등)

본관은 하음(河陰)이고 자(字)는 군보(君輔)이며 호는 서관(墅觀)이다. 무과에 급

제 후 여러 관직을 거쳐 단종 1년(1453) 내금위장으로 수양대군이 일으킨 계유정난 때 협조하여 정난공신(靖難功臣)에 녹훈되었다. 이듬해 첨지중추원사가 되면서 강성군(江城君)으로 책봉되었다. 세조 2년(1456) 동지중추원사, 도진무(都鎭撫)가 되었다. 1460년 전라도처지사에 임명되었으나 이듬해 부정행위로 피직되었다.

1464년 사헌부의 탄핵을 받고 고신(告身)을 추탈 당했다가 얼마 후 돌려받았다. 이듬해 김처의·최윤 등의 역모를 고변했으나 오히려 그 일에 연루되어 함께 주살되었으며 훈작과 관직도 모두 삭탈 당하였다.

연산군 1년(1495) 자손들의 상소로 신원(伸冤)되고 훈작인 강성군을 회복하였다. 또 선조 때 훈안(勳案)을 증수할 때 이름이 오르게 되었다.

서 - 윤

서거정(徐居正)

- **출생, 사망** : 1420~1488
- **출신** : 문과
- **부모** : 안주목사 서미성(徐彌性), 찬성사 권근(權近)의 딸
- **공신 내용** : 좌리공신(3등)

본관은 대구(大丘)이고 자(字)는 자원(子元)이며 호는 사가정(四佳亭)이다. 세종 26년(1444) 문과에 급제 후 사재감 직장(直長) 등을 지냈다. 문종 1년(1451) 이후 집현전 박사 등을 거쳐 세조 2년(1456) 문과중시에 급제하였고 1457년 문신 정시(庭試)에도 장원하였으며 공조 참의 등을 역임했다.

1460년 대사헌에 올랐으며 1464년 조선시대 최초로 양관(兩館) 대제학이 되었다. 1466년 다시 발영시(拔英試)에 장원한 후 육조(六曹)의 판서를 두루 지내고 성종 1년(1470) 좌찬성에 이르렀으며 성종 즉위 및 보좌에 공이 있어 성종 2년(1471) 좌리공신(佐理功臣)에 녹훈되고 달성군(達城君)에 책봉되었다.

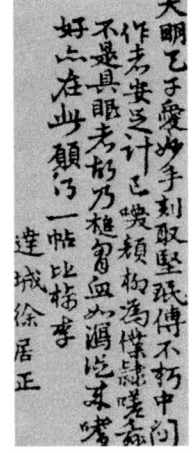
서거정 글씨

- **시호(諡號)** : **문충(文忠)** -성종실록 19년(1488) 12월 24일

서경생(徐敬生)

- **출생, 사망** : ?~?
- **출신** : 환관
- **부모** : 서석관(徐碩寬), 어머니는 불명
- **공신 내용** : 익대공신(3등), 정국공신(4등)

본관은 이천(利川)이며 환관(宦官)으로서 예종 즉위년(1468) 남이의 옥 처리에 공을 세워 익대공신(翊戴功臣)에 녹훈되고 봉성군(峯城君)에 봉해졌다. 중종반정 때 연산군에게 반정이 일어났음을 고하고 옥쇄를 인계하자고 설득하여 무리 없이 옥쇄를 반정군측에 넘기게 한 공으로 1506년 정국공신(靖國功臣)에 녹훈되고 봉성군(蓬城君)으로 개봉(改封)되었다.

서유(徐愈)
- **출생, 사망** : 1356~1411
- **출신** : 문과
- **부모** : 서효손(徐孝孫), 영천이씨(永川李氏)
- **공신 내용** : 좌명공신(4등)

본관은 이천(利川)이며 고려 우왕 12년(1386) 문과에 급제하였고 여러 관직을 거쳐 정종 1년(1399) 중승(中丞)으로 재임 중 상당후(上黨侯) 이저(李佇)를 탄핵하려다가 직책을 박탈당하였다. 이듬해 간의(諫議)를 지냈고 우부승지로 있으면서 정종 2년(1400) 제2차 왕자의 난이 일어나자 이방원(태종)측에 협력하여 좌명공신(佐命功臣)에 녹훈되었다. 1402년 풍해도관찰사가 되었고 이후 관직이 예조판서에 이르렀고 1410년 이성군(利城君)에 봉해졌다.

- **시호(諡號)** : **양경(良景)** -태종실록 11년(1411) 6월 4일

서익(徐益)
- **출생, 사망** : ?~1412
- **출신** : 태종 시위(侍衛)
- **부모** : 불명
- **공신 내용** : 좌명공신(4등)

창과 방패를 잘 쓰기로 이름이 높아 이방원(태종)에게 발탁되어 이방원을 시위(侍衛)하였으며 제1차 왕자의 난에 적극 참여하였고 정종 2년(1400) 제2차 왕자의 난 때 선봉장으로 활약한 공으로 우군동지총제가 되었고 1401년 좌명공신(佐命功臣)에 녹훈되고 마성군(麻城君)에 봉해졌다. 1408년 풍해도조전절제사가 되었고 이어 운검총제(雲劍摠制) 등을 지냈다.

- **시호(諡號)** : **장양(莊襄)** -태종실록 12년(1412) 8월 17일
- **참고** : (1)『국조공신록』에는 마성군(麻城君), 마전인(麻田人), 시호는 장양(莊襄), 가정대부라고 되어있으나 마전 서씨를 찾을 수 없음.

   (2) 『전고대방』에는 부여인(扶餘人), 문과, 목사, 장양(莊襄), 보성군(甫城君)이라고 되어있고 『청선고』에는 마성군(麻城君), 가정대부, 장양(莊襄)이라고 되어있음. 『조선왕조실록』 줄기를 보면 무인(武人)이고 계속 무관직(武官職)을 옮겨다녔음.

   (3) 『성씨의 고향』 부여서씨 공신을 보면 서익(徐益)이 제2차왕자의 난 4등공

신이라고 하는데 씨족사를 보면 선조2년(1569) 문과에 급제하고 군수, 종부시첨정 등을 지낸 사람으로 제2차 왕자의 난과 시대가 많이 차이가 남.

선형(宣炯)

- **출생, 사망** : 1434~1479
- **출신** : 무과
- **부모** : 여산부사 선의화(宣宜和), 이유(李洧)의 딸
- **공신 내용** : 적개공신(3등), 좌리공신(4등)

본관은 보성(寶城)이고 자(字)는 명여(明汝)이다. 문종 1년(1451) 무과에 급제 후 단종 2년(1454) 경흥부사를 지냈고 세조 2년(1457) 3월 경상좌도 수군처치사를 거쳐 1460년 이후 안주목사·회령부사·인수부윤(仁壽府尹)을 거쳐 1464년 중추원부사를 지내고 한성부윤에 임명되었다.

1465년 의주목사를 지냈고 황해도 관찰사로 있던 1467년 5월 이시애의 난이 일어나자 1,000여명의 군사를 이끌고 4도병마도통사 이준(李浚) 휘하에서 공을 세웠다. 그 공으로 적개공신(敵愾功臣)에 녹훈되고 황해도병마사에 임명되었으며 유성군(楡城君)에 봉해졌다. 성종 1년(1470) 경기도관찰사가 되었으며 성종 즉위 및 보좌에 공이 있어 성종 2년(1471) 좌리공신(佐理功臣)에 녹훈되었다.

충청도관찰사를 거쳐 1473년 영안북도절도사로 있을 당시 올적합(兀狄哈)이 온성 지방에 침입했으나 이를 구원하지 못했다고 고신(告身)을 회수당하였다. 이듬해 5월 사간원의 반대에도 불구하고 성종의 특명으로 고신을 돌려받았고 1477년 지중추부사에 이르렀으며 사망 후 우의정에 추증되었다.

- **시호(諡號)** : **평양(平襄)** -청선고

설계조(薛繼祖)

- **출생, 사망** : 1418~1467
- **출신** : 무과
- **부모** : 창덕궁직장 설훈(薛纁), 공조참의 신포시(申包翅)의 딸
- **공신 내용** : 정난공신(3등)

본관은 순창(淳昌)이며 무과에 급제하였고 부사직으로서 단종 1년(1453) 수양대군이 일으킨 계유정난에 협력하여 정난공

설계조

신(靖難功臣)에 녹훈되었다. 세조 1년(1455) 옥천군(玉川君)에 봉해지고 호군(護軍)이 되었다. 이듬해 군기부정에 임명되었고 1457년 내자소윤을 역임하고 1465년 이후 경상우도수군도안무처치사·안주목사 등을 역임하였다.
- **시호**(諡號) : **안양**(安襄) -세조실록 13년(1467) 5월 6일

성대훈(成大勳)
- **출생, 사망** : 1572~1636
- **출신** : 무과
- **부모** : 성습길(成習吉), 홍계해(洪繼海)의 딸
- **공신 내용** : 진무공신(2등)

본관은 창녕(昌寧)이고 자(字)는 중집(仲集)이다. 선조 38년(1605) 무과에 급제하여 선전관이 되고 여러 관직을 거쳐 1623년 인조반정 후 관서원수(關西元帥) 장만(張晚)의 천거로 평양 별장(別將)이 되었다. 1624년 이괄의 난 때 길마재에서 공을 세워 진무공신(振武功臣)에 녹훈되고 창산군(昌山君)에 봉해졌다.

인조 5년(1627) 정묘호란 때에도 역전(力戰)하여 포상받았다. 이듬해 재물을 탐낸 죄로 유배되었다가 1633년 광해군이 위리안치되어 있는 곳의 별장(別將)이 되었으나 광해군이 위리안치수에 잡물을 들여놓은 것이 문제되어 유배되었다가 죽었다.
- **시호**(諡號) : **충장**(忠莊) -순종실록 3년(1910) 8월 26일

성몽정(成夢井)
- **출생, 사망** : 1471~1517
- **출신** : 문과
- **부모** : 홍문관 교리 성담년(成聃年), 김박(金博)의 딸
- **공신 내용** : 정국공신(4등)

본관은 창녕(昌寧)이고 자(字)는 응경(應卿)이며 호는 장암(場巖)이다. 연산군 4년(1498) 문과에 급제했으나 연산군의 난정(亂政)을 보고 벼슬을 단념하고 있다가 1506년 중종반정에 가담하여 정국공신(靖國功臣)에 녹훈되고 홍문관전한(典翰)에 발탁되었다. 이어 홍문관직제학·대사간·동부승지 등을 거쳐 도승지가 되었다.

그 뒤 대사헌으로 하산군(夏山君)에 봉해졌으며 이어 병조참판·한성부좌윤을 거쳐 1515년 예조참판이 되었고 이어 한성부 판윤으로 옮겨졌다가 공조참판에 이르렀다. 사망 후 예조판서에 추증되었다.

■ 시호(諡號) : **양경**(襄景) -중종실록 12년(1517) 8월 27일

성봉조(成奉祖)
- ■ 출생, 사망 : 1401~1474
- ■ 출신 : 음직
- ■ 부모 : 동지중추원사 성엄(成揜), 광산군 김약항(金若恒)의 딸
- ■ 공신 내용 : 좌리공신(3등)

본관은 창녕(昌寧)이고 자(字)는 효부(孝夫)이다. 음직으로 순승부행수(順承府行首)가 되고 이어 한성부소윤·지풍덕군사(知豊德郡事)를 거쳐 1438년 장령(掌令)이 되었다. 그 뒤 지사간원사를 거쳐 1441년 동부승지에 이어 우부승지, 형조·공조참의와 충청도와 경상도관찰사 등을 역임하였다.

1447년 경상도도절제사가 되고 이어 전라도관찰사를 거쳐 문종 2년(1452) 대사헌이 되었고 이듬해 형조참판·함길도도관찰사를 역임하였다. 1455년 지돈녕부사에 올랐고 공조판서를 거쳐 형조판서로서 사육신 사건을 다스렸다. 1457년 우참찬, 1463년 우찬성, 1468년 영중추부사가 되었다.

성종 즉위 및 보좌에 공이 있어 성종 2년(1471) 좌리공신(佐理功臣)에 녹훈된 뒤 우의정에 제수되었고 이듬해 궤장(几杖)이 하사되었으며 1474년 창성부원군(昌城府院君)에 봉해졌다. 부인이 세조의 왕비 정희왕후의 동생이다.

- ■ 시호(諡號) : **양정**(襄靖) -성종실록 5년(1474) 9월 27일

성삼문(成三問)
- ■ 출생, 사망 : 1418~1456
- ■ 출신 : 문과
- ■ 부모 : 도총관 성승(成勝), 현감 박첨(朴襜)의 딸
- ■ 공신 내용 : 정난공신(3등), 좌익공신(3등)

본관은 창녕(昌寧)이고 자(字)는 근보(謹甫)이며 호는 매죽헌(梅竹軒)이다. 세종 20년(1438) 문과에 급제하였고 1447년 문과중시에 장원으로 급제하였다. 집현전 학사·직집현전(直集賢殿)을 지냈다. 세종이 훈민정음을 창제할 때 정인지·최항·박팽년·신숙주 등과 많은 역할을 하였다.

단종 1년(1453) 수양대군이 계유정난에 성공하고 나서 그를 정난공신(靖難功臣)에 녹훈하였으나 사양하는 상소를 올렸고 1455년 세조가 선위(禪位) 받을 때 국새

성삼문 선생 살던 곳

(國璽)를 끌어안고 통곡했으나 좌익공신에 녹훈되었다. 이듬해 성승·박팽년 등과 함께 단종의 복위를 모의하였으나 함께 모의했던 김질의 밀고로 같이 모의하던 이개·하위지·유응부 등과 함께 체포되어 친국을 받고 군기감 앞에서 능지처사를 당하였다.

■ 시호(諡號) : **충문**(忠文) -승정원일기 정조 24년 (1800) 윤4월 4일 (이전)

성석린(成石璘)

■ 출생, 사망 : 1338~1423　　■ 출신 : 음직→문과(고려)
■ 부모 : 창녕부원군 성여완(成汝完), 밀직사지신사 나천부(羅天富)의 딸
■ 공신 내용 : 좌명공신(3등)

본관은 창녕(昌寧)이고 자(字)는 자수(自修)이며 호는 독곡(獨谷)이다. 고려 충혜왕 2년 음직으로 사온승동정이 되었고 공민왕 6년(1357) 과거에 급제하여 국자학유(國子學諭)에 제수되었다. 예문관 공봉(供奉)·예부총랑 등을 역임하였다. 신돈(辛旽)이 미움을 사서 해주목사가 되었으나 다시 성균관 사성·제학 등을 지냈다.

우왕 6년(1380) 여름 왜구가 승천부(昇天府)에 침입하자 원수(元帥)가 되어 부장 양백연(楊伯淵)과 죽음을 각오하고 싸워 적을 무찌른 공으로 창원군(昌原君)에 봉해지고 정당문학에 올랐다. 외직으로 양광도관찰사가 되었고 문하부평리와 대사헌이 되었다.

조선 개국 후 문하시랑찬성사가 되었고, 태조 1년(1392) 개성부판사를 거쳐 한성부판사를 지냈으며 정종 즉위 후 서북면도순찰사, 평양부윤 등을 지내고 이어 문하시랑찬성사를 지냈으며 문하우정승에 올랐다가 좌정승이 되었다.

1400년 제2차 왕자의 난 때 이방원(태종) 측에 협력하여 좌명공신(佐命功臣)에 녹훈되고 창녕부원군(昌寧府院君)에 봉해졌다. 우의정에 이어 태종 7년(1407) 좌의정을 지냈으며 이어 영의정이 되었다. 태종 15년

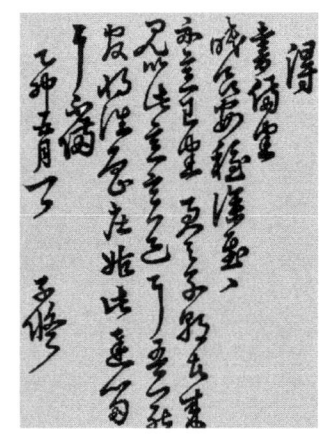
성석린 글씨

(1415) 다시 영의정이 되었고 세종 3년(1421) 궤장(几杖)을 하사받았다.
- **시호**(諡號) : **문경**(文景) -세종실록 5년(1423) 1월 12일

성율(成瑮)
- **출생, 사망** : 1490~?
- **출신** : 공신
- **부모** : 영의정 성희안(成希顔), 조익상(趙益祥)의 딸
- **공신 내용** : 정국공신(4등)

본관은 창녕(昌寧)이며 중종반정의 주모자인 아버지를 따라 1506년 반정에 참여하였고 그 공으로 정국공신(靖國功臣)에 녹훈되고 창성군(昌城君)에 봉해졌으며 5품에 임명되었다. 간신(諫臣)들이 나이도 어리고 외람되이 높은 벼슬을 주었다고 상언하였으나 받아들여지지 않았다. 중종 29년(1534) 이후 파주목사, 부평도호부사, 1543년 동지돈녕부사 등을 지냈다.

성희안(成希顔)
- **출생, 사망** : 1461~1513
- **출신** : 문과
- **부모** : 돈녕부 판관 성찬(成瓚), 덕천군 이후생(李厚生)의 딸
- **공신 내용** : 정국공신(1등)

본관은 창녕(昌寧)이고 자(字)는 우옹(愚翁)이며 호는 인재(仁齋)이다. 성종 16년(1485) 문과에 급제해 홍문관 정자를 지냈다. 이어 부수찬 등을 역임하였고 그 뒤 여러 벼슬을 거쳐 예빈시주부가 되었다. 연산군 5년(1499) 군기시부정(副正)이 되었고 1503년 동지중추부사, 형조참판이 되었다.

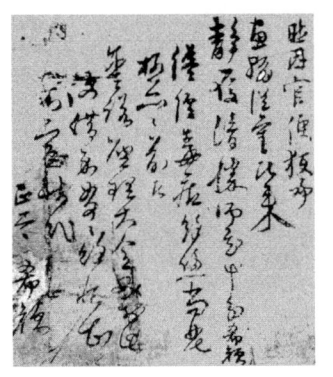

성희안 글씨

1504년 이조참판으로 있을 때 양화도의 망원정에서 놀이를 즐기는 연산군에게 폭정을 비유한 풍자적인 시를 지어 바침으로써 미움을 사 무관 말단직인 행 부사용(副司勇)으로 좌천당했다.

박원종, 유순정과 모의해 1506년 중종반정을 일으켜 연산군을 폐위시키고 중종을 옹립하였다. 그 공으로 정국공신(靖國功臣)에 녹훈되고 창산군(昌山君)에 봉해졌다. 이어 형조판서·이조판서·대사헌 등에 올랐다.

1507년 창산부원군(昌山府院君) 겸 판의금부사가 되었으며 중종 즉위에 따른 명나라 고명(誥命)이 어렵게 되자 직접 청승습사(請承襲使)를 자청하여 명나라에 다녀오기도 했다. 이듬해 삼포왜란이 발발하자 도체찰사와 병조판서를 겸해 군무를 총괄하기도 하였다. 그 뒤 좌의정을 거쳐 1513년 영의정의 자리에 올랐다. 중종 묘정(廟庭)에 배향되었다.

- **시호(諡號) : 충정(忠定)** -청선고

성희옹(成希雍)
- **출생, 사망** : 1464~1523
- **출신** : 음직
- **부모** : 돈녕부 판관 성찬(成瓚), 덕천군 이후생(李厚生)의 딸
- **공신 내용** : 정국공신(4등)

본관은 창녕(昌寧)이고 자(字)는 당옹(戇翁)이며 호는 의재(義齋)이다. 성종 때 음직으로 광흥창수에 제수되었고 연산군 1년(1493) 성종의 상중(喪中)에 자녀가 혼인한 죄로 파직되었다. 1506년 9월 형(兄) 성희안을 따라 중종반정에 가담한 공으로 정국공신(靖國功臣)에 녹훈되고 창성군(昌城君)에 봉해졌다. 이후 충훈부도사, 개성부경력, 돈녕부주부 등을 지냈다.

손동(孫同) 또는 손동(孫仝)
- **출생, 사망** : ?~?
- **출신** : 유자광의 서(庶) 사위
- **부모** : 불명
- **공신 내용** : 정국공신(4등)

중종반정에 참여하여 정국공신(靖國功臣)이 되었으나 장인인 유자광이 몰락하자 손동도 실제 공훈이 없음에도 공신이 되었다고 삭훈되었다.

- **참고** : 유자광의 서(庶) 사위로 본관이 봉성(峯城)이라는 자료도 있으나 봉성이라는 본관이 확인되지 않으며 본관이 이천(利川)이라는 자료도 있으나 족보에서 찾지 못했음.

손소(孫昭)
- **출생, 사망** : 1433~1484
- **출신** : 문과

- **부모** : 손사성(孫士晟), 직장 권명리(權明理)의 딸
- **공신 내용** : 적개공신(2등)

본관은 경주(慶州)이고 자(字)는 일장(日章)이며 호는 송재(松齋)이다. 세조 4년 (1459) 문과 급제 후 승문원 정자(正字), 1463년 승정원 주서가 되었고 1464년 11월 병조좌랑을 거쳐 종묘서령(宗廟署令)이 되었다.

1467년 5월 이시애의 난 때 평로장군(平虜將軍) 박중선(朴仲善)의 종사관으로 군무(軍務)를 관장, 난 평정에 공을 세워 적개공신(敵愾功臣)에 녹훈되고 내섬시정으로 특진되었다. 예종 1년(1469) 이후 성주목사를 거쳐 공조참의와 안동대도호부사를 역임하고 계천군(雞川君)에 봉해졌다. 1476년 11월 진주목사로 나갔다가 병으로 사직하였다.

- **시호**(諡號) : **양민**(襄敏) -성종실록 15년(1484) 4월 11일

손흥종(孫興宗)

- **출생, 사망** : ?~?
- **출신** : 불명
- **부모** : 불명
- **공신 내용** : 개국공신(3등)

상장군으로 1392년 7월 조선을 개국하고 이성계를 왕위에 옹립하는데 기여한 공으로 태조 1년(1392) 8월 개국공신(開國功臣)에 녹훈되었고 거제도에서 왕씨들을 바다에 빠뜨릴 때 참가하였다. 1394년 중추원부사, 1398년 이천군(伊川君)에 봉해졌고 동북면병마절제사에 임명되었다.

1400년 승녕부윤이 되었고 1409년 동생 손효종의 반역죄에 연루되어 황해도에 부처되었고 1392년 정도전의 지시로 이숭인과 이종학을 죽인 혐의로 1411년 폐서인되고 가산이 적몰되고 공신녹권을 추탈당했다.

- **참고** : 본관이 평해(平海)라는 자료도 있으나 이천군(伊川君)에 봉해진 것을 보면 본관이 이천이 맞는 것 같으나 족보를 확인할 수 없음.

송강(宋康)

- **출생, 사망** : 1568~1638
- **출신** : 무인(武人)
- **부모** : 송정(宋珽), 최수창(崔秀昌)의 딸

■ **공신 내용** : 호성공신(3등)

본관은 여산(礪山)이며 무인(武人)으로 임진왜란으로 선조가 의주로 몽진할 때 수가(隨駕)하다가 평안도 철산에서 선천군수로 임명되었고 선조 37년(1604) 호성공신(扈聖功臣)에 녹훈되고 원양군(原陽君)에 봉해졌으며 1606년 충청도수군절도사, 곽산군수 등을 역임했고 1610년 간성군수를 지냈다.

송거신(宋居信)

■ **출생, 사망** : 1369~1447   ■ **출신** : 태종 시위(侍衛)
■ **부모** : 전법판서 송첨(宋詹), 배천조씨(白川趙氏)
■ **공신 내용** : 좌명공신(4등)

본관은 여산(礪山)이며 태종의 왕비 원경왕후와 친척으로 이방원(태종)의 잠저(潛邸) 때부터 가까이에서 시위했다. 낭장으로 있을 때 이방원이 사냥을 나갔는데 표범이 이방원에게 달려드는 것을 결사적으로 때려잡았다. 1400년 제2차 왕자의 난에 이방원(태종) 측에 협력하여 좌명공신(佐命功臣)에 녹훈되었다.

이어 군기소감(軍器少監)을 거쳐 1402년 내자소경(內資少卿)·사복시부정이 되었고 이듬해 대호군이 되고 1404년 상호군이 되었다. 1406년 우군첨총제(右軍僉摠制)를 역임하고 그 해 여량군(礪良君)에 봉해졌다.

1410년 우군동지총제, 우군도총제를 역임하였고 세종 8년(1426) 여산부원군(礪山府院君)에 진봉되었고 1439년 궤장(几杖)을 하사받았다.

■ **시호(諡號)** : **충정**(忠靖) -세종실록 29년(1447) 5월 14일

송덕영(宋德榮)

■ **출생, 사망** : 1569~1627   ■ **출신** : 무과
■ **부모** : 선전관 송간(宋簡), 어계린(魚季璘)의 딸
■ **공신 내용** : 진무공신(3등)

본관은 연안(延安)이고 호는 사정(四貞)이다. 선조 26년(1593) 무과 급제 후 만호(萬戶)를 역임하고 일본에 가는 통신사의 수행 군관으로 다녀와서 맹산현감(孟山縣監)을 역임하였다. 인조 2년(1624) 이괄(李适)의 난이 일어나자 평안도병마절도사 남이흥의 막하 장수로 길마재 싸움에서 공을 세워 진무공신(振武功臣)에 녹훈되고

연창군(延昌君)에 봉해졌다. 1627년 정묘호란 때 안주(安州)·남성(南城)을 수비하다가 전사하였다. 사망 후 병조판서에 추증되었다.
- **시호(諡號) : 충장(忠壯)** -고종실록 8년(1871) 3월 16일

송문림(宋文琳)
- **출생, 사망** : 1409~1476
- **출신** : 음직→문과
- **부모** : 송인산(宋仁山), 좌부대언 유두명(柳斗明)의 딸
- **공신 내용** : 좌리공신(2등)

본관은 여산(礪山)이며 음직으로 경덕궁직(直)이 되었으며 문종 1년(1451) 경상도 행대, 감찰 등을 거쳐 호조좌랑에 올랐다. 세조 3년(1457) 소윤(少尹)으로 문과에 급제 후 사간원 지사간(知司諫)·병조참의 등을 지냈다. 1463년 전라도관찰사, 이듬해 병조참판·예조참판을 지냈다. 이어 충청도관찰사가 되었으며 1467년 대사간에 이어 대사헌을 역임하였다. 성종 1년(1470) 호조참판이 되었고 성종 즉위 및 보좌에 공이 있어 성종 2년(1471) 좌리공신(佐理功臣)에 녹훈되고 여산군(礪山君)에 봉해졌다. 1472년 이조참판에 올랐다.
- **시호(諡號) : 공무(恭武)** -성종실록 7년(1476) 9월 6일

송시범(宋時范)
- **출생, 사망** : 1579~1623
- **출신** : 무과
- **부모** : 송정(宋珽), 이원상(李元常)의 딸
- **공신 내용** : 정사공신(3등)

본관은 여산(礪山)이며 자(字)는 희문(希文)이다. 선조 41년(1608) 무과에 급제하였고 선전관을 거쳐 비변사 낭관이 되었다. 광해군 때 인목대비가 유폐되자 벼슬을 사직하고 낙향하였다. 인조반정의 주동자인 이서(李曙)와 친교가 있어 1623년 인조반정에 참여하여 정사공신(靖社功臣)에 녹훈되고 호산군(壺山君)에 봉해졌다.

별장이 되었다가 이듬해 곽산군수가 되었을 때 이괄(李适)이 반란을 일으키기 직전 암행어사로부터 인조의 친서를 받고 단신으로 이괄 군중에 들어가 유숙까지 하였으나 이괄을 만나지 못한 채 돌아오다가 희천에서 급사하였다.

송영망(宋英望)
- **출생, 사망** : 1578~1636
- **출신** : 공신
- **부모** : 송흡(宋翕), 어머니는 불명
- **공신 내용** : 정사공신(3등)

본관은 진천(鎭川)이고 자(字)는 자진(子眞)이다. 인조반정의 공신 이시백과 사돈간으로 반정군에 참여하여 정사공신(靖社功臣)에 녹훈되고 진남군(鎭南君)에 봉해졌다. 반정 성공 후 6품직에 제수되었고 공조좌랑을 거쳐 1626년 군자감정, 1629년 공청도수군절도사, 1631년 전라좌수사, 이듬해 황해도관찰사, 1635년 공청도병마절도사 등을 역임하였다.

송익손(宋益孫)
- **출생, 사망** : 1419~1482
- **출신** : 무과
- **부모** : 익산군사 송경(宋瓊), 교리 박금(朴錦)의 딸
- **공신 내용** : 정난공신(3등)

본관은 여산(礪山)이며 무과에 급제하였고 단종 1년(1453) 처남인 홍달손을 따라 수양대군이 주도한 계유정난에 참여하였다. 그 공으로 정난공신(靖難功臣)에 녹훈되고 전농시 직장(直長)·의영고사(義盈庫使)·한성부판관을 역임했다. 세조 2년(1456) 선공감부정(副正)이 되고 이어 전농시소윤이 되었다.

이듬해 종부시·한성부·예빈시의 소윤과 부지통례문사(副知通禮門事)를 거쳐 세자우사어가 되었다. 1459년 판선공감사, 1461년 첨지중추원사, 1463년 나주목사가 되고 여산군(礪山君)에 봉해졌다. 1472년 부호군에 임명되었으나 탐욕이 많아서 1474년 관직에서 파면당하였다.

- **시호(諡號)** : **양묵**(襄墨) -성종실록 13년(1482) 12월 21일

송일(宋軼)
- **출생, 사망** : 1454~1520
- **출신** : 문과
- **부모** : 훈련도정 송공손(宋恭孫), 사직 박겸형(朴謙亨)의 딸
- **공신 내용** : 정국공신(3등)

본관은 여산(礪山)이고 자(字)는 가중(可仲)이다. 성종 8년(1477) 문과에 급제하

였고 홍문관 정자를 거쳐 1485년 사헌부 지평에 올랐다. 이어 병조정랑에 임명되고 다시 승정원의 동부승지·부승지를 거쳐 연산군 2년(1496) 우승지가 되었다. 이어 황해도관찰사·평안도관찰사를 지냈다.

1501년 백성 임지성(林之盛)의 변란을 사전에 파악, 진압했으며 그 공로로 형조참판에 승진되었다. 이어서 공조·호조·이조참판을 역임하였다. 연산군 10년(1504) 예조판서가 되고 이어 형조판서·경기도관찰사를 지냈다.

중종반정 당일 반정에 합류한 공으로 중종 1년(1506) 정국공신(靖國功臣)에 녹훈되고, 여원군(礪原君)에 봉해졌으며 예조판서가 되었다. 1509년 함경도체찰사, 1512년 이조판서를 거쳐 우의정에 올랐다. 이듬해 좌의정을 거쳐 영의정이 되었으며 여원부원군(礪原府院君)에 진봉(進封)되었다.

■ **시호**(諡號) : **숙정**(肅靖) -청선고

신경식(申景植)

- ■ **출생, 사망** : 1573~1623
- ■ **출신** : 불명
- ■ **부모** : 부사직 신강(申橿), 형조판서 유훈(柳壎)의 딸
- ■ **공신 내용** : 정사공신(3등)

본관은 고령(高靈)이며 광해군 12년(1620) 토산현감, 이어 양주목사 등을 지냈고 1623년 인조반정에 참여하여 공을 세웠으나 공신 책정 전 사망하였다. 사망 후 정사공신(靖社功臣)에 녹훈되고 영원군(靈原君)에 봉해졌다.

신경영(辛慶英) 초명(初名)은 신경준(辛慶俊)

- ■ **출생, 사망** : ?~1660
- ■ **출신** : 무인(武人)→무과
- ■ **부모** : 금부도사 신응운(辛應運), 김눌(金訥)의 딸
- ■ **공신 내용** : 소무공신(3등)

신경영

본관은 영월(寧越)이며 인조 5년(1627) 9월 강원도 횡성에 거주하던 전 익찬(翊贊) 이인거 등이 군사 70여명과 많은 백성을 동원하여 반란을 일으키자 원주 군영의 중군(中軍)으로서 병력을 이끌고 출동하여 역도들을 진압한 공으로 같은 해 11월 소무공신(昭武功臣)에 녹훈되고 영원군(寧原君)에

봉해졌다.

1628년 무과에 급제, 부사과가 되었고 이듬해 청하현감, 1634년 호군, 1635년 함경남도병마우후·오위장을 지냈고 1643년 이천현감을 지냈다.

- ■ **참고** : 족보를 보면 출생이 선조(宣祖) 을묘(乙卯)라고 하는데 선조 때는 을묘년이 없고 1555년 을묘는 명종 때이고 1615년 을묘는 광해군때임. 족보가 맞다면 13살에 공신이 되고 14살에 무과에 급제한 것인데 이해되지 않음.

신경원(申景瑗)

- ■ **출생, 사망** : 1581~1641
- ■ **출신** : 무과
- ■ **부모** : 세자익위사 익위(翊衛) 신확(申確), 김석정(金錫精)의 딸
- ■ **공신 내용** : 진무공신(3등)

본관은 평산(平山)이고 자(字)는 숙헌(叔獻)이다. 선조 38년(1605) 무과에 급제하여 선전관이 되었고 그 뒤 온성판관 등을 거쳐 광해군 11년(1619) 영유현령을 지냈다. 인조 2년(1624) 이괄(李适)의 난 때 남도병사로서 패전한 관군을 수습하여 길마재에서 반군을 진압하는데 공을 세워 진무공신(振武功臣)에 녹훈되고 평녕군(平寧君)에 봉해졌다.

이듬해 북병사(北兵使)가 되었고 1627년 평안도병마절도사, 1631년 경상도병마절도사 등을 지내고 인조 14년(1636) 병자호란 때 부원수로 맹산 철옹성(鐵瓮城)을 지키고 있다가 적에게 생포되었다. 이듬해 강화가 성립되자 패전의 죄로 귀양갔다가 1638년 석방되고 총융사 중군이 되었다가 1640년 총융사가 되었다. 사망 후 병조판서에 추증되었다.

신경유(申景裕)

- ■ **출생, 사망** : 1581~1633
- ■ **출신** : 무과
- ■ **부모** : 삼도도순변사 신립(申砬), 만호 최필신(崔弼臣)의 딸
- ■ **공신 내용** : 정사공신(2등)

본관은 평산(平山)이고 자(字)는 자관(子寬)이다. 선조 36년(1603) 무과에 장원급제, 이후 돈녕부도정과 부사 등을 역임하였고 형 신경진과 함께 인조반정 모의에 가담하였다. 1623년 반정 당일 동생 신경인(申景禋)과 함께 군졸을 이끌고 능양군(인

조)의 호위 부대에 합류, 그 선봉장으로서 제일 먼저 창의문(彰義門)에 돌입하였다.

반정 후 경기수사로 발탁되었고 정사공신(靖社功臣)에 책록되고 동평군(東平君)에 책봉되었다. 이듬해 이괄(李适)의 난이 발생하여 왕이 공주로 몽진할 때 호위대장에 발탁되었다. 1625년 황해도병사가 되었고 1628년 충청도병마사 등에 임명되었지만 부정을 저질러 파면되었다. 순조 34년(1834) 병조판서에 추증되었다.

- **시호(諡號) : 경의(慶儀)** -순조실록 34년(1834) 5월 30일

신경인(申景禋)

- **출생, 사망** : 1590~1643
- **출신** : 무과
- **부모** : 삼도도순변사 신립(申砬), 만호 최필신(崔弼臣)의 딸
- **공신 내용** : 정사공신(2등)

본관은 평산(平山)이고 자(字)는 자정(子精)이다. 광해군 7년(1615) 무과에 급제, 선전관을 지내고 오위도총부도사를 역임하다가 모친상으로 물러났고 형들과 함께 인조반정 모의에 처음부터 적극적으로 참여하였다. 반정 직후 교동현감에 제수되었다가 1624년 경기수군절도사에 올랐다. 정사공신(靖社功臣)에 녹훈되고 동성군(東城君)에 책봉되었다.

인조 2년(1624) 이괄(李适)의 난에는 수하 군사를 거느리고 어가(御駕)를 공주까지 호위하였다. 이어 전라도병마사로 전보되었는데 1627년 정묘호란이 일어나자 왕명을 받고 1만여 명의 전라도 관군을 이끌고 구원차 북상하였으나 늦게 도착하였다고 파직되었다.

얼마 뒤 횡성에서 이인거(李仁居) 등의 역모 사건이 발생하자 호위대장으로 특차(特差)된 형 신경유의 뒤를 따라 토포사(討捕使)로 재기용되었다. 그 뒤 황해도병마절도사·삼도수군통제사 등 변방 장수를 7~8년간 역임하고 인조 13년(1635) 포도대장이 되었다.

병자호란 때는 도체찰사부의 중군(中軍)으로 산성 방어에 많은 공을 세웠고 다시 삼도수군통제사로 임명되었다. 인조 19년(1641) 호위대장과 포도대장을 겸임했다가 이듬해 형 신경진이 영의정이 되자 경기수군절도사로 전보되었다. 그 후 어영대장이 되어 중앙의 군사권을 장악하였다.

- **시호(諡號) : 충도(忠度)** -승정원일기 영조 38년(1762) 11월 24일

신경진(申景禛)

- **출생, 사망** : 1575~1643
- **출신** : 음직→무과
- **부모** : 삼도도순변사 신립(申砬), 만호 최필신(崔弼臣)의 딸
- **공신 내용** : 정사공신(1등)

본관은 평산(平山)이고 자(字)는 군수(君受)이다. 임진왜란 때 사망한 사람의 후손으로 특별히 선전관에 등용되었고 선조 33년(1600) 무과에 급제하였다.

그 뒤 태안군수, 담양부사 등을 거쳐 1605년 부산첨사를 지내고 이듬해 갑산부사가 되었으며 1619년 곡산군수를 지낸 뒤 관직에서 물러났다. 1620년부터 김류(金瑬)와 반정(反正)을 협의한 데 이어 이귀·최명길 등과 거사를 모의하였다.

신경진신도비

1622년 효성령(曉星嶺) 별장(別將)이 되어 반정 당일에는 직접 참여하지 못했으나 처음부터 모의를 한 사람이므로 정사공신(靖社功臣)에 녹훈되고 평성군(平城君)에 봉해졌으며 공조참의·병조참지·병조참판을 역임하였다.

1627년 정묘호란 때 강화도로 몽진하는 인조를 수행하였고 부정을 저질러 탄핵을 받아 관직에서 물러나기도 하였다. 인조 14년(1636) 병조판서에 올라 3대장(大將)을 겸임하고 같은 해 병자호란이 일어나자 남한산성을 수비하였으며 우의정·좌의정을 거쳐 1640년 평성부원군(平城府院君)에 봉해졌고 인조 20년(1642) 영의정에 이르렀다. 인조 묘정(廟庭)에 배향되었다.

- **시호(諡號)** : **충익**(忠翼) -효종실록 2년(1651) 6월 29일

신경행(辛景行)

- **출생, 사망** : 1547~1623
- **출신** : 문과
- **부모** : 습독관 신질(辛垤), 김석우(金錫禹)의 딸
- **공신 내용** : 청난공신(3등)

본관은 영산(靈山)이고 자(字)는 도백(道伯)이며 호는 조은(釣隱)이다. 선조 10년(1577) 문과에 급제 후 여러 관직을 거쳐 1592년 한산군수가 되었고 선조 29년

신경행

(1596) 충청도순찰사의 종사관이 되었다. 이때 관내 홍산에서 이몽학(李夢鶴)이 승속군(僧俗軍) 600~700명을 이끌고 난을 일으키자 이를 진압하는데 공을 세웠다. 1597년 군자감정이 되었고 선조 37년(1604) 6월 청난공신(淸難功臣)에 녹훈되고 영성군(靈城君)에 봉해졌다. 광해군 즉위년(1608) 충청도병마절도사가 되었으며 순조 때 예조판서에 증직되었다.

- 시호(諡號) : **충익(忠翼)** -순조실록 11년(1811) 6월 19일

신극례(辛克禮)

- 출생, 사망 : ?~1407
- 출신 : 문과
- 부모 : 좌정승 신귀(辛貴), 찬성사 강윤성(康允成)의 딸
- 공신 내용 : 정사공신(2등), 좌명공신(1등)

본관은 영월(寧越)이며 태조 7년(1398) 제1차 왕자의 난 때 상장군으로 있으면서 이방원(태종)측에 협력하여 정사공신(定社功臣)에 녹훈되었다. 1400년 제2차 왕자의 난이 일어나자 이방원(태종)측에 협력하여 좌명공신(佐命功臣)에 녹훈되고 취산군(鷲山君)에 봉하여졌다. 정종·태종 연간에 예조전서·좌군동지총제 등의 벼슬을 역임하였다.

태종 7년(1407) 민무구·민무질 등과 함께 종친간을 이간질하였다 하여 이화(李和) 등의 탄핵을 받아 강원도 원주에 유배되었으나 태종의 지시로 자원부처하게 되었다. 관직에서 물러난 뒤에도 사헌부·사간원 등의 계속되는 탄핵을 받아오다가 그 해 11월 죽었다. 태조의 계비 신덕왕후가 이모이다.

신대용(辛大容)

- 출생, 사망 : ?~?
- 출신 : 환관
- 부모 : 신내임(辛乃任), 박세정(朴世楨)의 딸
- 공신 내용 : 호성공신(3등)

본관은 영월(寧越)이며 환관으로서 임진왜란이 일어나자 의주로 몽진하는 선조를 수가(隨駕)한 공으로 선조 37년(1604) 호성공신(扈聖功臣)이 되고 나성군(奈城君)에 봉하여졌으며 종1품 숭록대부까지 올랐다.

신범화(申範華)

- **출생, 사망** : 1647~1709
- **출신** : 공신
- **부모** : 신최(申最), 심희세(沈熙世)의 딸
- **공신 내용** : 보사공신(2등)

본관은 평산(平山)이며 자(字)는 윤명(允明)이다. 당시 권력자인 어영대장 김석주와 친척관계였으며 숙종 6년(1680) 남인인 당시 영의정 허적의 서자 허견이 인평대군의 아들 복평군 형제 등과 역모 사건을 꾸미고 있다고 고변한 정원로 등도 그 역모에 가담한 사람이라고 고변하여 보사공신(保社功臣)에 추록되고 사도시정이 되었으며 평릉군(平陵君)에 봉해졌다.

숙종 15년(1689) 기사환국으로 서인이 축출되고 남인이 권력을 잡자 삭훈되었다가 숙종 20년(1694) 갑술환국으로 서인이 재집권하자 복훈되었다.

신서회(申瑞檜)

- **출생, 사망** : ?~?
- **출신** : 공신
- **부모** : 판교(判校) 신숙(申熟), 어머니는 불명
- **공신 내용** : 영사공신(3등)

본관은 죽산(竹山)이다. 죽산에 살던 허유의 심복 이두견에게 포섭된 학생(學生) 신서회는 인조 6년(1628) 1월 허선과 황진 등이 유효립(柳孝立)의 역모사실을 고변하러 한양으로 떠났다는 사실을 알게되자 본인도 한양으로 와서 역모사실을 고변하여 거사 전날 동대문과 남대문으로 들어오던 반군들이 일망타진 되어 처형되었다.

역모를 고변한 공으로 그해 3월 영사공신(寧社功臣)에 책록되고 평창군(平昌君)에 봉하여졌다. 모반 고변자들에 대한 논공행상 때 관직을 줄 수 없다는 논란이 있었으나 고변 사건에서 역할의 중요성이 인정되어 6품 충익위에 소속되었다.

신수린(申壽麟)

- **출생, 사망** : 1477~1546
- **출신** : 음직
- **부모** : 부사직 신승민(申承閔), 김송수(金松壽)의 딸
- **공신 내용** : 정국공신(4등)

본관은 평산(平山)이다. 중종반정에 참여하여 정국공신(靖國功臣)에 책록되고 평

원군(平原君)에 봉해졌다. 1523년 신계현령에서 파직되었다가 다시 청주판관, 1529년 충훈부도사, 예빈시부정 등을 지냈다. 중종반정의 주동자 성희안의 매제이다.

신숙주(申叔舟)

- **출생, 사망** : 1417~1475
- **출신** : 문과
- **부모** : 공조참판 신장(申檣), 지성주군사 정유(鄭有)의 딸
- **공신 내용** : 정난공신(2등), 좌익공신(1등), 익대공신(1등), 좌리공신(1등)

본관은 고령(高靈)이고 자(字)는 범옹(泛翁)이며 호는 희현당(希賢堂)이다. 세종 21년(1439) 문과에 급제하여 전농시직장(直長)이 되고 이후 장령·좌부승지·직제학 등을 역임하였다. 훈민정음 창제를 위한 자료 수집과 언어학을 배우기 위해 명나라 한림학사인 황찬(黃瓚)을 만나러 13차례나 다녀왔다.

신숙주

단종 즉위년(1452) 수양대군이 고명(誥命) 사은사로 명나라에 갈 때 서장관으로 수행하였다. 단종 1년(1453) 수양대군이 일으킨 계유정난에 협력하여 정난공신(靖難功臣)에 녹훈되었고 도승지가 되었으며 세조가 즉위하는데 협력한 공으로 1455년 좌익공신(佐翼功臣)에 녹훈되고 대제학이 되었다. 세조 4년(1459) 좌의정이 되고 고령부원군에 봉해졌다.

세조 6년(1460) 동북 방면에서 야인(野人)의 침입이 잦아지자 도체찰사에 임명되어 뛰어난 전술을 구사하여 야인의 소굴을 소탕하고 돌아오는 등 병법에도 조예가 깊었다. 예종 즉위년(1468) 남이(南怡)의 옥사 처리에 공을 세워 익대공신(翊戴功臣)에 녹훈되고 성종 즉위 및 보좌에 공이 있어 성종 2년(1471) 좌리공신(佐理功臣)에 녹훈되었다. 성종 묘정(廟庭)에 배향되었다.

- **시호(諡號)** : **문충(文忠)** -성종실록 6년(1475) 6월 21일

신승선(愼承善)

- **출생, 사망** : 1436~1502
- **출신** : 음직→문과
- **부모** : 황해도관찰사 신전(愼詮), 지(知)고주사 안강(安剛)의 딸
- **공신 내용** : 익대공신(3등), 좌리공신(3등)

본관은 거창(居昌)이고 자(字)는 자계(子繼)이며 호는 사지당(仕止堂)이다. 음직으

로 돈녕부승(敦寧府丞)·정랑 등을 거쳐 세조 11년(1466) 병조참지가 되었다. 같은 해 알성시에서 장원으로 급제한 뒤 병조참판에 승진, 그 해 다시 발영시에 급제하고 예문관제학을 겸하였다.

1467년 이조참판 겸 예문관제학·공조참판, 1468년 병조참판이 되었다. 예종 즉위년(1468) 남이(南怡)의 옥사를 다스린 공으로 익대공신(翊戴功臣)에 녹훈되고, 성종 즉위 및 보좌에 공이 있어 성종 2년(1471) 좌리공신(佐理功臣)에 녹훈되었다. 1472년 거창군(居昌君)이 되고, 1479년 지돈녕부사, 1481년 공조판서로 지의금부사를 겸하였다.

1487년 딸이 세자인 연산군의 빈(嬪)으로 뽑히자 그를 계기로 좌참찬, 1488년 한성부판윤, 이듬해 예조판서, 1491년 사소대장(四所大將)을 겸대(兼帶), 이어 이조판서가 되었다가 1492년 병으로 사직하였다. 1494년 우의정, 연산군 1년(1495) 좌의정·영의정이 되고, 1497년 3월 거창부원군(居昌府院君)에 봉해졌다. 1495년~1499년에 걸쳐 영춘추관사로서 『성종실록』편찬을 주관하였다.

- **시호**(諡號) : **장성**(章成) -연산군일기 8년(1502) 5월 29일

신운(申雲)

- **출생, 사망** : ?~?
- **출신** : 환관
- **부모** : 신간(申侃), 어머니는 불명
- **공신 내용** : 익대공신(1등)

본관은 흥양(興陽)이다. 세조, 예종, 성종을 모신 환관으로 예종 즉위년(1468) 남이의 옥 처리에 공을 세워 익대공신(翊戴功臣)에 녹훈되고 흥양군(興陽君)에 봉해졌으며 성종 때 정희왕후의 국상(國喪) 중에 공이 많다고 하여 신하들의 반대에도 불구하고 종1품으로 승진시켰다.

- **참고** : 본관 흥양(興陽)은 고령신씨에서 분관(分貫)된 것으로 흥양신씨 족보를 찾을 수 없음. 고령신씨 정은공파보를 보면 아버지 신간(申侃)은 4세(世)이고 아들 3명 중 셋째가 신운인데 4촌들을 보면 시대는 비슷함.

신윤무(辛允武)

- **출생, 사망** : ?~1513
- **출신** : 무과

- **부모** : 신숙거(辛叔琚), 정언 김통(金統)의 딸
- **공신 내용** : 정국공신(1등)

본관은 영월(寧越)이며 무과 급제 후 연산군 때 여러 관직을 역임하고 군자시부정(副正)으로 있으면서 성희안·박원종 등에게 내외정세를 세밀히 알려주어 중종반정을 결심하게 하고 거사일에는 군사를 모아 참여하였다.

그 공으로 정국공신(靖國功臣)에 녹훈되고 영천군(寧川君)에 봉해졌다. 그 뒤 함경도병마절도사가 되었는데 대간의 탄핵을 받아 파직되었으나 박원종 등의 구원으로 4개월 만에 다시 서용되었다.

신윤무 묘

그 뒤 공조판서를 거쳐 좌우참찬을 지내고 병조판서가 되었으나 대간들의 탄핵으로 다시 파직되었다. 이때 역시 대간의 탄핵으로 파직된 박영문(朴永文)이 울분에 못 이겨 자주 신윤무의 집을 찾아와 조정을 비방하고 난언(亂言)을 많이 하였다.

신윤무는 늘 박영문에게 시기가 아니라며 타일렀으나 이와 같은 사실을 엿들은 의정부의 노비 정막개의 고변으로 주살(誅殺)되었다.

신윤문(辛允文)

- **출생, 사망** : ?~?
- **출신** : 불명
- **부모** : 신숙거(辛叔琚), 정언 김통(金統)의 딸
- **공신 내용** : 정국공신(4등)

본관은 영월(寧越)이고 자(字)는 자야(子野)이다. 같은 정국공신인 신윤무의 형으로 중종반정에 참여하여 정국공신(靖國功臣)에 녹훈되고 영성군(寧城君)에 책봉되었으며 용강현령을 지냈다. 중종 8년(1513) 동생의 반역 모의 사건과 관련하여 부처(付處) 되었고 삭훈되었다. 얼마 후 유배는 풀렸으나 여러 차례 훈적을 다시 주자는 논의가 있었지만 실현되지 못했다.

- **참고** : 족보에는 영월군(寧越君)으로 되어있다.

신은윤(辛殷尹)
- **출생, 사망** : 1458~1508
- **출신** : 음직
- **부모** : 석성현감 신중린(辛仲磷), 개성유수 고약해(高若海)의 딸
- **공신 내용** : 정국공신(4등)

본관은 영산(靈山)이고 자(字)는 상경(尙卿)이다. 성종 21년(1490) 부사맹에 임명되었고 연산군 7년(1501) 지평에 올랐으며 연산군 11년(1505) 통정대부가 되었다. 그 후 장례원 판결사, 장례원사평을 지냈다.

1506년 중종반정에 협력하여 정국공신(靖國功臣)에 녹훈되었다. 이어서 동지중추부사를 지냈고 이듬해 취성군(鷲城君)에 봉해졌다가 취산군(鷲山君)으로 개봉(改封)되었으며 사망 후 병조판서에 증직되었다.

신응서(申應瑞)
- **출생, 사망** : ?~?
- **출신** : 환관
- **부모** : 불명
- **공신 내용** : 호성공신(3등)

환관으로서 임진왜란으로 의주로 몽진하는 선조를 수가(隨駕)하였고 그 공으로 선조 37년(1604) 호성공신(扈聖功臣)이 되고 당성군(唐城君)에 봉해졌다.
- **참고** : (1)『전고대방』공신록을 보면 당진인(唐津人)이라고 되어있으나 족보를 찾지못함. (2) 신(申)씨 본관 중 당성(唐城) 또는 당진(唐津)이 없으며 신씨(申氏) 여러 문중 자료를 보아도 신응서를 찾지못함. (3) 20공신회맹록을 보면 계(繼)적장손 신세규(申世奎)가 참여했다고 되어있음.

신잡(申磼)
- **출생, 사망** : 1541~1609
- **출신** : 문과
- **부모** : 신화국(申華國), 돈녕부첨정 윤회정(尹懷貞)의 딸
- **공신 내용** : 호성공신(2등)

본관은 평산(平山)이고 자(字)는 백준(伯俊)이며 호는 독송(獨松)이다. 선조 16년(1583) 문과에 급제 후 지평·우부승지 등을 거쳐 이조참판·형조참판 등을 지냈다. 1592년 임진왜란 때는 승지로서 의주로 몽진하는 선조를 호종하였고 이후 비변사

신잡

당상, 병조참판을 거쳐 평안도병마절도사로 부임하였으나 관내인 철산군에서 탈옥사건이 발생하여 파직되었다.

선조 26년(1593) 이후 밀양부사·형조판서를 거쳐 특진관·동지중추부사가 되었다. 1600년에는 호조판서를 거쳐 병조판서 겸 세자빈객이 되었다. 이어 함경도관찰사 등을 역임하고 1604년 호성공신(扈聖功臣)에 책록되고 평천부원군(平川府院君)에 봉해졌으며 1606년 개성유수를 지내고 관직에서 물러났다. 사망한 뒤 영의정에 추증되었다.

■ **시호**(諡號) : **충헌**(忠憲) -순조실록 22년(1822) 3월 12일

신점(申點)

■ **출생, 사망** : 1530~1601   ■ **출신** : 문과
■ **부모** : 신정미(申廷美), 이장배(李長培)의 딸
■ **공신 내용** : 선무공신(2등)

본관은 평산(平山)이고 자(字)는 성여(聖與)이다. 명종 19년(1564) 문과에 급제, 문한관(文翰官)을 거쳐 선조 2년(1569) 정언(正言)이 되었다. 이후 장령·교리·부응교 등을 역임하였다. 그 뒤 의주목사·강원감사 등을 거쳐 선조 25년(1592) 사은사로 명나라에 갔다가 임진왜란이 발발한 것을 알게 되었다.

이에 명나라의 병부와 예부에 계속 위급함을 호소하였다. 그 결과 부총병 조승훈(祖承訓)이 요동병(遼東兵) 3,000명을 이끌고 조선에 파견되었다.

귀국 후 승지·형조판서·동지의금부사 등을 역임하였다. 선조 30년(1597) 강릉부사가 되었고, 이어서 판의금부사가 되었다. 사망 후인 선조 37년(1604) 선무공신(宣武功臣)에 녹훈되고 평성부원군(平星府院君)에 봉해졌으며 영의정에 추증되었다.

신점 묘

■ **시호**(諡號) : **충경**(忠景) -숙종실록 43년(1717) 8월 27일

신정(申瀞)

- **출생, 사망** : ?~1482
- **출신** : 음직→문과
- **부모** : 영의정 신숙주(申叔舟), 사재부정 윤경연(尹景淵)의 딸
- **공신 내용** : 좌리공신(4등)

본관은 고령(高靈)이고 자(字)는 언유(彦游)이다. 음직으로 들어와 종친부 전첨(典籤)으로 있으면서 세조 12년(1466) 문과에 급제하였고 이듬해 예문관직제학에 초천(超遷)되었다. 예종 즉위년(1468) 호군에서 병조참지·병조참의를 거쳐 1469년 성종이 즉위한 후 동부승지가 되었다.

성종 2년(1471) 좌부승지가 되고 같은해 성종 즉위 및 보좌에 공이 있어 좌리공신(佐理功臣)에 녹훈되었으며 이어 좌승지를 거쳐 1474년 도승지가 되었다가 이듬해 아버지 상(喪)을 당하여 벼슬을 그만두었다.

1478년 이조참판으로 재직하던 중 대간으로부터 탄핵을 받고 공조참판으로 옮겨졌다. 1479년 고천군(高川君)에 봉하여졌고 1481년 평안도관찰사가 되었으나 이듬해 4월 왕의 인신(印信)을 위조하여 남의 재산을 탈취하였다는 혐의로 사사(賜死)되었다.

신준(申浚)

- **출생, 사망** : 1444~1509
- **출신** : 음직→문과
- **부모** : 영의정 신숙주(申叔舟), 사재부정 윤경연(尹景淵)의 딸
- **공신 내용** : 좌리공신(4등), 정국공신(3등)

본관은 고령(高靈)이고 자(字)는 언시(彦施)이며 호는 나헌(懶軒)이다. 세조 9년(1464) 음직으로 무장현감이 되었고 성종 1년(1470) 부사과(副司果)로 있으면서 문과에 장원급제하여 병조참지에 특별히 발탁되었고 이듬해 성종 즉위 및 보좌에 공이 있어 좌리공신(佐理功臣)에 녹훈되었다. 그 뒤 병조참의를 거쳐 1477년 동부승지 등을 거쳐 도승지가 되었고 이듬해 호조참판을 역임하고 고양군(高陽君)에 봉해졌다.

이어 이조참판이 되었고 그 뒤 예조참판을 거쳐 1486년 한성부판윤이 되었다. 이듬해 이조판서가 되고 공조판서를

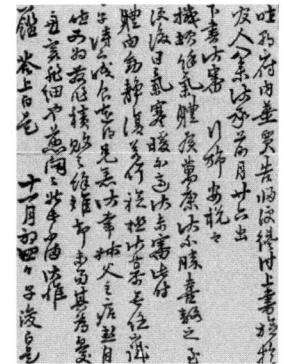

신준 글씨

거쳐 우참찬·평안도관찰사 등을 역임하였다.

연산군 1년(1495) 다시 공조판서가 되고 이어 형조판서가 되어 지경연사(知經筵事)를 겸임하였다. 그 뒤 대사헌을 거쳐 또 공조판서와 한성부판윤을 역임하고 우참찬·좌참찬을 지냈다. 1506년 중종반정에 협력하여 정국공신(靖國功臣)에 녹훈되고 고양부원군(高陽府院君)에 진봉되었으며 벼슬이 좌찬성에 이르렀다.

- 시호(諡號) : **소안**(昭安) -중종실록 4년(1509) 7월 11일

신준(申埈)

- 출생, 사망 : 1592~1658
- 출신 : 음직
- 부모 : 영의정 신경진(申景禛), 첨지중추부사 조정현(趙廷顯)의 딸
- 공신 내용 : 정사공신(3등)

본관은 평산(平山)이며 음직으로 관직을 시작하여 율봉도찰방, 제천현감 등을 지냈으며 1623년 인조반정 때 아버지와 숙부들을 따라 반정에 참여하여 정사공신(靖社功臣)에 녹훈되고 평흥군(平興君)에 봉해졌다. 다음해 남원부사가 되었으며 1645년 강도유수, 효종 2년(1651) 충청도 수군절도사를 지내고 이듬해 수원 부사가 되었으며 이후 형조판서·어영대장·총융사·공조판서 등을 역임하였다. 사망 후 영의정에 추증되었다.

- 시호(諡號) : **충정**(忠靖) -승정원일기 영조 38년(1762) 11월 24일

심귀령(沈龜齡)

- 출생, 사망 : 1350~1413
- 출신 : 태종 시위(侍衛)
- 부모 : 판 전농시사 심승경(沈承慶), 비순위 산원 진해(晉諧)의 딸
- 공신 내용 : 좌명공신(4등)

본관은 풍산(豊山)이고 자(字)는 천석(天錫)이며 호는 병담(屛潭)이다. 활쏘기와 말타기에 능하여 일찍부터 이방원(태종)을 호종하였다. 태조 7년(1398) 제1차 왕자의 난 때 공을 세웠고 정종 2년(1400) 제2차 왕자의 난 때에도 상장군으로서 이방원(태종) 측에 서서 공을 세워 좌명공신(佐命功臣)에 녹훈되었다. 태종 6년(1406) 겸중군동지총제, 우군동지총제가 되었다.

당시 남해안 일대에 왜구가 침입하자 조전절제사로서 왜구 격퇴에 큰 공을 세웠

다. 1408년 충청도도절제사가 되고 풍천군(豊川君)에 봉해졌으며 1409년 동지의흥부사를 역임하였다. 1410년 지의흥부사로 승진하였고 이듬해 별시위 절제사가 되었으며 판공안부사에 이르렀다.

- ■ **시호**(諡號) : **정양**(靖襄) -태종실록 13년(1413) 6월 20일

심기성(沈器成)

- ■ **출생, 사망** : ?~1644
- ■ **출신** : 공신
- ■ **부모** : 청풍군수 심간(沈諫), 별좌 조응량(趙應亮)의 딸
- ■ **공신 내용** : 정사공신(2등)

본관은 청송(靑松)이며 유생(儒生)으로 1623년 형(兄) 심기원을 따라 인조반정에 참여하여 정사공신(靖社功臣)에 녹훈되었고 파주목사 등 여러 벼슬을 거쳤으나 인조 22년(1644) 형(兄)인 좌의정 심기원 등의 역모 사건과 관련, 심문을 받던 중 옥사하였고 삭훈되었다.

심기원(沈器遠)

- ■ **출생, 사망** : 1587~1644
- ■ **출신** : 공신
- ■ **부모** : 청풍군수 심간(沈諫), 별좌 조응량(趙應亮)의 딸
- ■ **공신 내용** : 정사공신(1등)

본관은 청송(靑松)이고 자(字)는 수지(遂之)이다. 유생 신분으로 이귀(李貴) 등과 반정을 모의하여 1623년 인조반정에 공을 세워 정사공신(靖社功臣)에 녹훈되고 청원군(靑原君)에 봉해졌다. 동부승지를 거쳐 병조참판이 되고 인조 2년(1624) 이괄(李适)의 난이 일어나자 한남도원수(都元帥)가 되어 난을 진압하는데 노력하였다.

1628년 강화부 유수를 거쳐 1634년 공조판서에 승진되었다. 1636년 병자호란이 일어나자 유도대장(留都大將)으로 서울의 방어책임을 맡았고 1642년 우의정을 거쳐 좌의정이 되었다. 1644년 좌의정으로 남한산성 수어사(守禦使)를 겸임하였다.

이를 기회로 심복의 장사들을 호위대에 두고 광주부윤 권억(權澺) 등과 모의하여 회은군(懷恩君) 덕인(德仁)을 왕으로 추대하려는 역모를 꾀하였다. 그러나 부하 황헌·이원로 등이 훈련대장 구인후(具仁垕)에게 밀고하여 역모가 탄로되어 죽임을 당하였고 삭훈되었다.

심대(沈岱)
- **출생, 사망** : 1546~1592
- **출신** : 문과
- **부모** : 경력 심의검(沈義儉), 고령신씨(高靈申氏)
- **공신 내용** : 호성공신(2등)

본관은 청송(靑松)이고 자(字)는 공망(公望)이며 호는 서돈(西墩)이다. 선조 5년(1572) 문과에 급제 후 정자·수찬 등을 지내고 1584년 지평·사간 등을 역임하였다. 1592년 임진왜란이 일어나자 우부승지·좌부승지를 지내며 선조를 가까이에서 호종하였다.

같은 해 9월 경기도관찰사가 되었으나 그해 10월 삭녕에서 철원의 왜적을 공격하려고 기다리던 중 왜군의 야습을 받아 전사하였다. 사망 후 이조판서에 추증되고 1604년 호성공신(扈聖功臣)에 녹훈되었으며 청원군(靑原君)에 봉해졌다.

- **시호(諡號)** : **충장**(忠壯) -영조실록 48년(1772) 6월 23일(이전)

심명세(沈命世)
- **출생, 사망** : 1587~1632
- **출신** : 공신
- **부모** : 옥과현감 심엄(沈㤿), 좌찬성 구사맹(具思孟)의 딸
- **공신 내용** : 정사공신(1등)

본관은 청송(靑松)이고 자(字)는 덕용(德用)이다. 벼슬하려는 뜻을 버리고 은거하다 인조반정에 협력한 공으로 1623년 정사공신(靖社功臣)에 녹훈되고 청운군(靑雲君)에 봉하여졌다. 공조좌랑·사복시첨정 등을 역임하고 오위장(五衛將)이 되었다가 부총관을 겸하였다.

인조 2년(1624) 이괄(李适)의 난이 일어나자 왕을 공주로 호종하였으며 환도한 뒤 공조참판으로 호위대장을 겸하였다. 1627년 정묘호란이 일어나자 호위대장으로 인조를 모시고 강화도에 갔으며 환도한 뒤 내섬시제조를 겸하고 원주목사로 나갔다가 병으로 물러났다. 인조와 이종 사촌간이다.

- **시호(諡號)** : **충경**(忠景) -승정원일기 경종 2년(1722) 7월 30일

심순경(沈順徑)
- **출생, 사망** : 1462~1542
- **출신** : 무과

- **부모** : 내자시 판관 심원(沈湲), 전주이씨(全州李氏)
- **공신 내용** : 정국공신(2등)

본관은 청송(靑松)이고 자(字)는 사준(司遵)이다. 성종 23년(1492) 무과에 급제하였고 선전관을 거쳐 동래현령 · 오위도총부도사 등을 역임하였다. 연산군 10년(1504) 부호군으로 승진했으나 그 해 갑자사화가 일어나 할아버지인 영의정 심회가 부관참시 당하자 연좌되어 투옥되었다.

1506년 박원종과 같은 무사이고 연산군 때 가족이 화를 당한 공통점으로 중종반정에 적극적으로 가담하였고 연산군을 강화도로 호송하여 그 공으로 정국공신(靖國功臣)에 녹훈되고 경상우도절제사를 거쳐 중종 3년(1508) 청성군(靑城君)에 봉해졌다. 1511년 오위도총부 도총관, 1512년 경상도병마절도사를 거쳐 1527년 한성부 좌윤 겸 훈련원사(訓鍊院事)가 되었다. 사망 후 병조판서에 추증되었다.

심순경 묘

- **시호**(諡號) : **호양**(胡襄) - 청선고

심우승(沈友勝)

- **출생, 사망** : 1551~1602
- **출신** : 문과
- **부모** : 경기도관찰사 심전(沈銓). 현감 이한(李翰)의 딸
- **공신 내용** : 호성공신(2등)

본관은 청송(靑松)이고 자(字)는 사진(士進)이며 호는 만사(晩沙)이다. 선조 13년(1580) 문과에 급제하여 성균관에 나아갔다. 1586년 감찰이 된 뒤 예조좌랑 · 호조좌랑과 경상 · 경기 양도의 도사를 거쳐 형조정랑이 되었다. 1592년 임진왜란이 일어나자 호조정랑으로 의주로 몽진하는 선조를 호종하였고 이어 승지 · 춘천부사 등을 역임하였다.

1596년 호조참의, 호조참판이 되었고 1600년 한성부우윤을 지냈다. 1601년 경기감사를 지냈고 사망 후인 1604년 호성공신(扈聖功臣)에 녹훈되고 영의정에 추증되었으며 청계부원군(靑溪府院君)으로 추봉되었다

심응(沈應)
- **출생, 사망** : 1433~1504
- **출신** : 무과
- **부모** : 상주목사 심치(沈寘), 용구현령 박화(朴華)의 딸
- **공신 내용** : 적개공신(2등)

본관은 풍산(豊山)이며 세조 5년(1459) 무과에 장원급제하여 금위군으로 발탁되었고 세조 13년(1467) 5월 이시애의 난이 일어나자 함길도절제사 허종(許琮) 휘하에 배속되어 난을 평정하는데 공을 세워 적개공신(敵愾功臣)에 녹훈되고 절충장군 행 용양위 호군에 제수되었다.

성종 때 첨지중추부사·회령부사를 거쳐 성종 2년(1471) 풍산군(豊山君)에 봉해졌으며 성종 15년(1484) 봉조하가 되었다. 사망 후 아들 심정이 좌의정이 되자 영의정에 추증되고, 풍산부원군(豊山府院君)으로 추봉되었다.

- **시호(諡號)** : **양호**(襄胡) -청선고

심정(沈貞)
- **출생, 사망** : 1471~1531
- **출신** : 문과
- **부모** : 회령부사 심응(沈膺), 광흥창 부승(副丞) 서문한(徐文翰)의 딸
- **공신 내용** : 정국공신(3등)

본관은 풍산(豊山)이고 자(字)는 정지(貞之)이며 호는 소요정(逍遙亭)이다. 연산군 8년(1502) 문과에 급제하고 이듬해 수찬이 되었다. 1506년 중종반정에 가담하여 정국공신(靖國功臣)에 녹훈되고 화천군(花川君)에 봉해졌다. 중종 4년(1509) 성천부사 등 외직을 거쳐 1515년 이조판서가 되었으나 삼사의 탄핵으로 물러났다.

1519년 조광조 등이 위훈삭제(僞勳削除)를 요구하여 반정공신들로부터 심한 반발을 받고있는 것을 기화로 남곤·홍경주 등과 모의하여 왕을 움직여 기묘사화를 일으켜 신진사류를 일망타진하였다.

그 뒤 남곤과 함께 정권을 장악하다가 1527년 남곤이 사망한 뒤 좌의정·화천부원군(花川府院君)에 올라 권력을 독점하였다. 그러나 대사헌 김근사, 대사간 권예의 탄핵으로 강서로 귀양갔다가 이항·김극핍과 함께 신묘삼간(辛卯三奸)으로 지목되어 사사(賜死)되었다.

- **시호(諡號)** : **문정**(文靖) -청선고

심종(沈悰)
- 출생, 사망 : ?~1418
- 출신 : 부마(태조의 딸 경선공주)
- 부모 : 좌정승(左政丞) 심덕부(沈德符), 낭장 문필대(門必大)의 딸
- 공신 내용 : 정사공신(2등)

본관은 청송(靑松)이며 태조의 딸 경선공주와 결혼하여 태조 7년(1398) 8월 청원군(靑原君)으로 봉해졌다가 그 해 다시 청원후(靑原侯)로 개봉(改封)되었다. 그러나 얼마 뒤 다시 청원군으로 봉해졌다.

같은 해 제1차 왕자의 난 때 이방원(태종)을 도운 공으로 정사공신(定社功臣)에 녹훈되었다. 1400년 제2차 왕자의 난 때에는 중립적인 처신을 하였다. 그러나 태종 16년(1416) 전주에 유배 중인 이방간과 은밀히 사통(私通)하면서 선물을 받은 것이 탄로나 벼슬이 깎이고 서인(庶人)으로 강등되었고 자원안치(自願安置)되었다.

심충겸(沈忠謙)
- 출생, 사망 : 1545~1594
- 출신 : 문과
- 부모 : 영돈녕부사 심강(沈鋼), 이대(李薱)의 딸
- 공신 내용 : 호성공신(2등)

본관은 청송(靑松)이고 자(字)는 공직(公直)이며 호는 사양당(四養堂)이다. 선조 5년(1572) 문과에 장원급제한 후 성균관 전적·호조좌랑·예조좌랑 등을 지냈다. 1575년 이조참의이던 형(兄) 심의겸이 이조정랑으로 추천하였으나 이조정랑 김효원에 의해 좌절되었다. 이일을 계기로 동서 분쟁의 씨앗이 싹트기 시작했다.

부제학 등을 지내고 1592년 임진왜란 때 병조참판으로 의주로 몽진하는 선조를 호종하다가 분조(分朝)를 설치한 세자(광해군) 호위의 명을 받아 성천(成川)에서 세자를 모시고 왜군을 방어하였다. 이듬해 호조·병조 참판으로 우빈객(右賓客)을 겸직하고 1594년 병조판서에 올랐다.

사망 후인 1604년 호성공신(扈聖功臣)에 녹훈되고 청림군(靑林君)에 추봉되었으며 찬성에 추증되었다. 명종비(明宗妃) 인순왕후(仁順王后)의 동생이다.

- 시호(諡號) : **충익(忠翼)** -청선고

심한(沈瀚)

- **출생, 사망** : 1436~1482
- **출신** : 음직
- **부모** : 영의정 심회(沈澮), 지중추원사 김연지(金連枝)의 딸
- **공신 내용** : 좌리공신(4등)

본관은 청송(靑松)이고 자(字)는 제옹(濟翁)이다. 단종 2년(1454) 음직으로 섭사정(攝司正)이 되었고 세조 5년(1459) 통례원봉례(奉禮)가 되었다. 세조 8년(1463) 장령이 되고 1466년 사복시 부정(副正), 1469년 부호군을 역임하였다. 성종 2년(1471) 동부승지가 되고 성종 즉위 및 보좌에 공이 있어 좌리공신(佐理功臣)에 녹훈되었다.

심한 사당

1472년 우승지가 되고 이듬해 좌부승지가 되었으며 1474년 파직되었다가 같은 해 이조참의에 복직되었다. 1476년 한성부 우윤에 제수되었고 1479년 청천군(靑川君)에 봉해졌으며 1480년 평안도절도사가 되었다.

- **시호(諡號)** : 이경(夷敬) -성종실록 13년(1482) 4월 23일

심형(沈亨)

- **출생, 사망** : ?~1517
- **출신** : 무과
- **부모** : 회령부사 심응(沈膺), 광흥창 부승(副丞) 서문한(徐文翰)의 딸
- **공신 내용** : 정국공신(3등)

본관은 풍산(豊山)이며 성종 때 무과에 급제한 뒤 내금위 등에서 근무했고 무술실력이 뛰어나 대신 들이 뽑은 장래의 장수 27명 명단에 들었고 이후 온성부사·평안도 우후·경원부사 등을 지냈고 연산군 3년(1497) 종성부사를 지냈으며 1505년 의주목사를 지냈다.

1506년 동생 심정(沈貞)을 따라 중종반정에 참여하여 정국공신(靖國功臣)에 책록되고 풍창군(豊昌君)에 봉해졌다. 1515년 충청도수군절도사 등을 역임하였다.

심회(沈澮)

- **출생, 사망** : 1418~1493
- **출신** : 음직
- **부모** : 영의정 심온(沈溫), 영돈녕부사 안천보(安天保)의 딸
- **공신 내용** : 익대공신(2등), 좌리공신(2등)

본관은 청송(青松)이고 자(字)는 청보(淸甫)이다. 아버지 심온이 태종을 비난한 사건에 관련되어 사사(賜死)되었기 때문에 등용되지 못하다가 세종 말년에 아버지가 신원(伸冤)되고 문종이 즉위한 뒤 음직으로 돈녕부 주부에 등용되었다. 이어 부지돈녕부사를 거쳐 단종 1년(1453) 첨지중추원사·동지돈녕부사를 역임하고 세조 3년(1457) 지충추원사·공조판서를 지냈다.

1458년 중추원부사·판한성부사를 거쳐 1461년 영중추원사·형조판서를 거쳐 1463년 경기도관찰사가 되고 1466년 좌의정이 되었다. 이듬해 영의정이 되고 예종 즉위년(1468) 남이(南怡)의 옥사를 잘 처리하여 익대공신(翊戴功臣)에 녹훈되고 청성군(青城君)에 봉해졌다.

성종 즉위 및 보좌에 공이 있어 성종 2년(1471) 좌리공신(佐理功臣)에 녹훈되고 청송부원군(青松府院君)에 봉해졌다. 성종 22년(1491) 궤장(几杖)이 하사되었으며 연산군 10년(1504) 갑자사화 때 연산군의 모친인 윤비(尹妃)의 폐출 사건에 동조했다는 죄로 관직이 추탈되고 부

심회 묘

관참시 당했으나 뒤에 신원되었다. 세종의 왕비 소헌왕후의 동생이다.

- **시호(諡號)** : **공숙**(恭肅) -성종실록 24년(1493) 1월 12일

심효생(沈孝生)

- **출생, 사망** : 1349~1398
- **출신** : 문과
- **부모** : 지금주사(知錦州事) 심인립(沈仁立), 황문용(黃文用)의 딸
- **공신 내용** : 개국공신(3등)

본관은 부유(富有)이며 고려 우왕 9년(1383) 문과에 급제하였고 공양왕 3년(1391) 문하사인(門下舍人), 이듬해 장령이 되었다. 1392년 7월 조선을 개국하고 이

성계를 왕위에 옹립하는데 기여한 공으로 태조 1년(1392) 8월 개국공신(開國功臣)에 녹훈되었다. 태조 3년(1394) 이조전서(吏曹典書)를 지내고 딸이 세자빈(世子嬪)이 되었다. 태조 7년(1398) 제1차 왕자의 난 때 정도전·남은 등과 함께 살해되었고 삭훈되었다.

안경공(安景恭)
- **출생, 사망** : 1347~1421
- **출신** : 음직→문과
- **부모** : 판문하부사 안종원(安宗源), 우상시 김휘남(金輝南)의 딸
- **공신 내용** : 개국공신(3등)

본관은 순흥(順興)이고 자(字)는 손보(遜甫)이다. 고려 때 음직으로 산원(散員)이 되었고 우왕 2년(1376) 의영고부사(副使)로 있으면서 문과에 급제하였다. 이어 전리좌랑·사헌지평 등을 역임하며 능력을 인정받았다. 우왕 8년(1382) 경상도안렴사를 거쳐 삼사좌사(三司左使)·진현관제학·예의판서를 거쳐 전법판사(典法判事)에 제수되었다.

1392년 7월 조선을 개국하고 이성계를 왕위에 옹립하는데 기여한 공으로 태조 1년(1392) 8월 개국공신(開國功臣)에 녹훈되고 흥녕군(興寧君)에 봉해졌으며 도승지에 제수되었다. 이후 대사헌·전라도관찰출척사가 되었고 태종 6년(1406) 판공안부사(判恭安府事)를 거쳐 판한성부사가 되었다.

태종 10년(1410) 판개성부사로 있으면서 제1차 왕자의 난 때 주살된 정도전과 남은(南誾)의 죄를 감하여 줄것을 요청하였다가 대간의 탄핵을 받았다. 1416년 집현전 대제학이 되었고 흥녕부원군(興寧府院君)이 되었다.

- **시호(諡號)** : **양도**(良度) -세종실록 3년(1421) 1월 10일

안경손(安慶孫)
- **출생, 사망** : 1416~1479
- **출신** : 무과
- **부모** : 안주환(安周煥), 어머니는 불명
- **공신 내용** : 정난공신(3등)

본관은 안산(安山)이며 무과에 급제하여 세종 19년(1437) 내금위에 소속되었다. 단종 1년(1453) 수양대군이 일으킨 계유정난에 협력하여 정난공신(靖難功臣)에 녹

훈되었다. 이어 내자시윤·삼군진무(三軍鎭撫)·대호군을 거쳐 첨지중추원사에 승진되었다. 세조 9년(1463) 중추원부사(副使)가 되고, 공산군(公山君)에 봉해지고 인순부윤이 되었다. 1465년 동지중추원사를 거쳐 성종 3년(1472) 자헌대부가 되었다.
- ■ **시호**(諡號) : **양이**(襄夷) -성종실록 10년(1479) 1월 29일

안몽윤(安夢尹)
- ■ **출생, 사망** : 1571~1650
- ■ **출신** : 음직→무과
- ■ **부모** : 직장(直長) 안세복(安世復), 김균(金稛)의 딸
- ■ **공신 내용** : 진무공신(3등)

본관은 순흥(順興)이고 자(字)는 상경(商卿)이다. 음직으로 군직(軍職)에 나가 선조 25년(1592) 임진왜란 때 왜적과 싸웠고 무과에 급제하여 선전관이 되었다. 그 뒤 사헌부감찰을 거쳐 남포현감·안동판관 등을 지내고 함안군수에 승진하고 광해군 4년(1612) 통정대부에 올랐다. 이듬해 우림장(羽林將), 1618년 첨지중추부사, 1622년 자산군수가 되어 조방장을 겸하였다.

인조 2년(1624) 이괄(李适)의 난이 일어나자 도원수 장만(張晚)의 관향관(管餉官)으로 군량 보급에 힘쓰고 길마재 싸움에 공을 세웠다. 이 공으로 진무공신(振武功臣)에 녹훈되고 순양군(順陽君)에 봉해졌다. 이듬해 숙천부사, 1626년 부총관에 이어 김해부사 등을 거쳐 1643년 경상우병사, 부총관이 되었고 1646년 도총관을 겸하였다. 1648년 포도대장, 이듬해 지중추부사가 되었다.

안언봉(安彦鳳)
- ■ **출생, 사망** : ?~?
- ■ **출신** : 환관
- ■ **부모** : 불명
- ■ **공신 내용** : 호성공신(3등)

환관으로서 임진왜란으로 의주로 몽진하는 선조를 수가(隨駕)한 공으로 호성공신(扈聖功臣)에 녹훈되고 무양군(武陽君)에 봉하여졌다.
- ■ **참고** : 『성씨의 고향』을 보면 탐진 안씨 공신란에 안언봉이 있는데 족보에서는 확인하지 못함.

안중경(安仲敬)

- **출생, 사망** : ?~1496
- **출신** : 환관
- **부모** : 불명
- **공신 내용** : 익대공신(3등)

예종 즉위년(1468) 남이의 옥 처리에 공을 세워 익대공신(翊戴功臣)에 녹훈되고 함안군(咸安君)에 봉해졌다가 원성군(原城君)에 개봉(改封)되었으며 자헌대부까지 올랐다.

- **참고** : (1)『성씨의 고향』을 보면 주천(酒泉) 안씨 씨족사 개요에 안중경이 있는데 종인(宗人)이 적어서인지 족보를 찾지 못함.
  (2) 내시 족보인 양세계보(養世系譜)를 보면 계동파에 속한다.

안황(安滉)

- **출생, 사망** : 1549~1593
- **출신** : 선조의 매부
- **부모** : 여주목사 안여경(安汝敬), 현령 민부(閔頫)의 딸
- **공신 내용** : 호성공신(2등)

본관은 광주(廣州)이고 자(字)는 경호(景浩)이다. 선조(宣祖)의 매부(妹夫)로 선조 10년(1577) 6품직에 기용되고 1589년 사도시정(司䆃寺正)이 되었다. 1592년 임진왜란이 일어나자 외아들로서 홀어머니와 처자를 버리고 온갖 어려움을 겪으면서 밤낮으로 왕을 호종하였다. 같은 해 돈녕부도정이 되었고 1593년 의주에서 한양으로 환도하는 도중 사망하였다. 사망 후인 1604년 호성공신(扈聖功臣)에 녹훈되고 광양군(廣陽君)에 추봉되었으며 뒤에 형조판서에 추증되었다.

양성지(梁誠之)

- **출생, 사망** : 1415~1482
- **출신** : 문과
- **부모** : 예빈시윤 양구주(梁九疇), 철원부사 장원경(張原卿)의 딸
- **공신 내용** : 좌리공신(3등)

본관은 남원(南原)이고 자(字)는 순부(純夫)이며 호는 눌재(訥齋)이다. 세종 23년(1441) 문과 급제 후 집현전에 들어가 부수찬·직제학을 지내고『고려사』개찬에 참여하였다. 우리나라 지지(地誌)에 조예가 깊어 단종 때『팔도각도(八道各圖)』를

작성하고 세조 때『팔도지리지』와『동국지도』를 편찬했다. 성종 즉위 및 보좌에 공이 있어 성종 2년(1471) 좌리공신(佐理功臣)에 녹훈되고 남원군(南原君)에 봉해졌다.

그동안 이조·공조판서와 대사헌 등을 역임, 1481년 홍문관 대제학이 되어『여지승람(輿地勝覽)』을 편찬하고 각종 서적의 인쇄·출판을 건의하는 등 많은 업적을 남겼다.

양성지

- **시호(諡號)** : **문양**(文襄) -성종실록 13년(1482) 6월 11일

양순민(楊舜民)

- **출생, 사망** : ?~?
- **출신** : 금군(禁軍)
- **부모** : 양사인(楊士人), 어머니는 불명
- **공신 내용** : 호성공신(3등)

본관은 청주(淸州)이며 내금위 금군(禁軍)으로 임진왜란으로 의주로 몽진하는 선조를 수가(隨駕)한 공으로 선조 37년(1604) 호성공신(扈聖功臣)에 녹훈되었고 홍릉군(洪陵君)에 봉해졌다. 그 뒤 오위도총부 도총관까지 승진하였다.

양자검(梁子儉)

- **출생, 사망** : ?~?
- **출신** : 환관
- **부모** : 불명
- **공신 내용** : 호성공신(3등)

환관으로서 임진왜란으로 의주로 몽진하는 선조를 수가(隨駕)한 공으로 선조 37년(1604) 호성공신(扈聖功臣)에 녹훈되고 영해군(瀛海君)에 봉해졌다.

- **참고** : (1)『성씨의 고향』을 보면 제주양씨 공신명단에 양자검이 있는데 족보에서는 찾지 못함. (2) 20공신회맹록을 보면 계(繼) 적장손 양상기(梁湘起)가 참여하였다고 되어있음.

양정(楊汀)

- **출생, 사망** : ?~1466
- **출신** : 내금위 무사(武士)
- **부모** : 양식(楊湜), 정산군수 유극기(俞克起)의 딸

■ **공신 내용** : 정난공신(2등), 좌익공신(2등)

본관은 청주(淸州)이며 무예에 뛰어나 내금위 무사로 발탁되었고 단종 1년(1453) 수양대군이 계유정난을 일으킬 때 공을 세워 정난공신(靖難功臣)에 녹훈되고 병조참의에 임명되었다. 1455년 수양대군이 왕위에 오르자 좌익공신(佐翼功臣)에 녹훈되고 양산군(楊山君)에 봉해졌으며 그 뒤 공조판서·중추부판사를 거쳐 함길도도절제사 등을 두루 거쳤다.

1466년 오랜 지방 근무를 마치고 서울에 돌아오자 세조가 위로잔치를 베풀었다. 이 자리에서 그는 세조에게 왕위를 물려주고 여생을 편히 즐기라고 진언하였고 세조는 승지를 불러 그 뜻을 말하고 왕위를 세자에게 물려주려 하니 한명회·신숙주 등이 극력 반대하여 뜻을 돌렸다. 그러나 선위(禪位)를 함부로 진언하였다고 탄핵을 받아 처형되었고 삭훈되었다.

어세겸(魚世謙)

■ **출생, 사망** : 1430~1500   ■ **출신** : 문과
■ **부모** : 판중추부사 어효첨(魚孝瞻), 좌의정 박은(朴訔)의 딸
■ **공신 내용** : 익대공신(3등)

본관은 함종(咸從)이고 자(字)는 자익(子益)이며 호는 서천(西川)이다. 세조 2년(1456) 문과에 급제 후 승문원 정자 등을 거쳐 1459년 천추사의 수행원으로 명나라를 다녀왔다. 이후 이조좌랑·우승지 등을 거쳐 예종 즉위년(1468) 남이의 옥사 처리에 협력하여 익대공신(翊戴功臣)에 녹훈되고 함종군(咸從君)에 봉하여졌다.

성종 1년(1470) 평안도관찰사가 되었고 이듬해 예조참판 등을 지내고 성종 10년(1479) 이후 호조·형조·공조·병조의 판서를 지낸뒤 양관 대제학이 되었다. 연산군 1년(1495) 우의정에 올라 함종부원군(咸從府院君)에 봉해지고 이듬해 좌의정에 올랐다.

1498년 무오사화 때 사초(史草) 문제로 탄핵을 받아 물러났으나 연산군 6년(1500) 궤장을 하사받고 기로소에 들어갔다. 사망 후인 1504년 갑자사화 때 성종

어세겸 사당

10년(1479) 연산군의 생모 윤씨를 폐하는 논의에 관련되었다 하여 부관참시 당하였다.

- ■ **시호**(諡號) : **문정**(文貞) -연산군일기 6년(1500) 11월 28일

어세공(魚世恭)
- ■ **출생, 사망** : 1432~1486
- ■ **출신** : 문과
- ■ **부모** : 판중추부사 어효첨(魚孝瞻), 좌의정 박은(朴訔)의 딸
- ■ **공신 내용** : 적개공신(2등)

본관은 함종(咸從)이고 자(字)는 자경(子敬)이며 호는 송서(松西)이다. 세조 2년(1456) 문과에 형(兄) 어세겸과 함께 급제하였다. 승문원 정자·박사를 거쳐 1459년 봉상시 녹사, 이듬해 한성부 참군, 1462년 승문원 부교리가 되었다.

1465년 공조좌랑으로 재직 중 『경국대전』 형전(刑典)의 교정을 담당했고, 이어 성균관 사예를 거쳐 1466년 동부승지·우부승지가 되었다. 1467년 5월 이시애의 난이 일어나자 함길도관찰사에 부임하여 난 평정에 공을 크게 세우고 적개공신(敵愾功臣)에 책록되고 아성군(牙城君)에 봉해졌다.

예종 1년(1469) 한성부판윤이 되고 이듬해에는 경기도관찰사를 거쳐 성종 4년(1473) 지중추부사에 올랐다. 1474년 공조·병조판서를 역임하고 1479년 우참찬에 이르렀다. 이어 형조·호조의 판서를 거쳐 1484년 지중추부사가 되었다.

- ■ **시호**(諡號) : **양숙**(襄肅) -성종실록 17년(1486) 7월 15일

어유소(魚有沼)
- ■ **출생, 사망** : 1434~1489
- ■ **출신** : 무과
- ■ **부모** : 영변대도호부사 어득해(魚得海), 유영찬(劉永贊)의 딸
- ■ **공신 내용** : 적개공신(1등), 좌리공신(4등)

본관은 충주(忠州)이며 자(字)는 자유(子游)이다. 세조 2년(1456) 무과에 장원으로 급제 후 사복시 직장·감찰을 역임하였다. 1463년 회령부사가 되었고 1467년 5월 이시애의 난이 일어나자 좌대장으로 1,000명의 군사를 이끌고 북청 등지에서 많은 공을 세워 적개공신(敵愾功臣)에 녹훈되고 예성군(蘂城君)에 봉해지고 평안도병마절도사에 임명되었다.

1468년 부친상을 당해 관직에서 물러났으나 예종 1년(1469) 기복(起復)하여 오위장을 겸하였다. 1470년 영안북도병마절도사 겸 경성부사가 되었다. 성종 즉위 및 보좌에 공이 있어 성종 2년(1471) 좌리공신(佐理功臣)에 녹훈되었으며 직후 모친상을 당해 관직에서 물러났다.

그러나 영안도에서 올적합(兀狄哈)의 세력이 강해지자 이듬해 7월 다시 기복해 영안도순찰사로 나갔고 8월에는 영안북도절도사가 되었다. 이후 임기를 두 차례나 넘기면서 머물렀다.

1477년 병조판서가 되고 이듬해 우찬성이 되었으며 1479년 명나라의 요청으로 건주위 정벌을 하게 되자 서정대장(西征大將)에 추천되어 1만 군사를 이끌고 만포진에 이르렀으나 압록강의 물이 얼지 않아 건널 수 없자 자기 맘대로 군사를 돌렸다.

이에 탄핵을 받아 유배되었으나 성종은 1480년 말 고신(告身)을 돌려주었고 이듬해 8월에는 동지중추부사가 되었으며 1482년 10월 부령에 거주하는 향화야인(向化野人)의 쇄환 문제를 해결하기 위해 영안도순찰사가 되고 1488년 판중추부사 겸 도총관이 되었다.

- **시호(諡號) : 정장(貞莊)** -성종실록 20년(1489) 10월 4일

엄자치(嚴自治) 초명(初名)은 엄영수

- **출생, 사망** : ?~1455
- **출신** : 환관
- **부모** : 불명
- **공신 내용** : 정난공신(2등)

본관은 영월(寧越)이며 세종 5년(1423) 평안도 관군에 정역(停役)된 엄영수를 소환한 후 자치(自治)라는 이름을 하사하였다. 세종, 문종, 단종까지 세 임금을 모셨다. 단종 1년(1453) 수양대군이 일으킨 계유정난에 협력하여 정난공신(靖難功臣)에 녹훈되고 영성군(寧城君)에 봉해졌다. 세조 1년(1455) 금성대군이 주도한 단종 복위 운동에 관련되어 제주의 관노로 영속(永屬)처분을 받고 제주로 가던 도중 사망하였다.

- **참고** : (1) 『조선왕조실록』에 이름이 엄영수(嚴永秀), 엄영수(嚴永壽), 엄영수(嚴永守) 등으로 나온다.

(2) 본관이 영성(寧城), 장성(長城)이라는 자료도 있으나 현존하는 엄씨는 본관이 영월(寧越) 하나이다.

(3) 단종의 능인 장릉(莊陵) 배식단 명단에 들어있다.

여정방(呂定邦)
- 출생, 사망 : 1545~?
- 출신 : 무과
- 부모 : 감찰 여혼(呂混), 소래정(蘇萊正) 이항(李恒)의 딸
- 공신 내용 : 호성공신(3등)

본관은 함양(咸陽)이며 선조 16년(1583) 무과에 급제하였고 무장(武將)으로서 임진왜란으로 의주로 몽진하는 선조를 수가(隨駕)하였고 1598년 도총부경력이 되었다. 선조 37년(1604) 호성공신(扈聖功臣)에 녹훈되고 함원군(咸原君)에 봉해졌으며 1605년 남우후(南虞候)가 되었고 이후 평안도절도사 등을 지냈으며 사망 후 병조판서에 추증되었다.

연사종(延嗣宗)
- 출생, 사망 : 1366~1434
- 출신 : 불명
- 부모 : 한성부윤 연주(延柱), 대호군 방유량(方有良)의 딸
- 공신 내용 : 좌명공신(4등)

본관은 곡산(谷山)이며 자(字)는 불비(不非)이다. 고려 우왕 14년(1388) 도진무로서 요동정벌 때 이성계(태조)를 따라 종군하였고 정종 2년(1400) 제2차 왕자의 난 때 이방원(태종)측에 협력하여 좌명공신(佐命功臣)에 녹훈되고 곡성군(谷城君)에 봉해졌으며 1407년 판한성부사를 거쳐 상장군·호조전서 등을 역임하였다.

1410년 동북면 병마도절제사로 야인(野人)의 침입을 방어하였고, 이해 길주도 도안무찰리사가 되어 병마절제사를 겸했으나 용성(龍城) 싸움에 아군을 구하러 가지 않아 한때 유배되었다. 1412년 동북면 도순문찰리사 겸 병마절제사가 되어 영흥부윤을 겸하다가 1414년 사직했다.

1416년 다시 등용되어 삼군도진무가 되었고 뒤에 의정부 참찬·중군 도총제를 역임하고 곡산부원군(谷山府院君)으로 진봉(進封)되었다.

- 시호(諡號) : **정후(靖厚)** -세종실록 16년(1434) 5월 8일

오명항(吳命恒)
- **출생, 사망** : 1673~1728
- **출신** : 문과
- **부모** : 오수량(吳遂良), 영의정 여성제(呂聖齊)의 딸
- **공신 내용** : 분무공신(1등)

본관은 해주(海州)이고 자(字)는 사상(士常)이며 호는 모암(慕菴)이다. 숙종 31년(1705) 문과 급제 후 교리·승지 등을 거쳐 강원·경상·평안감사를 역임하고 1724년 영조가 즉위하자 물러났다. 1727년 병조판서가 되었고 1728년 3월 이인좌 등이 반란을 일으키자 도순무사(都巡撫使)로 임명되었다.

오명항

1달여만에 난을 평정하여 같은 해 4월 분무공신(奮武功臣)에 녹훈되고 해은부원군(海恩府院君)에 봉해졌으며 좌찬성에 병조판서를 겸하였고 이어 우의정이 되었다.

이인좌의 난이 일어났을 때 평안병사 이사성이 적과 내통함을 알고 그의 지략(智略)을 애석히 여겨 구출하려 하였으나 이미 이사성은 잡혀서 역적으로 몰려 죽었다. 그 때문에 종종 탄핵을 받자 벼슬을 물러났다.

- **시호(諡號)** : **충효(忠孝)** -영조실록 5년(1729) 5월 17일

오몽을(吳蒙乙)
- **출생, 사망** : 1342~1398
- **출신** : 무과
- **부모** : 소부감(少府監) 오예(吳豫), 부유심씨(富有沈氏)
- **공신 내용** : 개국공신(1등)

본관은 보성(寶城)이며 고려 공민왕 7년(1358) 무과에 급제하여 고려 말에 관직이 대장군에 이르렀다. 1392년 7월 조선을 개국하고 이성계를 왕위에 옹립하는데 기여한 공으로 태조 1년(1392) 8월 개국공신(開國功臣)에 책록되었다. 1396년 연산부(延山府)의 수령을 겸임하고 이듬해 강원도도관찰출척사에 임명되었으며 1398년 보성군(寶城君)에 봉하여졌다.

제1차 왕자의 난 때 정도전측 사람이라고 순군(巡軍)에 투옥되었다가 곧 이산진(伊山鎭)으로 유배되었고 10월에 복주(伏誅)되었다. 1409년 공신녹권이 추탈되고 토전(土田)과 노비가 몰수되었다.

오박(吳珀)
- **출생, 사망** : ?~1630
- **출신** : 불명
- **부모** : 오경춘(吳景春), 인제박씨(麟蹄朴氏)
- **공신 내용** : 진무공신(3등)

본관은 해주(海州)이며 우림위장으로 이괄의 난 진압에 공을 세워 진무공신(振武功臣)에 책봉되고 해성군(海城君)에 봉해졌으며 용양위부호군·명천도호부사 등을 지냈고 사망 후 형조판서에 추증되었다.
- **시호(諡號)** : **숙헌(肅憲)** -순종실록 3년(1910) 8월 26일

오백창(吳百昌)
- **출생, 사망** : 1415~1473
- **출신** : 문과
- **부모** : 오녕로(吳寧老), 홍구(洪龜)의 딸
- **공신 내용** : 좌리공신(4등)

본관은 흥양(興陽)이며 세종 32년(1450) 문과에 급제하여 예문관검열이 되었고 1453년 승정원 주서가 되었다. 그 뒤 사헌부감찰·경기도사를 거쳐 세조 4년(1458) 이후 병조정랑·예문관직제학 등을 거쳐 우부승지로 승진하였다. 1466년 평안도관찰사가 되고 이듬해 건주위 야인 토벌에 참여하였고 1468년 예조참판이 되었다.

1469년 지중추부사를 거쳐 대사헌이 되었고 성종 즉위 및 보좌에 공이 있어 성종 2년(1471) 좌리공신(佐理功臣)에 녹훈되고 흥원군(興原君)에 봉해졌다. 같은해 동지중추부사가 되었고 경상도관찰사를 거쳐 전라도관찰사에 재직하던 중 재물을 탐한다는 탄핵을 받고 파직되었다.
- **시호(諡號)** : **양체(襄替)** -성종실록 4년(1473) 10월 14일

오사충(吳思忠)
- **출생, 사망** : 1327~1406
- **출신** : 문과
- **부모** : 간의대부 오순(吳洵), 어머니는 불명
- **공신 내용** : 개국공신(3등)

본관은 영원(寧遠)이며 호는 수암(守菴)이다. 고려 공민왕 4년(1355) 문과에 급제 후 감찰규정·헌납·집의 등을 지내고 공양왕 즉위 후 대사성·판전교시사(判典校

寺事)를 지냈다. 1392년 정몽주가 이성계 일파를 몰아내려 할 때 이성계 측 사람이
라고 삭직되고 유배되었으나 정몽주가 사망하자 풀려나와 좌상시(左常侍)가 되었다.
　　이해 7월 조선을 개국하고 이성계를 왕위에 옹립하는데 기여한 공으로 태조 1년
(1392) 8월 개국공신(開國功臣)에 녹훈되고 영성군(寧城君)에 봉해졌으며 전리판서
가 되었다. 1394년 중추원부사를 지낸 후 교주강릉도관찰사로 갔다가 1395년 상의
중추원사가 되었고 이듬해 정당문학·경기좌도관찰사가 되었으며 1401년 판승녕부
사, 태종 4년(1404) 판사평부사(判司平府事)에 이르렀다.
- **시호(諡號) : 공희(恭僖)** -태종실록 6년(1406) 2월 10일

오순손(吳順孫)
- **출생, 사망** : 1437~1467
- **출신** : 음직
- **부모** : 경상도관찰사 오백창(吳百昌), 지평 민소(閔霄)의 딸
- **공신 내용** : 적개공신(2등)

　본관은 흥양(興陽)이며 세조 1년(1455) 음직으로 사용(司勇)이 되었고 1457년 무
과초시에 합격하였는데 130근이 되는 활을 당길 정도로 힘이 좋았으므로 왕의 특명
으로 겸사복(兼司僕)에 임명되었다. 세조 13년(1467) 이시애의 난을 진압하는데 공
을 세워 적개공신(敵愾功臣)에 책록되었으며 의흥위 부호군이 되었다. 상호군으로
있다가 사망 후 병조판서, 두원군(荳原君)에 증직되었다.
- **시호(諡號) : 양숙(襄肅)** -청선고
- **참고** : 본관이 두원(荳原)이라는 자료도 있음

오연(吳連)
- **출생, 사망** : ?~?
- **출신** : 이마(理馬)
- **부모** : 오언현(吳彦賢), 어머니는 불명
- **공신 내용** : 호성공신(3등)

　본관은 해주(海州)이며 사복시 잡직 정6품인 이마(理馬)로 임진왜란 때 선조를 의
주까지 호종한 공으로 선조 37년(1604) 호성공신(扈聖功臣)에 녹훈되었고 석성군
(石城君)에 봉해졌으며 무관직인 사과(司果)에 임용되었다.
- **참고** : 본관이 낙안(樂安)이라는 자료도 있음

오자경(吳子慶) 초명(初名)은 오자경(吳自慶)

- **출생, 사망** : 1414~1478
- **출신** : 무과
- **부모** : 오맹손(吳孟孫), 정구(鄭龜)의 딸
- **공신 내용** : 적개공신(3등)

본관은 보성(寶城)이고 자(字)는 길보(吉甫)이다. 단종 2년(1454) 무과에 급제하여 내금위에 속해있다가 북방군관(北方軍官)이 되었으며 여러 관직을 거쳐 세조 7년(1461) 첨지중추원사에 발탁되고 이어 함길도 도진무(都鎭撫)·경원부사를 역임하고 1466년 대호군이 되었다.

오자경 묘비

1467년 5월 이시애의 난이 일어나자 내금위장(內禁衛將)으로서 4도병마도총사 구성군 이준(李浚) 휘하에서 공을 세워 적개공신(敵愾功臣)에 녹훈되고 보산군(寶山君)에 봉해졌다.

이어 첨지중추부사 겸 오위장에 임명되었고 이듬해 평안중도절도사가 되었다. 1473년 어떤 일로 관직과 공신전을 삭탈 당하고 전주로 부처되었다 1475년 귀양에서 풀려났으며 이듬해 직첩을 돌려받고 다시 보산군에 봉해졌다.

- **시호(諡號)** : **양무(襄武)** -성종실록 9년(1478) 8월 12일
- **참고** : 보성 오씨 남포파(藍浦派) 세보 천(天)을 보면 오몽을의 아들이 오자경이라고 되어있으나 오몽을은 1398년 처형되었고 오자경은 1414년 출생하였으므로 무언가 착오가 있는 것 같다.

오자치(吳自治)

- **출생, 사망** : 1426~?
- **출신** : 무과
- **부모** : 오신중(吳愼中), 이씨(李氏)
- **공신 내용** : 적개공신(2등)

오자치

본관은 나주(羅州)이고 호(號)는 서산(西山)이다. 세조 때 무과에 급제한 뒤 주부가 되었다. 대호군으로 있다가 세조 13년(1467) 5월 이시애가 난을 일으키자 병마부총사(兵馬副摠

使) 조석문(曹錫文)의 부하 장수로 출정하여 난을 진압하는데 공을 세워 적개공신(敵愾功臣)에 책록되고 1469년 나성군(羅城君)에 봉해졌다. 성종 7년(1476) 9월 부친 봉양을 이유로 낙향하였다.
- ■ **시호**(諡號) : **양평**(襄平) -청선고

오치운(吳致雲)
- ■ 출생, 사망 : 1564~1604
- ■ 출신 : 마의(馬醫)
- ■ 부모 : 사재감직장 오영회(吳永會), 도사 김기엽(金基燁)의 딸
- ■ 공신 내용 : 호성공신(3등)

본관은 해주(海州)이다. 사복시 잡직 정7품으로 임진왜란이 일어나 의주로 몽진하는 선조의 말(馬)고삐를 잡고 선조 곁을 떠나지 않았다. 군자감판관, 사복시판관을 거쳐 선조 37년(1604) 호성공신(扈聖功臣)에 책록되고 벽성군(碧城君)에 봉하여졌으며 자헌대부가 되었다.
- ■ 참고 : 족보에는 자헌대부로 한성판윤이 되었다고 되어있으나 한성판윤 명단에서 확인할 수 없음.

우공(禹貢)
- ■ 출생, 사망 : 1407~1473
- ■ 출신 : 내금위→무과
- ■ 부모 : 현감 우계로(禹季老), 승지 김경룡(金慶龍)의 딸
- ■ 공신 내용 : 적개공신(3등), 좌리공신(4등)

본관은 단양(丹陽)이고 자(字)는 현규(玄圭)이다. 어릴 때부터 용맹이 뛰어나 세종 25년(1443) 내금위에 속하였다가 이듬해 무과에 급제하고 1447년 축두포만호(丑頭浦萬戶)가 되었다. 단종 1년(1453) 진무(鎭撫)를 거쳐 훈련원사 등을 역임하였다. 세조 6년(1460) 안변부사로 있으면서 신숙주(申叔舟)와 함께 모련위(毛憐衛)의 야인(野人) 토벌에 공을 세웠다.

1463년 어머니상을 당하여 사직하였고 1466년 의주목사가 되었으나 야인의 습격을 받아 패배한 일로 파직, 투옥되었다. 1467년 이시애(李施愛)의 난이 일어나자 옥에서 풀려나 화차장(火車將)으로 난 평정에 공을 세워 적개공신(敵愾功臣)에 녹훈되고 단성군(丹城君)에 봉하여졌으며 겸오위장(兼五衛將)이 되었다.

우공 공신녹권

그 뒤 강순·남이 등이 건주위(建州衛)를 정벌할 때 종군하여 공을 세워 군공(軍功) 3등에 올랐고 이어 경상좌도수군절도사가 되었다. 성종 즉위 및 보좌에 공이 있어 성종 2년(1471) 좌리공신(佐理功臣)에 녹훈되었으며 다시 단성군에 봉하여졌다. 사망 후 우찬성에 추증되었다.

- **시호(諡號) : 양장(襄莊)** -성종실록 4년(1473) 1월 8일

우정(禹鼎)
- **출생, 사망** : 1453 - 1516
- **출신** : 문과
- **부모** : 돈녕부도정 우윤공(禹允功), 대사헌 변석륜(邊石崙)의 딸
- **공신 내용** : 정국공신(4등)

본관은 단양(丹陽)이고 자(字)는 중경(重卿)이며 호는 갈계(葛溪)이다. 성종 13년(1482) 문과에 급제하고 여러 관직을 거쳐 강릉부사, 광주부윤을 거쳐 공조참의로 있으면서 1506년 중종반정에 협력하여 정국공신(靖國功臣)에 녹훈되고 예안군(禮安君)에 봉해졌다. 이후 공조참의 등을 지냈고 사망 후 호조판서에 증직되었다.

원균(元均)
- **출생, 사망** : 1540~1597
- **출신** : 무과
- **부모** : 경상도병마절도사 원준량(元俊良), 양희증(梁希曾)의 딸
- **공신 내용** : 선무공신(1등)

본관은 원주(原州)이고 자(字)는 평중(平仲)이다. 무과에 급제한 후 선전관을 거쳐 조산만호(造山萬戶)로 있을 때 변방의 오랑캐를 무찌른 공으로 부령부사로 특진하

였다. 이후 종성부사 등 여러 관직을 거쳐 선조 25년(1592) 1월 경상우수사가 되었다. 그해 4월 임진왜란이 일어나자 경상좌수사 박홍(朴泓) 이하 모든 장병이 도주하였고 원균의 부하 장병들도 거의 흩어져 휘하에는 약간의 장병만이 남아 있을 뿐이었다.

원균

수차례 이순신에게 지원요청을 하여 마침내 이순신의 원병이 도착하자 합세해 옥포(玉浦)·당포(唐浦) 등지에서 연전연승하였다. 그러나 이순신과 공(功) 다툼으로 불화가 발생하였고 1593년 8월 이순신이 신설된 3도 수군통제사에 임명되자 두 사람의 관계가 더욱 서먹해졌다.

이듬해 충청병사로 전출되었고 이순신이 파직되자 1597년 2월 전라좌수사 겸 3도 수군통제사로 임명되었다.

1597년 8월 정유재란 때 조정의 무리한 명령에 따라 3도 수군을 이끌고 왜적을 공격하던 중 칠천량해전에서 대패하고 사망하였다. 1604년 선무공신(宣武功臣)에 녹훈되고 좌찬성 겸 판의금부사에 추증되었으며 원릉군(原陵君)에 추봉되었다.

원극함(元克咸)

- **출생, 사망** : 1568~1652
- **출신** : 무과
- **부모** : 원용섭(元龍燮), 이희무(李希茂)의 딸
- **공신 내용** : 소무공신(2등)

본관은 원주(原州)이며 무과 급제 후 사과(司果) 등을 지냈고 인조 5년(1627) 9월 횡성에 은거하던 전 익찬(翊贊) 이인거가 군사 70여명과 많은 백성을 동원하여 반란을 일으키자 진압군의 우영장으로 출동하여 반란군을 진압하는데 공을 세웠다. 같은해 11월 소무공신(昭武功臣)에 녹훈되고 동반 정6품 승훈랑(承訓郞)에 제수되었다. 이후 북청부사 등을 지내고 성안군(成安君)에 봉해졌으며 사망 후 호조판서에 증직되었다.

- **참고** : 이름이 원극성(元克成)으로 나오는 자료도 있는데 족보와 공신록을 보면 원극함이 맞음, 『조선왕조실록』에는 이름 끝자가 함(咸), 함(諴)으로 나옴.

원두표(元斗杓)

- **출생, 사망** : 1593~1664
- **출신** : 공신
- **부모** : 지중추부사 원유남(元裕男), 충훈부도사 한극심(韓克諗)의 딸
- **공신 내용** : 정사공신(2등)

본관은 원주(原州)이고 자(字)는 자건(子建)이며 호는 탄수(灘叟)이다. 유생(儒生)으로 인조반정 모의에 처음부터 참여하였고 1623년 반정이 성공한 뒤 사복시 주부·영광군수 등을 지내고 정사공신(靖社功臣)에 녹훈되고 원천군(原川君)에 봉해졌다가 원평군(原平君)으로 개봉(改封)되었다.

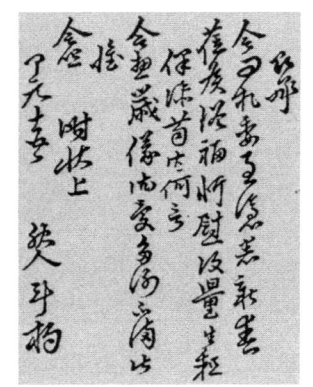

원두표 글씨

인조 2년(1624) 이괄(李适)의 난을 평정하는 데 공을 세워 전주부윤이 되고 나주목사를 거쳐 전라도관찰사 등을 지냈다. 1636년 일어난 병자호란 당시 어영부사로서 남한산성을 지켰다. 1642년 형조판서로 승진되었으며 뒤이어 강화부유수·경상도관찰사를 역임하였다.

효종 즉위년(1649) 호조판서로 있다가 파직당했으나 1651년 좌참찬·좌찬성을 지냈다. 1654년 병조판서가 되었고 1656년 우의정을 거쳐 1662년 좌의정에 올라 내의원과 군기시의 도제조(都提調)를 겸직하였다.

- **시호**(諡號) : **충익**(忠翼) -숙종실록 24년(1698) 5월 25일

원유남(元裕男)

- **출생, 사망** : 1561~1631
- **출신** : 무과
- **부모** : 강원방어사 원호(元豪), 승훈랑 김광후(金光厚)의 딸
- **공신 내용** : 정사공신(3등)

본관은 원주(原州)이고 자(字)는 관보(寬甫)이다. 선조 16년(1583) 무과, 1586년 무과중시에 각각 급제하였다. 여러 관직을 거쳐 1592년 임진왜란이 일어나자 권율(權慄) 휘하에서 공을 세우고 1596년 강원충청강로조방장을 지냈다. 이듬해 정유재란이 일어나자 분의복수군의 장령(將領)으로 활약하였으며 1605년 창성부사를 거쳐 지중추부사가 되었다.

원유남 묘

아들 원두표와 함께 1623년 인조반정에 가담하여 정사공신(靖社功臣)에 녹훈되고 원계군(原溪君)에 봉해졌다. 1624년 이괄(李适)의 난이 일어나자 왕명을 받아 유도대장(留都大將)으로서 재상 윤방(尹昉)과 더불어 서울을 지켰고 1630년 도총관이 되었다. 아들로 인해 좌의정에 추증되었다.

■ 시호(諡號) : 충숙(忠肅) -숙종실록 37년(1711) 6월 16일

원효연(元孝然)

■ 출생, 사망 : 1404~1466
■ 출신 : 문과
■ 부모 : 정랑 원황(元滉), 예부상서 이반계(李攀桂)의 딸
■ 공신 내용 : 좌익공신(3등)

본관은 원주(原州)이고 자(字)는 자순(子順)이다. 세종 14년(1432) 문과에 급제하고 장령·좌사간 등을 지냈다. 단종 2년(1454) 중추원 첨지시 때 왜국 시신이 끊임없이 오므로 원효연이 대마도 경차관으로서 대마도주를 설득, 약정 한도 내에서 내선(來船) 하도록 하였다.

그 뒤 예조참의·경상도관찰사를 지냈으며 세조가 즉위하는데 협력하여 세조 1년(1455) 좌익공신(佐翼功臣)에 책록되고 성안군(成安君)에 봉해졌다. 1457년 덕녕부윤을 거쳐 평안도관찰사를 지냈다. 1462년 원성군(原城君)으로 개봉(改封)되고 형조참판, 전라도 관찰사 등을 거쳐 예조판서에 이르렀다.

원효연 사당

■ 시호(諡號) : 문정(文靖) -세조실록 12년(1466) 6월 13일

유경(柳涇)

■ 출생, 사망 : ?~?
■ 출신 : 무과
■ 부모 : 유호(柳湖), 구씨(仇氏)

■ **공신 내용** : 정국공신(3등)

본관은 고흥(高興)이며 무과에 급제 후 성종 23년(1492) 벽동군수, 연산군 3년(1497) 웅천현감 등을 지냈고 1506년 중종반정 당일 병조참지로 궁궐을 수비하고 있다가 반정군에 합류하여 정국공신(靖國功臣)에 녹훈되고 고흥군(高興君)에 봉해졌다. 중종 2년(1507) 평안도절도사로 있으면서 장오죄(贓汚罪)를 범하였으나 공신이라고 사형은 면하였다.

■ **참고** : (1) 고흥유씨 세보 권1 11쪽 좌윤공파를 보면 위와 같은 유경(柳涇)이 있다. (2) 고흥유씨 양정공파 족보를 보면 유경(柳涇)이 있는데 정국공신, 판관, 병조참판, 고흥군이라고 되어있으나 아버지 유충인(柳忠仁)은 7째 아들인데 3번째 형 유충정(柳忠貞)은 중종 기사생(1509)이고 작은아버지 유충신(柳忠信)은 중종 경인생(1530)이므로 아버지의 출생도 중종 시대인데 아들이 중종반정공신이라는 것은 맞지않음. 사촌들은 중종, 명종, 선조 때 출생하였음.

유계종(柳繼宗)

■ **출생, 사망** : 1472~1529   ■ **출신** : 음직
■ **부모** : 유승손(柳承孫), 덕수장씨(德水張氏)
■ **공신 내용** : 정국공신(3등)

본관은 진주(晋州)이며 무예가 뛰어나 일찍이 훈련원 선전관을 지냈고 연산군 7년(1501) 북방 민족의 침입에 대비하여 장수 적임자를 선발할 때 유순정 등 3인의 문신과 함께 11인의 무신의 한 사람으로 뽑혔다. 1503년 사재감첨정이 되었고 이듬해 무과전시에서 임금 앞에서 등을 돌리고 앉아서 시험을 보았다고 질책을 받고 유배되었다.

1506년 중종반정에 참여하여 정국공신(靖國功臣)에 녹훈되었다. 그 뒤 오위도총부·중추부의 요직을 역임하고 중종 3년(1508) 경상좌도병마절도사로서 부산첨사 이우증과 함께 가덕도에 침입한 왜선 30여 척을 격파하는 큰 공로를 세운 후 청양군(靑陽君)에 봉해졌다.

그 뒤 경상우도병마절도사·1515년 이후 충청도병마절

유계종

도사 · 부호군 · 함경남도절도사 등을 지냈다.

유구(柳頔)

- **출생, 사망** : 1597~1666
- **출신** : 공신
- **부모** : 종친부 전첨 유시보(柳時輔), 최전룡(崔田龍)의 딸
- **공신 내용** : 정사공신(3등)

본관은 진주(晉州)이며 인조반정에 공을 세워 인조 1년 (1623) 정사공신(靖社功臣)에 녹훈되고 절충장군 · 첨지중추부사로 특진하였다. 1624년 진천군(晉川君)에 봉하여지고 1650년 부총관에 이르렀다. 인조의 외삼촌 구굉(具宏)의 사위이다.

- **시호(諡號)** : **영희(榮僖)** -숙종실록 13년(1687) 4월 4일

유구

유근(柳根)

- **출생, 사망** : 1549~1627
- **출신** : 문과
- **부모** : 유영문(柳榮門), 안세언(安世彦)의 딸
- **공신 내용** : 호성공신(2등)

본관은 진주(晉州)이며 자(字)는 회부(晦夫)이고 호는 서경(西坰)이다. 선조 5년 (1572) 문과에 장원급제하였고 1587년 이조정랑이 되었고 1592년 임진왜란이 일어나자 의주로 몽진하는 선조를 호종했으며 예조참의 · 좌승지를 거쳐 예조참판에 특진되었다.

1593년 도승지를 거쳐 한성부판윤, 경기도관찰사가 되었다. 1597년 운향검찰사 (運餉檢察使)로 명나라에서 들어오는 군량미의 수송을 담당하였다. 1601년 예조판서가 되었고 1604년 호성공신(扈聖功臣)에 녹훈되고 진원군(晉原君)에 봉해졌으며 대제학, 좌찬성이 되었다.

유근

광해군 때 폐모론이 일어나자 정청(庭請)에 참여하지 않아 관작이 삭탈되었다가 1619년 복관되었다. 1623년 인조반정으로 다시 기용되었으나 나가지 않았다. 1627년 정묘호

란 때 강화로 몽진하는 인조를 호종하다가 통진에서 사망하였고 사망 후 영의정에 추증되었다.

- ■ **시호**(諡號) : **문정**(文靖) -숙종실록 22년(1696) 7월 24일

유기(柳沂)
- ■ 출생, 사망 : ?~1410
- ■ 출신 : 불명
- ■ 부모 : 황해도관찰사 유후(柳厚), 흥녕부원군 안종원(安宗源)의 딸
- ■ 공신 내용 : 좌명공신(3등)

본관은 서산(瑞山)이며 목은 이색의 손녀사위로 고려말 조선초 권력 싸움에 고생을 하였다. 정종 2년(1400) 제2차 왕자의 난에 이방원(태종)측에 협력하여 태종 1년(1401) 좌명공신(佐命功臣)에 녹훈되었다. 1402년 봉상경(奉常卿)에서 대언(승지)으로 승진되었다가 그해 9월 서령군(瑞寧君)에 봉해졌으며 전라도관찰사로 임명되었다.

1409년 10월 민무구·민무질의 옥사에 관련되어 해남으로 유배되었다가 다음해인 1410년 초 유배지에서 처형되었다.

유량(柳亮)
- ■ 출생, 사망 : 1355~1416
- ■ 출신 : 문과
- ■ 부모 : 밀직부사 유계조(柳繼祖), 면성군 구영검(具榮儉)의 딸
- ■ 공신 내용 : 좌명공신(4등)

본관은 문화(文化)이고 자(字)는 명중(明仲)이다. 고려 우왕 8년(1382) 문과에 급제 후 전의부령(典儀副令)을 거쳐 판종부시사가 되었다. 우왕 14년(1388) 전라도안렴사가 되고 공양왕 2년(1390) 형조판서가 되었다. 1392년 이조전서(吏曹典書), 이듬해 중추원부사를 역임하였다.

태조 6년(1397) 계림부윤으로 부임하였고 다음해 침입한 왜구가 형세가 불리하자 항복을 청해왔으나 대응을 잘못하여 왜구들이 도망쳐버렸다. 그 죄로 합산(合山)에 유배되었다가 1398년 나주로 옮겨졌으나 곧 풀려났다.

그 뒤 상의중추원사로 정종 2년(1400) 제2차 왕자의 난에 이방원(태종)측에 협력한 공으로 태종 1년(1401) 좌명공신(佐命功臣)에 녹훈되었다. 이듬해 참지삼척부사

가 되고 문성군(文城君)에 봉해졌으며 1404년 대사헌에 이어 형조판서가 되었으며 예문관대제학도 겸하였다.

그 뒤 판한성부사·이조판서를 거쳐 참찬의정부사에 올랐으며 다시 대사헌이 되었다. 1413년 문성부원군(文城府院君)으로 진봉되었다가 1415년 우의정으로 승진되었다.

- **시호**(諡號) : **충경**(忠景) -청선고

유백증(兪伯曾)

- **출생, 사망** : 1587~1646
- **출신** : 문과
- **부모** : 동지돈녕부사 유대일(兪大逸), 이종린(李宗麟)의 딸
- **공신 내용** : 정사공신(3등)

본관은 기계(杞溪)이며 광해군 4년(1612) 문과 급제 후 승문원부정자가 되었고 1621년 병조좌랑이 되었으며 이후 인목대비 폐모론에 반대하여 사직하였다. 1623년 인조반정 때 공을 세워 정사공신(靖社功臣)에 녹훈되고 기평군(杞平君)에 봉해졌다.

1623년 지평이 되었고 이후 이조정랑·이천현감(伊川縣監) 등을 지냈으며 1628년 병조참지·우부승지를 지냈고 1629년 가평군수가 되었다가 이조참의가 되었다.

1631년 대사간, 1633년 부제학이 되었고 1635년 수원부사·경상도관찰사를 지내고 1636년 병조참지가 되었다가 이조참판이 되었다. 병자호란이 일어나자 부총관으로 인조를 호종하여 남한산성으로 갔으며 화의를 반대하다가 파직되었다.

유백증

이듬해 대사성·동지경연사·대사헌을 지냈고 사후 영의정에 추증되었다.

- **시호**(諡號) : **충경**(忠景) -숙종실록 34년(1708) 5월 6일

유사(柳泗)

- **출생, 사망** : 1423~1471
- **출신** : 무인(武人)
- **부모** : 동지중추원사 유은지(柳殷之), 공조전서 왕승우(王承佑)의 딸
- **공신 내용** : 정난공신(3등)

본관은 문화(文化)이고 자(字)는 학원(學源)이다. 세종 27년(1445) 내금위에 소속되었고 단종 1년(1453) 수양대군이 일으킨 계유정난에 협력한 공으로 정난공신(靖難功臣)에 녹훈되었다. 1455년 대호군이 되고 세조 2년(1456) 상호군을 거쳐 선공감 판사가 되었다.

세조 3년(1457) 첨지중추원사에 승진하였으며 1463년 문원군(文原君)에 봉해졌고 예종 1년(1469) 예종이 사망하자 수릉관이 되고 뒤에 공조판서에 이르렀다. 같은 정난공신인 유수(柳洙)의 동생이다.

- **시호(諡號) : 희양(僖襄)** -성종실록 2년(1471) 12월 7일

유사원(柳思瑗) 초명(初名)은 유응룡(柳應龍)

- **출생, 사망** : 1541~1608
- **출신** : 문과
- **부모** : 강화부경력 유질(柳秩), 첨사 유저(柳渚)의 딸
- **공신 내용** : 선무공신(3등)

본관은 문화(文化)이고 자(字)는 경오(景晤)이다. 선조 18년(1585) 문과에 급제하여 승문원에 보직되고 전적(典籍)·병조좌랑을 역임했다. 이후 함경도 경성에서 군무(軍務)를 맡고 있다가 선조 25년(1592) 임진왜란이 일어나자 평안도 성천까지 가서 세자를 시종하였다.

이듬해 선조를 호종하고 병조좌랑·장령 등을 역임하였다. 1596년 지원병을 요청하기 위하여 급고주문사(急告奏聞使)의 서장관(書狀官)으로 명나라에 가서 명군을 조선에 출병하게 하는 데 큰 활약을 하였다. 1597년 장례원판결사, 1598년 호조참의, 1601년 고성군수가 되었다.

1604년 청병(請兵)의 공로로 선무공신(宣武功臣)에 녹훈되고 문흥군(文興君)에 봉해졌다. 이듬해 한성부 우윤으로 도총부 부총관을 겸하였다.

유서(柳溆)

- **출생, 사망** : 1409~1485
- **출신** : 음직
- **부모** : 동지중추원사 유은지(柳殷之), 공조전서 왕승우(王承佑)의 딸
- **공신 내용** : 정난공신(3등)

본관은 문화(文化)이고 자(字)는 포옹(浦翁)이다. 궁마(弓馬)에 능해 음직으로 관

직에 진출한 뒤 세종 11년(1429) 좌군섭부사정(左軍攝副司正)이 되었다. 단종 1년 (1453) 수양대군이 김종서를 제거하러 갈 때 수행하는 등 공을 세워 정난공신(靖難 功臣)에 녹훈되고 상호군이 되었다. 세조 5년(1459) 첨지중추원사가 되고 1466년 문천군(文川君)으로 봉하여졌으며 그 뒤 동지중추원사로 승진하였다. 같은 정난공신 인 유수(柳洙)의 형(兄)이다.

- 시호(諡號) : 양호(襄胡) -성종실록 16년(1485) 7월 9일

유성룡(柳成龍)

- 출생, 사망 : 1542~1607
- 출신 : 문과
- 부모 : 황해도관찰사 유중영(柳仲郢), 김광수(金光粹)의 딸
- 공신 내용 : 광국공신(3등), 호성공신(2등)

본관은 풍산(豊山)이고 자(字)는 이현(而見)이며 호는 서애(西厓)이다. 명종 21년 (1566) 문과에 급제해 승문원 부정자가 되었다. 이듬해 정자를 거쳐 예문관검열이 되었다. 선조 1년(1568) 대교, 다음 해 공조좌랑을 거쳐 장령·응교 등을 역임한 뒤 1578년 사간이 되었다. 이듬해 직제학·이조참의 등을 거쳐 1580년 부제학에 올 랐다.

1582년 대사간이 되고 이후 도승지·대사헌, 다음해 예조판서 등을 지냈다. 1588 년 양관 대제학, 이후 병조판서 등을 역임하였고 1590년 우의정이 되고 종계변무 (宗系辨誣)에 대한 공으로 광국공신(光國功臣)에 녹훈되고 풍원부원군(豊原府院君) 에 봉해졌다. 1591년 우의정, 좌의정이 되어서도 이조판서를 겸하였다.

1592년 4월 왜군이 침입하자 병조판서를 겸하고 도 체찰사로 군무(軍務)를 총괄하였다. 이어 영의정이 되 어 왕을 호종(扈從), 평양에 이르렀으나 나라를 그르쳤 다는 반대파의 탄핵을 받고 면직되었다. 의주에 이르 러 평안도도체찰사가 되고 이듬해 3도 도체찰사, 다시 영의정에 올랐다.

1598년 중국에 사신으로 가라고 하자 노모를 이유 로 가지 않으려하자 북인들의 탄핵으로 관작을 삭탈당 했다가 1600년 복관되었으나 다시 벼슬을 하지 않고

유성룡의 징비록

은거하였다. 1604년 호성공신(扈聖功臣)에 녹훈되고 다시 풍원부원군에 봉해졌다. 선조때 청백리에 선정되었다.
- **시호(諡號) : 문충(文忠)** -인조실록 5년(1627) 7월 21일

유세웅(柳世雄)
- **출생, 사망** : ?~?
- **출신** : 불명
- **부모** : 유효백(柳孝伯), 이천서씨(利川徐氏)
- **공신 내용** : 정국공신(3등)

본관은 고흥(高興)이며 중종반정에 참여하여 정국공신(靖國功臣)에 녹훈되고 흥양군(興陽君)에 봉해졌다. 1509년 순검사로 도둑을 잡았고 1518년 강릉부사, 1519년 양산군수를 지냈다.
- **참고** : 족보를 보면 무과에 급제하였고 한성판윤, 형조판서 등을 지냈으며 시호가 가정(嘉靖)이라고 하는데 근거를 확인하지 못함.

유수(柳洙)
- **출생, 사망** : 1415~1481
- **출신** : 무인(武人)
- **부모** : 동지중추원사 유은지(柳殷之), 공조전서 왕승우(王承佑)의 딸
- **공신 내용** : 정난공신(2등), 좌리공신(4등)

본관은 문화(文化)이고 자(字)는 노택(魯澤)이다. 세종 17년(1435) 세자익위사 좌시직(左侍直)이 되었다가 내금위에 소속되었다. 단종 1년(1453) 계유정난 시 공을 세워 정난공신(靖難功臣)에 녹훈되고 문성군(文城君)에 봉해졌다. 세조 1년(1455) 첨지중추원사가 되고 얼마 뒤 호조참의가 되었다가 이듬해 경상우도병마절도사가 되었다.

1457년 인순부윤(仁順府尹)이 되고 호조·공조·형조의 참판을 지냈다. 1459년 동지중추원사와 전라도도절제사를 역임하고 1461년 좌참찬이 되었다. 이듬해 함길도도순찰사가 되었고 예종 1년(1469) 숭정대부가 되었고 성종 2년(1471) 성종 즉위 및 보좌에 공이 있어 좌리공신(佐理功臣)에 녹훈되었다.
- **시호(諡號) : 안양(安襄)** -성종실록 12년(1481) 12월 12일

유순(柳洵)
- **출생, 사망** : 1441~1517
- **출신** : 문과
- **부모** : 세마 유사공(柳思恭), 종성절제사 홍상직(洪尙直)의 딸
- **공신 내용** : 정국공신(2등)

본관은 문화(文化)이고 자(字)는 희명(希明)이며 호는 노포당(老圃堂)이다. 세조 7년(1462) 문과에 급제해 예문관에 들어갔고 1466년 이조정랑이 되었고 성종 1년(1470) 홍문관 부제학이 되었다. 성종 15년(1484) 이후 공조참판·대사헌·형조참판이 되었다. 1487년 이후 동지중추부사·병조참판 등을 두루 역임하고 다시 대사헌에 임명되었다.

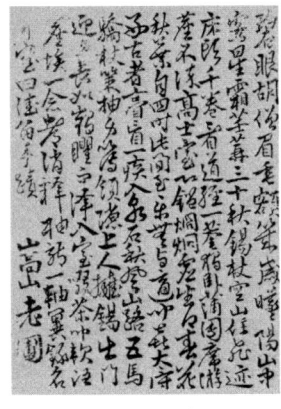

유순 글씨

그 뒤 개성부유수를 거쳐 공조판서에 올랐다. 연산군 1년(1495) 형조판서가 되었고 이어 이조판서·도총관을 거쳐 연산군 4년(1498) 한성부판윤이 되고『성종실록』편찬에 참여하였으며 이듬해 형조판서가 되었다. 그 뒤 좌참찬·호조판서·우의정·좌의정을 거쳐 연산군 11년(1505) 영의정에 올랐다.

이듬해 중종반정에 협력하여 정국공신(靖國功臣)에 녹훈되고 문성부원군(文城府院君)에 봉해졌다. 중종 4년(1509) 연산조의 총신이었다는 대간들의 탄핵을 받자 은퇴하였다. 중종 9년(1514) 다시 영의정을 지냈다.

- **시호(諡號)** : **문희(文僖)** -승정원일기 고종 20년(1883) 12월 1일(이전)

유순익(柳舜翼)
- **출생, 사망** : 1559~1632
- **출신** : 문과
- **부모** : 판결사 유사규(柳思規), 이숙(李淑)의 딸
- **공신 내용** : 정사공신(3등)

본관은 진주(晉州)이며 자(字)는 여중(勵仲)이고 호는 지강(芝岡)이다. 선조 32년(1599) 문과에 급제하였고 1606년 면천군수를 지낸 후 예조좌랑·병조정랑·강원도관찰사 등을 역임하였다. 1623년 인조반정에 합류하여 인목대비가 있던 서궁(西宮)을 경비하면서 반정군이 들어올 때 궁궐의 호위를 완화시키는 임무를 수행하여

정사공신(靖社功臣)에 녹훈되고 청천군(菁川君)에 봉해졌다.

이후 병조·공조참판을 역임한 후 양주목사로 나갔다가 인조 3년(1625) 형조참판이 되고 1632년 공조참판이 되었으며 사망 후 우찬성에 추증되었다.

- ■ **시호**(諡號) : **충정**(忠靖) -숙종실록 20년(1694) 10월 11일

유순정(柳順汀)

- ■ **출생, 사망** : 1459~1512
- ■ **출신** : 문과
- ■ **부모** : 광주목사 유양(柳壤), 홍문관 부수찬 정즙(鄭楫)의 딸
- ■ **공신 내용** : 정국공신(1등)

본관은 진주(晉州)이고 자(字)는 지옹(智翁)이며 호는 청천(菁川)이다. 성종 18년(1487) 문과에 장원 급제하여 홍문관 전적에 임명되었다. 그 뒤 훈련원정이 되었고 성종 22년(1491) 함경도 평사, 평안도평사를 역임하였다. 연산군이 즉위 후 사헌부헌납, 홍문관 교리가 되었는데 문신임에도 활 솜씨가 뛰어나 특별히 부응교에 배수되었다. 이어 사헌부 집의를 거쳐 의주목사로 나갔다.

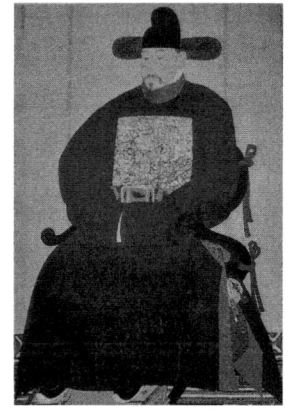

유순정

연산군 10년(1504) 평안도관찰사가 되었다. 연산군 12년(1506) 이조판서로서 박원종 등과 함께 중종반정에 공을 세워 정국공신(靖國功臣)에 녹훈되었고 청천부원군(菁川府院君)에 봉해졌으며 병조판서로서 영경연사(領經筵事)를 겸하였다. 얼마 뒤 우의정으로 승진하고 병조판서를 겸임하였다.

중종 5년(1510) 도원수로서 삼포(三浦)의 난을 평정하였으나 대간들로부터 재물을 탐한다고 탄핵을 받았지만 오히려 군공(軍功)을 인정받아 영의정에 올랐으나 두 달 만에 병사하였다. 중종 묘정(廟庭)에 배향되었다.

- ■ **시호**(諡號) : **문성**(文成) -승정원일기 영조 15년(1739) 5월 13일(이전)

유승건(柳承乾)

- ■ **출생, 사망** : ?~?
- ■ **출신** : 공신
- ■ **부모** : 유진(柳軫), 신자동(申子棟)의 딸

■ **공신 내용** : 정국공신(4등)

본관은 영광(靈光)이며 중종반정에 참여한 공으로 정국공신(靖國功臣)에 녹훈되었다. 중종 2년(1507) 감찰에 임명되었고 이후 평시서령, 군자감판관 등을 역임하였으나 할아버지 유자광의 죄에 연좌되어 유배처분을 받고 삭훈되었다. 중종 6년(1511) 그의 모친이 유배지를 가까운 곳으로 옮겨줄 것을 임금에게 청원하여 유배지가 옮겨졌다.

■ **참고** : 족보에는 공신에 대한 기록이 없음.

유영(柳濚)

- ■ **출생, 사망** : ?~?
- ■ **출신** : 공신
- ■ **부모** : 남원부사 유첨정(柳添汀), 직장(直長) 홍종(洪琮)의 딸
- ■ **공신 내용** : 정국공신(4등)

본관은 진주(晉州)이며 중종반정에 참여하여 공을 세워 정국공신(靖國功臣)에 녹훈되고 진양군(晉陽君)에 봉해졌다. 1524년 김제군수, 1526년 충훈부도사, 1539년 전설사수(典設司守) 등을 지냈다. 같은 정국공신 유순정의 조카이다.

유영경(柳永慶)

- ■ **출생, 사망** : 1550~1608
- ■ **출신** : 문과
- ■ **부모** : 참봉 유의(柳儀), 노첨(盧僉)의 딸
- ■ **공신 내용** : 호성공신(2등)

본관은 전주(全州)이고 자(字)는 선여(善餘)이며 호는 춘호(春湖)이다. 선조 5년(1572) 문과 급제 후 삼사의 관직 등을 거치고 선조 16년(1583) 고산도찰방이 되었다. 선조 25년(1592) 임진왜란이 일어나자 몽진하는 선조를 호종하였으며 초유어사로 임명되어 황해도 지역을 순찰하였다.

선조 32년(1599) 병조판서·대사헌을 거쳐 1602년 우의정이 되었고 1604년 호성공신(扈聖功臣)에 녹훈되고 전양부원군(全陽府院君)에 봉해졌으며 영의정에 올랐다. 선조 말년 소북의 영수로 선조가 사망하기 전 영창대군을 부탁받은 유교칠신(遺敎七臣) 가운데 한 명이다.

1608년 광해군이 즉위 후 권력을 잡은 정인홍, 이이첨의 탄핵으로 경흥부에 유배

되었다가 사사되었다. 인조 1년(1623) 인조반정 후 복작되었다.

유원정(柳爰廷)
- **출생, 사망** : ?~1399
- **출신** : 불명
- **부모** : 불명
- **공신 내용** : 개국공신(3등)

고려 공양왕 2년(1390) 밀직부사, 한양부윤이 되었다. 공양왕 3년(1391) 탄핵을 받고 남원으로 유배되었다. 1392년 7월 조선을 개국하고 이성계를 왕위에 옹립하는 데 기여한 공으로 태조 1년(1392) 8월 개국공신(開國功臣)에 녹훈되었다. 중추원부사를 거쳐 서해도관찰사가 되었고, 이어 서성군(瑞城君)에 책봉되었다.

- **시호(諡號)** : **제평**(齊平) -청선고
- **참고** : 본관이 문화(文化)라는 자료도 있으나 문화유씨 족보에서 찾지못함. 『전고대방』에는 시호가 가정(嘉靖)으로 되어있음.

유응룡(柳應龍)
- **출생, 사망** : 1463~1539
- **출신** : 음직
- **부모** : 영의정 유순(柳洵), 호조참의 정윤희(丁胤禧)의 딸
- **공신 내용** : 정국공신(4등)

본관은 문화(文化)이고 자(字)는 경운(景雲)이다. 연산군 1년(1495) 음직으로 부봉사가 되고 1497년 직장, 연산군 7년(1501) 지평이 되었고 이듬해 선공감첨정이 되었으며 연산군 12년(1506) 예조참판이 되었다. 1506년 아버지를 따라 중종반정에 참여한 공으로 정국공신(靖國功臣)에 녹훈되고 문원군(文原君)에 봉해졌으며 이조참판 등을 지냈다.

유자광(柳子光)
- **출생, 사망** : 1439~1512
- **출신** : 갑사(甲士)→문과
- **부모** : 지중추부사 유규(柳規), 나주최씨(羅州崔氏)
- **공신 내용** : 익대공신(1등), 정국공신(1등)

본관은 영광(靈光)이고 자(字)는 우후(于後)이다. 서자(庶子)로 태어났으나 몸이

날래고 힘이 세어 갑사(甲士)로서 건춘문(建春門)을 지키다가 1467년 이시애(李施愛)의 난이 일어나자 종군하겠다고 자원하자 세조가 만나보고 격려하였다. 이시애의 난 진압 후 돌아와서 병조정랑이 되었다.

1468년 온양에서 실시한 문과에 장원급제하였고 같은 해 예종이 즉위하자 남이(南怡) 등이 역모를 도모하였다고 무고하여 처형당하게 만들고 자신은 익대공신(翊戴功臣)에 녹훈되고 무령군(武寧君)에 봉하여졌다.

1506년 중종반정 때도 참여하여 정국공신(靖國功臣)에 녹훈되고 무령부원군(武寧府院君)에 봉하여졌다. 그러나 이듬해인 1507년부터 유자광의 전력(前歷)을 탄핵하는 상소가 잇달아 4월에 파직되고 광양으로 유배되었다. 다시 경상도 평해로 옮겨지고 공신도 삭훈되었다.

유자환(柳子煥) 초명(初名)은 유자황(柳子晃)
- 출생, 사망 : ?~1467
- 출신 : 음직→문과
- 부모 : 지중추부사 유규(柳規), 여산송씨(礪山宋氏)
- 공신 내용 : 정난공신(3등)

본관은 영광(靈光)이며 문종 1년(1451) 음직으로 능직(陵直)이 되었고 같은해 문과에 급제하였으며 이듬해 승정원 주서에 제수되었다. 단종 1년(1453) 수양대군이 일으킨 계유정난에 협력하여 정난공신(靖難功臣)에 녹훈되었다. 세조 2년(1456) 종부시윤(宗簿寺尹)에 제수되고, 1459년 동부승지에 발탁되었다.

이후 우부승지·도승지 등을 두루 역임한 뒤 1462년 이조참판에 승진되면서 오성군(筽城君)에 책봉되고 중추원부사, 호조참판 등을 지냈다. 1463년 4월 대사헌이 되고 다음달 사직하였다. 1466년 전라도관찰사가 되었고 자헌대부(資憲大夫)에 올랐다. 유자광의 적형(嫡兄)이다.

- 시호(諡號) : **문양**(文襄) -세조실록 13년(1467) 2월 25일

유전(柳㙉)
- 출생, 사망 : 1531~1589
- 출신 : 문과
- 부모 : 현감 유예선(柳禮善), 양세보(楊世輔)의 딸
- 공신 내용 : 평난공신(2등)

본관은 문화(文化)이고 자(字)는 극후(克厚)이며 호는 우복당(愚伏堂)이다. 명종 9년(1554) 문과에 급제하였으며 이후 부교리·병조정랑 등을 역임하고 명종 22년(1567) 동부승지가 되었으며 선조 16년(1583) 한성부판윤, 1585년 우의정에 올랐다. 1588년 좌의정이 되고 이듬해 영의정에 올랐다.

1589년 정여립의 난을 평정한 뒤 사망하였고 이듬해(1590) 평난공신(平難功臣)에 추록되고 시령부원군(始寧府院君)에 추봉되었다.
- **시호(諡號) : 문정(文貞)** -고종실록 8년(1871) 3월 16일

유조생(柳肇生)
- **출생, 사망** : 1564~1615
- **출신** : 내금위→무과
- **부모** : 유효찬(柳孝纘), 임천조씨(林川趙氏)
- **공신 내용** : 호성공신(3등)

본관은 전주(全州)이고 자(字)는 응시(應時)이다. 내금위에 근무하다 무과에 급제하였으며 1592년 임진왜란 당시 의주로 몽진하는 선조를 호종하였고 선조 32년(1599) 5월 고성군수가 되었다. 1604년 호성공신(扈聖功臣)에 녹훈되고 완원군(完原君)에 봉하여졌다. 같은 해 10월 평안도 우후(虞候)에 임명되었으나 얼마 지나지 않아 파직되었다.

1606년 3월 영암군수로 다시 임명되었으나 이듬해 사간원으로부터 전정(田政)의 폐단과 관련하여 탄핵되기도 하였다. 이후 오위도총부 부총관에 이르렀다.

유지(柳輊)
- **출생, 사망** : ?~1498(?)
- **출신** : 문과
- **부모** : 사헌부감찰 유자미(柳自湄), 현감 유진(柳瑱)의 딸
- **공신 내용** : 좌리공신(4등)

본관은 문화(文化)이며 자(字)는 자보(子輔)이다. 단종 1년(1453) 문과에 급제하고 예문관검열에 제수되었다. 세조 1년(1455) 이후 대교(待敎)·교리를 거쳐 세조 11년(1565) 장령, 성종 1년(1470) 집의 등을 거쳐 동부승지에 발탁되었다. 이듬해 우부승지가 되고 성종 즉위 및 보좌에 공이 있어 좌리공신(佐理功臣)에 녹훈되었다.

1472년 좌승지를 거쳐 이듬해 도승지가 되고 1476년 경상도관찰사에 임명되었

다. 이듬해 호조참판, 동지중추부사, 1478년 대사헌, 이듬해 동지중추부사 등을 역임하고 공조판서에 발탁되었다. 1482년 병조판서로 있다가 파직되었고 1483년 세자시강원 우빈객으로 복직되고 1485년 지중추부사·예조판서를 거쳐 이듬해 우빈객을 지낸 뒤 1489년 한성판윤을 지냈다.

이듬해 평안도관찰사에 제수되었으며 1491년 건주야인(建州野人)이 침입하자 서북면도원수 이극균(李克均)과 함께 격퇴하였다. 이듬해 지중추부사·우참찬이 되었으며 1493년 좌참찬에 올랐다. 1498년 우찬성이 되었으며 문양군(文陽君)에 봉해졌다.

- 시호(諡號) : **평간**(平簡) -청선고

유창(劉敞) 초명(初名)은 유경(劉敬)

- 출생, 사망 : 1352~1421
- 출신 : 문과(고려)
- 부모 : 지군사(知郡事) 유천봉(劉天鳳), 산원 전성무(田成茂)의 딸
- 공신 내용 : 개국공신(2등)

유창

본관은 강릉(江陵)이고 자(字)는 맹의(孟義)이며 호는 선암(仙庵)이다. 고려 공민왕 20년(1371) 과거에 급제하였고 학유·문하주서 등을 지냈으며 태조 이성계가 잠저(潛邸)에 있을 때 함께 독서하며 강론하기도 했다.

1392년 7월 조선을 개국하고 이성계를 왕위에 옹립하는 데 기여한 공으로 태조 1년(1392) 8월 개국공신(開國功臣)에 녹훈되었고 대사성에 승진했다. 태종 때 예문관대제학을 역임했고 1408년 태조 이성계가 사망하자 3년간 수릉관(守陵官)을 지냈고 참찬의정부사 등을 지낸 뒤 옥천부원군(玉川府院君)에 봉해졌다.

- 시호(諡號) : **문희**(文僖) -세종실록 3년(1421) 12월 9일

유하(柳河)

- 출생, 사망 : 1415~1474
- 출신 : 음직→무과
- 부모 : 송화현감 유흡(柳洽), 어머니는 불명

■ **공신 내용** : 정난공신(2등)

본관은 문화(文化)이며 세종 21년(1439) 내금위에 속한 이후 여러 번 승진되어 선략장군(宣略將軍)에 이르렀다. 단종 1년(1453) 무과에 급제하였으며 같은해 수양대군이 일으킨 계유정난에 협력하여 정난공신(靖難功臣)에 녹훈되었다. 이듬해 첨지중추원사에 승진되고 1455년 세조가 즉위하자 평안도도절제사에 승진되고 문산군(文山君)에 봉해졌다.

1458년 인순부윤(仁順府尹)에 임명되고, 상호군이 되었다. 1465년 정헌대부, 성종 2년(1472) 숭정대부에 승진되었다.

■ **시호**(諡號) : **충양**(忠襄) -성종실록 5년(1474) 6월 24일

유한(柳漢)

■ **출생, 사망** : ?~?   ■ **출신** : 환관
■ **부모** : 불명
■ **공신 내용** : 익대공신(3등)

환관으로서 예종 즉위년(1468) 남이의 옥 처리에 공을 세워 익대공신(翊戴功臣)에 책록되고 성산군(星山君)에 봉해졌다.

■ **참고** : 본관이 서산(瑞山) 또는 서령(瑞寧). 유씨의 일파(一派)가 성주에 뿌리를 내리고 살아 성주 유씨라고도 한다. 서산 유씨 중에 조선 초기 유한(柳漢)이 있으나 그는 정종 1년 식년시에 급제하고 사간(司諫) 등을 지내는 등 조건에 맞지않는다.

유홍(柳泓)

■ **출생, 사망** : 1483~1551   ■ **출신** : 공신→무과
■ **부모** : 영의정 유순정(柳順汀), 별좌 권효충(權孝忠)의 딸
■ **공신 내용** : 정국공신(4등)

본관은 진주(晋州)이며 자(字)는 자연(子淵)이다. 어려서부터 무예를 익혔으며 1506년 중종반정을 주도한 아버지를 따라 반정군으로 활동, 정국공신(靖國功臣)에 녹훈되고 사복시주부에 임명되었다. 이듬해 형조정랑과 공조정랑을 역임하였다. 중종 5년(1510) 삼포왜란이 일어나 아버지가 남정도원수(南征都元帥)가 되자 막료로

조선시대공신톺아보기

유흥

서 도왔고 난이 평정된 뒤 내자시와 군기시 첨정을 지냈다.

이듬해 무과에 급제해 사복시 부정, 훈련원 부정을 거쳐 제포첨사(薺浦僉使)로 나갔다. 이듬해 경상좌도수군절도사가 되었다가 첨지중추부사로 오위장을 겸했다. 1519년 이후 원주와 정주의 목사를 거쳐 충청도병마사·회령부사·북병사 등 변경 장수직을 두루 역임하였다.

1544년 진산군(晉山君)에 봉해지고 부총관을 겸하였고 1547년 훈련원 도정을 거쳐 동지중추부사가 되었다.

유흥(兪泓)

- **출생, 사망** : 1524~1594
- **출신** : 문과
- **부모** : 유관(兪綰), 남충세(南忠世)의 딸
- **공신 내용** : 광국공신(1등), 평난공신(2등)

본관은 기계(杞溪)이고 자(字)는 지숙(止叔)이며 호는 송당(松塘)이다.

명종 8년(1553) 별시 문과에 급제 후 승문원 정자·집의 등을 역임하였고 그 후 춘천부사 등을 지냈다. 선조 6년(1573) 함경도병마절도사가 되었고 그 뒤 충청·전라·경상도관찰사와 한성판윤 등을 역임했다.

1587년 종계변무(宗系辨誣) 사신으로 명나라에 가서 개정된 대명회전(大明會典)을 가지고 온 공으로 1590년 광국공신(光國功臣)에 녹훈되었다. 1589년 좌찬성으로서 판의금부사를 겸해 정여립의 역옥(逆獄)을 다스린 공으로 1590년 평난공신(平難功臣)에 녹훈되었고 기계부원군(杞溪府院君)에 봉해졌으며 이조판서·우의정에 올랐다.

1592년 임진왜란 때 의주로 몽진하는 선조를 호종했고 평양에서 세자(광해군)와 함께 동북방면으로 가서 도체찰사를 겸임하였다. 1594년 좌의정으로서 해주에 있는 왕비를 호종하다가 사망하였다.

- **시호(諡號)** : **충목**(忠穆) -승정원일기 정조 22년(1798) 7월 21일(이전)

유효걸(柳孝傑)

- **출생, 사망** : 1594~1627
- **출신** : 무과

- **부모** : 삼도수군통제사 유형(柳珩), 금산군수 이구순(李久洵)의 딸
- **공신 내용** : 진무공신(2등)

본관은 진주(晉州)이고 자(字)는 성백(誠伯)이다. 광해군 10년(1618) 무과에 급제한 뒤 1622년 황해도병마절도사가 되었다. 이듬해 황주목사로 재임 중 탄핵을 받아 의금부에 투옥되었다가 인조반정이 일어난 뒤 풀려나 도원수 장만(張晩) 휘하의 별장(別將)으로 북방 변경 수비에 종군하였다.

유효걸

인조 2년(1624) 이괄(李适)의 난이 일어나자 좌협장(左協將)으로 길마재에서 반란군을 진압하는데 공을 세워 진무공신(振武功臣)에 녹훈되고 진양군(晉陽君)에 봉해졌다. 이후 경기도수군절도사를 지냈으며, 사후 좌찬성에 추증되었다. 같은 진무공신인 남이흥의 사위이다.

- **시호**(諡號) : **장의**(莊毅) -승정원일기 헌종 7년(1841) 2월 21일

유희림(柳希霖)

- **출생, 사망** : 1520~1601
- **출신** : 문과
- **부모** : 현령(縣令) 유복룡(柳伏龍), 채자심(蔡子深)의 딸
- **공신 내용** : 호성공신(3등)

본관은 문화(文化)이고 자(字)는 경열(景說)이다. 명종 16년(1561) 문과에 급제하였고 이후 검열·정언 등을 역임하고 선조 3년(1570) 지평이 되었고 이후 사헌부장령·집의를 역임하였다. 1581년 형조참판으로 동지사(冬至使)로 명나라에 다녀왔으나 가지고 간 방물(方物)이 부족하여 문제가 발생되어 파직되었다.

선조 18년(1587) 강원도관찰사가 되었고 1592년 임진왜란이 일어나자 첨지중추부사로서 의주로 몽진하는 선조를 호종하다가 좌승지로 임명되었다. 이듬해 동지중추부사, 1595년 예조참판이 되었고 1597년 동지돈녕부사가 되었다. 사망한 뒤인 1604년 호성공신(扈聖功臣)에 녹훈되고 문양군(文陽君)에 추봉되

유희림 사당

었다.

윤계겸(尹繼謙)
- **출생, 사망** : 1442~1483
- **출신** : 음직
- **부모** : 우의정 윤사흔(尹士昕), 병조정랑 김자온(金自溫)의 딸
- **공신 내용** : 익대공신(3등), 좌리공신(3등)

본관은 파평(坡平)이고 자(字)는 익지(益之), 필보(弼甫)이다. 세조 3년(1457) 음직으로 세자우참군이 되고 호조정랑을 거쳐 1467년 의빈부경력·선전관을 지내고 동부승지에 올랐다. 예종 즉위년(1468) 남이(南怡)의 옥사 처리에 참여한 공으로 익대공신(翊戴功臣)에 녹훈되고 영평군(鈴平君)에 봉해졌다.

1469년 성종이 즉위하자 좌승지가 되고 이듬해 호조참판에 승진하였으며 성종 즉위 및 보좌에 공이 있어 성종 2년(1471) 좌리공신(佐理功臣)에 녹훈되고 공조참판으로 경기도관찰사를 겸임하였다. 그 뒤 대사헌·형조판서를 거쳐 경상도관찰사로 나갔다가 성종 12년(1481) 공조판서가 되었다. 세조의 왕비 정희왕후의 친정 조카이다.

- **시호(諡號)** : **공양(恭襄)** -성종실록 14년(1483) 9월 22일

윤곤(尹坤)
- **출생, 사망** : ?~1422
- **출신** : 문과
- **부모** : 판개성부사 윤승순(尹承順), 판도판서 이거경(李居敬)의 딸
- **공신 내용** : 좌명공신(3등)

본관은 파평(坡平)이며 문과에 급제 후 여러 관직을 거쳐 상장군으로 1400년 제2차 왕자의 난에 이방원(太宗) 측에 협력하여 태종 1년(1401) 좌명공신(佐命功臣)에 녹훈되고 파평군(坡平君)에 봉해졌으며 우군동지총제가 되었다.

1406년 좌군도총제로 재임하다 파직되고 파평현에 유배되었다. 1418년 세종이 즉위하자 평안도관찰사로 기용되었고 세종 1년(1419) 우참찬이 되었다가 이조판서가 되었으며 그 뒤 숭정대부에 올랐다. 세조의 왕비 정희왕후의 당숙이다.

- **시호(諡號)** : **소정(昭靖)** -세종실록 4년(1422) 3월 11일

윤근수(尹根壽)

- **출생, 사망** : 1537~1616
- **출신** : 문과
- **부모** : 군자감정 윤변(尹忭), 부사직 현윤명(玄允明)의 딸
- **공신 내용** : 광국공신(1등), 호성공신(2등)

본관은 해평(海平)이고 자(字)는 자고(子固)이며 호는 월정(月汀)이다. 명종 13년(1558) 문과에 급제한 이후 연천현감 등을 지냈다. 명종 17년(1562) 춘추관 사관으로 있다가 과천현감으로 좌천되었다. 명종 20년(1565) 이후 이조정랑 등을 지냈고 지제교 겸 교서관 교리로서 『명종실록』 편찬에 참여하였다.

선조 5년(1572) 직제학, 부승지 등을 거쳐 성균관 대사성이 되었다. 이듬해 주청부사(奏請副使)로 명나라에 가서 종계변무(宗系辨誣) 임무를 수행하고 돌아왔다. 선조 22년(1589) 공조참판 때 명나라에 가서 종계(宗系)를 바로잡은 『대명회전(大明會典)』 전질(全秩)과 명 황제의 칙서를 가지고 왔다.

귀국 후 형조판서·대사헌·이조판서에 오르고 이듬해 종계변무의 공으로 광국공신(光國功臣)에 책록되고 해평부원군(海平府院君)에 봉해졌다. 1591년 우찬성에 올랐으나 광해군을 세자로 책봉하자고 건의했다가 선조의 노여움을 사서 파직되었다.

선조 25년(1592) 임진왜란이 일어나자 예조판서로 기용되어 선조를 모시고 피란하였다. 1595년 좌찬성에 오르고 이후 예조판서에 판의금부사까지 겸하였다.

1604년 호성공신(扈聖功臣)에 녹훈되고

윤근수 사당

선조 39년(1606) 기로소에 들어갔다. 사망 후 영의정에 추증되었다.

- **시호(諡號)** : **문정**(文貞) -인조실록 8년(1630) 2월 20일

윤금손(尹金孫)

- **출생, 사망** : 1458~1548
- **출신** : 문과
- **부모** : 인수부정 윤지강(尹之岡), 판중추부사 어효첨(魚孝瞻)의 딸
- **공신 내용** : 정국공신(4등)

본관은 파평(坡平)이고 자(字)는 인지(引止)이며 호는 서파(西坡)이다. 성종 22년

(1491) 문과에 급제했고 연산군 3년(1497) 홍문관 부교리, 연산군 7년(1501) 사인(舍人)에 제수되었다. 연산군 9년(1503) 집의, 홍문관 부제학에 제수되었고 그 뒤 영흥도호부사가 되었다. 연산군 11년(1405) 지중추부사가 되었다.

중종반정에 협력하여 중종 1년(1506) 경기도관찰사가 되고 정국공신(靖國功臣)에 녹훈되고 파성군(坡城君)에 봉해졌다. 중종 3년(1508) 공조판서가 되고 이후 형조판서·대사헌·평안도관찰사 등을 지냈다. 중종 38년(1533) 우찬성이 되고 곧 기로소(耆老所)에 들어갔다.

- **시호(諡號) : 헌의(獻議)** -청선고

윤두수(尹斗壽)

- **출생, 사망** : 1533~1601
- **출신** : 문과
- **부모** : 군자감정 윤변(尹忭), 부사직 현윤명(玄允明)의 딸
- **공신 내용** : 광국공신(2등), 호성공신(2등)

본관은 해평(海平)이고 자(字)는 자앙(子仰)이며 호는 오음(梧陰)이다. 명종 13년(1558) 문과에 급제 후 여러 관직을 거쳐 이조전랑(銓郎)이 되었고 선조 때 이조·형조참의 등을 거쳐 대사헌에 이르렀다. 연안부사로 나갔다가 1577년 명나라에 종계변무(宗系辨誣) 사신으로 가서 공을 세워 1590년 광국공신(光國功臣)에 녹훈되고 해원군(海原君)에 봉해졌다.

형조판서를 거쳐 대사헌 때 광해군을 세자로 책봉하자고 건의했다가 선조의 노여

윤두수

움을 사서 회령에 유배되었다가 해주로 옮겨졌다. 1592년 임진왜란이 일어나자 특별히 용서받고 왕을 모시고 개성에 이르러 어영대장이 되었다가 우의정에 오르고 평양에 도착한 후 좌의정이 되어 군국의 정무를 지체없이 처리했다.

1594년 세자를 모시고 남하하여 3도 체찰사를 겸직하였고 1595년 해원부원군(海原府院君)에 책봉되었고 1598년 좌의정, 1599년 영의정에 올랐으나 대간으로부터 탄핵을 당하자 사임하였다. 사망 후인 1604년 임진왜란 때 선조를 호종한 공으로 호성공신(扈聖功臣)에 녹훈되었다.

- **시호(諡號) : 문정(文靖)** -승정원일기 영조 14년(1738) 7월 22일(이전)

윤말손(尹末孫)

- 출생, 사망 : ?~?
- 출신 : 천거
- 부모 : 순창군수 윤처관(尹處寬), 감찰 정존(鄭存)의 딸
- 공신 내용 : 적개공신(2등)

본관은 남원(南原)이고 자(字)는 희경(喜慶)이다. 천거로 충의위를 거쳐 세조 8년(1462) 선전관에 제수되었다. 1467년 5월 이시애(李施愛)의 난 평정에 공을 세워 적개공신(敵愾功臣)에 녹훈되었고 형조참의에 제수되었으며 이듬해 함안군(咸安君)에 봉해지고 평안중도절제사가 되었다.

예종 즉위년(1468) 남이(南怡)의 역모 사건에 연루되어 유배되었으나 성종 1년(1470) 석방되고 직첩을 돌려받았으며 다음해 몰수된 가산과 노비를 돌려받았다. 1472년 강계도호부사에 서용되고 1476년 공신녹권을 돌려받고 다시 함안군에 봉해졌다.

1490년 영안북도병마절도사가 되고 이듬해 여진족이 조산보(造山堡)에 침입한 것을 즉시 격퇴하지 못하였다고 직첩을 몰수당하고 유배되었다. 그 뒤 사면되고 연산군 6년(1500) 충청도 수군절도사에 제수되었다.

윤말손 묘

- 참고 : 남원 윤씨는 파평 윤씨에서 분관(分貫)되었는데 남원 윤씨 족보에는 8세(世), 파평 윤씨 족보에는 15세(世)로 기록되어 있다.

윤목(尹穆)

- 출생, 사망 : ?~1410
- 출신 : 불명
- 부모 : 판개성부사 윤승순(尹承順), 판도판서 이거경(李居敬)의 딸
- 공신 내용 : 좌명공신(4등)

본관은 파평(坡平)이며 정종 2년(1400) 전중군장군(前中軍將軍)으로 있을 때 제2차 왕자의 난이 일어나자 이방원(태종)측에 협력한 공으로 태종 1년(1401) 좌명공신(佐命功臣)에 녹훈되었다. 그해 4월 지합주사(知陜州使)가 되었으나 탄핵을 받았다. 1403년 원평군(原平君)에 봉해졌다.

1407년 평양부윤, 1409년 민무구·민무질 옥사에 관련되어 사천으로 유배되었다가 다음해 유배지에서 처형되었다. 같은 좌명공신 윤곤의 동생이다.

윤사로(尹師路)
- **출생, 사망** : 1423~1463
- **출신** : 부마(세종의 딸 정현옹주)
- **부모** : 광주목사 윤은(尹垠), 예빈시판관 이수상(李守常)의 딸
- **공신 내용** : 좌익공신(1등)

본관은 파평(坡平)이고 호는 과옹(果翁)이다. 세종 18년(1436) 세종의 딸 정현옹주(貞顯翁主)와 결혼하여 영천군(鈴川君)에 봉해졌고 1452년 영천위(鈴川尉)로 개봉(改封)되었다. 1450년 세종이 사망하자 세종 능의 수릉관(守陵官)을 지냈고 1452년 문종이 사망하자 또 문종 능의 수릉관이 되었으며 세조의 즉위를 도운 공으로 1455년 좌익공신(佐翼功臣)에 봉해졌다.

1456년 좌찬성으로 발탁되어 의정부 제조를 겸직한 뒤 영중추원사가 되었다. 1458년 영천부원군(鈴川府院君)에 봉해졌다.
- **시호(諡號)** : **충경**(忠景) -세조실록 9년(1463) 12월 28일

윤사윤(尹士昀)
- **출생, 사망** : 1409~1461
- **출신** : 문과
- **부모** : 판중추원사 윤번(尹璠), 호조판서 이문화(李文和)의 딸
- **공신 내용** : 정난공신(2등), 좌익공신(3등)

본관은 파평(坡平)이며 세종 18년(1436) 문과에 장원급제하였고 1438년 우정언이 되고 1442년 좌헌납, 1446년 장령을 역임하였다. 단종 1년(1453) 수양대군이 일으킨 계유정난시 협력하여 정난공신(靖難功臣)에 녹훈되고 이듬해 우사간대부와 첨지중추원사를 역임하였다.

세조 즉위에 협력한 공으로 세조 1년(1455) 좌익공신(佐翼功臣)에 녹훈되고 형조참의로 승진되고 파성군(坡城君)에 봉하여졌다. 1458년 공조참판이 되고 이듬해 대사헌을 거쳐 공조판서에 승진되었다. 세조의 왕비 정희왕후(貞熹王后)의 오빠이다.
- **시호(諡號)** : **성안**(成安) -세조실록 7년(1461) 12월 7일

윤사정(尹士貞)

- **출생, 사망** : 1479~1527
- **출신** : 무과
- **부모** : 함열현감 윤공(尹恭), 지중추부사 홍임(洪任)의 딸
- **공신 내용** : 정국공신(3등)

본관은 파평(坡平)이며 연산군 10년(1504) 무과 급제 후 여러 관직을 거쳤고 중종반정에 협력하여 정국공신(靖國功臣)에 녹훈되고 서원군(瑞原君)에 봉해졌으며 이후 온성도호부사 등을 지냈고 사망 후 병조판서에 증직되었다.

윤사흔(尹士昕)

- **출생, 사망** : 1422~1485
- **출신** : 음직
- **부모** : 판중추원사 윤번(尹璠), 호조판서 이문화(李文和)의 딸
- **공신 내용** : 좌리공신(2등)

본관은 파평(坡平)이고 자(字)는 필보(弼甫)이다. 세조 1년(1455) 음직으로 군기감정이 되었고 1458년 부지통례문사(副知通禮門事)가 되었으며 세조 5년(1459) 형조참의·이조참판을 거쳐 1460년 호조참판이 되었다. 이후 인순부윤(仁順府尹)·중추원사·공조판서를 역임하였다.

성종 즉위 및 보좌에 공이 있어 성종 2년(1471) 좌리공신(佐理功臣)에 녹훈되었다. 1475년 우의정에 올랐으며 1483년 파천부원군(坡川府院君)에 봉해졌다. 세조의 왕비 정희왕후(貞熹王后)의 동생이다.

- **시호(諡號)** : **양평**(襄平) -성종실록 16년(1485) 5월 13일

윤섬(尹暹)

- **출생, 사망** : 1561~1592
- **출신** : 문과
- **부모** : 예조참판 윤우신(尹又新), 병절교위 유문윤(柳文潤)의 딸
- **공신 내용** : 광국공신(2등)

본관은 남원(南原)이고 자(字)는 여진(如進)이며 호는 과재(果齋)이다. 선조 16년(1583) 문과 급제 후 검열·지평 등을 지냈다. 1587년 사은사의 서장관으로 명나라에 가서 태조 이성계의 조상이 이인임(李仁任)으로 잘못 기록된 것을 바로잡았으며 그 공로로 1590년 광국공신(光國功臣)에 녹훈되고 용성군(龍城君)에 봉해졌다.

이듬해 교리가 되었고 1592년 임진왜란이 일어나자 순변사 이일(李鎰)의 종사관이 되어 상주 전투에서 일본군과 싸우다가 전사하였다. 사망 후 영의정에 추증되고 용성부원군(龍城府院君)에 봉해졌다.

- **시호**(諡號) : **문열**(文烈) -숙종실록 7년(1681) 12월 17일

윤암(尹巖)

- **출생, 사망** : 1422~1461
- **출신** : 부마(태종의 딸 숙경옹주)
- **부모** : 윤태산(尹太山), 공안부윤 권숙(權肅)의 딸
- **공신 내용** : 좌익공신(2등)

본관은 파평(坡平)이며 태종의 딸 숙경옹주와 결혼하여 파평위(坡平尉)가 되었으며 단종 3년(1455) 세종의 아들 계양군과 함께 수양대군을 찾아가 금성대군, 화의군과 혜빈(惠嬪) 등을 제거할 계책을 건의하였다. 세조가 즉위하는데 협력한 공으로 세조 1년(1455) 좌익공신(佐翼功臣)에 녹훈되고 나중에 지의금부사를 지냈다.

- **시호**(諡號) : **제도**(齊度) -세조실록 7년(1461) 4월 17일

윤여필(尹汝弼)

- **출생, 사망** : 1466~1555
- **출신** : 불명
- **부모** : 공조참판 윤보(尹甫), 영천군(永川君) 이정(李定)의 딸
- **공신 내용** : 정국공신(4등)

본관은 파평(坡平)이며 연산군 10년(1504) 갑자사화 때 죄인 윤필상의 친척(10촌)이라 하여 유배되었으나 1506년 중종반정에 참여하여 정국공신(靖國功臣)에 녹훈되었다. 이듬해 딸이 중종의 숙원(淑媛)에서 왕비가 되자 파원부원군(坡原府院君)에 봉해지고 판돈녕부사가 되었다.

중종 22년(1527) 동궁 내에 저주하는 물건이 나온 것을 우의정 심정(沈貞)에게 알려 조사하게 하였고 그 뒤 아들 윤임(尹任)과 함께 세자(후일의 인종)의 보호에 진력하면서 윤원형 등의 소윤과 대립하였다.

명종 즉위년(1545) 을사사화로 윤임은 사사(賜死)되었으나 80세의 노령에다 전 왕비의 아버지이므로 특별히 용인에 부처되었다가 명종 6년(1551) 풀려났고 사후에 복관되었다. 중종반정의 주동자 박원종의 매부이다.

- **시호** : **정헌**(靖憲) -승정원일기 영조 21년(1745) 2월 19일

윤자당(尹子當)
- **출생, 사망** : ?~1422
- **출신** : 공신
- **부모** : 윤공(尹控), 전리판서 남휘주(南輝珠)의 딸
- **공신 내용** : 좌명공신(4등)

본관은 칠원(漆原)이며 고려 말 벼슬을 시작하여 조선 건국 후 병조전서로 재임 중인 정종 2년(1400) 1월 제2차 왕자의 난이 발생하자 이방원(태종)측에 협력하여 좌명공신(佐命功臣)에 녹훈되었다. 태종 7년(1407) 경상도병마도절제사, 1408년 경상우도수군도절제사 등 주로 남도의 외직에 재임하였다. 태종 11년(1411) 이후에는 길주도도안무찰리사를 맡아 북방을 안정시키는 임무를 수행하였다.

세종 즉위 후에는 평안도 병마도절제사에 임명되었고 세종 2년(1420) 군기감 제조로서 전함(戰艦)을 시험하는 등 군사 장비를 갖추는 데 노력하였다. 세종 4년(1422) 칠원부원군에 봉해졌으나 그해 사망하였다. 이숙번의 형으로 아버지는 다르다.

- **시호**(諡號) : **정평**(靖平) -세종실록 4년(1422) 7월 18일

윤자신(尹自新)
- **출생, 사망** : 1529~1601
- **출신** : 문과
- **부모** : 윤식(尹湜), 신은령(新恩令) 이사종(李嗣宗)의 딸
- **공신 내용** : 호성공신(2등)

본관은 남원(南原)이고 자(字)는 경수(敬修)이다. 명종 17년(1562) 문과에 급제하여 성균관에 배치되었고 이후 태인현감·호조정랑 등을 거쳐 1581년 호조참의, 선조 18년(1585) 호조참판이 되었다. 1589년 기축옥사 때 전주부윤으로 있으면서 역적 정즙(鄭緝)을 잡은 공으로 가자(加資)되었다. 임진왜란 당시 우승지로서 의주로 몽진하는 선조를 호종하였다.

1594년 지돈녕부사·형조참판을 역임하고 이듬해 지의금부사 등을 지내고 1597년 한성부판윤·공조판서를 거쳐 다음해 지중추부사·호조판서를 지냈다. 사망 후인 1604년 호성공신(扈聖功臣)에 녹훈되고 영의정에 추증되었으며 용원부원군(龍原府院君)에 추봉되었다.

■ 참고 : 시호가 문익(文翼)이라는 자료가 있으나 시호 받은 근거 불명.

윤자운(尹子雲)
- ■ 출생, 사망 : 1416~1478
- ■ 출신 : 문과
- ■ 부모 : 사재감부정 윤경연(尹景淵), 상호군 이백인(李伯仁)의 딸
- ■ 공신 내용 : 좌익공신(3등), 좌리공신(1등)

본관은 무송(茂松)이고 자(字)는 지망(之望)이며 호는 낙한재(樂閑齋)이다. 세종 26년(1444) 문과에 급제해 예문관검열을 시작으로 집현전 부수찬·응교 등을 역임하였다. 집현전 부수찬으로 있을 때 정인지(鄭麟趾) 등과 함께 『고려사』 편찬에 참여하였다.

수양대군이 왕으로 즉위하는데 기여한 공으로 세조 1년(1455) 좌익공신(佐翼功臣)에 녹훈되고 대호군으로서 지사간원사(知司諫院事)를 겸하고 이어 동부승지·도승지에 올랐다가 세조 6년(1460) 어머니상(喪)으로 관직에서 물러났다.

세조가 여진족의 모련위(毛憐衛)를 정벌하기 위해 기복(起復)시켜 이조참판이 되었고 무송군(茂松君)에 봉해져 군사를 지휘하게 되었다. 원정에서 돌아와 인수부윤

윤자운신도비각

(仁壽府尹)이 되었다. 세조 8년(1462) 병조판서, 세조 11년(1465) 우참찬에 올랐고 1466년 좌참찬, 이듬해 우찬성이 되었다. 예종 1년(1469) 우의정으로 승진되었다가 곧 좌의정이 되었고 이듬해 영의정으로 승진되었다. 성종 즉위 및 보좌에 공이 있어 성종 2년(1471) 좌리공신(佐理功臣)에 녹훈되었고 무송부원군(茂松府院君)에 봉해졌다. 관직에서 물러났다가 성종 7년(1476) 다시 우의정이 되었다.

- ■ 시호(諡號) : **문헌**(文憲) -성종실록 9년(1478) 5월 14일

윤장(尹璋)
- ■ 출생, 사망 : 1463~?
- ■ 출신 : 문과
- ■ 부모 : 토산현감 윤지하(尹志夏), 장흥고 부사 이세(李細)의 딸

■ **공신 내용** : 정국공신(4등)

본관은 양주(楊州)이고 자(字)는 가고(可沽)이며 호는 고불(沽弗)이다. 성종 14년 (1483) 문과에 급제 후 예문관검열에 제수되었고 1488년 예문관 대교, 1493년 사헌부 지평, 이후 식령군수가 되었다. 연산군 3년(1497) 문과 중시에 장원으로 급제하였고 1503년 청주목사, 1505년 동부승지에 발탁되었다. 이후 우부승지·좌부승지를 역임하였다.

1505년 중종반정이 있던 날 당직을 하다가 반정에 협력하여 정국공신(靖國功臣)에 녹훈되고, 자헌대부에 오르면서 우승지에 제수되고 양성군(楊城君)에 봉해졌다. 이후 평안도관찰사를 역임하고 1509년 사직하고 고향으로 돌아갔으며 사망 후 공조판서에 추증되었다.

1514년 대간(臺諫)으로부터 "반정(反正)이 있던 날 승지로서 궐내에 숙직하던 중 변란이 일어났다는 말을 듣고 궁궐의 배수구를 통해 궐 밖으로 탈출한 불충한 인물이다."라고 탄핵되면서 공신호를 박탈당하였다.

윤저(尹柢) 초명(初名)은 윤방경(尹方慶)

■ **출생, 사망** : ?~1412   ■ **출신** : 이성계 시위(侍衛)
■ **부모** : 인녕부좌윤 윤화(尹樺), 판서 남휘(南輝)의 딸
■ **공신 내용** : 좌명공신(3등)

본관은 칠원(漆原)이며 잠저 때부터 이성계를 시위하였고 1392년 조선 개국 후 상장군이 되었으며 1395년 고려 왕족들을 수장(水葬)시키는데 앞장섰다. 1396년 상의중추원사가 되었으며 1397년 경상도절제사로 근무 중 박자안의 옥사와 관련하여 한때 투옥되었으나 바로 풀려났다.

1400년 상진무(上鎭撫)가 되었으며 제2차 왕자의 난에 이방원(태종)측에 협력하여 좌명공신(佐命功臣)에 녹훈되었고 칠원군(漆原君)에 봉해졌다. 1402년 참판승추부사가 되었으며 이조판서를 거쳐 1408년 우찬성에 이르렀다.

■ **시호(諡號)** : **정경(貞景)** -태종실록 12년(1412) 8월 17일

윤탁연(尹卓然)
■ **출생, 사망** : 1538~1594   ■ **출신** : 문과

- **부모** : 우봉현령 윤이(尹伊), 김윤선(金胤先)의 딸
- **공신 내용** : 광국공신(3등)

윤탁연

본관은 칠원(漆原)이고 자(字)는 상중(尙中)이며 호는 중호(重湖)이다. 명종 20년(1565) 문과 급제 후 승문원에 보임되었다. 승정원 주서를 거쳐 선조 1년(1568) 전적·사간원 정언을 역임하였다.

이어 홍문관 수찬으로 『명종실록』 편찬에 참여하였다. 1574년 종계변무(宗系辨誣) 주청사의 서장관으로 명나라를 다녀온 이후 교리·동래부사·상주목사 등을 지냈다.

1580년 도승지·예조참판 등을 지내고 1582년 영남 지방에 큰 흉년이 들자 경상도관찰사로 특별 임명되었다. 이듬해 형조참판으로 형조에서 죄인을 다스릴 때 임산부를 장형(杖刑)에 처하여 낙태해 죽게 한 책임을 지고 좌천되었다가 1585년 경기도관찰사에 올랐다. 그 뒤 한성부판윤, 형조판서, 호조판서를 지냈다.

1590년 종계변무의 공으로 광국공신(光國功臣)에 녹훈되고 칠계군(漆溪君)에 봉해졌다. 1592년 임진왜란이 일어나자 의주로 몽진하는 선조를 모시고 북으로 가던 도중 함경도도순찰사가 되어 의병을 모집하고, 왜군에 대한 방어계획 등 시국 타개에 노력하다가 사망하였다.

- **시호(諡號)** : **헌민(憲敏)** -숙종실록 37년(1711) 6월 16일

윤탄(尹坦)

- **출생, 사망** : 세종~중종 무렵
- **출신** : 음직
- **부모** : 첨지중추부사 윤삼산(尹三山), 좌의정 이원(李原)의 딸
- **공신 내용** : 정국공신(4등)

본관은 파평(坡平)이고 자(字)는 탕보(蕩甫)이다. 음직으로 벼슬길에 올라 1470년 부사과(副司果), 이후 제천현감·성천도호부사·종부시정(正) 등을 지냈다. 성종 19년(1488) 통례원 우통례를 거쳐 이듬해 동부승지에 발탁되고 이어 우부승지, 형조참의를 지냈다. 성종 23년(1492) 한성부 우윤, 오위도총부 부총관을 거쳐 충청도관찰사가 되었다.

성종 25년(1494) 첨지중추부사·지의금부사가 되었다. 중종반정에 협력하여 중종 1년(1506) 정국공신(靖國功臣)에 녹훈되고 숭정대부에 오르면서 판돈녕부사에 제수되고 영성군(鈴城君)에 봉해졌다. 성종의 계비 정현왕후의 숙부이다.

- **시호**(諡號) : **정호**(丁胡) -청선고

윤탕로(尹湯老)

- **출생, 사망** : 1466~1508
- **출신** : 음직→무과
- **부모** : 우의정 윤호(尹壕), 전좌명(田佐命)의 딸
- **공신 내용** : 정국공신(3등)

본관은 파평(坡平)이고 자(字)는 상경(商卿)이며 호는 나헌(懶軒)이다. 돈녕부 참봉으로 있으면서 성종 17년(1486) 무과에 장원급제하고 이후 선전관, 판관 등을 거쳐 훈련원 첨정이 되었고 1498년 우익위(右翊衛)가 되고 1505년 공조참의가 되었다. 1506년 형조참판으로 중종반정에 협력하여 정국공신(靖國功臣)에 추록되었다. 다음해 1품에 올랐고 파천부원군(坡川府院君)에 봉해졌으며 판중추부사에 이르렀다. 성종의 계비 정현왕후의 동생이다.

- **시호**(諡號) : **영평**(靈平) -청선고

윤필상(尹弼商)

- **출생, 사망** : 1427~1504
- **출신** : 문과
- **부모** : 배천군수 윤경(尹坰), 이림(李霖)의 딸
- **공신 내용** : 적개공신(1등), 좌리공신(4등)

본관은 파평(坡平)이고 자(字)는 탕좌(湯佐)·양경(陽卿)이다. 세종 32년(1450) 문과 급제 후 단종 1년(1453) 저작(著作)이 되었고 세조 1년(1455) 호조좌랑이 되었고 1463년 동부승지·도승지 등을 역임하였다. 1467년 이시애(李施愛)의 난 때 도승지로 왕명을 신속히 처리해 우참찬에 특배되고 적개공신(敵愾功臣)에 녹훈되고 파평군(坡平君)에 봉해졌다.

세조가 사망하자 3년간 수릉관(守陵官)으로 능을 지켰고 성종 즉위 및 보좌에 공이 있어 성종 2년(1471) 좌리공신(佐理功臣)에 녹훈되었다. 성종 2년(1471) 우찬성, 1474년 이조판서·의금부당상을 겸직하다가 사직했으나 곧 복직되었다. 1477년 좌

찬성이 되고 이듬해 영중추부사를 거쳐 우의정에 올랐다.

1479년 명나라에서 야인을 치려고 조선에 군사를 요청하자 윤필상은 우의정으로 서정도원수(西征都元帥)로 뽑혀 군사 5,000명을 거느리고 건주위를 토벌, 큰 전과를 거두고 돌아왔다. 1484년 영의정이 되고 파평부원군(坡平府院君)에 봉해졌다. 그 뒤 기로소(耆老所)에 들어갔으며 연산군 2년(1496) 궤장(几杖)을 하사받았다.

1504년 갑자사화 때 연산군의 생모인 윤비(尹妃)의 폐위를 막지 않았다고 진원(珍原)의 유배지에서 사사(賜死)의 명을 받았으나 스스로 목매어 죽었다. 중종반정 후 신원되었다.

- ■ **시호**(諡號) : **양평**(襄平) -청선고

윤형(尹炯)

- ■ **출생, 사망** : 1388~1453
- ■ **출신** : 음직→문과
- ■ **부모** : 경승부윤 윤규(尹珪), 순흥부사 이원적(李元樀)의 딸
- ■ **공신 내용** : 좌익공신(2등)

본관은 파평(坡平)이고 자(字)는 중회(仲晦)이다. 음직으로 군자감직장(直長)이 되었고 세종 2년(1420) 문과 급제 후 승문원박사에 임명되고 승정원주서를 거쳐 1428년 장령, 1432년 지사간원사·동부대언이 되었다. 1434년 우부승지, 그 뒤 좌승지에 승진되었다.

1441년 경기도관찰사, 1444년 예조참판·판한성부사, 1446년 형조판서, 그 뒤에 공조판서·호조판서 등 요직을 두루 거쳐 단종 즉위년(1452) 좌참찬이 되었다. 사망 후인 세조 1년(1455) 좌익공신(佐翼功臣)에 추록되었다. 세조의 왕비 정희왕후와 4촌간이다.

- ■ **시호**(諡號) : **공간**(恭簡) -단종실록 1년(1453) 6월 13일
- ■ **참고** : 『조선왕조실록』을 보면 세조 1년(1455) 9월 5일 당초 공신명단에 있는데 같은해 10월 22일 추록한다고 되어있다.

윤형(尹衡)

- ■ **출생, 사망** : ?~?
- ■ **출신** : 문과
- ■ **부모** : 윤계우(尹繼祐), 윤신덕(尹愼德)의 딸

- **공신 내용** : 정국공신(4등)

본관은 남원(南原)이고 자(字)는 성임(聖任)이다. 연산군 2년(1496) 문과에 급제하여 여러 관직을 거쳐 1506년 중종반정에 참여하여 정국공신(靖國功臣)에 녹훈되고 남원군(南原君)에 봉해졌다. 1516년 평양서윤(庶尹)이 되었고 1518년 조정에서 『성리대전(性理大全)』을 강의할 만한 사람으로 선발되었다.

1520년 인천도호부사가 되었고, 1531년 공조참의, 1532년 예조참의에 올랐다. 중종반정의 주동자인 성희안의 매부이다.

윤형(尹泂)

- **출생, 사망** : 1549~1614
- **출신** : 문과
- **부모** : 전연사 제검(提檢) 윤언청(尹彦淸), 별제 이찬(李瓚)의 딸
- **공신 내용** : 광국공신(2등)

본관은 무송(茂松)이고 자(字)는 이원(而遠)이며 호는 퇴촌(退村)이다. 선조 19년(1586) 문과에 급제해 부정자에 임명되었다가 예문관검열·승정원주서를 거쳐 1588년 정언이 되었다. 선조 22년(1589) 예조좌랑으로 하성절사의 서장관으로 명나라에 가서 종계변무(宗系辨誣)를 수정한 『대명회전』을 가지고 왔으며 곧 사섬시 첨정이 되었다. 그 후 형조정랑·정언 등을 역임하고 선조 23년(1590) 종계변무의 공으로 광국공신(光國功臣)에 녹훈되고 무릉군(茂陵君)에 봉해졌다.

1592년 임진왜란이 일어나자 접반사(接伴使)로 활약하였고 1599년 우부승지가 되었다. 이듬해 의인왕후(懿仁王后)가 사망하자 3년간 수릉관(守陵官)으로 근무했고 1602년 무성군(茂城君)에 봉해졌다.

이듬해 공조판서에 임명된 후 호조판서·판중추부사를 지냈으며 판중추부사 재직 시 임진왜란으로 불탄 『조선왕조실록』을 다시 간행할 때 지춘추관사로 참여하였다. 1606년 서천군수로 나갔다가 도총부도총관을 거쳐 광해군 즉위년(1608) 판의금부사에 이르렀다. 이후 경기감사를 거쳐 무성부원군(茂城府院君)에 봉해졌다. 사망 후 영의정에 추증되었다.

- **시호(諡號)** : **충정**(忠靖) -숙종실록 37년(1711) 6월 16일

윤형로(尹衡老)

- **출생, 사망** : ?~?
- **출신** : 음직
- **부모** : 동지의금부사 윤탄(尹坦), 경상도관찰사 이효장(李孝長)의 딸
- **공신 내용** : 정국공신(2등)

본관은 파평(坡平)이며 음직으로 관리가 되어 예빈시 판관 등을 지냈고 성종 때 여러 지방의 수령을 지내면서 치적을 쌓았고 뒤에 지평이 되었다. 중종반정 당일 진성대군의 사저에 나아가 사태의 전말을 고하고 시위(侍衛)하였으며 경복궁에 가서 대비 정현왕후에게 이 사실을 알려 거사를 성공시켰다. 정국공신(靖國功臣)에 녹훈되고 영양군(鈴陽君)에 봉해졌으며, 1507년 한성부 우윤이 되었다. 중종의 어머니 정현왕후와 4촌간이다.

윤호(尹虎)

- **출생, 사망** : ?~1393
- **출신** : 불명
- **부모** : 전법판서 윤해(尹侅), 장령 최용(崔甬)의 딸
- **공신 내용** : 개국공신(2등)

본관은 파평(坡平)이고 자(字)는 중문(仲文)이다. 공민왕 22년(1373) 판사, 양광도 도순문사를 지냈고 우왕 7년(1381) 계림부윤으로 왜구를 소탕하였다. 1388년 요동 정벌 때는 이성계 휘하의 조전원수(助戰元帥)로 활약하였다. 공양왕 2년(1390) 위화도회군과 공양왕 옹립의 공으로 회군공신에 책록되고 1392년 찬성사가 되었다.

1392년 7월 조선을 개국하고 이성계를 왕위에 옹립하는데 기여한 공으로 태조 1년(1392) 8월 개국공신(開國功臣)에 녹훈되고 파평군(坡平君)에 봉해지고 판삼사사(判三司事)에 올랐다. 이듬해 성절사로 명나라에 가던 도중 금암역(金巖驛)에서 병사하였다. 사망 후 문하우시중에 추증되었다.

- **시호(諡號)** : **정후(靖厚)** -태조실록 2년(1393) 7월 3일

윤희평(尹熙平)

- **출생, 사망** : 1469~1545
- **출신** : 무과
- **부모** : 지중추부사 윤길생(尹吉生), 경주김씨(慶州金氏)
- **공신 내용** : 정국공신(4등)

본관은 해주(海州)이고 자(字)는 사신(士愼)이며 호는 수양세가(首陽世家)이다. 연산군 1년(1495) 무과에 급제, 선전관이 되었고 1506년 중종반정 때 공을 세워 정국공신(靖國功臣)에 녹훈되었다. 중종 5년(1510) 삼포왜란 때 원수 유순정 휘하의 종사관으로 크게 활약, 그 공으로 병조참의에 승진하였다. 1512년 함경북도병마절도사에 오르고 해양군(海陽君)에 봉해졌다.

경상우도·평안도·경상좌도 등의 병마절도사, 한성부좌윤 등을 지내고 1536년 중추부동지사·공조판서를 지냈다.

■ **시호**(諡號) : **양간**(襄簡) -청선고

이(李)

이거이(李居易)

- **출생, 사망** : 1348~1412
- **출신** : 문과(고려)
- **부모** : 형부상서 이정(李挺), 통례원부사 김계초(金繼貂)의 딸
- **공신 내용** : 정사공신(1등), 좌명공신(1등)

본관은 청주(淸州)이고 자(字)는 낙천(樂天)이며 호는 청허자(淸虛子)이다. 고려 말 문과에 급제 후 여러 관직을 거쳐 태조 2년(1393) 우산기상시(右散騎常侍)에 임명되고 그 뒤 평안도병마도절제사·참찬문하부사·판한성부사 등을 역임하였다.

1398년 제1차 왕자의 난 때 이방원(태종) 측에 협력한 공으로 정사공신(定社功臣)에 녹훈되었고 문하좌정승이 되었으나 정종 때 시행된 사병혁파 조처에 대하여 불만을 토로하여 계림부윤(鷄林府尹)으로 좌천되었다가 문하좌정승 등을 지냈다.

이거이

제2차 왕자의 난 때에도 이방원(태종) 측에 협력하여 좌명공신(佐命功臣)에 녹훈되었고 1401년 서원부원군(西原府院君)이 되었다. 1402년 영의정부사에 올랐다가 영사평부사가 되었고 1404년 고향으로 돌아가 여생을 보내라고 하였다. 그 해 신하들의 상소로 서인(庶人)이 되었고 삭훈되었다.

- **시호(諡號)** : **문도(文度)** -청선고

이경검(李景儉)

- **출생, 사망** : ?~1630
- **출신** : 성종의 현손
- **부모** : 해풍군(海豊君) 이기(李耆), 상의원정 안순좌(安舜佐)의 딸
- **공신 내용** : 호성공신(2등)

본관은 전주(全州, 이성군파)이며 왕족으로 1592년 임진왜란이 일어나자 아버지와 형 이경온과 함께 종묘의 신주를 받들고 왕을 호종하였다. 다음해 서울이 수복되자 형조판서 이헌국 등과 함께 조릉사(朝陵使)가 되어 선왕의 능을 순시하였다. 선조 37년(1604) 호성공신(扈聖功臣)에 녹훈되고 순녕군(順寧君)에 봉해졌다.

광해군 즉위년(1608) 종친 35명을 거느리고 임해군(臨海君)을 처단할 것을 상소하였고 1618년 인성군(仁城君) 등과 함께 적극적으로 인목대비를 폐할 것을 상소하였다. 인조 1년(1623) 인조반정 후 이이첨 일당이 제거되면서 무림군(茂林君) 이선윤(李善胤)과 함께 원지(遠地)에 위리안치되었다가 도망갔으나 포도청에 붙잡혀 군기시 앞에서 처형되었다.

이경온(李景溫)
- **출생, 사망** : 1549~1613
- **출신** : 성종의 현손
- **부모** : 해풍군(海豊君) 이기(李耆), 상의원정 안순좌(安舜佐)의 딸
- **공신 내용** : 호성공신(2등)

본관은 전주(全州, 이성군파)이며 왕족으로 1592년 임진왜란이 일어나자 아버지 해풍군 이기(李耆)와 동생 이경검과 함께 종묘의 신주를 모시고 의주로 몽진하는 선조를 수가(隨駕)한 공으로 선조 37년(1604) 호성공신(扈聖功臣)에 녹훈되고 순의군(順義君)에 봉해졌다.

이경정(李慶禎)
- **출생, 사망** : 1570~?
- **출신** : 무과
- **부모** : 대호군 이원약(李元約), 어머니는 불명
- **공신 내용** : 진무공신(3등)

본관은 전주(全州, 양녕대군파)이며 광해군 7년(1615) 무과에 급제 후 여러 관직을 거쳐 인조 2년(1624) 1월 노강첨사(老江僉使)가 되었는데 같은 달 이괄이 반란을 일으키자 병력을 거느리고 진압군에 합류하여 공을 세웠다. 난이 진압된 뒤 진무공신(振武功臣)에 녹훈되었고 그해 첨지(僉知)가 되었다.

이후 토산(兎山)현감 재직 중인 인조 6년(1628) 5월 관향곡(管餉穀)인 쌀과 콩으로 사 온 면포(綿布)를 잃어버린 사실이 암행어사에게 적발당하여 의금부에 체포되고 장오죄(贓汚罪)로 평안도 구성(龜城)에 유배되었으나 같은해 9월 석방되어 가의대부로 승진되고 전평군(全平君)에 봉해졌다.

1631년 철산부사(鐵山府使)가 되었고 이후 강화중군을 거쳐 인조 14년(1636) 별장(別將)이 되었다. 사망 후 판돈녕부사에 추증되었다.

이계(李誡)
- **출생, 사망** : 1453~1510
- **출신** : 세종의 손자
- **부모** : 밀성군 이침(李琛), 판한성부사 민승서(閔承序)의 딸
- **공신 내용** : 정국공신(2등)

본관은 전주(全州, 밀성군파)이며 세조 13년(1468) 운산군(雲山君)에 봉해졌고 연산군 10년(1504) 갑자사화에 연루되어 유배에 처하도록 되었으나 연산군이 "운산군은 지위가 높고 오랫동안 사옹원제조를 지냈으니 정배할 수 없다." 고 함에 따라 면죄되었다. 1506년 9월 중종반정 때 진성대군(중종)에게 파견되어 거사한 사유를 갖추어 아뢰고 동시에 군사를 거느리고 시위하였으며 그 공로로 정국공신(靖國功臣)에 녹훈되었다.

- **시호(諡號)** : **공소(恭昭)** -청선고

이계남(李季男)
- **출생, 사망** : 1448~1512
- **출신** : 음직
- **부모** : 교리 이영서(李永瑞), 함경도관찰사 한혜(韓惠)의 딸
- **공신 내용** : 정국공신(2등)

본관은 평창(平昌)이고 자(字)는 자걸(子傑)이다. 예종 즉위년(1468) 음직으로 감찰에 임명되었고 성종 10년(1479) 사헌부 지평, 성종 17년(1486) 사헌부 집의·우승지를 지냈다. 성종 20년(1489) 좌승지·이조참의가 되었으며 이듬해 호조참의가 되었다.

성종 22년(1491) 충청도관찰사, 성종 24년(1493) 경상도관찰사가 되었다가 같은 해 한성부우윤으로 임명되었고 이듬해 함경도관찰사로 자리를 옮겼다. 연산군 2년(1496) 호조참판이 되었고 2개월 후 대사헌이 되었다. 판의금부사로 있을 때 연산군이 벌을 내리라고 하는데도 무죄로 방면하여 연산군의 진노를 사기도 하였다.

이계남 묘

이듬해 형조참판, 연산군 10년(1504) 호조판서가 되었고 1506년 중종반정에 협력한 공으로 정국공신(靖國功臣)에 녹훈되고 평원군(平原君)

에 봉해졌으며 1511년 이조판서가 되었다.
- **시호**(諡號) : **익평**(翼平) -중종실록 7년(1512) 3월 2일

이계린(李季疄)
- **출생, 사망** : 1401~1455
- **출신** : 태종의 딸 정순공주의 사위
- **부모** : 판한성부사 이종선(李鍾善), 의정부찬성사 권근(權近)의 딸
- **공신 내용** : 좌익공신(2등)

본관은 한산(韓山)이고 자(字)는 자경(子耕)이다. 1416년 16세의 나이로 돈녕부판관에 임명되었다. 그 후 오랫동안 관직에 나가지 않다가 1436년 세종의 명으로 동부승지로 발탁되었다. 1441년 형조참판, 다음 해 경기도관찰사, 1444년 호조참판, 이듬해 경상도관찰사를 거쳐 1446년 대사헌이 되었다.

1447년 황해도관찰사로 있다가 어떤일로 파직되었다. 1449년 별시위 절제사로 임명되었고 같은 해 개성유수, 문종 1년(1451) 지중추부사, 단종 1년(1453) 형조판서가 되었다. 이듬해 호조판서로 임명되었고 세조의 왕위 즉위에 협력하여 좌익공신(佐翼功臣)에 녹훈되고 한산군(韓山君)에 봉해졌다. 1455년 좌찬성이 되었다.

- **시호**(諡號) : **공무**(恭武) -세조실록 1년(1455) 12월 8일

이계전(李季甸)
- **출생, 사망** : 1404~1459
- **출신** : 음직→문과
- **부모** : 판한성부사 이종선(李鍾善), 의정부찬성사 권근(權近)의 딸
- **공신 내용** : 정난공신(1등), 좌익공신(2등)

본관은 한산(韓山)이고 자(字)는 병보(屛甫)이며 호는 존양재(存養齋)이다. 음직으로 관리가 되고 세종 9년(1427) 종묘부승(宗廟副承)으로 있으면서 문과에 급제하여 집현전학사가 되고 1436년 왕명으로 집현전직제학 김문(金汶)과 『강목통감훈의(綱目通鑑訓義)』를 편찬하고 도승지를 거쳐 문종 2년(1452) 『세종실록(世宗實錄)』 편찬에 참여하였다.

단종 1년(1453) 수양대군이 일으킨 계유정난에 공을 세워 정난공신(靖難功臣)에 녹훈되고 세조 즉위에 협력한 공으로 세조 1년(1455) 좌익공신(佐翼功臣)에 녹훈되고 한성부원군(漢城府院君)에 봉해졌으며 대제학·중추원영사 등을 지냈다. 같은 좌

익공신인 이계린의 동생이다.
- **시호**(諡號) : **문열**(文烈) -세조실록 5년(1459) 9월 16일

이곤(李瑾)
- **출생, 사망** : 1431~1463
- **출신** : 왕자
- **부모** : 세종, 신빈김씨(愼嬪金氏)
- **공신 내용** : 좌익공신(1등)

본관은 전주(全州, 익현군파)이고 자(字)는 광지(光之)이다. 세종 19년(1437) 익현군(翼峴君)에 봉해졌고 세조의 즉위에 협력한 공으로 세조 1년(1455) 좌익공신(佐翼功臣)에 녹훈되었다.
- **시호**(諡號) : **충성**(忠成) -세조실록 9년(1463) 5월 4일

이곤(李坤)
- **출생, 사망** : 1462~1524
- **출신** : 문과
- **부모** : 첨지중추부사 이인문(李仁文), 이장효(李長孝)의 딸
- **공신 내용** : 정국공신(4등)

본관은 연안(延安)이고 자(字)는 자정(子靜)이며 호는 녹창(鹿窓)이다. 성종 23년(1492) 문과 급제 후 병조좌랑·헌납을 지내다가 연산군 10년(1504) 갑자사화 때 장(杖) 70의 벌을 받았다. 중종반정에 참여하여 연산군을 강화까지 압송하였고 중종 1년(1506) 정국공신(靖國功臣)에 책록되고 연성군(延城君)으로 봉해졌다.

1511년 첨지중추부사, 이듬해 밀양부사가 되었고 1518년 내금위장으로 있었고 이후 철원부사·여주목사 등을 지냈다.

이공기(李公沂)
- **출생, 사망** : ?~?
- **출신** : 유의(儒醫)
- **부모** : 이영(李泠), 김근(金瑾)의 딸
- **공신 내용** : 호성공신(3등)

본관은 한산(韓山)이며 양반 출신으로 내의원 의관으로 활동하였다. 선조 19년(1586) 의인왕후(懿仁王后)가 아프자 시약청에서 10여일 동안 근무하며 중전의 건

강을 회복하게 하였다. 그 공으로 문반(文班)에 서용되었다. 임진왜란 중 선조를 호종하였고 선조 36년(1593) 이공기가 침술에 능했기 때문에 차출되어 명나라 군사를 치료해주었다.

임진왜란 중 정3품 통정대부에 올랐다가 종2품 가선대부에 올랐으며, 선조 33년(1600) 가정대부에 올랐다. 선조 37년(1604) 임진왜란 때 호종한 공으로 호성공신(扈聖功臣)에 녹훈되었으며 한계군(韓溪君)에 봉해졌다.

이괄(李适)

- **출생, 사망** : 1587~1624
- **출신** : 무과
- **부모** : 이제(李磾), 정순하(鄭淳蝦)의 딸
- **공신 내용** : 정사공신(2등)

본관은 고성(固城)이고 자(字)는 백규(白圭)이다. 선조 때 무과에 급제한 뒤 형조좌랑·태안군수를 역임하였다. 1622년 함경북도병마절도사에 임명되어 임지로 떠날 준비를 하고 있을 즈음 5촌 조카 김원량의 소개로 반정을 모의하던 신경유(申景裕)의 권유로 1623년 3월 인조반정 때 선봉에 서서 큰 공을 세웠다.

그러나 반정 과정에서 주도 세력인 거의대장(擧義大將) 김류(金瑬)의 우유부단한 처사에 크게 반발하여 불화하게 되었으며 반정 뒤에 한성판윤이 되었다. 같은 해 포도대장을 지낸 뒤 평안병사 겸 부원수에 임명되었다. 이해 윤10월 반정에 참가한 공신들의 공훈을 책정할 때 정사공신(靖社功臣) 2등의 첫째가 되었다.

1624년 정월 외아들 이전(李旃)이 반역을 도모했다는 무고가 있자 아들을 잡아가 사실 여부를 조사한다고 서울에서 선전관과 의금부도사 등이 영변에 내려오자 이들을 죽이고 반란을 일으켰다. 신속한 행군으로 한때 서울을 점령하며 기세를 떨쳤으나 곧 관군에 대패, 피신 중 부하 장수에게 살해되었다.

이광악(李光岳)

- **출생, 사망** : 1557~1608
- **출신** : 무과
- **부모** : 정선군수 이호약(李好約), 김구(金瞿)의 딸
- **공신 내용** : 선무공신(3등)

본관은 광주(廣州)이고 자(字)는 진지(鎭之)이다. 선조 17년(1584) 무과에 급제하

여 선전관이 되었다. 선조 25년(1592) 임진왜란이 일어나고 그해 10월 왜군이 진주성을 공격하였다. 곤양군수였던 이광악은 초유사(招諭使) 김성일의 명으로 병사들을 이끌고 진주성으로 들어가 진주목사 김시민의 좌익장이 되어 왜군에 맞섰다.

김시민이 적탄에 맞아 쓰러지자 김시민을 대신하여 작전을 지휘해 대승을 거두고 진주성을 사수하는데 성공하였다. 선조 27년(1594) 의병장 곽재우의 부장으로 동래전투에 종군한 이래로 곽재우와 호흡을 맞추어 항상 승리했기에 곽재우와 함께 양비장(兩飛將)이라 불리었다.

선조 31년(1598) 전라도병마절도사로 명나라 군대와 연합하여 금산, 함양 등지에서 왜군을 무찌르고 포로가 된 아군 100여 명을 되찾고 우마 60여 필을 노획하는 전과를 올렸다. 임진왜란이 끝나고 훈련원도정을 거쳐 선조 37년(1604) 선무공신(宣武功臣)에 녹훈되고 광평군(廣平君)에 봉해졌으며 경기도방어사가 되었다. 선조 40년(1607) 함경남도병마절도사로 있을 때 병을 핑계로 근무를 태만히 하였다고 탄핵받아 한때 투옥되기도 하였다.

■ **시호**(諡號) : **충장**(忠壯) -숙종실록 37년(1711) 6월 16일

이광정(李光庭)

- ■ **출생, 사망** : 1552~1627
- ■ **출신** : 음직→문과
- ■ **부모** : 정언 이주(李澍), 온양군수 유사필(柳師弼)의 딸
- ■ **공신 내용** : 호성공신(2등)

본관은 연안(延安)이며 자(字)는 덕휘(德輝)이고 호는 해고(海皐) 이다. 선조 23년(1590) 문과에 급제 후 승문원정자 등을 역임하였다. 임진왜란이 일어나자 한림(翰林)으로서 몽진하는 선조를 모시고 의주까지 갔고 이후 동부승지·이조·병조의 참의, 좌승지 등을 거쳐 대사성이 되었다.

공조참판을 거쳐 1598년 명나라 장수의 접반사, 1599년 호조·공조의 판서를 거쳐 한성부윤이 되었다. 1602년 예조판서가 되었고 이후 대사헌·판돈녕부사·판의금부사·예조·이조의 판서가 되었다.

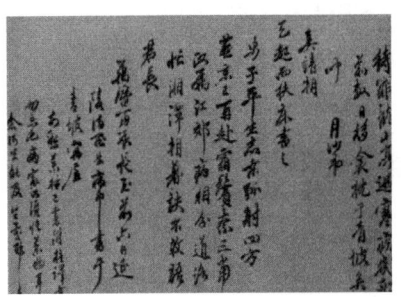

이광정 글씨

1604년 호성공신(扈聖功臣)에 녹훈되고 연원

군(延原君)에 봉해졌다. 뒤에 연원부원군(延原府院君)이 되었다.

광해군 11년(1619) 이조판서가 되었고 1621년 호조판서에 제수되었으나 나가지 않았다. 1623년 인조반정 후 이조·공조·형조의 판서를 거쳐 인조 4년(1626) 개성유수가 되었다. 선조때 정백리에 선정되었다.

- **시호**(諡號) : **충숙**(忠肅) -기년편고V17

이광한(李光漢)

- **출생, 사망** : 1640~1689
- **출신** : 불명
- **부모** : 이중민(李仲敏), 어머니는 불명
- **공신 내용** : 보사공신(3등)

본관은 용인(龍仁)이며 효종 8년(1657) 군기시 봉사가 되고 숙종 6년(1680) 운산군수를 지내고 체찰사부 병방(兵房)으로 있으면서 어영대장 김익훈의 심복이 되어 당시 영의정의 서자(庶子) 허견의 집을 여러 차례 왕래하면서 정탐하였다. 이어 정초청(精抄廳)에서 정원로·강만철을 데리고 승정원에 나아가 역모를 고변하여 이른바 허견의 옥을 일으킴으로써 남인 세력을 일망타진하는 데 공을 세웠다.

같은해 11월 보사공신(保社功臣)에 추록되고 용계군(龍溪君)에 봉하여졌으며 수천부사가 되었다가 1682년 영변부사에 임명되었다. 1689년 기사환국으로 남인이 집권하자 참형을 당하였고, 1690년 공훈도 삭탈되었다가 1694년 갑술환국으로 서인이 재집권하면서 복관되었다.

이국(李礥)

- **출생, 사망** : 1551~1592
- **출신** : 문과
- **부모** : 부호군 이준의(李遵義), 대사성 민수천(閔壽千)의 딸
- **공신 내용** : 호성공신(2등)

본관은 광주(廣州)이며 자(字)는 여진(汝震)이다. 선조 16년(1583) 문과에 급제하였고 선조의 사부(師傅)를 지냈다. 1588년 교리를 지냈고 임진왜란 때 부제학으로 의주로 몽진하는 선조를 호종하였다. 이후 우부승지·이조참의·대사간 등을 역임하고 사망 후인 1604년 호성공신(扈聖功臣)에 녹훈되고 한천군(漢川君)에 봉해졌으며 찬성에 추증되었다.

- **시호**(諡號) : **충장**(忠壯) -청선고

이귀(李貴)
- **출생, 사망** : 1557~1633
- **출신** : 음직
- **부모** : 이정화(李廷華), 청송부사 권용(權鎔)의 딸
- **공신 내용** : 정사공신(1등)

본관은 연안(延安)이고 자(字)는 옥여(玉汝)이며 호는 묵재(默齋)이다. 선조 25년 (1592) 강릉(康陵)참봉으로 있을 때 임진왜란이 일어나자 의병을 모집하여 호소사(號召使) 황정욱에게 갔다가 다시 선조가 있는 평양으로 갔다. 1593년 삼도선유관(三道宣諭官)에 임명되어 체찰사 유성룡을 도와 군졸을 모집하고 양곡을 거두어 개성으로 운반하여 한양 수복을 도왔다. 이후 장성현감·송화현감·안산군수 등을 지냈다.

이귀

광해군 14년(1622) 평산부사가 되었고 광해군의 폭정이 계속되자 이를 개탄하고 김류, 신경진 등과 함께 1623년 인조반정을 일으켜 광해군을 폐위하고 인조를 왕으로 옹립한 공으로 정사공신(靖社功臣)에 녹훈되었다.

호위대장·이조참판·대사헌·좌찬성 등을 역임하였고 연평부원군(延平府院君)에 봉해졌다. 정묘호란 때 최명길과 함께 화의를 주장하여 탄핵받았다. 인조 묘정(廟庭)에 배향되었다.

- **시호**(諡號) : **충정**(忠定) -인조실록 11년(1633) 2월 15일

이극감(李克堪)
- **출생, 사망** : 1427~1465
- **출신** : 문과
- **부모** : 우의정 이인손(李仁孫), 별장 노신(盧信)의 딸
- **공신 내용** : 좌익공신(3등)

본관은 광주(廣州)이고 자(字)는 덕여(德輿)이다. 세종 26년(1444) 문과에 급제하여 집현전에 발탁되었고 1447년 부수찬에 임명되었다. 1448년 세손강서원(世孫講書院)이 새로 설치되자 우찬독(右贊讀)이 되었다. 1450년 문종이 즉위하자 경연사경

(經筵司經)을 지냈고 1455년 세조 즉위에 협력하여 좌익공신(佐翼功臣)에 녹훈되고 이조참의에 임명되었다.

왕세자가 책봉되었을 때 보도(輔導)의 책임을 부여받았고 1458년 동부승지가 되고 이어 이조참판·광성군(廣城君)에 봉해졌고 형조판서에 이르렀다. 신숙주와 함께 『국조보감(國朝寶鑑)』을 수찬하였으며 『치평요람(治平要覽)』·『의방유취(醫方類聚)』 등을 교정하여 간행하였다.

- **시호(諡號) : 문경(文景)** -세조실록 11년(1465) 7월 28일

이극돈(李克墩)
- **출생, 사망** : 1435~1503
- **출신** : 문과
- **부모** : 우의정 이인손(李仁孫), 별장 노신(盧信)의 딸
- **공신 내용** : 좌리공신(4등)

본관은 광주(廣州)이고 자(字)는 사고(士高)이며 호는 사봉(四峯)이다. 세조 3년(1457) 문과 급제 후 전농시주부·집의 등을 역임한 뒤 세조 14년(1468) 예조참의에 올랐다. 이어 한성부우윤·대사헌을 거쳐 1470년 형조참판이 되었다. 이듬해 성종 즉위 및 보좌에 공을 세워 좌리공신(佐理功臣)에 녹훈되고 광원군(廣原君)에 봉해졌다.

성종 18년(1487) 한성부판윤이 되었으며 이후 이조판서·호조판서·좌찬성 등을 역임하였다. 1485년 서거정 등과 함께 『동국통감(東國通鑑)』을 편찬하였다. 연산군 1년(1495) 우찬성으로서 『성종실록』을 편찬하였다.

이극돈 묘

연산군 4년(1499) 『성종실록』을 편찬할 때 사림파의 김일손이 자기 스승인 김종직이 쓴 「조의제문(弔義帝文)」 파동과 관련하여 어세겸 등과 사초를 보고도 곧바로 왕에게 보이지 않았다고 북청에 유배되었다가 다시 군호(君號)를 회복시켜 주었다. 연산군 7년(1501) 병조판서가 되었다

- **시호(諡號)** : 익평(翼平)-연산군일기 9년(1503) 2월 27일

이극배(李克培)

- **출생, 사망** : 1422~1495
- **출신** : 문과
- **부모** : 우의정 이인손(李仁孫), 별장 노신(盧信)의 딸
- **공신 내용** : 좌익공신(3등), 좌리공신(3등)

본관은 광주(廣州)이고 자(字)는 겸보(謙甫)이며 호는 우봉(牛峰)이다. 세종 29년(1447) 문과에 급제하여 승문원 부정자가 되었고 이어 감찰이 되었다. 그 뒤 정언·지제교가 되었고 병조정랑으로 승진하였다. 세조가 즉위하는 데 공을 세워 좌익공신(佐翼功臣)에 녹훈되었고 세조 3년(1457) 예조참의 겸 경상도관찰사에 임명되었고 이어 광릉군(廣陵君)에 봉해졌다.

1462년 이래 호조·공조를 제외한 4조(曹)의 판서를 두루 역임하고 이어 평안도관찰사가 되었다. 예종 때 우참찬이 되었고 성종 즉위 및 보좌에 공이 있어 성종 2년(1471) 좌리공신(佐理功臣)에 녹훈되고 판중추부사가 되었다. 1479년 영중추부사가 되었다가 1485년 우의정이 되었으며 1493년 영의정에 제수되었으나 사양했다. 다시 광릉부원군(廣陵府院君)에 봉해졌다. 같은 공신인 이극감, 이극돈, 이극증의 형이다.

- **시호(諡號)** : **익평(翼平)** -연산군일기 1년(1495) 6월 2일

이극정(李克正)

- **출생, 사망** : ?~?
- **출신** : 불명
- **부모** : 이석정(李碩貞), 군수 박태종(朴泰宗)의 딸
- **공신 내용** : 정국공신(3등)

본관은 경주(慶州)이며 1506년 중종반정에 참여하여 정국공신(靖國功臣)에 녹훈되고 통정대부, 문천군(蚊川君)에 봉해졌으며 이듬해 충익부도사가 되고 1509년 내금위장이 되었다.

- **참고** : 경주이씨 국당공파 족보에는 공조판서, 교천군(蛟川君)으로 되어있음.

이극증(李克增)

- **출생, 사망** : 1431~1494
- **출신** : 음직→문과
- **부모** : 우의정 이인손(李仁孫), 별장 노신(盧信)의 딸

■ **공신 내용** : 익대공신(2등), 좌리공신(3등)

본관은 광주(廣州)이며 자(字)는 경위(景祁)이다. 음직으로 종묘녹사(宗廟錄事)가 되었고 세조 2년(1456) 문과에 급제해 군기시 직장(直長)이 되고 우정자를 역임하였다. 1461년 정랑, 1463년 성균관직강 겸 의정부 검상을 거쳐 사인을 역임하였다. 1467년 부호군에 임명된 뒤 곧 동부승지를 거쳐 좌승지가 되었다.

남이의 옥사 처리에 관여한 공으로 이듬해 익대공신(翊戴功臣)에 녹훈되고 광천군(廣川君)에 봉해졌고 1469년 도승지를 거쳐 이듬해 이조판서에 임명되었다. 성종 즉위 및 보좌에 기여한 공으로 성종 2년(1471) 좌리공신(佐理功臣)에 녹훈되고 호조판서가 되었다.

1477년 전라도관찰사로 나갔다가 이듬해 우참찬을 지냈다. 1479년 병조판서가 되고, 이듬해 형조판서를 거쳐 1481년 좌참찬이 되었다. 1482년 병조판서를 거쳐 1484년에는 동지성균관사, 1488년 한성부판윤이 되었다.

■ **시호**(諡號) : **공장**(恭長) -성종실록 25년(1494) 3월 25일

이근(李懃)

- ■ **출생, 사망** : ?~1398
- ■ **출신** : 불명
- ■ **부모** : 이희필(李希泌), 박천무(朴天茂)의 딸
- ■ **공신 내용** : 개국공신(3등)

본관은 고성(固城)이며 고려 우왕 14년(1388) 좌부대언이 되고 공양왕 1년(1389) 숙부 이임(李琳)과 함께 원지(遠地)에 유배되었으나 얼마 뒤 석방되었다. 1392년 이조판서에 이어 우대언이 되었다.

1392년 7월 조선을 개국하고 이성계를 왕위에 옹립하는데 기여한 공으로 태조 1년(1392) 8월 개국공신(開國功臣)에 녹훈되고 좌승지가 되었다. 태조 2년(1393) 대사헌, 1396년 판중추원사·종묘감독관에 이르렀다. 1398년 제1차 왕자의 난 때 주살되고 관작도 추탈되었다.

이기(李夔)

- ■ **출생, 사망** : ?~?
- ■ **출신** : 음직
- ■ **부모** : 우승지 이익령(李益齡), 유양(柳壤)의 딸

- **공신 내용** : 정국공신(4등)

본관은 수안(遂安)이고 자(字)는 여해(汝諧)이다. 1506년 중종반정에 참여하여 정국공신(靖國功臣)에 녹훈되고 요산군(遼山君)에 봉해졌다. 중종 14년(1519) 주서(注書)를 지냈고 1528년 장령, 1537년 곡산군수, 1539년 첨정을 지내고 1547년 통천군수가 되었다. 중종반정의 주동자 유순정의 생질이다.

이기(李耆)
- **출생, 사망** : 1532~1594
- **출신** : 성종의 증손
- **부모** : 운성군(雲城君) 이수철(李壽鐵), 장인효(張仁孝)의 딸
- **공신 내용** : 호성공신(2등)

본관은 전주(全州, 이성군파)이며 1567년 해풍부정, 1581년 해풍군(海豊君)이 되었고 선조 25년(1592) 임진왜란으로 의주로 몽진하는 선조를 두 아들과 함께 수가(隨駕)하였으며 다른 신하들이 뿔뿔이 흩어져 달아나려고 할 때 크게 통곡하며 끝까지 임금을 호위하였다. 1592년 숭헌대부가 되었고 사망 후 호성공신(扈聖功臣)에 녹훈되고 정1품 현록대부에 추증되었다.

이기축(李起築)
- **출생, 사망** : 1589~1645
- **출신** : 무과
- **부모** : 충청도수군절도사 이경유(李慶裕), 옥구현감 고언명(高彦命)의 딸
- **공신 내용** : 정사공신(3등)

본관은 전주(全州, 효령대군파)이고 자(字)는 희열(希說)이며 광해군 12년(1620) 무과에 급제하였다. 4촌형 이서(李曙)는 장단부사로 있으면서 반정(反正)을 모의하던 중이었다. 이기축은 다른 주모자들과의 연락을 맡았으며 거사당일 장단 군사가 한양으로 들어올 때 선봉장으로 들어왔다.

그 공으로 정사공신(靖社功臣)에 녹훈되고 절충장군으로 품계가 올라 금군장(禁軍將)이 되었고 이어 수별장(首別將)이 되었다. 1626년 다대포수군첨절제사가 되고 1629년 위원군수로 나갔다가 곧이어 호위별장·오위장 등을 지냈다. 1635년 삭주부사로 승진했으나 술 취한 것이 문제가 되어 파직되었다.

1636년 병자호란 때는 금군장으로서 남한산성으로 왕을 호종했고 다시 어영별장

(御營別將)이 되어 남쪽성을 지켰으며, 적군과 싸우기도 하였다. 그 공으로 가선대부로 품계가 오르고 완계군(完溪君)에 봉해졌다.

청나라와 화의 후 소현세자를 호종해 심양(瀋陽)에 갔다가 3년 뒤 신병으로 돌아왔다. 이후 심칙침사로 나갔다가 인조 20년(1642) 장단부사가 되었으나 어머니의 병 때문에 사양하였다. 사망 후 한성판윤에 추증되었다.

- **시호**(諡號) : **양의**(襄毅) -승정원일기 경종 3년(1723) 10월 29일

이덕량(李德良)

- **출생, 사망** : 1435~1487
- **출신** : 무과
- **부모** : 승정원 주서 이지장(李智長), 판관 이승(李昇)의 딸
- **공신 내용** : 적개공신(2등)

본관은 전의(全義)이며 세조 3년(1457) 무과에 급제, 선전관을 거쳐 호조정랑·사헌부장령 등을 지냈고 1465년 경원도호부사에 임명되었으나 얼마 후 어머니의 병으로 사직하였다.

1467년 5월 이시애(李施愛)의 난이 일어나자 특명으로 회령부사가 되어 난 진압에 공을 세워 적개공신(敵愾功臣)에 녹훈되고 전의군(全義君)에 봉해졌다. 이어 회령진병마절제사를 겸했고 이듬해 8월 평양부윤이 되었다.

성종 4년(1473) 문신들의 반대에도 불구하고 충청도관찰사 겸 병마절도사가 되었고 이후 경기관찰사·영안도관찰사 등 지방관을 7년 동안 지냈다. 영안도관찰사로 재직할 때 건주위정벌에 공을 세웠다. 1480년 공조참판·병조참판을 거쳐 1482년 형조판서에 승진한 뒤 대사헌·호조판서를 역임하였다. 세조의 왕비 정희왕후 언니의 사위이다.

- **시호**(諡號) : **장경**(莊敬) -성종실록 18년(1487) 7월 23일

이두견(李斗堅)

- **출생, 사망** : ?~?
- **출신** : 보인(保人)
- **부모** : 불명
- **공신 내용** : 영사공신(3등)

본관은 전주(全州)이다. 서얼 출신인 이두견은 유효립(柳孝立) 반란군의 일원인

허유(許逌)의 심복 노릇을 하며 김진성, 김득성 등을 포섭하였으나 인조 6년(1628) 1월 김득성이 장인 황성원으로부터 허계의 아들 허선과 처남 황진이 조정에 고변하러 한양으로 떠났다는 것을 알게 되자 본인도 한양으로 와서 고변을 하였다.

그리하여 비변사에서 군사를 동원해 동대문과 남대문에 잠복하였다가 거사 예정 전날 저녁에 도성으로 들어오던 역도들을 모조리 체포하여 모두 처형되었다. 이두견도 역모를 고변한 공으로 같은해 3월 영사공신(寧社功臣)에 책록되고 완은군(完恩君)에 책봉되었으며 한성부 우윤 등을 지냈다.

□ 참고사항 : 군호(君號)가 양평군(陽平君)이라는 자료도 있음.『성씨의 고향』을 보면 전주이씨 공신명단에 나오는데 파(派)를 알 수 없어 족보를 찾을 수 없음.

이락(李珞)
- **출생, 사망** : ?~?
- **출신** : 불명
- **부모** : 불명
- **공신 내용** : 진무공신(3등)

이괄의 난 때 진압군으로 참여하여 공을 세워 진무공신(振武功臣)에 녹훈되고 율성군(栗城君)에 봉해졌으며 주부(主簿)가 되었고 1634년 어유소첨사 등을 지냈다.

- **참고** : (1) 본관이 확인되지 않으며 황해도 안악군읍지에 진무공신 이락이 안악 출신이라고 되어있다.

  (2) 이괄의 난 때 왕족인 호성정(湖城正) 이락(李洛)은 반란군에 호응하였다가 반란이 진압된 뒤 흥해로 유배되었는데 두 사람을 혼동하는 경우가 있는 것 같다.

이래(李來) 초명(初名)은 이래(李徠)
- **출생, 사망** : 1362~1416
- **출신** : 음직→문과(고려)
- **부모** : 우정언 이존오(李存吾), 판도판서 민선(閔璿)의 딸
- **공신 내용** : 좌명공신(2등)

본관은 경주(慶州)이고 자(字)는 낙보(樂甫), 안국(安國)이다. 고려 우왕 9년(1383) 문과에 급제하고 공양왕 때 우사의대부(右司議大夫)에 올랐다. 공양왕 4년(1392) 정몽주 사망 후 그 일당으로 몰려 경주에 유배되었다가 곧 풀려나서 공주에 은거하

였다.

정종 1년(1399) 좌간의대부로 등용되고 이듬해인 1400년 이방간의 모의를 알게되자 좌주(座主) 우현보에게 전하였고 우현보는 즉시 이방원측에 전달하였다. 이방원은 즉시 대비하여 이방간의 난을 평정하는 데 도움이 되었으므로 좌명공신(佐命功臣)에 녹훈되었다. 곧 좌군동지총제가 되었고 계림군(鷄林君)으로 봉해졌다.

태종 2년(1402) 첨서승추부사(僉書承樞府事)가 되었다가 그 해 대사간을 거쳐 공조판서에 승진되었다. 1404년 대사헌이 되었고 이듬해 예문관대제학이 되었고 1407년 경연관

이래 신도비

을 거쳐 공조판서를 지냈고 세자의 좌빈객(左賓客)을 지냈으며 1408년 지의정부사 겸 판경승부사에 이르렀다. 사망 후 영의정에 추증되었다. 태종의 묘정(廟庭)에 배향되었다.

■ **시호**(諡號) : **경절**(景節) -태종실록 16년(1416) 10월 12일

이만유(李萬囿) 초명(初名)은 이만빈(李萬彬)

- ■ **출생, 사망** : 1684~1750
- ■ **출신** : 무과
- ■ **부모** : 이운선(李雲善), 첨지중추부사 김여항(金汝恒)의 딸
- ■ **공신 내용** : 분무공신(2등)

본관은 한산(韓山)이며 자(字)는 숙함(淑咸)이고 호는 사상당(四尙堂)이다. 숙종 45년(1719) 무과에 급제 후 여러 관직을 거쳐 영조 4년(1728) 청주에서 이인좌의 난이 발생하자 도순무사 오명항을 따라 반란군 진압에 공을 세워 같은 해 4월 분무공신(奮武功臣)에 녹훈되었고 한원군(韓原君)에 봉해졌다.

같은해 양성현감을 지내고 이어 벽동군수·낙안군수를 거쳐 1739년 삭주부사를 지냈고 이후 숙천부사·길주목사 등을 지냈고 영조 24년(1748) 경상 좌수사를 지냈다. 사망 후 판의금부사에 추증되었다.

■ **참고** : (1) 공신 교서를 보면 목은 이색의 후손임을 천명하였고 『전고대방』에도 한산인(韓山人)이라고 되어있음.

(2) 인터넷에 보면 안악(安岳) 이씨 저명인사 중 이만빈(李萬彬)이 있고 같은

분무공신이고 한원군이라고 하며 『성씨의 고향』 안악 이씨에도 분무공신 이
만빈이 있음. 그러나 안악이씨 족보에서 이만빈을 찾지 못함.

(3) 원래 이만빈이었으나 역적 박필현의 부하 군관 중에 이만빈이 있어 이만
유로 개명한 것으로 추측하고 있음.

이맹우(李孟友)

- **출생, 사망** : ?~?
- **출신** : 음직
- **부모** : 회양부사 이탁(李鐸), 이조판서 박중선(朴仲善)의 딸
- **공신 내용** : 정국공신(4등)

본관은 고성(固城)이며 중종반정에 참여한 공으로 정국공신(靖國功臣)에 녹훈되고 고성군(固城君)에 봉하여졌으며 1510년 현령을 지냈고 1539년 통원부사, 1547년 선공감부정 등을 지냈고 사망 후 호조판서에 증직되었다. 중종반정의 주동자인 박원종의 생질이다.

- **참고** : 철성(鐵城) 이씨에 정국공신 이맹우가 있다는 자료도 있으나 철성이씨 족보에서 찾지 못함.

이몽가(李蒙哥)

- **출생, 사망** : 1405~1487
- **출신** : 공신
- **부모** : 이조판서 이행(李行), 어머니는 불명
- **공신 내용** : 정난공신(3등)

본관은 여주(驪州)이고 자(字)는 계팽(季彭)이다. 무술이 뛰어났으며 권람·한명회와 친교가 있어 수양대군의 측근이 되었다. 단종 1년(1453) 수양대군이 일으킨 계유정난 전 안평대군 측의 동향을 파악하는데 공을 세워 정난공신(靖難功臣)에 녹훈되고 중군부사정(中軍副司正)에 임명되었다.

세조 2년(1456) 중군(中軍)부사직, 1460년 첨지중추원사를 거쳐 1463년 중추원부사가 되고 뒤에 여천군(驪川君)에 봉하여졌다. 예종 1년(1469) 중추부지사가 되고 1482년 정헌대부가 되었다.

- **시호(諡號)** : 호양(胡襄) -성종실록 18년(1487) 3월 18일

이무(李茂)

- **출생, 사망** : 1331~1409
- **출신** : 문과
- **부모** : 판도판서 이거경(李居敬), 어머니는 불명
- **공신 내용** : 정사공신(1등), 좌명공신(1등)

본관은 단양(丹陽)이고 자(字)는 돈부(敦夫)이다. 고려 공민왕 2년(1353) 문과에 급제하였고 우왕 때 밀직사사가 되었으나 이인임(李仁任)과 같은 당파로 몰려 곡주(谷州)로 유배되었다. 조선이 건국되자 다시 등용되어 태조 2년(1393) 개성부윤이 되었으며 1396년 대마도 정벌시 5도병마도통처치사인 김사형 아래에서 도체찰사로 활약하였다.

1398년 참찬문하부사·판예조사 등을 지냈고 제1차 왕자의 난에 이방원(태종)측에 협력하여 같은 해 9월 정사공신(定社功臣)에 녹훈되었다. 정종 2년(1400) 동북면 도순문찰리사 겸 의흥부윤이 되었다. 그해 7월 정도전과 가까운 사이라고 지목되어 강릉으로 유배되었다가 9월에 풀려났다.

그 해 판삼군부사(判三軍府事)로 있으면서 제2차 왕자의 난이 일어나자 이방원(태종)측에 협력하여 좌명공신(佐命功臣)에 녹훈되었다. 태종 2년(1402) 우정승이 되었으며 단산부원군(丹山府院君)에 봉해지고 이듬해 영승추부사가 되었다. 1409년 태종의 처남인 민무구·민무질의 옥사에 관련되어 창원으로 유배되었다가 안성군 죽산(竹山)에 옮겨져 그곳에서 처형되었으나 뒤에 신원(伸冤)되었다.

- **시호(諡號)** : **익평(翼平)** - 청선고
- **참고** : 출생연도가 1353년이라는 자료도 많으나 그해는 과거에 급제한 연도임.

이민도(李敏道)

- **출생, 사망** : 1336~1395
- **출신** : 불명
- **부모** : 경원로 총관 이공아(李公埜), 무성군부인 욱씨(鄭城郡夫人郁氏)
- **공신 내용** : 개국공신(2등)

본관은 상산(商山)이며 원나라 출신으로 고려 말 고려에 들어와 의술과 점술에 재능이 있어 서운부정(書雲副正)과 전의정(典醫正)을 역임하였다. 1392년 7월 조선을 개국하고 이성계를 왕위에 옹립하는데 기여한 공으로 태조 1년(1392) 8월 개국공신(開國功臣)에 녹훈되었다. 공조·예조·호조 전서(典書)를 두루 지냈으며 상산군(商

山君)에 봉해졌다.
- **시호**(諡號) : **직헌**(直憲) -태조실록 4년(1395) 3월 9일
- **참고** : 『전고대방』에는 시호가 정헌(貞憲)으로 되어있음.

이방간(李芳幹)
- **출생, 사망** : 1364~1421
- **출신** : 왕자
- **부모** : 태조(太祖), 신의왕후 한씨(韓氏)
- **공신 내용** : 개국공신(1등), 정사공신(1등)

본관은 전주(全州, 회안대군파)이고 호(號)는 망우당(忘牛堂)이다. 고려 때 군기시 소윤을 역임하였고 1392년 조선이 개국되자 회안대군(懷安大君)에 봉군(封君)되었다. 1398년 8월 제1차 왕자의 난에 동생 이방원(태종)을 도와 정도전 일파를 제거하는 데 공을 세워 정종 즉위년(1398) 정사공신(定社功臣)에 녹훈되고 그해 12월 개국공신(開國功臣)에 추록되었다.

1400년 제2차 왕자의 난을 일으켰으나 실패하면서 토산(兎山)으로 유배되었다가 이후 아산, 익주(益州), 순천 등으로 옮겨졌다가 1404년 왜구의 화를 피해 익주로 다시 옮겨졌고 1410년 8월에는 완산(完山)으로 옮겨졌다. 1416년 공신녹권과 직첩을 몰수당했고 1417년 홍주(洪州)로 옮겨져 그곳에서 사망하였다.

- **시호**(諡號) : **양희**(良僖) -승정원일기 철종 14년(1863) 11월 16일

이방의(李芳毅)
- **출생, 사망** : 1360~1404
- **출신** : 왕자
- **부모** : 태조(太祖), 신의왕후 한씨(韓氏)

이방의

- **공신 내용** : 개국공신(1등), 정사공신(1등)

본관은 전주(全州, 익안대군파)이고 자(字)는 태관(太寬)이다. 1392년 조선이 개국되자 익안대군(益安大君)에 봉해졌다. 1398년 8월 제1차 왕자의 난이 일어나자 동생 이방원(태종)을 도와 같은 해 9월 정사공신(定社功臣)에 녹훈되고 그해 12월 개국공신(開國功臣)에 추록되었다. 정종 1년(1399) 경기도와 충청도의 지방군을 관장하였

다. 1400년 2월 제2차 왕자의 난이 일어났을 때 병(病)으로 집에 있다가 소식을 듣고 이방간의 모반을 개탄하면서 이방원(태종)을 간접적으로 도왔다. 정종 묘정(廟庭)에 배향되었다.
- **시호**(諡號) : **안양**(安襄) -세종실록 3년(1421) 12월 15일

이백유(李伯由)
- **출생, 사망** : 1352~1399
- **출신** : 문과(고려)
- **부모** : 검교중추원사 이몽(李蒙), 직제학 최용갑(崔龍甲)의 딸
- **공신 내용** : 개국공신(3등)

본관은 전주(全州, 시중공파)이며 고려 공민왕 20년(1371) 문과 급제 후 여러 관직을 거쳐 공양왕 1년(1389) 문하부태상시(門下府太常侍)에 이르렀다. 1392년 예조판서를 지내고 그해 7월 조선을 개국하고 이성계를 왕위에 옹립하는데 기여한 공으로 태조 1년(1392) 8월 개국공신(開國功臣)에 녹훈되고 완성부원군(完城府院君)에 봉해졌다. 태조 7년(1398) 제1차 왕자의 난에 정도전 일파로 지목되어 관작과 공신의 칭호를 삭탈 당하고 지방에 유배되었다가 사망하였다.
- **시호**(諡號) : **양후**(良厚) -정종실록 1년(1399) 7월 10일

이보혁(李普赫)
- **출생, 사망** : 1684~1762
- **출신** : 음직
- **부모** : 은산현감 이의진(李宜振), 우의정 윤지완(尹趾完)의 딸
- **공신 내용** : 분무공신(3등)

본관은 용인(龍仁)이고 자(字)는 성원(聲遠)이다. 음직으로 벼슬을 시작하여 여러 관직을 거쳐 평양부윤이 되었으나 영조 1년(1725) 부정 혐의로 파직되었다. 1728년 3월 성주목사로 재임 중 이인좌(李麟佐)와 결탁하여 경상도 지역에서 거병(擧兵)한 정희량 무리를 진압하여 분무공신(奮武功臣)에 녹훈되고 인평군(仁平君)에 봉해졌다.

이후 호조참판·병조참판을 거쳐 1738년 공홍도관찰사를 지낼 때 함부로 형벌을 가한 죄로 파직되었다가 1740년 다시 등용되어 풍덕부사로 부임해서는 군액을 과하게 부과하는 폐단을 시정하였다. 이듬해 한성부 좌윤, 부총관을 거쳐 1753년 한성부

판윤, 이듬해 공조판서가 되었다. 사망 후 좌의정에 추증되었다.
- ■ **시호**(諡號) : **충정**(忠貞) -승정원일기 영조 38년(1762) 윤5월 11일

이복(李復)
- ■ 출생, 사망 : 1428~?
- ■ 출신 : 정종의 손자
- ■ 부모 : 진남군(鎭南君) 이종생(李終生), 상호군 남돌(南突)의 딸
- ■ 공신 내용 : 익대공신(2등)

본관은 전주(全州, 진남군파)이고 자(字)는 면여(勉餘)이며 호는 양계(陽溪)이다. 어려서부터 활쏘기에 남다른 재주를 보여 세조의 총애를 받았다. 세조 1년(1456) 거평정(居平正)이 되고 세조 10년(1464) 공현위장(控弦衛將)이 되고 1466년 거평도정이 되고 충청도병마절도사가 되었으며 이듬해 거평군(居平君)에 봉해졌다. 예종 즉위년(1468) 남이(南怡)의 옥사에 공을 세워 익대공신(翊戴功臣)에 녹훈되었다.

이복근(李福根)
- ■ 출생, 사망 : ?~1421
- ■ 출신 : 태조의 손자
- ■ 부모 : 진안대군 이방우(李芳雨), 찬성사 지대연(池大淵)의 딸
- ■ 공신 내용 : 정사공신(2등)

본관은 전주(全州, 진안대군파)이며 1398년 제1차 왕자의 난에 이방원(태종)측에 협력하여 정종 즉위년(1398) 정사공신(定社功臣)에 녹훈되고 봉녕부원군(奉寧府院君)에 봉해졌다.
- ■ **시호**(諡號) : **안간**(安簡) -세종실록 3년(1421) 11월 3일

이부(李敷)
- ■ 출생, 사망 : ?~1422
- ■ 출신 : 무사(武士)
- ■ 부모 : 첨지중추부사 이서(李曙), 어머니는 불명
- ■ 공신 내용 : 개국공신(3등)

본관은 공주(公州)이고 자(字)는 석보(晳甫)이며 호는 정묵헌(靜默軒)이다. 고려 공양왕 4년(1392) 이방원(태종)의 지시를 받고 조영규·조영무·고려(高呂) 등과 함께 이성계를 문병하고 돌아가던 정몽주를 미행하여 선죽교에서 살해하였다. 1392년

7월 조선을 개국하고 이성계를 왕위에 옹립하는데 기여한 공으로 태조 1년(1392) 8월 개국공신(開國功臣)에 녹훈되고 흥원군(興原君)에 봉해졌다. 이어 판봉상시사·상장군 등을 역임하고 태종 때는 총제(摠制)가 되어 외갑사(外甲士)를 지휘하였다.

- **시호(諡號) : 강양(剛襄)** -칭선고

이부(李溥)

- **출생, 사망** : 1444~1470
- **출신** : 세종의 손자
- **부모** : 광평대군 이여(李璵), 신자수(申自守)의 딸
- **공신 내용** : 적개공신(3등), 익대공신(2등)

본관은 전주(全州, 광평대군파)이며 자(字)는 준지(俊之)이고 호는 명신당(明新堂)이다. 태어나자마자 아버지가 사망하여 세종이 이를 불쌍히 여겨 5세까지 궁중에서 길렀으며 8세가 되자 특별히 가덕대부 영순군(永順君)에 봉하였다. 어릴 때부터 총명하여 문무에 통달하니 세조도 세종의 유의(遺意)를 받들어 항상 좌우에 두고 모든 왕명의 출납을 일임하였다.

세조 12년(1466) 등준시(登俊試)에 급제하였으며 이듬해 5월 이시애(李施愛)의 난 때에는 평정 계획에 적극 참여한 공으로 적개공신(敵愾功臣)에 녹훈되고 현록대부(顯祿大夫)에 올랐다. 1468년 세조가 온양에서 베푼 문과중시에 장원으로 급제하였고 남이(南怡)의 옥 처리에 공을 세워 예종 즉위년(1468) 익대공신(翊戴功臣)에 녹훈되었다.

- **시호(諡號) : 공소(恭昭)** -성종실록 1년(1470) 4월 1일

이사공(李士恭)

- **출생, 사망** : 1554~1631
- **출신** : 무과
- **부모** : 진용교위(進勇校尉) 이장경(李長庚), 어머니는 불명
- **공신 내용** : 호성공신(3등)

본관은 경주(慶州)이고 자(字)는 중경(仲敬)이다. 선조 16년(1583) 무과에 급제하였고 선조 25년(1592) 임진왜란이 일어나자 수문장으로서 더구나 홀어머니가 계심에도 의주로 몽진하는 선조를 수가(隨駕)한 공으로 선조 37년(1604) 호성공신(扈聖功臣)에 녹훈되고 경양군(慶陽君)에 봉하여졌다. 인조 6년(1628) 정헌대부가 되었고

벼슬은 도총관에 이르렀다.

이사명(李師命)
- **출생, 사망** : 1647~1689
- **출신** : 문과
- **부모** : 대사헌 이민적(李敏迪), 황일호(黃一皓)의 딸
- **공신 내용** : 보사공신(2등)

본관은 전주(全州, 밀성군파)이고 자(字)는 백길(伯吉)이며 호는 포암(蒲菴)이다. 숙종 6년(1680) 문과에 장원으로 급제하였다. 이 해 정언, 수찬 등으로 있으면서 남인 허견(許堅) 등이 역모를 꾀한다고 고발한 경신대출척에 같은 서인 김석주·김익훈 등과 남인을 몰아내는 데 공을 세워 보사공신(保社功臣)으로 추록되고 완녕군(完寧君)에 봉해졌다.

1681년 사간이 되고 이듬해 전라도관찰사가 되었고 1685년 형조판서가 되고 이듬해 병조판서가 되었으나 1688년 윤세희 등의 탄핵으로 삭주에 유배되었다. 1689년 기사환국으로 남인이 정권을 잡자 사사(賜死)되었다가 1694년 갑술환국으로 서인이 재집권하자 복훈되었다.

이사철(李思哲)
- **출생, 사망** : 1405~1456
- **출신** : 문과
- **부모** : 이조판서 이란(李蘭), 제학 윤사우(尹師愚)의 딸
- **공신 내용** : 정난공신(1등), 좌익공신(2등)

본관은 전주(全州, 완창대군파)이고 자(字)는 성지(誠之)이다. 세종 14년(1432) 문과에 급제하여 집현전 박사가 되고 1434년 집현전 부수찬에 승진되었다. 1442년 장령·집의를 거쳐 지사간원사(知司諫院事)를 역임하고 1443년 동부승지 등을 거쳐 1447년 도승지 등을 지냈다. 1450년 이조참판이 되고 이듬해 예조판서·이조판서를 지냈다.

단종 즉위년(1452) 고명(誥命) 사은사로 수양대군이 명나라에 갈 때 부사로 다녀온뒤 우참찬이 되었다. 단종 1년(1453) 수양대군이 일으킨 계유정난에 협력한 공으로 정난공신(靖難功臣)에 녹훈되고 견성군(甄城君)에 봉하여졌다. 1455년 좌찬성으로서 세조가 즉위하는데 공을 세워 우의정에 승진되고 좌익공신(佐翼功臣)에 녹훈

되었으며 견성부원군(甄城府院君)에 봉하여졌다. 세조 2년(1456) 좌의정이 되었다.
- ■ 시호(諡號) : **문안**(文安) -세조실록 2년(456) 12월 16일

이산보(李山甫)
- ■ 출생, 사망 : 1539~1594
- ■ 출신 : 문과
- ■ 부모 : 이지무(李之茂), 능성구씨(綾城具氏)
- ■ 공신 내용 : 호성공신(2등)

본관은 한산(韓山)이고 자(字)는 중거(仲擧)이며 호는 명곡(鳴谷)이다. 선조 1년(1568) 문과에 급제하여 승문원부정자가 되었고 이후 여러 관직을 거쳐 예조좌랑·해미현감 등을 거쳐 이조정랑에 임명되었다. 1589년 대사간, 이듬해 대사헌이 되었고 1591년 황해도관찰사가 되었다가 파직되었다.

1592년 임진왜란이 일어나자 이조판서로서 의주로 몽진하는 선조를 호종하였고 명나라군의 군량미 조달 문제를 해결하기 위해 북도와 삼남 지방의 도검찰사(都檢察使)로 나가 군량미를 모았다.

1594년 대기근이 들자 세자의 명을 받고 밤낮으로 구휼에 힘쓰다가 병을 얻어 사망하였다. 사망 후인 1604년 호성공신(扈聖功臣)에 녹훈되고 영의정에 추증되었으며 한흥부원군(韓興府院君)에 추봉되었다.

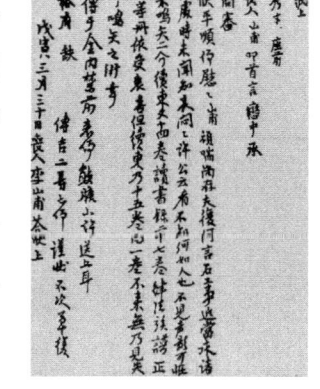
이산보 글씨

- ■ 시호(諡號) : **충간**(忠簡) -인조실록 11년(1633) 1월 26일

이산해(李山海)
- ■ 출생, 사망 : 1539~1609
- ■ 출신 : 문과
- ■ 부모 : 청풍군수 이지번(李之蕃), 우봉현령 남수(南脩)의 딸
- ■ 공신 내용 : 광국공신(3등), 평난공신(2등)

본관은 한산(韓山)이며 자(字)는 여수(汝受)이고 호는 아계(鵝溪)이다. 명종 16년(1561) 문과에 급제하여 승문원 부정자가 되었다. 이듬해 홍문관 정자가 된 후 부제학·대사간 등 여러 관직을 거쳐 1588년 우의정이 되었는데 이 무렵 동인(東人)이 남인과 북인으로 갈라지자 북인의 영수로 정권을 장악했다. 1589년 좌의정을 거쳐

이산해

이듬해 영의정이 되었다.

선조 23년(1590) 종계변무의 공으로 광국공신(光國功臣)에 녹훈되고 아성부원군(鵝城府院君)에 봉해졌으며 같은해 정여립 역모사건 처리에 공이 있어 평난공신(平難功臣)에 녹훈되었으며 1592년 임진왜란으로 파천하는 선조를 호종하였으나 나라를 그르쳤다는 탄핵을 받아 평해에 중도부처되었다.

1595년 영돈녕부사가 되고 1599년 다시 영의정이 되었다가 이듬해 파직되었고 1608년 선조가 사망하자 원상(院相)으로 국정을 맡았다.

- **시호(諡號) : 문충(文忠)** -한국민족문화대백과사전

이삼(李森)

- **출생, 사망** : 1677~1735
- **출신** : 무과
- **부모** : 감역 이사길(李師吉), 어머니는 불명
- **공신 내용** : 분무공신(2등)

본관은 함평(咸平)이고 자(字)는 원백(遠伯)이다. 숙종 31년(1705) 무과에 급제하였고 여러 관직을 거쳐 1713년 정주목사, 1717년 이후 평안도병마절도사·수원부사·충청도병마절도사·한성부우윤, 1724년 어영대장 등을 지냈다. 영조 3년(1727) 훈련대장이 되었고 이듬해 3월 이인좌(李麟佐)의 난이 일어났을 때 관문을 잘 지킨 공으로 같은해 4월 분무공신(奮武功臣)에 녹훈되고 함은군(咸恩君)에 봉하여졌다. 1729년 병조판서에 올랐다.

이상(李讚)

- **출생, 사망** : 1455~1510
- **출신** : 세종의 손자
- **부모** : 밀성군 이침(李琛), 판한성부사 민승서(閔承序)의 딸
- **공신 내용** : 정국공신(4등)

본관은 전주(全州, 밀성군파)이며 중종반정 때 형 운산군(雲山君) 이계(李誡)를 따라 참여하여 진성대군(중종)의 집을 호위하는 등의 공으로 정국공신(靖國功臣)에 녹훈되었다.

- **시호(諡號) : 양소(襄昭)** -청선고

■ **참고** : 자료에 따라 이당(李譡), 이당(李譡), 이상(李讃)으로 나오는데 족보를 보면 이상(李讃)으로 되어있다.

이서(李舒)
- ■ **출생, 사망** : 1332~1410
- ■ **출신** : 문과
- ■ **부모** : 연경궁 제학 이기종(李起宗), 판서 구침(具沈)의 딸
- ■ **공신 내용** : 개국공신(3등)

본관은 홍주(洪州)이며 자(字)는 양백(陽伯)이고 호는 당옹(戇翁)이다. 고려 공민왕 6년(1357) 문과에 급제 후 여러 벼슬을 거쳐 군부좌랑이 되었으나 정치가 문란해지자 관직을 그만두었다. 1388년 이성계(李成桂)가 실권을 장악하자 내서사인(內書舍人)에 제수되었다. 1392년 7월 조선을 개국하고 이성계를 왕위에 옹립하는데 기여한 공으로 태조 1년(1392) 8월 개국공신(開國功臣)에 녹훈되었다.

안평군(安平君)에 봉해졌으며 형조전서(刑曹典書)에 임명되었다. 1394년 대사헌이 되고 1398년 참찬문하부사에 오르고 1400년 태종이 즉위하자 문하시랑찬성사에 이어 우정승으로 안평부원군(安平府院君)에 봉해졌다. 이 해 영의정부사가 되었다. 태종 2년(1402) 중(僧) 설오(雪悟)와 함께 한흥에 있던 태조를 설득하여 귀경하게 했으며 1404년 다시 우정승이 되었다. 이듬해 치사(致仕)했다가 다시 영의정에 올랐다.

- ■ **시호(諡號)** : **문간**(文簡) -태종실록 10년(1410) 9월 9일

이서(李曙)
- ■ **출생, 사망** : 1449~1498
- ■ **출신** : 왕자
- ■ **부모** : 세조(世祖), 근빈박씨(謹嬪朴氏)
- ■ **공신 내용** : 익대공신(2등)

본관은 전주(全州, 덕원군파)이며 자(字)는 정수(晶叟)이고 호는 종덕암(宗德庵)이다. 세조 3년(1458) 덕원군(德原君)에 봉해졌고 예종 즉위년(1468) 남이의 역모사건 처리에 공을 세워 익대공신(翊戴功臣)에 녹훈되고 성종 때는 종부시 도제조로서 종실의 규찰 업무를 담당하고 아버지 세조 제향소의 일을 맡아 보았다.

- ■ **시호(諡號)** : **소간**(昭簡) -청선고

이서(李曙)

- **출생, 사망** : 1580~1637
- **출신** : 무과
- **부모** : 제주목사 이경록(李慶祿), 감찰 이학증(李學曾)의 딸
- **공신 내용** : 정사공신(1등)

본관은 전주(全州, 효령대군파)이고 자(字)는 인숙(寅叔)이며 호는 월봉(月峰)이다. 선조 36년(1603) 무과에 급제 후 사용(司勇)·진도군수 등을 지냈고 광해군 10년(1618) 폐모론이 일어났을 때 정청(政廳)에 불참하였다. 그 뒤 장단부사로 경기방어사를 겸했고 1623년 김류·이귀 등과 함께 인조반정을 주도, 반정 성공 후 호조판서에 승진되고 정국공신(靖國功臣)에 녹훈되었으며 완풍군(完豊君)에 봉해졌다.

이어 경기관찰사가 되었는데 인조 2년(1624) 이괄(李适)의 반란이 일어나자 병력을 이끌고 송도(松都)에 이르렀으나 방어를 제대로 하지 못했다고 파직되었지만 곧 다시 서용되었다. 이어 총융사로서 왕에게 건의해 남한산성을 수축하고 군량을 많이 확보했으며 삼혈총(三穴銃)과 조총(鳥銃)을 많이 제조해 적의 침공에 대비하였다.

1628년 형조판서를 거쳐 1632년 공조판서가 되어 가처에 산성을 수축해 청나라의 침입에 대비하였다. 1634년 판의금부사를 겸했고 1636년 병조판서가 되어 군비를 갖추는 데 힘썼다. 이 해 병자호란이 일어나자 어영제조(御營提調)로 왕을 호종하여 남한산성에 들어갔으나 과로로 순직하였다. 인조 묘정(廟庭)에 배향되었다.

- **시호(諡號)** : **충정(忠定)** -효종실록 2년(1651) 6월 29일

이서장(李恕長)

- **출생, 사망** : 1423~1484
- **출신** : 음직→문과
- **부모** : 한성판윤 이사관(李士寬), 영의정 한상경(韓尙敬)의 딸
- **공신 내용** : 적개공신(2등)

본관은 전의(全義)이고 자(字)는 자충(子忠)이다. 음직으로 출발하여 세조 3년(1457) 녹사로서 문과에 급제하고 종부시 주부에 제수되었다. 이후 형조좌랑·병조정랑·검상(檢詳) 등을 역임하였다. 1467년 5월 사인(舍人) 재직 중 이시애의 난이 일어나자 병마도총사(兵馬都摠使) 구성군 이준(李浚)의 종사관(從事官)이 되었다.

이시애의 난 진압에 기여한 공으로 대호군에 제수되었으며 적개공신(敵愾功臣)에

녹훈되면서 형조참판이 되었다. 1467년 전성군(全城君)에 봉해졌고 함흥부윤에 제수되었으며 예종 1년(1469) 함길도관찰사가 되고 성종 1년(1470) 다시 경상도관찰사가 되었다. 이후 대사헌·이조와 호조의 참판·동지중추부사 등을 지냈다.

- **시호(諡號) : 양간(襄簡)** -성종실록 15년(1484) 10월 11일

이석룡(李碩龍)
- 출생, 사망 : ?~?
- 출신 : 초관(哨官)
- 부모 : 불명
- 공신 내용 : 영국공신(3등)

1646년 충청도 니산(尼山)의 초관(哨官)으로서 그 지방에 거주하는 유탁(柳濯)이 서울에 사는 권대용(權大用) 등과 역모를 꾸미고 있다고 고변하여 1646년 영국공신(寧國功臣)에 추록되고 경양군(慶陽君)에 봉해졌다. 당상관에 오르고 칠원현감이 되었다가 1648년 괴산군수가 되었다.

- 참고 : (1) 『전고대방』을 보면 함안인(咸安人)이라고 되어있으나 함안이씨 족보에서 찾지 못함.
  (2) 국조공신록을 보면 적장손(嫡長孫) 어모장군, 충좌위 부사정 만식(萬植), 현(영조 대) 학생 초현(楚顯)이라고 되어있으나 이씨(李氏) 족보에서 찾지 못함.

이석번(李碩蕃)
- 출생, 사망 : ?~1541
- 출신 : 무과
- 부모 : 승문원 정자 이종신(李宗信), 면천한씨(沔川韓氏)
- 공신 내용 : 정국공신(3등)

본관은 아산(牙山)이고 자(字)는 중거(仲擧)이다. 성종 때 무과에 급제하였고 무관(武官)으로서 중종반정에 참여하여 정국공신(靖國功臣)에 녹훈되고 아성군(牙城君)에 봉해졌다. 중종 6년(1511) 황주 목사를 지냈다.

이석형(李石亨)
- 출생, 사망 : 1415~1477
- 출신 : 문과

■ **부모** : 대호군 이회림(李懷林), 사복시정 박언(朴彦)의 딸
■ **공신 내용** : 좌리공신(4등)

본관은 연안(延安)이고 자(字)는 백옥(白玉)이며 호는 저헌(樗軒)이다. 생원, 진사 시에 장원하였고 1442년 문과에 장원급제하여 정언(正言)이 되었다. 이듬해 집현전 부교리가 되었고 1447년 응교가 되었다. 1451년 집현전 직제학으로 춘추관 기주관을 겸직했으며 이때 정인지 등과 『고려사』, 『치평요람(治平要覽)』, 『역대병요(歷代兵要)』 편찬에 참여하였다. 1453년 계유정난으로 세조가 정권을 장악하자 정인지·신숙주 등과 함께 훈구파의 대표적 인물이 되었다.

1455년 전라도관찰사를 자청하여 나갔고 1460년 황해도관찰사로 세조의 서계(西界) 지방 순행에 수행하였다. 그 뒤 대사헌·호조참판 등을 거쳐 1470년 판중추부사가 되고 성종 즉위 및 보좌를 잘한 공으로 1471년 좌리공신(佐理功臣)에 녹훈되고 연성부원군(延城府院君)에 봉해졌다.

■ **시호**(諡號) : **문강**(文康) -성종실록 8년(1477) 2월 8일

이성동(李盛同)
■ **출생, 사망** : 1471~?   ■ **출신** : 정종의 증손
■ **부모** : 송림군(松林君) 이효창(李孝昌), 김효경(金孝卿)의 딸
■ **공신 내용** : 정국공신(4등)

본관은 전주(全州, 덕천군파)이며 왕족으로 연산군이 유흥을 즐기도록 유도한 사람인데 중종반정에 참여하여 1506년 정국공신(靖國功臣)에 녹훈되었다. 중종반정의 주동자인 성희안의 외4촌이다.

이성언(李誠彦)
■ **출생, 사망** : ?~1534   ■ **출신** : 문과
■ **부모** : 좌찬성 이손(李蓀), 용양위 호군 이계반(李繼潘)의 딸
■ **공신 내용** : 정국공신(4등)

본관은 광주(廣州)이고 자(字)는 군미(君美)이다. 아버지를 따라 중종반정에 참여하여 정국공신(靖國功臣)에 녹훈되고 중종 3년(1508) 문과에 급제하였으며 1510년 지평(持平)에 임명되었다. 1511년 장령을 지낸 뒤 1512년 무재(武才)가 있다고 김해

부사에 제수되었으나 노부모 봉양을 이유로 수원부사와 서로 바꾸었다.

1522년 당상관으로 가자된 뒤 만포첨사에 임명되었고 1525년 전라좌도수군절도사를 지냈다. 그 뒤 황주목사를 지내고 1531년 함경북도병마절도사, 1532년 함경도관찰사를 거쳐 1533년 한성부 좌윤에 이르렀다. 1534년에 진위진향사(陳慰進香使)로 명나라에 갔다가 그곳에서 사망하였다.

- **시호(諡號) : 양평(襄平)** -청선고

이세응(李世應)

- **출생, 사망** : 1473~1528
- **출신** : 문과
- **부모** : 이계통(李季通), 곽산군수 유맹근(柳孟近)의 딸
- **공신 내용** : 정국공신(4등)

본관은 함안(咸安)이고 자(字)는 공보(公輔)이며 호는 안재(安齋)이다. 연산군 7년(1501) 문과에 급제해 장악원직장(直長)에 임명되고 그 뒤 병조정랑, 의정부 검상 등을 지냈다. 1506년 중종반정에 가담해 정국공신(靖國功臣)에 녹훈되고 내자시부정(副正)으로 승진하였다.

이듬해 사간원 사간이 되고 병조참지가 되었다가 동부승지 겸 경연참찬관 등을 지냈으며 밀양부사를 지냈다. 이어 강원도관찰사·병조참의·우부승지를 거쳐 1518년 함안군(咸安君)에 봉해지고 충청도관찰사로 부임하였다. 이때 충청·경상도 세곡(稅穀)의 집산지인 충주에 창고가 없어 노적(露積)된 곡식의 관리와 수송에 막대한 지장이 있자 경상도관찰사 김안국과 의논, 충주 가흥에 창고를 축조하였다.

그 해 말 정조사(正朝使)로 명나라에 다녀왔으나 앞서 가흥창 설립 당시 손해를 입은 상인들의 모함으로 상호군으로 물러났다. 1519년 판결사로 서용되고 뒤이어 경상좌병사·한성부우윤·호조참판 등을 거쳐 다시 평안도관찰사가 되었는데 과로로 순직하였다.

- **시호(諡號) : 양간(襄簡)** -청선고

이손(李蓀)

- **출생, 사망** : 1439~1520
- **출신** : 음직→문과
- **부모** : 평안도절도사 이수철(李守哲), 충청도관찰사 이맹상(李孟常)의 딸

■ **공신 내용** : 정국공신(3등)

본관은 광주(廣州)이고 자(字)는 자방(子芳)이다. 학문은 물론 활쏘기·말타기를 잘한다고 음직으로 선전관이 되었다. 성종 1년(1470) 문과에 급제하여 예조정랑·김해부사 등을 지냈다. 1492년 장례원판결사를 지낸 후 전라도관찰사·우부승지 등을 지냈다. 연산군 10년(1504) 한성부좌윤·예조참판을 거쳐 형조·병조판서 등을 지냈다.

1506년 중종반정 때 협력하여 정국공신(靖國功臣)에 녹훈되고, 한산군(漢山君)에 봉해졌으며 우참찬으로 승진하였다. 1508년 좌참찬 재임시 나이를 이유로 치사(致仕)를 요청하였으나 궤장(几杖)을 하사받고 그대로 유임되었다. 그 뒤 우찬성·좌찬성을 역임하였다. 1513년 한산부원군(漢山府院君)에 진봉되고 판중추부사를 지냈다.

■ **시호**(諡號) : **호간**(胡簡) -청선고

이수(李綏)

■ **출생, 사망** : 1548~1601 　　■ **출신** : 음직→문과
■ **부모** : 오위(五衛) 부사과 이담령(李聃齡), 윤사종(尹嗣宗)의 딸
■ **공신 내용** : 평난공신(2등)

본관은 전주(全州, 의창군파)이고 자(字)는 수지(綏之)이다. 성균관의 추천을 받아 선원전(璿源殿) 참봉이 되었고 그 후 봉사·직장·형조·공조정랑, 사복시판관 등을 역임하였다.

외직으로 태인·고양·삭령군수 등을 지냈고 1589년 정여립의 역모 음모를 고변한 공로가 있어 평난공신(平難功臣)에 녹훈되고 남계군(南溪君)에 봉하여졌다. 1596년 봉산군수를 거쳐 1598년 부평부사로 부임하였고 이듬해 고부군수를 지내고 문과에 급제하였으나 이듬해 사망하였다.

이수곤(李壽崐)

■ **출생, 사망** : 1546~1594 　　■ **출신** : 세종의 현손
■ **부모** : 신성군 이매(李梅), 상호군 이윤정(李允楨)의 딸
■ **공신 내용** : 호성공신(3등)

본관은 전주(全州, 임영대군파)이고 자(字)는 경로(景老)이다. 왕족인 절신정(節愼

正)으로 임진왜란이 일어나 의주로 몽진하는 선조를 호종하다가 개성에 이르러 임금이 신주(神主)를 개성의 목청전(穆淸殿) 뜰에 매안(埋安) 하라는 지시를 했다는 소식을 전해 듣고 계속 모시고 다닐것을 주장하였다.

선조가 이수곤의 뜻을 전해 듣고 종묘제조(宗廟提調)에게 명하여 신주를 모시고 오게 하여 보전하게 하였다. 1593년 명나라의 지원을 받아 평양의 왜적이 소탕되고 적군이 남쪽으로 퇴각하자 광해군을 따라 양호(楊鎬)의 군사를 위무하는 데 힘썼으나 이듬해 정월 병사하였다. 사망 후인 1604년 호성공신(扈聖功臣)에 녹훈되고 절신군(節愼君)에 진봉하였다.

- **시호**(諡號) : **충효**(忠孝) -승정원일기 영조 23년(1747) 8월 9일

이수남(李壽男)
- **출생, 사망** : 1439~1471
- **출신** : 문과
- **부모** : 예조참판 이함장(李諴長), 지울산군사(郡事) 이백신(李伯臣)의 딸
- **공신 내용** : 좌리공신(4등)

본관은 전의(全義)이고 자(字)는 자인(子仁)이다. 세조 4년(1458) 문과에 급제하여 예문관검열이 되었다가 봉교에 올랐다. 1460년 승정원주서가 되고 그 뒤 성균관주부·이조좌랑 등을 지냈고 1465년 동부승지에 발탁되었다.

이어 우승지가 되고 성종 즉위 후인 1469년 병조참의가 되었으며 성종 즉위 및 보좌에 공을 세워 1471년 좌리공신(佐理功臣)에 녹훈되고 전산군(全山君)에 봉하여졌다. 이 해 황해도관찰사가 되었으나 당일 사망하였다. 사망 후 병조판서에 추증되었다.

- **시호**(諡號) : **양간**(良簡) -성종실록 2년(1471) 6월 3일

이수량(李遂良)
- **출생, 사망** : 1673~1735
- **출신** : 무과
- **부모** : 삼도수군통제사 이성뢰(李聖賚), 유협(俞浹)의 딸
- **공신 내용** : 분무공신(3등)

본관은 전주(全州, 계성군파)이고 자(字)는 선보(善甫)이다. 숙종 25년(1699) 무과에 급제한 뒤 여러 관직을 거쳐 덕원부사·삼화부사·경상우도병마절도사 등을 역

임하였다. 영조 4년(1728) 3월 마병별장(馬兵別將)으로 궁성을 지키고 있다가 이인좌(李麟佐)의 난이 일어나자 4도도순무사인 병조판서 오명항(吳命恒)을 따라 출정하여 반란군을 진압하는데 공을 세웠다. 같은해 4월 분무공신(奮武功臣)에 녹훈되고 완춘군(完春君)에 봉하여졌다. 그 뒤 포도대장·평안도절도사·삼도수군통제사 등을 지냈다.

- **시호**(諡號) : **충양**(忠襄) -승정원일기 영조 41년(1765) 8월 7일

이수일(李守一)

- **출생, 사망** : 1554~1632
- **출신** : 무과
- **부모** : 이난(李鸞), 참봉 우담령(禹聃齡)의 딸
- **공신 내용** : 진무공신(2등)

본관은 경주(慶州)이고 자(字)는 계순(季純)이며 호는 은암(隱庵)이다. 선조 16년(1583) 무과에 급제, 훈련원을 거쳐 1586년 소농보권관(小農堡權管)이 되었다가 1590년 선전관이 되고 다음 해 장기현감으로 발탁되었다. 1592년 임진왜란이 일어나자 의병을 일으켰으나 예천·용궁에서 패전하였다. 다음 해 밀양부사로 승진, 이어 경상좌도수군절도사에 올랐다.

정유재란이 일어나자 성주목사가 되었고 1599년 함경북도병마절도사가 되었다가 1602년 경상좌도병마절도사가 되었다. 1606년 길주목사, 다음 해 수원부사, 1608년 함경북도병마절도사가 되고 광해군 3년(1611) 지중추부사로 포도대장을 겸하였다. 1612년 평안도병마절도사가 되었다가 1614년 지중추부사가 되었으며 1616년 숭정대부에 올랐다.

이수일

인조 2년(1624) 이괄(李适)이 반란을 일으키자 평안도병마절도사로 부원수를 겸해 길마재에서 반란군을 진압한 공으로 진무공신(振武功臣)에 녹훈되고 계림부원군(鷄林府院君)에 봉해졌다.

1628년 형조판서가 되고 1631년 남한산성수어사에 임명되었으나 사양하고 나가지 않았다. 사망 후 좌의정에 추증되었다.

- **시호**(諡號) : **충무**(忠武) -청선고

이숙(李淑)

- **출생, 사망** : 1373~1406
- **출신** : 태조 이성계의 조카
- **부모** : 의안대군 이화(李和), 경원군(慶原君) 노은(盧訔)의 딸
- **공신 내용** : 좌명공신(3등)

본관은 전주(全州, 의안대군파)이며 왕족으로 조선이 개국된 후 응양위전영장군(鷹揚衛前領將軍)에 임명되고 이어서 우부승지·우승지 등을 역임하였다. 정종 2년(1400) 완천군(完川君)에 봉해지고 같은해 제2차 왕자의 난이 발생하자 이방원(태종) 측에 협력하여 태종 1년(1401) 좌명공신(佐命功臣)에 녹훈되었다. 1402년 우군도총제, 1403년 사평부좌사를 거쳐 1405년 의정부찬성사에 제수되었으나 간원의 상소로 파직되었다.

- **시호(諡號)** : **제의(齊懿)** -태종실록 6년(1406) 10월 19일

이숙기(李淑琦)

- **출생, 사망** : 1429~1489
- **출신** : 무과
- **부모** : 예빈시소윤 이말정(李末丁), 이조판서 한옹(韓雍)의 딸
- **공신 내용** : 적개공신(1등), 좌리공신(4등)

본관은 연안(延安)이고 자(字)는 공근(公瑾)이다. 단종 1년(1453) 무과에 급제해 훈련원주부를 지냈고 1455년 세조가 즉위하자 참군(參軍)으로 세조의 가전훈도(駕前訓導)로 선발되었다. 세조 2년(1456) 사온서령이 되었고 1459년 평양판관, 1461년 영변판관을 지냈다.

1467년 이시애의 난이 일어나자 진북장군(鎭北將軍) 강순(康純) 휘하의 맹비장(猛裨將)으로서 공을 세워 절충장군에 특진되고 난이 평정된 뒤 적개공신(敵愾功臣)에 녹훈되고 이조참판이 되고 연안군(延安君)에 봉해졌다. 이해 겨울 건주위(建州衛)의 야인정벌에 참여해 또 공을 세웠다.

이듬해 함길남도절도사가 되고 성종 1년(1470) 북청부사를 겸임했으며 성종 즉위 및 보좌에 공이 있어 1471년 좌리공신(佐理功臣)에 녹훈되었다. 이어 동지중추부사를 거쳐 1475년 황해도관찰사, 이듬해 전라도병마절도사가 되었다. 1479년 다시 건주위 정벌에 공을 세워 자헌대부로 승진하였다.

이후 전라도절도사·경상좌도병마절도사 등을 거쳐 1487년 형조판서가 되었다.

이듬해 충청도관찰사에 임명되었다가 곧 교체되어 지중추부사가 되었다가 호조판서가 되었다.
- 시호(諡號) : **정양**(靖襄) -정조실록 12년(1788) 4월 6일

이숙번(李叔蕃)
- 출생, 사망 : 1373~1440
- 출신 : 문과
- 부모 : 대장군 이경(李坰), 전리판서 남휘주(南輝珠)의 딸
- 공신 내용 : 정사공신(2등), 좌명공신(1등)

본관은 안성(安城)이며 태조 2년(1393) 문과에 급제 후 태조 7년(1398) 지안산군사(知安山郡事)로서 제1차 왕자의 난 때 이방원(태종)측 선봉으로 공을 세워 승정원 우부승지가 되고 정사공신(定社功臣)에 녹훈되고 안성군(安城君)에 봉해졌다.

정종 1년(1399) 좌부승지가 되고 1400년 제2차 왕자의 난에도 좌군총제로서 공을 세워 태종 1년(1401) 좌명공신(佐命功臣)에 녹훈되었다. 태종 2년(1402) 지승추부사로서 도진무가 되어 안변부사 조사의(趙思義) 난을 평정하였고 이듬해 지의정부사를 거쳐 태종 4년(1404) 참찬의정부사에 제수되었다.

태종 7년(1407) 의흥시위사(義興侍衛司) 상호군을 겸하였고 태종 9년(1409) 군정과 군령을 개편할 때 중군(中軍)을 맡는 등 군사 요직을 연이어 관장하였다. 태종 10년(1410) 지의흥부사, 태종 12년(1412) 숭정대부로 승진하였고 이어 병조판서, 의정부찬성사 등 요직을 역임하였다.

이숙번 묘

태종 15년(1415) 안성부원군(安城府院君)에 봉해졌으나 이듬해 대소 신료(臣僚)들이 이숙번의 거친 행동에 대한 상소가 빗발치므로 공신녹권과 직첩을 회수하였고 오래도록 경상도 함양에서 유배 생활을 하다가 세종 21년(1439) 그가 원하는 곳에 살도록 편의를 제공했으나 이듬해 사망하였다.

- 참고 : 시호가 충숙(忠肅)이라는 자료가 있으나 시호 받은 근거 불명.

이순신(李舜臣)

- **출생, 사망** : 1545~1598
- **출신** : 무과
- **부모** : 이정(李貞), 변수림(卞守琳)의 딸
- **공신 내용** : 선무공신(1등)

본관은 덕수(德水)이고 자(字)는 여해(汝諧)이다. 선조 9년(1576) 무과에 급제 후 훈련원봉사·함경도의 동구비보권관(董仇非堡權管)·발포수군만호(鉢浦水軍萬戶)·

이순신

훈련원참군 등을 지냈다. 조산보만호(造山堡萬戶)로 있을 때 오랑캐의 침입을 막지 못했다는 이유로 해임되었다가 얼마 후 전라도관찰사 이광(李洸)에게 발탁되어 전라도의 조방장 등을 지내고 정읍현감이 되었다.

선조 22년(1589) 유성룡의 천거로 고사리첨사, 만포첨사 등을 거쳐 1591년 진도군수로 임명되었으나 부임하기도 전에 전라좌도수군절도사로 임명되었다. 부임후 왜군의 침략에 대비해 전선을 제조하고 군비를 확충했다. 임진왜란이 일어나자 옥포·노량·당포·당항포에서 연전연승을 거듭했다.

한산도와 부산포에서도 적들을 격파하고 1593년 삼도수군통제사가 되었다. 1597년 4월 조정의 명령을 거역했다는 죄로 잡혀가 문초를 당했다. 1597년 8월 정유재란에서 원균이 대패하자 그해 8월 다시 기용되어 조선 수군을 재건하고 이듬해 11월 18일 노량해전에서 도망가는 적선을 추격하다 유탄을 맞고 사망했다. 사망 후인 선조 37년(1604) 선무공신(宣武功臣)에 녹훈되고 영의정에 추증되었으며 덕풍부원군(德豐府院君)에 봉해졌다.

- **시호(諡號)** : **충무**(忠武) -효종실록 10년(1659) 윤3월 28일(이전)

이순신(李純信)

- **출생, 사망** : 1554~1611
- **출신** : 무과
- **부모** : 좌참찬 이진(李眞), 김귀수(金龜壽)의 딸
- **공신 내용** : 선무공신(3등)

본관은 전주(全州, 양녕대군파)이고 자(字)는 입부(立夫)이다. 선조 11년(1578) 무

과 급제 후 온성판관· 의주판관· 혜산진첨절제사 등을 지냈다. 1592년 임진왜란 때 방답진첨절제사로서 이순신(李舜臣) 막하에서 중위장(中衛將)으로 옥포해전에 참가해 전공을 세웠다. 그 뒤로는 전부장(前部將)으로서 항상 선봉이 되어 당항포· 한산· 부산포 등의 해전에서 적을 크게 무찔렀다.

그 뒤 충청도수군절도사를 거쳐 고령진첨사(高嶺鎭僉使)로 좌천되어 1년간 있다가 유도방위대장(留都防衛大將)· 전주부윤· 전라도병마절도사 등을 지냈다. 1598년 11월 경상우도수군절도사로서 노량해전에 참전해 수군통제사 이순신이 유탄에 맞아 전사하자 조선 수군을 지휘해 승리를 이끌었다.

이듬해 포도대장 근무시 무고한 사람을 장살(杖殺)한 일로 파직되었다가 1600년 충청도수군절도사로 복귀하였다. 이듬해 황해도병마절도사로 있을 때 재물을 탐냈다 하여 파직, 다시 수원부사로 임용되었으나 또 파직되었다. 1602년 전라좌도수군절도사가 되었으나 또다시 파직되는 등 여러 번에 걸쳐 대간의 탄핵을 받았다.

1604년 첨지중추부사가 되고 임진왜란 때의 전공으로 선무공신(宣武功臣)에 녹훈되고 완산군(完山君)에 봉해졌다. 1606년 다시 수원부사를 거쳐 이듬해 완천군(完川君)으로 개봉(改封)되었다. 광해군 때 전라도병마절도사를 지냈으며 사망 후 좌찬성에 추증되었다.

■ **시호(諡號)** : **무의(武毅)** -숙종실록 5년(1679) 8월 4일

이숭원(李崇元)

■ **출생, 사망** : 1428~1491　　■ **출신** : 문과
■ **부모** : 예조참판 이보정(李補丁), 의정부찬성사 이숙완(李淑完)의 딸
■ **공신 내용** : 좌리공신(3등)

본관은 연안(延安)이고 자(字)는 중인(仲仁)이다. 단종 1년(1453) 문과에 장원급제하였고 사재감 주부· 사간원정언을 거쳐 세조 5년(1459) 사헌부 지평이 되었다. 이듬해 설화(舌禍) 사건으로 파직당하였다가 형조정랑에 재등용되고 이조정랑· 사헌부집의 등을 지냈다. 1468년 장례원판결사가 되었고 이듬해 동부승지, 이어 좌승지가 되었다.

성종 즉위 및 보좌에 공이 있어 성종 2년(1471) 좌리공신(佐理功臣)에 녹훈되고 연원군(延原君)에 봉하여졌다. 이듬해 도승지가 되고 1474년 형조판서, 1477년 대

사헌·한성부판윤을 거쳐 이듬해 평안도관찰사로 나갔다가 이조판서가 되었다. 1485년 우참찬이 되었다가 이어 좌참찬이 되었고 1489년 형조판서, 1491년 병조판서가 되었다. 중종 때 청백리로 선정되었다.

- **시호(諡號)** : **충간**(忠簡) -성종실록 22년(1491) 12월 26일

이승상(李升商)

- **출생, 사망** : ?~1413
- **출신** : 문과
- **부모** : 동지밀직사 이준(李竴), 사복시정 조충보(趙忠輔)의 딸
- **공신 내용** : 좌명공신(4등)

본관은 경주(慶州)이며 고려 우왕 8년(1382) 성균관시에 장원으로 급제하였는데 이방원(태종)과 함께 급제하였으므로 그 뒤 태종의 특별한 후대를 받았다. 정종 2년(1400) 제2차 왕자의 난을 평정하는데 이방원(태종) 측에 협력한 공으로 태종 1년(1401) 좌명공신(佐命功臣)에 녹훈되었다. 1402년 좌대언(左代言)이 되어 태종의 측근에서 왕명의 출납을 맡았고 1412년 형조판서가 되었다.

- **시호(諡號)** : **공의**(恭懿) -태종실록 13년(1413) 2월 6일

이승소(李承召)

- **출생, 사망** : 1422~1484
- **출신** : 문과
- **부모** : 병조판서 이온(李蒕), 사간(司諫) 이회(李薈)의 딸
- **공신 내용** : 좌리공신(4등)

본관은 양성(陽城)이고 자(字)는 윤보(胤保)이며 호는 삼탄(三灘)이다. 세종 29년(1447) 문과에 장원으로 급제해 집현전부수찬에 임명되었다. 이어 부교리·응교가 되고 단종 2년(1454) 장령(掌令)이 되었다. 세조가 즉위하자 집현전 직제학이 되었다가 이듬해 예문관 응교를 지내고 세조 4년(1458) 예조참의·호조참의·예문관제학 등을 지냈다.

성종 즉위 및 보좌에 공을 세워 성종 2년(1471) 좌리공신(佐理功臣)에 녹훈되고 양성군(陽城君)에 봉해졌다. 이어 예조판서가 되어 지경연사를 겸하였고 이어 우참찬이 되고 1480년 이조·형조의 판서를 역임하면서 신숙주(申叔舟) 등과 『국조오례의(國朝五禮儀)』를 편찬하였다. 그 뒤 이조판서·형조판서·좌참찬 등으로 문명(文

名)을 날렸다.
- **시호**(諡號) : **문간**(文簡) -성종실록 15년(1484) 1월 10일

이시방(李時昉)
- **출생, 사망** : 1594~1660
- **출신** : 공신
- **부모** : 이조판서 이귀(李貴), 장민(張旻)의 딸
- **공신 내용** : 정사공신(2등)

본관은 연안(延安)이고 자(字)는 계명(季明)이며 호는 서봉(西峯)이다. 1623년 인조반정을 주도한 아버지를 따라 반정에 참여한 공으로 정사공신(靖社功臣)에 녹훈되고 연성군(延城君)에 봉해졌다. 서산군수·공조참판 등 여러 관직을 역임하였으며 이괄의 난과 정묘호란 때 군사와 군량을 모으는 데 공을 세웠다.

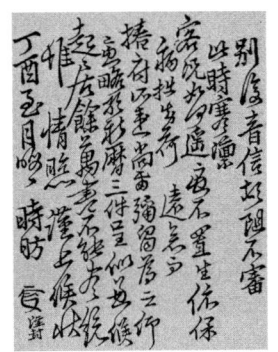
이시방 글씨

이후 광주목사·전라도관찰사 등을 지냈다. 1636년 병자호란 때 남한산성을 구원하지 않았다고 정산(定山)에 유배되었다가 1640년 풀려났다. 그 후 심기원의 옥사 때 연관되었다는 비판도 받았으나 공조, 형조판서로 승진하였다. 효종 즉위 후 재차 판서를 역임하다가 역모를 꾸민 김자점과 가까웠다는 이유로 파직되었으나 현종 재위시 다시 공조판서를 지냈다. 사망 후 영의정에 추증되었다.

- **시호**(諡號) : **충정**(忠靖) -숙종실록 1년(1675) 12월 16일

이시백(李時白)
- **출생, 사망** : 1581~1660
- **출신** : 공신
- **부모** : 이조판서 이귀(李貴), 장민(張旻)의 딸
- **공신 내용** : 정사공신(2등)

본관은 연안(延安)이고 자(字)는 돈시(敦詩)이며 호는 조암(釣巖)이다. 1623년 인조반정을 주도한 아버지를 따라 반정에 참여한 공으로 정사공신(靖社功臣)에 녹훈되고 연양군(延陽君)에 봉해졌다. 1623년 이괄이 난을 일으키자 협수사(協守使)가 되어 길마재 전투에 참가하여 반란군을 격파하였으며, 그 후 양주목사·형조·공조

· 병조판서 등을 역임하였다. 정묘호란 때는 수원방어사로서 인조가 강화도로 대피하는데 공을 세웠다.

병자호란으로 남한산성에서 농성할 때에도 주화론과 척화론의 주장에 중립을 지켰다. 소현세자가 사망한 뒤 봉림대군을 세자로 세우려하자 소현세자의 아들을 세자로 세울 것을 주장하였다. 이후 병조판서 등을 지내고 1650년 우의정, 1652년 좌의정, 1655년 영의정이 되었으며 연양부원군(延陽府院君)에 진봉되었다. 숙종 때 청백리에 선정되었다.

이시백

■ **시호**(諡號) : **충익**(忠翼) -현종 개수실록 15년(1674) 7월 11일

이식(李軾)
- ■ **출생, 사망** : ?~?
- ■ **출신** : 무과
- ■ **부모** : 별좌 이철원(李哲元), 공조판서 김교(金嶠)의 딸
- ■ **공신 내용** : 정국공신(3등)

본관은 벽진(碧珍)이고 자(字)는 자첨(子瞻)이며 호는 동파(東坡)이다. 무과에 장원으로 급제한 후 여러 관직을 거쳐 사복시 부정(副正)이 되었다. 중종반정에 협력하여 중종 1년(1506) 정국공신(靖國功臣)에 녹훈되고 성산군(星山君)에 봉해졌다. 중종 5년(1510) 대마도 치위관(致慰官)으로 삼포왜란(三浦倭亂)으로 웅천성이 왜구에게 함락되자 군사를 거느리고 출전하여 탈환하였다.

1516년 영안도순변사로 부임하였고 1520년 신진사류(新進士類)가 남곤(南袞) 등에 의해 화를 당하자 벼슬을 내놓고 물러나 우거(寓居)하였다.

이신(李愼)
- ■ **출생, 사망** : 1570~1632
- ■ **출신** : 무과
- ■ **부모** : 이의정(李義貞), 박오령(朴午齡)의 딸
- ■ **공신 내용** : 진무공신(3등)

본관은 전주(全州, 효령대군파)이며 선조 25년(1592) 무과에 급제하였다. 평안도 안주와 강계판관 등을 비롯하여 주로 평안도 지방의 수령을 지냈으며 이괄이 난을 일으키자 당시 이괄 휘하에서 별장으로 근무하고 있었으나 반란군에 가담하지 않고

600여명의 군사를 이끌고 정부군에 투항하고 정부군의 중군(中軍)으로 길마재 싸움에서 공을 세웠다. 그 공으로 진무공신(振武功臣)에 녹훈되고 전풍군(全豊君)에 봉해졌다. 인조 5년(1627) 황해도병마절도사 등을 지냈다.

이심(李瀋)
- **출생, 사망** : 1472~1516
- **출신** : 무과
- **부모** : 돈녕부참봉 이의번(李宜蕃), 공주목사 권유순(權有順)의 딸
- **공신 내용** : 정국공신(3등)

본관은 덕수(德水)이며 무과에 급제하였고 중종반정 때 신윤무 등과 연산군의 처남이며 진성대군(중종)의 장인인 좌의정 신수근 등을 살해하는 등 공을 세워 정국공신(靖國功臣)에 녹훈되고 하원군(河原君)에 봉해졌다. 이후 경흥부사 등을 지냈고 사후 병조판서에 추증되었다. 같은 정국공신인 이함(李菡)의 동생이다.

- **참고** : 비문(碑文) 등에는 이심(李深)으로 되어있음.

이애(李薆) 초명(初名)은 이백경(李伯卿), 이저(李佇)
- **출생, 사망** : 1363~1414
- **출신** : 부마(태조의 딸 경신공주)
- **부모** : 영의정부사 이거이(李居易), 형부상서 최연(崔堧)의 딸
- **공신 내용** : 정사공신(1등), 좌명공신(1등)

본관은 청주(淸州)이며 태조가 잠저에 있을 때 경신공주와 결혼하였으며 태조 7년(1398) 제1차 왕자의 난 때 이방원(태종)을 도운 공으로 정사공신(定社功臣)에 녹훈되고 상당후(上黨侯)가 되었고 영완산부사(領完山府事)로 있으면서 사병(私兵)을 모으고 부도(不道)한 언동을 한 죄로 정종 2년(1400) 안치(安置)되었다가 풀려났다.

제2차 왕자의 난이 발생하자 이방원(태종) 측에 협력하여 태종 1년(1400) 좌명공신(佐命功臣)에 녹훈되었다. 1402년 판승추부사·의정부찬성사가 되었고 아버지 이거이가 사병혁파시 반대한 죄에 연좌되어 1404년 함주(咸州)로 유배되었다. 이듬해에는 이천·임강(臨江) 등지로 옮겨졌으며 태종 10년(1410) 복훈되었다. 1412년 아버지 상을 당하여 진천에 있다가 병으로 사망하였다.

- **시호(諡號)** : **경숙(景肅)** -태종실록 14년(1414) 10월 6일

이양생(李陽生)
- **출생, 사망** : 1423~1488
- **출신** : 군졸
- **부모** : 지양근군사(郡事) 이종직(李從直), 어머니는 불명
- **공신 내용** : 적개공신(3등)

본관은 경주(慶州)이며 서자(庶子)로 태어나 짚신을 삼아 시장에 내어 팔아 생활을 하다가 무예(武藝)에 능하여 장용위의 군졸이 되었다. 세조 13년(1467) 5월 이시애(李施愛)의 난이 일어나자 토벌군으로 출전하여 공을 세워 적개공신(敵愾功臣)에 녹훈되고 계성군(鷄城君)에 봉해졌으며 겸사복(兼司僕)이 되었다.

품계가 종2품인 가선대부에 이르렀으나 평생 포도장(捕盜將)으로 도성 내외는 물론 전국 각지의 도적 소탕에 공을 세웠다. 그중에서도 관악산, 충주의 수리산, 여주의 강금산 도적들을 소탕하여 큰 공을 세웠다.

평생을 겸사복으로 지냈으나 불평 한마디 없었고 옛날 자신이 짚신 장사하던 거리를 지날 때는 말에서 내려 옛 친구들과 땅에 앉아서 이야기하다 가곤 하였다고 한다. 지위가 높아지고 아들이 없어 주위에서 새로 장가를 가라고 해도 조강지처를 버릴수 없다고 거절하고 조카를 양자로 삼았다.

- **시호**(諡號) : **양평**(襄平) -성종실록 19년(1488) 4월 8일

이양우(李良祐)
- **출생, 사망** : 1346~1417
- **출신** : 태조의 조카
- **부모** : 완풍대군 이원계(李元桂), 제학 문익점(文益漸)의 딸
- **공신 내용** : 정사공신(2등)

본관은 전주(全州, 완풍대군파)이며 태조 7년(1398) 아우 이천우와 함께 제1차 왕자의 난 때 이방원(태종)을 도운 공으로 정사공신(定社功臣)에 녹훈되고 영안군(寧安君)에 봉해졌다. 정종 2년(1400) 제2차 왕자의 난에 중립적인 처신을 하였으며 그 뒤 병을 핑계삼아 조정에 잘 나가지 않아 태종의 미움을 받아 양주에 안치(安置)되었다가 풀려났다.

태종 12년(1412) 완원부원군(完原府院君)으로 개봉(改封)되었으며 1414년 전주에 유배 중인 이방간으로부터 선물을 받은 일이 탄로나 이방간과의 사통죄(私通罪)로 다시 대간의 격렬한 탄핵을 받았으나 처벌은 받지않았다.

- **시호**(諡號) : **안소**(安昭) -태종실록 17년(1417) 2월 1일

이양원(李陽元)

- **출생, 사망** : 1526~1592
- **출신** : 문과
- **부모** : 이원부령 이학정(李鶴汀), 정역(鄭瑒)의 딸
- **공신 내용** : 광국공신(3등)

　　본관은 전주(全州, 의성군파)이고 자(字)는 백춘(伯春)이며 호는 노저(鷺渚)이다. 명종 10년(1555) 문과에 급제 후 검열·저작을 거쳐 명종 18년(1563) 호조참의가 되었다. 이 해 종계변무사(宗系辨誣使)의 서장관으로 명나라에 들어갔는데 정사(正使) 김주(金澍)가 사망하여 대신 명나라의『대명회전(大明會典)』에 태조 이성계(李成桂)의 아버지가 고려의 이인임(李仁任)으로 잘못 기재된 것을 이자춘(李子春)으로 바로잡고 돌아와 그 공으로 가자(加資)되었다.

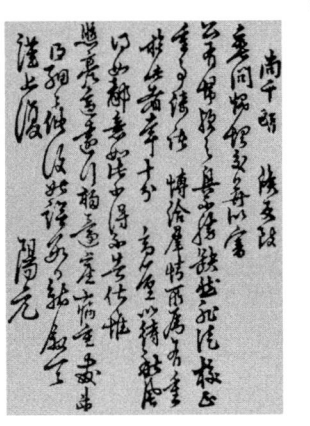
이양원 글씨

　　그 뒤 경기도관찰사, 형조판서·대사헌 등을 역임하고 선조 23년(1590) 종계변무(宗系辨誣)의 공으로 광국공신(光國功臣)에 녹훈되고 한산부원군(漢山府院君)에 봉해졌으며 이듬해 우의정에 승진하였다.

　　선조 25년(1592) 임진왜란이 일어나자 유도대장(留都大將)으로 서울 수비를 맡았으나 실패하고 양주(楊州)로 철수, 부원수 신각(申恪)과 함경도병마절도사 이혼(李渾)의 군사와 합세해 해유령(蟹踰嶺)에 주둔, 일본군과 싸워 승리한 뒤 영의정에 올랐다. 이때 의주에 피난해 있던 선조가 중국으로 건너가려 한다는 소식을 전해듣고 탄식하며 8일간 단식하다가 죽었다.

- **시호**(諡號) : **문헌**(文憲) -승정원일기 영조 41년(1765) 8월 7일

이억기(李億祺)

- **출생, 사망** : 1561~1597
- **출신** : 음직→무과
- **부모** : 심주군(沁洲君) 이연손(李連孫), 교리 박명견(朴命堅)의 딸
- **공신 내용** : 선무공신(2등)

본관은 전주(全州, 덕천군파)이며 자(字)는 경수(景受)이다. 무예에 뛰어나 17세에 사복시 내승(內乘)이 되었고 선조 10년(1577) 무과에 급제 후 여러 관직을 거쳤다. 북방의 오랑캐가 침입하였을 때 경흥부사에 임명되어 적을 격퇴하는 데 큰 공을 세웠다. 그 뒤 온성부사 등 요직을 역임하였다.

순천부사를 거쳐 1592년 1월 전라우수사로 부임하였다. 1592년 임진왜란이 발발하자 이순신, 원균 등과 함께 당항포·한산도·안골포·부산포해전 등을 승리로 이끌었다. 1596년에는 휘하의 전선(戰船)을 이끌고 전라좌도·전라우도 사이를 내왕하면서 한산도의 삼도수군통제사 이순신의 본영을 응원하는 등 기동타격군의 구실을 수행하였다.

1597년 4월 이순신이 조정의 명령을 따르지 않았다는 죄목으로 잡혀가 조사를 받자 이항복, 김명원 등 조정 대신들에게 서신을 보내 무죄를 적극 변론하기도 하였다. 1597년 정유재란 때 통제사 원균 휘하에서 조정의 무리한 진격 명령을 받고 부산에서 왜적을 공격하였다가 칠천량해전에서 전사하였다. 1604년 선무공신(宣武功臣)에 녹훈되고 병조판서에 추증되었으며 완흥군(完興君)에 봉해졌다.

- **시호(諡號)** : **의민(毅愍)** -정조실록 12년(1788) 4월 6일

이연록(李延祿)

- **출생, 사망** : ?~?
- **출신** : 의관(醫官)
- **부모** : 청도군수 이의경(李宜慶), 어머니는 불명
- **공신 내용** : 호성공신(3등)

본관은 광주(廣州)이며 의관으로서 임진왜란으로 의주로 몽진하는 선조를 수가(隨駕)한 공으로 호성공신(扈聖功臣)에 녹훈되고 광계군(廣溪君)에 봉해졌다.

이영은(李永垠)

- **출생, 사망** : 1434~1471
- **출신** : 문과
- **부모** : 청주목사 이원증(李元增), 유영(柳潁)의 딸
- **공신 내용** : 좌리공신(4등)

본관은 한산(韓山)이며 세조 2년(1456) 문과에 급제하여 승문원 부정자가 되고 이듬해 문과 중시에 장원으로 급제하여 사간원 헌납을 거쳐 지평에 올랐다. 1459년

장령을 거쳐 1463년 직예문관(直藝文舘)이 되었다.

이듬해 집의·동부승지에 올랐고 1469년 예종 즉위 직후 형조참판을 거쳐 그해 겨울 성종 즉위 후 병조참판에 제수되었으며 성종의 즉위 및 보좌에 공이 있어 성종 2년(1471) 3월 좌리공신(佐理功臣)에 녹훈되고 한산군(韓山君)에 봉해졌으며 동지중추부사가 되었으나 사생활 문제로 탄핵을 받자 분사(憤死)하였다.

■ **시호(諡號)** : **정도(丁悼)** -성종 2년(1471) 윤9월 19일

이예장(李禮長)

■ **출생, 사망** : 1406~1456   ■ **출신** : 문과
■ **부모** : 한성판윤 이사관(李士寬), 영의정 한상경(韓尚敬)의 딸
■ **공신 내용** : 정난공신(3등), 좌익공신(3등)

본관은 전의(全義)이며 자(字)는 자문(子文)이다. 세종 14년(1432) 문과에 급제 후 세종 24년(1442) 예조좌랑이 되었으며 1448년 병조정랑으로 있으면서 특정인에게 인사 편의를 제공한 것과 관련, 유배되었다가 얼마 후 풀려났다. 단종 1년(1453) 의정부 사인(舍人)으로 있으면서 수양대군이 계유정난을 도운 공으로 정난공신(靖難功臣)에 녹훈되고 전성군(全城君)에 봉하여졌다.

이듬해 첨지중추원사로서 지병조사(知兵曹事)를 겸무하고 1455년 병조참의에 승진되었으며 세조의 즉위에 협력한 공으로 세조 1년(1455) 좌익공신(佐翼功臣)에 녹훈되었고 사망 후 병조판서에 추증되었다.

■ **시호(諡號)** : **평간(平簡)** -세조실록 2년(1456) 2월 25일

이우(李堣)

■ **출생, 사망** : 1469~1517   ■ **출신** : 문과
■ **부모** : 이계양(李繼陽), 부사직 김유용(金有庸)의 딸
■ **공신 내용** : 정국공신(4등)

본관은 진보(眞寶)이고 자(字)는 명중(明仲)이며 호는 송재(松齋)이다. 연산군 4년(1498) 문과에 급제해 승문원 부정자가 되었다. 이어 예문관검열·봉교 등을 거쳐 1501년 성균관 전적에 오르고 사간원정언·병조정랑·사간·군기시부정 등을 역임하였다. 1506년 동부승지가 되었는데 마침 입직하던 날 중종반정이 일어나자 이에

가담하였다.

그 공로로 정국공신(靖國功臣)에 녹훈되고 청해군(靑海君)에 봉해졌으며 우부승지가 되고 경연참찬관을 겸하였다. 중종 3년(1508) 진주목사가 되었다가 이듬해 동지중추부사로 전임되고 호조참판·형조참판을 거쳐 강원도관찰사가 되었으나 사양하였다. 1514년 중종반정 당시 입직 승지로서 신하의 도리에 어긋나게 행동했다는 비난을 받아 삭훈되었으나 관직은 그대로 해도 좋다고 하여 안동부사로 근무 중 사망하였다.

이우(李佑)
- **출생, 사망** : 1597~1636
- **출신** : 공신
- **부모** : 사마 이경신(李慶伸), 어머니는 불명
- **공신 내용** : 진무공신(3등)

본관은 한산(韓山)이며 영의정을 지낸 이산해의 서손(庶孫)으로 이괄의 난이 일어나기 2개월 전인 인조 2년(1624) 1월 전(前) 교수 문회(文晦) 등과 같이 이괄 등이 역모를 꾀한다는 고변을 한 공으로 진무공신(振武功臣)에 추록되었고 인성군(麟城君)에 봉해졌다. 이후 패악질을 하다고 하여 유배되었다가 풀려났으며 가의대부로 승진하였다.
- **참고** : (1) 족보에는 분무공신(奮武功臣)이라고 되어있음.
  (2) 『국조공신록』에는 이름이 이우(李祐)로 되어있음.

이운로(李雲露)
- **출생, 사망** : 1399~1469
- **출신** : 갑사(甲士)
- **부모** : 이여성(李如珹), 박시광(朴始光)의 딸
- **공신 내용** : 적개공신(2등)

본관은 함평(咸平)이며 종성도호부 갑사로서 이시애가 반란을 일으키자 반란군의 우위장으로 활약하다가 정부군에 밀려 쫓기는 와중에 이시애의 생질 허유례로부터 설득당하여 이시애를 생포한 공으로 적개공신(敵愾功臣)에 녹훈되고 가선대부로 올랐고 종성군(鍾城君)으로 봉해졌다. 이후 호군이 되었고 오위도총부도총관까지 승진하였다.

- **시호**(諡號) : **장경**(莊敬) -청선고

이운룡(李雲龍)
- **출생, 사망** : 1562~1610
- **출신** : 무과
- **부모** : 남해현령 이몽상(李夢祥), 밀양변씨(密陽卞氏)
- **공신 내용** : 선무공신(3등)

본관은 재령(載寧)이며 무과에 급제 후 여러 관직을 거쳐 선조 25년(1592) 임진왜란 때 옥포만호(玉浦萬戶)로서 수군절도사 원균(元均)이 도망하려는 것을 저지, 이순신(李舜臣)에게 원병을 청하여 위기를 모면케 하고 이순신의 막하로 들어가 여러 해전에서 공을 세웠다. 1596년 경상좌도 수군절도사가 되었고 이듬해 원균이 패사(敗死)하고 수군이 전멸당하자 영천·창암 등지의 육전(陸戰)에 참가하였다.

1602년 탄핵을 받아 서생포에 장류(杖流)되었으나 곧 풀려났고 1604년 선무공신(宣武功臣)에 녹훈되고 식성군(息城君)에 봉해졌으며 이후 도총부부총관·포도대장 등을 지내고 비변사 유사당상(有司堂上)에 올랐다.

그 후 다시 탄핵으로 은퇴하였으나 1607년 오랑캐들이 북쪽 변방에 침입하자 함경도병마절도사가 되어 이를 진압하고 충청도수군절도사로 나갔으며 삼도수군통제사가 되었다. 광해군 2년(1610) 또 탄핵을 받자 벼슬을 그만두고 고향으로 돌아갔다. 사망 후 병조판서가 추증되었다.

이원(李原)
- **출생, 사망** : 1368~1430
- **출신** : 문과(고려)
- **부모** : 밀직제학 이강(李岡), 판개성부사 곽연준(郭延俊)의 딸
- **공신 내용** : 좌명공신(4등)

본관은 고성(固城)이고 자(字)는 차산(次山)이며 호는 용헌(容軒)이다.

고려 우왕 11년(1385) 문과에 급제한 후 사복시승(司僕寺丞)에 등용되고 공조·예조좌랑, 병조정랑을 역임하였다. 조선 개국 후 지평·양근군수를 지내고 정종 2년(1400) 좌승지가 되었고 제2차 왕자의 난 때 이방원(태종)을 도운 공으로 좌명공신(佐命功臣)에 녹훈되고 철성군(鐵城君)에 봉해졌다.

대사헌·경기도관찰사를 지내고 태종 3년(1403) 이후 평양부윤·대사헌·한성부

판사 등을 지냈고 1414년 영길도도순문사를 거쳐 이듬해 6월 예조판서로 있다가 12월에 대사헌이 되었다.

1417년 판우군도총제와 찬성을 걸쳐 이듬해 우의정에 올랐다. 세종 1년(1419) 영경연사(領經筵事)를 겸하였고 1421년 12월 좌의정으로 승진되있고 철성부원군(鐵城府院君)이 되었다. 1426년 사헌부의 탄핵을 받아 공신녹권을 박탈당하고 여산(廬山)에 귀양 가서 사망하였으나 세조 때 복관되었다. 태종때 청백리에 선정되었다.

- **시호**(諡號) : **양헌**(襄憲) -청선고

이원로(李元老)
- **출생, 사망** : 1597~1678
- **출신** : 무과
- **부모** : 진산군수 이복순(李福純), 고세두(高世玜)의 딸
- **공신 내용** : 영국공신(2등)

본관은 전주(全州, 성녕대군파)이며 광해군 10년(1618) 무과 급제 후 덕포첨사, 문화현감 등을 지냈고 남한산성에서 별장(別將)으로 근무하던 인조 22년(1644) 3월 심기원 등의 역모사건을 고변하여 이들을 일망타진하는데 공을 세웠다. 그해 6월 영국공신(寧國功臣)에 녹훈되고 완양군(完陽君)에 봉하여졌다. 1647년 전남병마절도사, 1654년 통제사, 1656년 충청병마절도사, 오위도총부도총관 등을 역임하였다.

이원성(李元成)
- **출생, 사망** : 1653~1691
- **출신** : 불명
- **부모** : 이여지(李汝智), 지대해(池大海)의 딸
- **공신 내용** : 보사공신(3등)

본관은 전주(全州, 의평군파)이며 숙종 6년(1680) 보사공신인 정원로가 허견 등과 같이 반역을 모의했다고 고변하여 정원로가 처벌받게 하였다. 이러한 공으로 같은해 11월 보사공신(保社功臣)에 추록되고 완흥군(完興君)에 봉해졌으며 1682년 낙안군수가 되었다. 1689년 기사환국으로 남인이 집권하자 참형을 당하였고 1690년 공훈도 삭탈되었다가 1694년 갑술환국으로 서인이 재집권하면서 복훈되었다.

이원영(李元榮)

- **출생, 사망** : 1579~1653
- **출신** : 무과
- **부모** : 무반 4품 이해수(李瀣壽), 연광세(延光世)의 딸
- **공신 내용** : 정사공신(3등)

본관은 전주(全州, 효령대군파)이며 선조 39년(1606) 무과에 급제하였고 여러 관직을 거쳐 총관이 되고 동지중추부사에 올랐다. 인조반정에 공을 세워 인조 1년(1623) 정사공신(靖社功臣)에 녹훈되고 완흥군(完興君)에 봉해졌으며 1638년 오위장이 된 이후 별장, 부총관, 사복장 등을 지냈다.

이원익(李元翼)

- **출생, 사망** : 1547~1634
- **출신** : 문과
- **부모** : 함천군 이억재(李億載), 감찰 정치(鄭錙)의 딸
- **공신 내용** : 호성공신(2등)

본관은 전주(全州, 익녕군파)이고 자(字)는 공려(公勵)이며 호는 오리(梧里)이다. 선조 2년(1569) 문과에 급제하였고 1574년 예조좌랑을 거쳐 황해도 도사가 되었고 1587년 안주목사로 나가 기민 구휼에 힘썼다. 1591년 대사헌을 거쳐 호조와 예조판서를 역임하고 이듬해 임진왜란이 일어나자 이조판서로서 도순찰사(都巡察使)가 되어 의주로 몽진하는 선조를 호종하였다.

이원익

이어 평안도 관찰사가 되어 1593년 평양탈환 작전에 참가하여 수차례 전공을 세웠고 1595년 우의정에 올라 4도 도체찰사를 겸했다. 1599년 이후 좌의정을 거쳐 영의정에 올랐고 1604년 호성공신(扈聖功臣)에 녹훈되고 완평부원군(完平府院君)에 봉해졌다.

1608년 영의정이 되었으며 경기도와 강원도에 대동법을 시행하였고 1615년 인목대비의 폐위를 반대하여 홍천에 유배되었다가 1623년 인조반정 이후 다시 영의정에 올랐다. 선조때 청백리에 선정되었고 인조 묘정(廟庭)에 배향되었다.

- **시호(諡號)** : **문충**(文忠) -인조실록 12년(1634) 1월 29일

이유중(李有中)
- **출생, 사망** : 1544~1602
- **출신** : 문과
- **부모** : 이인(李訒), 홍필세(洪弼世)의 딸
- **공신 내용** : 호성공신(3등)

본관은 덕수(德水)이고 자(字)는 시가(時可)이다. 선조 9년(1576) 문과에 급제하였고 임진왜란 당시 장령(掌令)으로서 선조를 의주까지 수가(隨駕)하였고 이후 필선·교리·동부승지·대사간 등을 역임하고, 이조·예조의 참의, 대사헌·예조참판 등을 역임하였다. 사망 후인 1604년 호성공신(扈聖功臣)에 녹훈되고 덕원군(德原君)에 봉해졌다.

이유징(李幼澄)
- **출생, 사망** : 1562~1593
- **출신** : 문과
- **부모** : 호조판서 이성중(李誠中), 경력 조수(趙琇)의 딸
- **공신 내용** : 호성공신(2등)

본관은 전주(全州, 담양군파)이고 자(字)는 징원(澄源)이다. 선조 16년(1583) 문과에 급제 후 병조좌랑·정언 등을 지내고 1592년 임진왜란이 일어나 선조가 의주로 몽진할 때 병조정랑으로서 호종(扈從)하였다. 이듬해 의주목사 겸 병마절제사가 되어 장졸(將卒)을 통어(統御)하는 한편 민심을 안정시켰다.

이항복의 막하(幕下)에서 계책을 내어 평양탈환에 큰 공을 세워 선조가 중용하려 했으나 과로로 사망하였다. 사망 후인 1604년 호성공신(扈聖功臣)에 녹훈되고 이조판서에 증직되었으며 완흥군(完興君)에 추봉(追封)되었다.

- **시호(諡號)** : **정민**(貞敏) -승정원일기 영조 21년(1745) 2월 19일

이윤남(李胤男)
- **출생, 사망** : 1570~1642
- **출신** : 무과
- **부모** : 이몽호(李夢虎), 통덕랑 이명당(李鳴唐)의 딸
- **공신 내용** : 소무공신(3등)

본관은 원주(原州)이고 자(字)는 경승(景承)이다. 선조 34년(1601) 무과에 급제하고 여러 관직을 거쳐 삼척영장으로 있을 때 횡성에 은거하던 전 익찬(翊贊) 이인거

이윤남 묘

가 인조 5년(1627) 9월 군사 70여명과 많은 백성들을 선동하여 반란을 일으켰다.

횡성현감 이탁남의 급보를 받은 원주목사 홍보 등의 공격으로 난이 진압되었다. 이윤남도 이때 반란군 진압에 공을 세워 그해 11월 소무공신(昭武功臣)에 녹훈되고 원성군(原城君)에 봉해졌으나 공이 없음에도 공신에 책록되었다고 계속 공격을 받았다. 사망 후 한성판윤에 추증되었다.

이응(李膺)

- **출생, 사망** : 1365~1414
- **출신** : 문과(고려)
- **부모** : 좌도수군절제사 이희충(李希忠), 어머니는 불명
- **공신 내용** : 좌명공신(4등)

본관은 영천(永川)이며 고려 우왕 11년(1385) 문과에 급제 후 1400년 상장군으로 제2차 왕자의 난에 이방원(태종)측에 협력한 공으로 태종 1년(1401) 좌명공신(佐命功臣)에 녹훈되고 영양군(永陽君)에 봉해졌다.

그 뒤 좌부대언(左副代言)·참지의정부사를 거쳐 1410년 예조·호조판서에 이르렀으며 1412년 지의정부사로 있다가 1414년 병조판서가 되어 마패법(馬牌法)을 제정하였다. 그해 6월 군사훈련에 필요한 취각법(吹角法)을 제정하기도 하였다.

- **시호(諡號)** : **정경(貞景)** -태종실록 14년(1414) 7월 24일

이응순(李應順)

- **출생, 사망** : 1565~1641
- **출신** : 무과
- **부모** : 동지중추부사 이욱(李旭), 군수 권세현(權世賢)의 딸
- **공신 내용** : 호성공신(3등)

본관은 원주(原州)이고 자(字)는 선수(善受)이다. 선조 22년(1589) 무과에 급제했으며 무관으로 1592년 임진왜란으로 선조가 의주로 몽진할 때 임금을 호위하였다. 피난 중 청천강에 이르렀는데 강물이 불어나 강을 건널 수 없게 되자 같은 무관인 동생 이응인과 함께 어가(御駕)를 떠메고 강을 건넜다.

1594년 선전관이 되었다가 도배(徒配)되었다. 1604년 호성공신(扈聖功臣)에 녹훈되고 익흥군(益興君)에 봉해졌으며 평안도우후가 되었고 1626년 도총관에 이어 전라우수사가 되었다. 사망 후 좌의정에 추증되고 익흥부원군에 봉해졌다.

이응순 묘

- **참고** : (1) 족보에는 동생 이응인도 호성공신 3등이라고 되어있는데 이응인은 호성원종공신임.

  (2) 인터넷에 보면 안악(安岳) 이씨 저명인사 중 이응순(李應順)이 있고 같은 호성공신이고 익흥군이라고 하며 『성씨의 고향』 안악이씨 에도 호성공신 이응순이 있음. 그러나 족보에서 이응순을 찾지 못함.

이의배(李義培)

- **출생, 사망** : 1576~1637
- **출신** : 무과
- **부모** : 장령 이흡(李洽), 예조판서 이우직(李友直)의 딸
- **공신 내용** : 정사공신(3등)

본관은 한산(韓山)이고 자(字)는 의백(宜伯)이다. 선조 32년(1599) 무과에 급제해 선전관이 되고 이어 감찰이 되었다. 그 뒤 보령현감을 지냈고 광해군 때는 벼슬하지 않다가 1623년 인조반정시 공을 세워 정사공신(靖社功臣)에 녹훈되고 명천부사에 제수되었다.

1624년 전라좌수사를 지내고 이어 인동부사를 역임하였고 인조 8년(1630) 한천군(韓川君)에 봉해졌다. 이후 김해부사, 전라·황해·평안·함경도 등의 병마절도사를 거쳐 1635년 충청도병마절도사로 부임하였다.

병자호란이 일어나자 속오병(束伍兵) 수천 명을 이끌고 남한산성으로 향하였다. 경기도 광주(廣州) 부근에서 적의 습격을 받아 선봉장 이차형(李次衡) 등이 전사하고 중과부적이 되자 영남근왕병(嶺南勤王兵)의 합류를 기다렸다가 다시 진격하였다. 경상좌도절도사 허완(許完)과 경상우도절도사 민영(閔栐)의 군대와 함께 광주 쌍령에 진을 치고 공격해 온 청나라 군대와 싸우다가 전사하였다. 병조판서로 추증했다가 다시 영의정으로 추증하였다.

- **시호**(諡號) : **충장**(忠壯) -숙종실록 34년(1708) 12월 13일

이익필(李益馝)
- **출생, 사망** : 1674~1751
- **출신** : 무과
- **부모** : 벽동군수 이시격(李時格), 통덕랑 이엄(李襛)의 딸
- **공신 내용** : 분무공신(3등)

본관은 전의(全義)이고 자(字)는 문원(聞遠)이며 호는 하옹(霞翁)이다. 숙종 29년(1703) 무과에 급제하였고 여러 관직을 거쳐 영조 4년(1728) 3월 이인좌가 난을 일으키자 도순무사 오명항(吳命恒)의 금위우별장에 제수되어 토벌에 임하게 되었다. 죽산(竹山) 전투에서 금위좌별장 이수량(李遂良)과 더불어 반란군을 진압하였다.

그 공으로 같은해 4월 분무공신(奮武功臣)에 녹훈되고 전양군(全陽君)에 봉해졌다. 그 뒤 전라도병마절도사를 거쳐 1730년 평안도병마절도사 등을 지냈다. 사망 후 병조판서에 추증되었다.

- **시호**(諡號) : **양무**(襄武) -정조실록 14년(1790) 4월 11일

이입신(李立身)
- **출생, 사망** : 1625~1689
- **출신** : 무과
- **부모** : 이성(李晟), 통덕랑 이염(李恬)의 딸
- **공신 내용** : 보사공신(2등)

본관은 양성(陽城)이고 자(字)는 현부(顯夫)이며 호는 의재(毅齋)이다. 현종 4년(1663) 무과에 급제한 후 안흥첨지·서흥현감·동지(同知) 등을 지냈고 숙종 6년(1680) 4월 당시의 권력자인 허적(許積)의 서자인 허견, 왕족인 복창군 형제 등의 역적모의를 고발한 공으로 그해 5월 보사공신(保社功臣)에 녹훈되고 양흥군(陽興君)에 봉해졌다. 이후 도총관·전라도병마절도사·평안도병마절도사를 지냈다.

평안도병마절도사로 재직하던 숙종 14년(1688) 사헌부의 간언으로 탄핵 되었고 이듬해 기사환국(己巳換局)으로 남인이 집권하자 허적 등을 거짓 고발하였다는 이유로 국문(鞠問)을 받는 도중 사망하였다. 숙종 20년(1694) 갑술환국(甲戌換局)으로 서인이 재집권하자 신원(伸冤)되고 판돈녕부사 겸 판의금부사에 추증되었다.

이정(李婷)
- **출생, 사망** : 1454~1488
- **출신** : 왕자
- **부모** : 덕종(추존, 의경세자), 소혜왕후 한씨(韓氏)
- **공신 내용** : 좌리공신(2등)

본관은 전주(全州, 월산대군파)이며 자(字)는 자미(子美)이고 호는 풍월정(風月亭)이다. 성종의 친형으로 7세 때 월산군에 책봉되고 성종 2년(1471) 대군(大君)에 진봉(進封)되었으며 같은해 성종 즉위 및 보좌에 공이 있다고 좌리공신(佐理功臣)에 녹훈되었다.

- **시호(諡號)** : **효문**(孝文) -성종실록 20년(1489) 2월 30일

이정(李靖)
- **출생, 사망** : 1600~1629
- **출신** : 무과
- **부모** : 이경장(李慶長), 습독(習讀) 강계증(姜繼曾)의 딸
- **공신 내용** : 진무공신(3등)

본관은 경주(慶州)이고 자(字)는 위경(衛卿)이다. 무과 급제 후 인조 2년(1624) 이괄(李适)의 난이 일어나자 수안군수 직무대리로서 강용(姜湧)과 함께 수안성을 지켜 적의 진로를 차단하고 진압군에 합류하여서는 길마재 북쪽을 지키는 등의 공으로 진무공신(振武功臣)에 녹훈되고 시흥군(始興君)에 봉해졌다. 1625년 수안군수가 되었고 1629년 훈련도정을 거쳐 충청병사로 있으면서 병이 나자 왕이 병조참판에 임명하였으나 얼마 후 사망하였다. 사망 후 병조판서에 추증하였다.

이정립(李廷立)
- **출생, 사망** : 1556~1595
- **출신** : 문과
- **부모** : 판결사 이시무(李時茂), 의원정(義原正) 이억(李億)의 딸
- **공신 내용** : 평난공신(3등)

본관은 광주(廣州)이고 자(字)는 자정(子政)이며 호는 계은(溪隱)이다. 선조 13년(1580) 문과에 급제해 승문원에 들어갔고 1582년 수찬 때 대제학 이이(李珥)가 추천하여 이덕형·이항복과 함께 경연(經筵)에서 『통감강목(通鑑綱目)』을 시강해 삼학사(三學士)의 한 사람으로 칭송을 받았다.

그 해 사관(史官)이 되고 예조좌랑·정언을 지냈으며 그 뒤 형조참의·좌승지 등을 거쳐 선조 22년(1589) 정여립의 모반사건 처리에 대한 공으로 이듬해 8월 평난공신(平難功臣)에 녹훈되었다. 장령·집의·응교·직제학을 거쳐 1592년 임진왜란 때는 예조참의로 왕을 호종하였다.

왕의 행차가 금교역(金郊驛)에 이르렀을 때 종묘와 사직의 신위(神位)가 지금 개성에 남아 있다고 아뢰니 선조가 크게 놀라면서 즉시 모셔 오라 하였다. 급히 개성으로 달려가 죽음을 무릅쓰고 성에 들어가 종묘사직의 위판을 평양으로 모셔갔다. 이어 병조참판이 되었다가 1593년 부친상을 당해 관직을 떠났다. 1594년 한성부좌윤·황해도관찰사를 역임하고 광림군(廣林君)에 봉해졌다. 뒤에 영의정에 추증되었다.

■ **시호**(諡號) : **문희**(文僖) -현종실록 11년(1670) 8월 23일

이정암(李廷馣)

■ **출생, 사망** : 1541~1600　　　　■ **출신** : 문과
■ **부모** : 사직서령 이탕(李宕), 김응진(金應辰)의 딸
■ **공신 내용** : 선무공신(2등)

본관은 경주(慶州)이고 자(字)는 중훈(仲薰)이며 호는 사류재(四留齋)이다. 명종 16년(1561) 문과에 급제 후 정자·주서를 거쳐 선조 11년(1578) 양주목사를 지낸 후 장령·장악원정 등을 거쳐 1587년 동래부사가 되었다가 대사간·승지·이조참의를 지냈다.

1592년 임진왜란 때 개성이 함락되자 황해도에서 의병을 모아 활약한 공으로 황해도초토사가 되어 연안(延安)에서 웅거하자 왜군이 무섭게 공격했으나 잘 막아낸 공으로 경기도순찰사로 승진하였다. 이듬해 전라도관찰사가 되고 1596년 충청도관찰사로 이몽학의 난을 평정하는 데 공을 세웠으나 죄수를 임의로 처벌하여 파직되었다가 황해도관찰사로 기용되어 도순찰사를 겸하였다.

1597년 정유재란 때 재차 황해도초토사로서 연안을 수비하였고 난이 끝난 후 사퇴하였다. 사망 후 1604년 선무공신(宣武功臣)에 녹훈되고 월천부원군(月川府院君)에 추봉되었으며 좌의정에 추증되었다.

■ **시호**(諡號) : **충목**(忠穆) -승정원일기 숙종 30년(1704) 4월 15일(이전)

이제(李濟)

- **출생, 사망** : 1365~1398
- **출신** : 부마(태조의 딸 경순공주)
- **부모** : 서경부원수 이인립(李仁立), 혜령옹주
- **공신 내용** : 개국공신(1등)

본관은 성주(星州)이며 태조 이성계가 잠저에 있을 태조의 딸 경순공주(慶順公主)와 결혼하였다. 공양왕 4년(1392) 전법판서(典法判書)로 있으면서 정몽주의 살해에 가담하고 1392년 7월 조선을 개국하고 이성계를 왕위에 옹립하는데 기여한 공으로 태조 1년(1392) 8월 개국공신(開國功臣)에 녹훈되고 흥안군(興安君)에 봉해졌다.

의흥친군위절제사를 거쳐 태조 2년(1393) 우군절제사에 올랐다가 1398년 제1차 왕자의 난 때 정도전 일파로 몰려 이방원측에 의하여 살해되었다가 세종 때 신원(伸冤)되었다. 태조 묘정(廟庭)에 배향되었다.

- **시호(諡號)** : **경무(景武)** -세종실록 4년(1422) 1월 5일

이존(李存)

- **출생, 사망** : ?~?
- **출신** : 환관
- **부모** : 불명
- **공신 내용** : 익대공신(3등)

환관으로서 남이의 옥 처리와 예종 즉위에 공을 세워 예종 1년(1469) 익대공신(翊戴功臣)에 추록되고 성천군(成川君)에 봉해졌다.

- **참고** : 『성씨의 고향』을 보면 원주이씨(신) 공신명단에 이존이 있는데 족보에서는 찾지 못함.

이존명(李存命)

- **출생, 사망** : 1435~1505
- **출신** : 환관
- **부모** : 이효(李孝), 동복현감 민수(閔綏)의 딸
- **공신 내용** : 익대공신(3등)

본관은 합천(陜川)이며 환관으로서 남이의 옥 처리에 공을 세워 예종 즉위년(1468) 익대공신(翊戴功臣)에 녹훈되었고 정헌대부, 합천군(陜川君)에 봉해졌다.

- **참고** : 족보를 보면 환관이라는 기록은 없고 1453년 입사(入仕)했다고 하며

시호가 평경(平敬)이라고 되어있으나 시호 받은 근거 찾지 못함. (2) 일부 자료에는 이수명(李守命)이라고 되어있음.

이종(李悰)
- **출생, 사망** : 1432~1476
- **출신** : 태종의 증손
- **부모** : 보성군(寶城君) 이합(李㝓), 광록시소경 이무창(李茂昌)의 딸
- **공신 내용** : 적개공신(3등)

본관은 전주(全州, 효령대군파)이며 자(字)는 유안(幼安)이다. 세조 3년(1457) 보신부정(保信副正)이 되고 세조 8년(1462) 10월 세조가 강무(講武)할 때 사자위장(獅子衛將)에 임명되었다.

세조 9년(1463) 공현위장(控弦衛將)에 임명되었고 그해 10월 22일 세조의 명으로 평안도에 가서 오랑캐를 정벌하는 한명회를 지원하고 방산진을 지키면서 야인의 침입을 근절시키는 데 많은 공을 세웠다.

세조 13년(1467) 대호군에 임명되고 이시애의 난이 일어나자 총통도장(銃筒都將)에 임명되었고 귀성군 이준, 강순 등과 함께 이시애군 토벌에 출정하였다. 그해 8월 20일 회군하여 부원수에 책봉되었다. 같은해 적개공신(敵愾功臣)에 녹훈되고 율원군(栗元君)에 봉해졌으며 함길남도 병마절도사가 되었으나 병이 깊어 이듬해 다시 내직으로 돌아왔다.

- **시호(諡號)** : **양경(襄頃)** -성종실록 7년(1476) 1월 18일

이종무(李從茂)
- **출생, 사망** : 1360~1425
- **출신** : 전공(戰功)
- **부모** : 조전원수 이을진(李乙珍), 통훈대부 용지서(龍之西)의 딸
- **공신 내용** : 좌명공신(4등)

본관은 장수(長水)이며 젊어서부터 활을 잘 쏘고 말을 잘 타는 등 무예에 능했다. 고려 우왕 7년(1381) 아버지를 따라 강원도에 침범한 왜구를 토벌하는 데 많은 활약을 했다. 그 공으로 정용호군(精勇護軍)에 임명되었다. 태조 7년(1397) 옹진만호(甕津萬戶)가 되었는데 왜구가 갑자기 들어와서 성을 포위하자 끝까지 막아 싸워 적을 물리쳐 첨절제사로 승진되었다가 상장군이 되었다.

정종 2년(1400) 제2차 왕자의 난에 이방원(태종) 측에 협력하여 이듬해 좌명공신(佐命功臣)에 녹훈되었고 통원군(通原君)에 봉해졌다. 태종 6년(1406) 좌군총제에 임명되었으며 장천군(長川君)에 봉해졌다. 태종 8년(1408) 조전절제사가 되었으며 중군도총제를 겸직하였다. 이듬해 인주도도병마사로 임명되었으며 곧 병마절제사로 승진되었다.

태종 11년(1411) 신무시위사(神武侍衛司)가 되었고 태종 17년(1417) 의정부참찬·판우군도총제부사를 역임하였다. 이듬해 의용위(義勇衛)가 설치되자 동지총제가 되었다. 세종 1년(1419) 삼군도체찰사가 되어 대마도를 정벌한 뒤 의정부 찬성사가 되었다.

이종무 묘

1421년 장천부원군(長川府院君)이 되었고 세종 5년(1423) 사은사(謝恩使)로 명나라에 다녀왔으나 동행했던 권희달(權希達)의 불경한 행동을 왕께 보고하지 않았다고 하여 유배되었지만 1425년 다시 장천부원군이 되었다.

■ **시호**(諡號) : **양후**(襄厚) -세종실록 7년(1425) 6월 9일

이종생(李從生)

- ■ **출생, 사망** : 1423~1495
- ■ **출신** : 무과
- ■ **부모** : 선략장군 이극명(李克明), 중랑장 정혼(鄭渾)의 딸
- ■ **공신 내용** : 적개공신(2등)

본관은 함평(咸平)이고 자(字)는 계지(繼之)이다. 세조 6년(1460) 무과에 급제 후 같은 해 10월 북정(北征) 도원수 신숙주의 군관(軍官)으로 참여해 공을 세워 선략장군(종4품)에 제수되었다. 1461년 5월 도시(都試)에 1등으로 급제하여 선절장군(宣節將軍)이 되고 대호군이 되었다.

1464년 어모장군이 되어 동관진첨절제사(潼關鎭僉節制使)가 되고 1466년 절충장군에 올랐다. 1467년 이시애의 난 때 북청 만령(蔓嶺)에서 위장(衛將)으로서 선봉에서 적을 대파한 공으로 적개공신(敵愾功臣)에 녹훈되고 함성군(咸城君)에 봉해졌다. 이듬해 건주위(建州衛) 야인을 정벌할 때 공을 세워 영변대도호부사가 되었으며 성

종 2년(1471) 도총관을 겸하였다.

　1473년 내금위장이 되었다가 이어 충청도병사가 되었고 1479년 윤필상의 건주위 정벌 때 호분위장(虎賁衛將)으로 출전해 공을 세웠다. 1481년 영안남도병사 겸 북청도호부사, 1485년 경상우병사, 1491년 겸사복장(兼司僕將)이 되었고 연산군 1년(1495) 부총관을 겸하였다.

- 시호(諡號) : **장양**(莊襄) -청선고

이종의(李宗義)

- 출생, 사망 : 1462~1520
- 출신 : 무과
- 부모 : 부사정 이종수(李從邃), 남포현령 노중륜(盧仲崙)의 딸
- 공신 내용 : 정국공신(4등)

　본관은 함평(咸平)이며 무과에 급제하여 안주목사를 지냈고 중종반정에 참여하여 중종 1년(1506) 정국공신(靖國功臣)에 녹훈되고 함풍군(咸豊君)에 봉해졌다. 중종 5년(1510) 2월 경상우도수군절도사로 있으면서 우리 백성을 살해한 왜적 7명을 쏘아 죽였다고 했으나 왜적이 아니라고 하여 문제가 발생하였다. 같은 해 4월 삼포왜란이 발발하자 부산첨사 이보(李俌) 등과 함께 수로를 따라 왜인을 토벌하였고 관직은 부총관에 이르렀다. 사망 후 공조판서에 추증되었다.

- 시호(諡號) : **양익**(襄翼) -청선고

이준(李浚)

- 출생, 사망 : 1441~1479
- 출신 : 세종의 손자
- 부모 : 임영대군 이구(李璆), 봉례 최승녕(崔承寧)의 딸
- 공신 내용 : 적개공신(1등), 익대공신(2등)

　본관은 전주(全州, 임영대군파)이고 자(字)는 자청(子淸)이다. 1463년 구성군(龜城君)으로 봉해졌으며 어릴 때부터 문무를 겸했기 때문에 세조의 총애를 받았다. 1467년 5월 이시애(李施愛)가 난을 일으키자 함경·강원·평안·황해의 4도병마도총사에 임명되어 반란을 토평한 공으로 적개공신(敵愾功臣)에 녹훈되고 오위도총부 도총관에 임명되었다가 1468년 영의정이 되었다.

　같은 해 예종 즉위 후 벌어진 남이(南怡)의 옥사를 다스린 공으로 익대공신(翊戴

功臣)에 녹훈되었다. 이듬해 아버지 임영대군의 상을 당하여 영의정을 사직하였다. 성종 1년(1470) 1월 나이 어린 성종을 몰아내고 왕이 되려 한다는 정인지 등의 탄핵을 받아 삭탈관직 당하고 경상도 영해(寧海)로 귀양갔으며 귀양간 지 10년 만에 유배지에서 사망하였다. 숙종 13년(1687) 6월 신원(伸冤)되고 다시 복관되었다.

- **시호**(諡號) : **충무**(忠武) -고종실록 42년(1905) 2월 2일

이준(李準)

- **출생, 사망** : 1545~1624
- **출신** : 문과
- **부모** : 형조좌랑 이유정(李惟貞), 별좌 김인서(金麟瑞)의 딸
- **공신 내용** : 평난공신(2등)

본관은 전주(全州, 덕천군파)이며 자는 평숙(平叔)이고 호는 뇌진자(懶眞子)이다. 선조 1년(1568) 문과 급제 후 주서·정언 등을 지냈고 선조 14년(1581) 사헌부 헌납이 되었다. 이후 진주목사·의주목사 등을 역임하였다. 선조 22년(1589) 도승지로 있을 때 정여립(鄭汝立)의 모반사건이 일어나자 죄인을 문책하고 벌하는 일을 맡았다. 그 공으로 평난공신(平難功臣)에 녹훈되고 전성군(全城君)에 봉해졌다.

임진왜란 때는 운향사(運餉使)가 되어 명나라 원군의 군량을 조달하는 임을 하다가 병으로 사직하였다. 그 뒤 한성부 좌윤·춘천부사를 거쳐 예조·병조의 참판을 지냈다. 대사간 벼슬을 지낼 때인 선조 33년(1600) 광해군을 편드는 북인 홍여순 일파로 몰려 파직되었으나 얼마 후 복관되어 안동부사, 경주부윤으로 나갔다.

1608년 광해군이 왕위에 오른 후 좌참찬·형조판서·공조판서를 거쳐 광해군 7년(1615) 개성부 유수가 되었다. 이어 이조판서를 지내고 은퇴하였다. 사망 후 영의정에 추증되었다.

- **시호**(諡號) : **숙헌**(肅憲) -고종실록 8년(1871) 3월 16일

이중로(李重老)

- **출생, 사망** : 1577~1624
- **출신** : 무과
- **부모** : 동지중추부사 이인기(李麟奇), 감찰 이경(李敬)의 딸
- **공신 내용** : 정사공신(2등)

본관은 청해(靑海)이고 자(字)는 진지(鎭之)이며 호는 송계거사(松溪居士)이다. 선

조 38년(1605) 무과에 급제 후 선전관 등을 지내고 광해군 13년(1621) 이천부사(伊川府使)가 되었다. 1623년 인조반정 때 참여하여 정사공신(靖社功臣)에 녹훈되고 청흥군(靑興君)에 봉해졌다. 강화부윤에 임명되었고 그 뒤 오위도총부 부총관·훈련도정을 겸임하고 포도대장을 지냈다.

1624년 이괄(李适)이 반란을 일으키자 황해방어사로서 부도체찰사 이시발과 함께 예성강 상류인 마탄(馬灘)에서 여울물을 지켜 적을 막으려는 준비를 하던 중 적의 급습으로 전사하였다. 후에 좌의정에 추증되었다.

- **시호**(諡號) : **충장**(忠壯) -숙종실록 11년(1685) 8월 11일

이증(李璔)

- **출생, 사망** : 1427~1464
- **출신** : 왕자
- **부모** : 세종, 신빈김씨(愼嬪金氏)
- **공신 내용** : 좌익공신(1등)

본관은 전주(全州, 계양군파)이며 자(字)는 현지(顯之)이다. 세종 16년(1434) 계양군(桂陽君)이 되었고 단종 3년(1455) 파평위(坡平尉) 윤암과 함께 수양대군을 찾아가 금성대군·화의군과 혜빈(惠嬪) 양씨 등을 제거할 계책을 건의하는 등 수양대군이 왕위에 오르는데 협력한 공으로 세조 1년(1455) 좌익공신(佐翼功臣)에 녹훈되었으며 이후 세조의 측근에서 서무(庶務)의 출납을 맡아 크게 신임을 얻었다.

부인은 성종의 어머니 소혜왕후의 언니이다.

- **시호**(諡號) : **충소**(忠昭) -청선고

이증(李增)

- **출생, 사망** : 1525~1600
- **출신** : 문과
- **부모** : 종묘서령 이지숙(李之叔), 김필신(金弼臣)의 딸
- **공신 내용** : 평난공신(3등)

본관은 한산(韓山)이고 자(字)는 가겸(可謙)이며 호는 북애(北崖)이다. 명종 15년(1560) 문과에 급제해 승문원 정자에 보임되었다가 홍문관의 정자·수찬·교리를 역임하였다. 이어 지평·헌납 등을 역임하고 함경도북평사·경기도사를 지냈다. 1573년 이조정랑·직제학 등을 거쳐 호조참의·도승지를 지냈고 황해·충청·전라

· 경상 4도의 관찰사를 지냈다.

이어 예조·이조의 참판, 한성부 좌윤, 부제학·대사헌 등을 역임하였다.

1589년 정여립 역모사건 국문에 참여하여 공을 세워 이듬해 평난공신(平難功臣)에 책록되고 아천군(鵝川君)에 봉해졌다. 1591년 형조판서에 제수되었으며 이후 예조·공조의 판서, 좌·우참찬을 역임하였다. 사망 후 영의정에 추증되었다.

■ **시호**(諡號) : **의간**(懿簡) -청선고

이지란(李之蘭)

■ **출생, 사망** : 1331~1402   ■ **출신** : 태조 이성계의 의(義)동생
■ **부모** : 금패천호 아라부카, 어머니는 불명
■ **공신 내용** : 개국공신(1등), 정사공신(2등), 좌명공신(3등)

본관은 청해(靑海)이고 자(字)는 식형(式馨)이다. 원래 여진족 사람으로 본명은 두란첩목아(豆蘭帖木兒)로 함경도 북청에 거주하면서 이성계와 친밀하게 지냈다. 고려 공민왕 때 부하를 이끌고 고려에 귀화하자 이씨(李氏) 성과 청해(靑海)를 본관으로 받았다.

이성계 휘하에서 운봉(雲峰)전투 등에 공을 세워 공양왕 때 문하부지사(門下府知事)·판도평의사사사(判都評議使司事)를 역임하고 1392년 7월 조선을 개국하고 이성계를 왕위에 옹립하는데 기여한 공으로 태조 1년(1392) 8월 개국공신(開國功臣)에 녹훈되었다.

이어 청해군(靑海君)에 봉해지고 참찬문하부사가 되었으며 1393년 경상도절제사로 있다가 동북면도안무사가 되었

이지란

으며 1398년 문하시랑평장사 때 제1차 왕자의 난이 일어나자 이방원(태종)측에 협력하여 정종 1년(1398) 정사공신(定社功臣)에 녹훈되었다.

후에 명나라를 도와 건주위 정벌에 공을 세웠고 1400년 제2차 왕자의 난 때 재차 공을 세워 태종 1년(1400) 좌명공신(佐命功臣)에 녹훈되고, 좌찬성(左贊成)에 이르렀다. 태조 묘정(廟庭)에 배향되었다.

■ **시호**(諡號) : **양렬**(襄烈) -태종실록 2년(1402) 4월 9일

이직(李稷)

- **출생, 사망** : 1362~1431
- **출신** : 문과
- **부모** : 판개성부사 이인민(李仁敏), 판개성윤 진승서(陳承緖)의 딸
- **공신 내용** : 개국공신(3등), 좌명공신(4등)

본관은 성주(星州)이고 자(字)는 우정(虞庭)이며 호는 형재(亨齋)이다. 고려 우왕 3년(1377) 문과에 급제해 경순부주부(慶順府注簿)에 제수되고 그 뒤 사헌지평·전교부령 등을 거쳐 공양왕 때 예문제학을 지냈다. 1392년 7월 조선을 개국하고 이성계를 왕위에 옹립하는데 기여한 공으로 태조 1년(1392) 8월 개국공신(開國功臣)에 녹훈되고 성산군(星山君)에 봉해졌다.

태조 6년(1397) 대사헌을 지내고 정종 1년(1399) 중추원사, 1400년 참찬문하부사에 오르고, 이어 삼사좌사(三司左使)·지의정부사를 역임하였다. 이 해 제2차 왕자의 난 때 이방원(태종)측에 협조하여 좌명공신(佐命功臣)에 녹훈되었다. 1402년 대제학, 1405년 이조판서가 되었다가 1407년 동북면도순문찰리사·영흥부윤이 되고 이어 찬성사로서 대사헌을 겸임하였다.

이직

1412년 성산부원군(星山府院君)으로 진봉되었고 1414년 우의정에 제수되었다. 이듬해 황희와 함께 충녕대군(세종)의 세자책봉을 반대하다 성주에 안치되었다. 세종 4년 (1422) 풀려 나와 1424년 영의정에 오르고 1426년 좌의정이 되었다가 이듬해 사직하였다.

- **시호(諡號)** : **문경**(文景) -세종실록 19년(1437) 5월 14일(이전)

이징석(李澄石)

- **출생, 사망** : 1373~1461
- **출신** : 무과
- **부모** : 중추원지사 이전생(李全生), 밀성박씨(密城朴氏)
- **공신 내용** : 좌익공신(3등)

본관은 양산(梁山)이며 무과에 장원급제하고 태종 16년(1416) 사복시 소윤(少尹), 세종 3년(1421) 상호군을 거쳐 우도병마도절제사 등을 지냈다. 1427년 중군동지총제·경상도병마도절제사가 되고 1432년 중추원부사가 되었다. 1433년 도원수 최윤

덕의 부장인 조전절제사로 3,000여 명의 군사를 이끌고 우라(兀刺) 등지의 여진족을 토벌했다.

그 공으로 동지중추원사가 되었고 경상도병마도절제사·경상우도도안무처치사 등을 거쳐 지중추원사가 되었다. 단종 1년(1452) 수양대군이 계유정난을 일으켜 권력을 장악하자 당시 함길도도절제사로 있던 동생 이징옥이 대금황제(大金皇帝)라 자칭하고 반란을 일으켰으나 종성판관 정종(鄭種) 등의 반간계(反間計)에 걸려 피살되었다.

이에 아들과 함께 연좌되었으나 "평소 동생과 사이가 나쁘고 내통이 없다." 하여 석방되었고 이후 수양대군 측근들이 여러 차례 이징석의 처벌을 요구하였지만 수양대군의 반대로 구명되었다. 수양대군은 오히려 이징석에게 도진문의 중책을 내렸다. 세조 1년(1455) 세조가 왕위에 오르는데 공을 세워 좌익공신(佐翼功臣)에 녹훈되고 양산군(梁山君)에 봉해졌으며 판중추원사에 이르렀다.

- **시호(諡號) : 장강(莊剛)** -세조실록 7년(1461) 2월 20일

이창(李敞)

- **출생, 사망** : 1480~?
- **출신** : 공신
- **부모** : 이조판서 이계남(李季男), 판중추원사 윤번(尹璠)의 딸
- **공신 내용** : 정국공신(4등)

본관은 평창(平昌)이며 아버지를 따라 중종반정에 참여하여 정국공신(靖國功臣)에 녹훈되고 평천군(平川君)에 봉해졌으며 정랑이 되었다. 이후 선공감 부정이 되었고 사망 후 공조판서에 증직되었다. 세조의 왕비 정희왕후가 이모(姨母)이다.

이천우(李天祐)

- **출생, 사망** : 1354~1417
- **출신** : 태조 이성계의 조카
- **부모** : 완풍대군 이원계(李元桂), 제학(提學) 문익점(文益漸)의 딸
- **공신 내용** : 정사공신(2등), 좌명공신(2등)

본관은 전주(全州, 완풍대군파)이며 고려 우왕 6년(1380) 작은아버지 이성계 휘하에서 종사관으로 공을 세웠고 우왕 13년(1387) 호군이 되었으며 이듬해 상호군으로 작은아버지를 따라 출정했다가 위화도에서 같이 회군하였다. 1392년 조선 개국

이천우

에 공을 세웠다.

태조 3년(1394) 상의중추원사, 1396년 강원도 조전절제사, 1398년 중추원동지사가 되었으며 같은 해 제1차 왕자의 난에 이방원(태종)을 도와 정사공신(定社功臣)에 녹훈되고 완산후(完山侯)에 봉해졌다.

정종 2년(1400) 삼군부지사 때 일어난 제2차 왕자의 난에 이방원(태종)을 도와 태종 1년(1401) 좌명공신(佐命功臣)에 녹훈되고 안주(安州) 도절제사를 역임한 뒤 태종 3년(1403) 완산군(完山君)에 개봉(改封)되었다.

1408년 의정부 찬성사가 되고 1409년 병조판서로 도진무도총제를 겸했다. 후에 의흥부판사에 이어 재차 찬성사가 되어 판의용순금사사를 겸했다. 1413년 이조판서가 되고 서북면도체찰사로 나갔다. 1414년 완산부원군(完山府院君)에 진봉되고 의금부도제조를 거쳐 찬성사가 되었다.

- **시호(諡號) : 양도(襄度)** -태종실록 17년(1417) 4월 25일

이철견(李鐵堅)

- **출생, 사망** : 1435~1496
- **출신** : 음직→무과
- **부모** : 공조참판 이연손(李延孫), 판중추원사 윤번(尹璠)의 딸
- **공신 내용** : 좌리공신(4등)

본관은 경주(慶州)이고 자(字)는 연부(鍊夫)이다. 음직으로 헌릉직(獻陵直)을 거쳐 한성부 판관 재임 시인 세조 6년(1460) 무과에 급제하고 1466년 등준시에 급제하고 이듬해 훈련원도정이 되었다. 1468년 예종 즉위 후 평안도절도사가 되고 성종 즉위 후인 1470년 동지중추부사에 올랐다.

이듬해 성종 즉위 및 보좌에 공이 있다고 좌리공신(佐理功臣)에 녹훈되고 월성군(月城君)에 봉해졌다. 이어 경기도관찰사·형조·호조판서를 거쳐 성종 11년(1480) 이후 평안도관찰사·좌참찬·대사헌 등을 지냈다. 1484년 한성부판윤, 1486년 좌찬성이 되고 이어 판의금부사·평안도도체찰사·도총관 등을 역임하였다.

1493년 사치를 좋아하며 전횡이 심하다는 대간의 탄핵을 받아 관직에서 물러났다가 연산군 즉위 후인 1495년에 지의금부사에 복직되었다. 세조의 왕비 정희왕후

(貞熹王后)가 이모(姨母)이다
- **시호(諡號)** : **양평**(襄平) -연산군일기 2년(1496) 5월 6일

이축(李軸)
- **출생, 사망** : 1538~1614
- **출신** : 문과
- **부모** : 극포수(極浦守) 이희남(李希男), 이조참판 남세준(南世準)의 딸
- **공신 내용** : 평난공신(1등)

본관은 전주(全州, 양녕대군파)이고 자(字)는 자임(子任)이며 호는 사촌(沙村)이다. 선조 9년(1576) 문과에 급제하여 승문원에 들어갔다. 그 뒤 호조좌랑·형조와 공조의 정랑 등을 거쳐 1589년 안악군수로 있을 때 한준·박충간 등과 정여립(鄭汝立)의 역모를 조정에 고변한 공으로 이듬해 평난공신(平難功臣)에 녹훈되고 완산군(完山君)에 봉하여지고 공조참판으로 승진되었다.

그 뒤 형조판서·우참찬을 역임하고 1592년 임진왜란 때는 건의대장(建義大將) 심수경(沈守慶)의 부장으로 의병을 지휘하였고 좌참찬을 거쳐 광해군 3년(1611) 완산부원군(完山府院君)에 올랐다. 사후 영의정에 추증되었다.
- **시호(諡號)** : **안양**(安襄) -숙종실록 44년(1718) 9월 17일

이춘국(李春國)
- **출생, 사망** : ?~?
- **출신** : 이마(理馬)
- **부모** : 불명
- **공신 내용** : 호성공신(3등)

사복시의 정6품 잡직인 이마(理馬)로서 1592년 임진왜란이 일어나자 임금을 평양까지 시위한 공로로 수문장을 제수받았다. 1604년 호성공신(扈聖功臣)에 녹훈되고 교림군(喬林君)에 봉해졌다.
- **참고** : (1) 『전고대방』에 교동인(喬桐人)이라고 되어있고 교림군(喬林君)에 봉해진 것을 보면 본관이 교동(喬桐)이라고 생각되나 교동 이씨를 찾을 수 없음. 『증보문헌비고』 제계고(帝系考)에도 교동 이씨는 없음.

(2) 원주(原州)이씨라는 자료도 있으나 원주이씨 족보에서도 확인하지 못함.

(3) 「국조공신록」에는 적장손 경선(慶善)에게 세습되었다가 현재(영조 때)는

준(俊)이라고 되어있음.

이충원(李忠元)
- **출생, 사망** : 1537~1605
- **출신** : 문과
- **부모** : 영선군(永善君) 이간(李幹), 첨지중추부사 정자견(丁自堅)의 딸
- **공신 내용** : 호성공신(2등)

본관은 전주(全州, 덕천군파)이고 자(字)는 원보(元甫)이며 호는 송암(松菴)이다. 명종 21년(1566) 문과에 장원급제하고 홍문관수찬을 지냈다. 1592년 임진왜란 때 도승지로 왕을 의주까지 호종하였고 이후 형조참판에 제수되었다. 그 뒤 첨지중추부사·한성부판윤을 역임하였으며 1604년 호성공신(扈聖功臣)에 녹훈되고 완양부원군(完陽府院君)에 봉해졌고 공조판서가 되었다.

- **시호(諡號)** : **충헌**(忠憲) -순조실록 24년(1824) 10월 19일

이침(李琛)
- **출생, 사망** : 1430~1479
- **출신** : 왕자
- **부모** : 세종, 신빈김씨(愼嬪金氏)
- **공신 내용** : 익대공신(2등), 좌리공신(2등)

본관은 전주(全州, 밀성군파)이고 자(字)는 문지(文之)이다. 세종 24년(1442) 밀성군(密城君)에 봉해졌으며 세조 13년(1467) 오위도총부 도총관을 지냈다. 예종 1년(1468) 11월 예종으로부터 숙부(叔父)의 예우를 받게 되었다. 이듬해 남이의 옥사 처리에 협력한 공으로 익대공신(翊戴功臣)에 녹훈되었으며 그해 도제조와 오위도총부도총관에 임명되었다. 1469년 성종 즉위 및 보좌에 공을 세워 성종 2년(1471) 좌리공신(佐理功臣)에 녹훈되었다.

- **시호(諡號)** : **장효**(章孝)→**효희**(孝僖) -정조실록 6년(1782) 2월 17일

이탁남(李擢男)
- **출생, 사망** : 1572~1645
- **출신** : 음직
- **부모** : 영평현령 이운복(李雲福), 찰방 황대용(黃大用)의 딸
- **공신 내용** : 소무공신(2등)

본관은 경주(慶州)이며 자(字)는 근숙(根叔)이다. 선조 33년(1600) 음직으로 등용되어 청단도찰방(靑丹道察訪)을 거쳐 전설사별제(典設司別提)·사복시주부를 역임하고 충청도 덕산현감을 지냈고 인조 5년(1627) 강원도 횡성현감이 되었다.

같은해 횡성에 은거하던 전 익찬 이인거(李仁居)가 군사 70여명과 많은 백성들을 동원하여 난을 일으켜 관부(官府)에 돌입하여 군기(軍器)을 약탈하고 죄수를 풀어주는 등 난동을 피워 군대와 백성을 위협하였다.

그는 갑자기 당하는 일이라 횡성을 빠져나와 원주로 가서 목사 홍보(洪寶)와 함께 군대를 동원하여 이인거 일당과 싸워 이인거와 그의 아들 성지(姓支) 일당을 생포하여 서울로 압송하였다. 그 공으로 그해 11월 소무공신(昭武功臣)에 녹훈되고 오산군(鰲山君)에 봉하여졌다. 1629년 장령에 제수되었고 사후 호조판서에 추증되었다.

- **시호**(諡號) : **의정**(毅靖) -숙종실록 45년(1719) 11월 10일

이택(李澤)

- **출생, 사망** : 1579~1624
- **출신** : 무과
- **부모** : 이희눌(李希訥), 청주이씨(淸州李氏)
- **공신 내용** : 진무공신(3등)

본관은 평창(平昌)이며 무과에 급제 후 여러 관직을 지냈고 정주목사로서 1624년 1월 이괄의 난 진압을 위해 수하 병력을 인솔하여 정부군으로 출전, 길마재 전투 중 사망하였으며 인조 2년(1624) 진무공신(振武功臣)에 녹훈되고 평원군(平原君)에 봉해졌으며 호조판서에 추증되었다.

이한원(李翰元)

- **출생, 사망** : ?~?
- **출신** : 불명
- **부모** : 황해도관찰사 이수남(李壽男), 교하현감 박수림(朴秀林)의 딸
- **공신 내용** : 정국공신(4등)

본관은 전의(全義)이며 자(字)는 휴문(休文)이다. 연산군 7년(1501) 부사과를 지낸 후 경력 등을 지냈다. 중종반정에 참여하여 정국공신(靖國功臣)에 녹훈되고 전성군(全城君)에 봉해졌으며 1507년 회양부사가 되고 첨지중추부사가 되었다가 1518년 양주목사 등을 지냈다. 반정 주동자 홍경주와 동서지간이다.

이함(李菡)
- **출생, 사망** : 1470~1534
- **출신** : 무재(武才)
- **부모** : 돈녕부참봉 이의번(李宜蕃), 공주목사 권유순(權有順)의 딸
- **공신 내용** : 정국공신(3등)

본관은 덕수(德水)이고 자(字)는 자실(子實)이다. 20세에 무재(武才)로 군관으로 뽑혔고 성종 22년(1491) 오랑캐가 북방을 침범하자 도원수인 허종(許琮) 휘하에서 종군하여 공을 세웠다. 회군 뒤 수의부위(修義副尉)와 정략장군에 임명되었고 연산군 11년(1505) 건공장군에 올랐다.

1506년 동생 이심(李深)을 따라 중종반정에 참여하여 정국공신(靖國功臣)에 녹훈되고 절충장군(折衝將軍)에 임명되었다. 중종 3년(1508) 삭주부사 겸 병마첨절제사, 해풍군(海豊君)에 봉해졌다. 중종 24년(1529) 봉조하가 되었고 중종 29년(1534) 순천부사 재임 중 병으로 사망하였다.

이항(李沆)
- **출생, 사망** : ?~1637
- **출신** : 무과
- **부모** : 동지중추부사 이수원(李守元), 별좌 허임필(許霖弼)의 딸
- **공신 내용** : 정사공신(3등)

본관은 함평(咸平)이며 광해군 10년(1618) 무과에 급제하고 여러 관직을 거쳐 훈국장관(訓局將官)으로 인조반정에 참여하여 인조 1년(1623) 당상관으로 가자되고 정사공신(靖社功臣)에 녹훈되었으며 함녕군(咸寧君)에 봉해졌다. 장단부사를 지냈고 내직으로 훈련도감·포도대장, 외직으로 충청도·경기도·평안도병마절도사 등을 역임하였다.

1636년 12월 청(淸)나라의 침입으로 인조가 남한산성에 웅거하고 있을 때 서울로 달려왔으나 군대를 이끌고 진(鎭)에 돌아가라는 왕명을 받았다. 대간들이 서울 구원이 늦은 장수들의 죄를 추론(追論)할 때 각 도 장수들과 함께 파직되어 유배되었다가 수개월 만에 병을 얻어 사망하였다.

- **시호(諡號)** : **경무(景武)** -숙종실록 43년(1717) 8월 27일

이항복(李恒福)

- **출생, 사망** : 1556~1618
- **출신** : 문과
- **부모** : 우참찬 이몽량(李夢亮), 결성현감 최윤(崔崙)의 딸
- **공신 내용** : 평난공신(3등), 호성공신(1등)

본관은 경주(慶州)이고 자(字)는 자상(子常)이며 호는 백사(白沙), 필운(弼雲) 등이다. 선조 13년(1580) 문과에 급제하고 1581년 검열(檢閱)이 되었고 이후 저작·정언· 수찬 등을 지냈고 1589년 예조정랑으로 정여립(鄭汝立) 의 역모사건을 다스리는데 공을 세워 1590년 평난공신(平難功臣)에 녹훈되었다.

이항복

1592년 임진왜란이 일어나자 도승지로서 선조를 호종하여 의주로 가던 중 개경에 이르러 병조판서가 되었으며 이덕형을 명나라에 급파하여 군대 파병을 요청하는 한편 국왕의 근위병을 모집하는데 주력하였다.

1595년 이조판서에 올랐다가 1597년 정유재란이 일어나자 다시 병조판서를 맡아 전란을 지휘하는데 앞장섰다. 1599년 우의정을 거쳐 이듬해 영의정이 되었으며 1602년 오성부원군(鰲城府院君)에 진봉되었다. 선조 37년(1604) 임진왜란 때의 공으로 호종공신(扈從功臣)에 녹훈되었다.

광해군이 즉위한 후 1617년 이이첨 등 강경 대북파가 주도한 폐모론(廢母論)에 적극 반대하다가 1618년 삭탈관직되었고 북청(北靑)으로 유배되었다가 그곳에서 사망하였고 사망 후 관작이 회복되었다. 선조때 청백리에 선정되었다.

- **시호(諡號)** : **문충(文忠)** -인조실록 8년(1630) 2월 20일

이해(李澥)

- **출생, 사망** : 1591~1670
- **출신** : 음직
- **부모** : 대사간 이효원(李效元), 호군 송극흥(宋克興)의 딸
- **공신 내용** : 정사공신(2등)

본관은 함평(咸平)이고 자(字)는 자연(子淵)이며 호는 농옹(聾翁)이다. 광해군 때 대북파의 정인홍·이이첨 등에 의하여 아버지가 절도(絶島)에 유배되고 형인 한림

이정(李瀞)이 울분을 참지 못하여 죽자 그는 벼슬을 단념하였다. 유생(儒生)으로 1623년 인조반정에 가담하여 공을 세워 정사공신(靖社功臣)에 녹훈되고 함릉군(咸陵君)에 봉하여졌다. 이듬해인 1624년 개성부유수가 되고 그 뒤 여러 관직을 역임하였다.

인조 27년(1649) 인조가 사망하자 수릉관(守陵官)이 되고 이어서 형조판서를 지내다가 효종 3년(1652) 병으로 사임하였다. 그 해 판중추부사로 있다가 1653년 함릉부원군(咸陵府院君)에 진봉(進封)되고 공조판서가 되었다가 현종 10년(1669) 치사(致仕)하고 봉조하가 되었다.

- **시호(諡號) : 충민(忠敏)** -숙종실록 34년(1708) 5월 6일

이헌국(李憲國)
- **출생, 사망** : 1525~1612
- **출신** : 문과
- **부모** : 수창군(壽昌君) 이평(李枰), 현감 남린(南麟)의 딸
- **공신 내용** : 평난공신(3등), 호성공신(3등)

본관은 전주(全州, 진남군파)이고 자(字)는 흠재(欽哉)이며 호는 유곡(柳谷)이다. 명종 6년(1551) 문과에 급제하였고 명종 8년(1553) 예문관검열, 사간원정언을 거쳐 명종 11년(1556) 경기도사가 되었다가 명종 14년(1559) 병조정랑, 명종 19년(1564) 장령이 되었다. 선조 5년(1572) 사간에 임명되고 1575년 승지로 임명되었다. 선조 14년(1581) 도승지가 되었고 이어 충청도 관찰사 · 대사헌 등을 역임하였다.

선조 22년(1589) 정여립의 역모사건 처리에 공을 세워 이듬해 평난공신(平難功臣)에 녹훈되었고 선조 25년(1592) 임진왜란이 일어나자 대사간으로서 의주로 몽진하는 선조를 호종하였다. 선조 31년(1598) 이조판서를 지내고 우의정과 좌의정을 거쳐 기로소(耆老所)에 들어갔다. 1604년 호성공신(扈聖功臣)에 녹훈되었고 완성부원군(完城府院君)에 봉하여졌다.

- **시호(諡號) : 충익(忠翼)** -국조인물지 V2

이현(李鉉)
- **출생, 사망** : 세종~성종 무렵
- **출신** : 태종의 증손
- **부모** : 함양군(咸陽君) 이포(李誧), 이대(李臺)의 딸

■ **공신 내용** : 좌리공신(4등)

본관은 전주(全州, 양녕대군파)이며 세조 13년(1467) 호산도정(湖山都正)으로 선전관이 되었고 1469년 병조참지가 되었으며 성종 즉위 및 보좌에 공을 세워 1471년 좌리공신(佐理功臣)에 녹훈되었고 1476년 호산군(湖山君)이 되었다.

■ **시호**(諡號) : **소평**(昭平) -청선고
■ **참고** : 『전고대방』에는 시호가 명성(明成)으로 되어있음.

이형손(李亨孫)

■ **출생, 사망** : 1418~1496   ■ **출신** : 음직→무과
■ **부모** : 병조판서 이다림(李多林), 지금주사(知錦州事) 송리(宋理)의 딸
■ **공신 내용** : 적개공신(2등)

본관은 가평(加平)이고 자(字)는 창백(昌伯)이다. 음직으로 내금위에 들어갔고 세종 29년(1447) 무과에 급제, 길주판관 등을 지냈고 세조 1년(1455) 12월 판관으로 세조의 즉위를 도운 공로로 좌익원종공신 2등이 되었다. 1467년 5월 이시애(李施愛)의 난에 공을 세워 적개공신(敵愾功臣)에 녹훈되고 전라도절도부사로 전주부윤을 겸하였다.

처음에는 연산군(連山君)에 봉하여졌다가 곧이어 가평군(嘉平君)으로 개봉(改封)되었다. 성종 3년(1471) 공주목사를 거쳐 1477년 내금위장(內禁衛將)으로 전임되었다가 12월에 청주목사가 되었으나 부임할 때 너무 많은 물건과 수행원들을 거느렸다고 파직당하였다.

1479년 정월 다시 서용되고 1483년 10월 다시 가평군으로 봉하여졌으며 무장·석성현감 등을 역임하였다. 1490년 윤9월 부총관에 임명되고 성종 23년(1492) 우림위(羽林衛)를 설치할 때 그 장(將)을 겸임했다. 전라도절도사에 임명되었으나 나이가 많다는 이유로 부임하지 못하였다. 사망 후 병조판서에 추증되었다.

■ **시호**(諡號) : **평호**(平胡) -청선고

이형손신도비

이호민(李好閔)
- **출생, 사망** : 1553~1634
- **출신** : 문과
- **부모** : 이천(伊川)현감 이국주(李國柱), 사직(司直) 박여(朴旅)의 딸
- **공신 내용** : 호성공신(2등)

본관은 연안(延安)이고 자(字)는 효언(孝彦)이며 호는 오봉(五峯)이다. 선조 17년(1584) 문과에 급제했고 이듬해 사관(史官)으로 발탁됐으며 응교·전한(典翰)을 지냈고 이후 집의를 겸직했다. 선조 25년(1592) 임진왜란 때는 이조좌랑으로서 의주로 몽진하는 선조를 호종했다. 그 뒤 상호군·사직(司直)을 거쳤으며 선조 28년(1595) 부제학이 되었다.

선조 29년(1596) 참찬관을 지냈고 선조 32년(1599) 동지중추부사가 되었다. 선조 34년(1601) 예조판서, 대제학, 좌찬성을 지냈으며 선조 37년(1604) 호성공신(扈聖功臣)에 녹훈되고 연릉군(延陵君)에 봉해졌다. 그 뒤 연릉부원군(延陵府院君)에 진봉됐다. 광해군 4년(1612) 김직재(金直哉)의 옥사에 연루되기도 했다. 광해군 7년(1615) 정인홍 등에 의해 7년간 교외에서 죄를 기다렸으며 인조반정 후에 오래된 신하로 우대를 받았다.

- **시호**(諡號) : **문희**(文僖) -청선고

이화(李和)
- **출생, 사망** : 1348~1408
- **출신** : 태조 이성계의 이복동생
- **부모** : 환조(桓祖) 이자춘(李子春), 정빈김씨
- **공신 내용** : 개국공신(1등), 정사공신(1등), 좌명공신(2등)

본관은 전주(全州)이고 호는 이요정(二樂亭)이다. 이성계보다 5살 아래 이복동생으로 항상 이성계와 전장을 누비며 생사고락을 함께했다. 고려 말 공양왕 때 이방원(태종)을 도와 정몽주를 죽이는데 일조했고 1392년 7월 조선을 개국하고 이성계를 왕위에 옹립하는데 기여한 공으로 태조 1년(1392) 8월 개국공신(開國功臣)에 녹훈되고 의안백(義安伯)에 봉해졌다.

태조 7년(1398) 제1차 왕자의 난 때 이방원(태종)측에 협력하여 정사공신(定社功臣)에 녹훈되고 정종 2년(1400) 제2차 왕자의 난 때도 이방원(태종)측에 협력하여 좌명공신(佐命功臣)에 녹훈되었으며 1407년 영의정이 되고 대군(大君)에 진봉(進封)

되었다. 태조 묘정(廟庭)에 배향되었다.
- **시호(諡號)** : **양소**(襄昭) -태종실록 8년(1408) 10월 6일

이활(李濊)
- **출생, 사망** : 1469~1521
- **출신** : 세조의 손자
- **부모** : 덕원군 이서(李曙), 좌찬성 김종직(金從直)의 딸
- **공신 내용** : 정국공신(2등)

본관은 전주(全州, 덕원군파)이며 일찍이 덕진군(德津君)이 되었고 1506년 중종반정에 참여하여 진성대군을 호위한 공으로 정국공신(靖國功臣)에 녹훈되었다.

이효성(李孝誠)
- **출생, 사망** : 1445 ~1518
- **출신** : 정종의 손자
- **부모** : 덕천군 이후생(李厚生), 좌찬성 이종무(李從茂)의 딸
- **공신 내용** : 정국공신(2등)

본관은 전주(全州, 덕천군파)이며 1506년 중종반정 때 진성대군 집을 호위한 공으로 정국공신(靖國功臣)에 녹훈되고 운수군(雲水君)에 봉해졌다. 이후 사옹원제조 등을 역임하였고 병조판서에 이르렀다. 중종반정의 주동자 성희안의 외삼촌이다.
- **시호(諡號)** : **양호**(襄胡) -덕천군 이후생 신도비

이후(李珝)
- **출생, 사망** : 1579~1592
- **출신** : 왕자
- **부모** : 선조, 인빈김씨(仁嬪金氏)
- **공신 내용** : 호성공신(2등)

본관은 전주(全州, 신성군파)이며 임진왜란이 일어나서 도성이 위급해지자 아버지 선조를 따라 평양으로 피란했다가 5월 29일 일본군이 임진강을 건넜다는 보고를 받고 구사맹·신잡 등의 호위를 받아 영변으로 향하였다. 이해 11월 의주에서 병사하였고 선조 37년(1604) 호성공신(扈聖功臣)에 녹훈되었다.
- **시호(諡號)** : **충정**(忠貞) -고종실록 8년(1871) 3월 16일

이후백(李後白)

- **출생, 사망** : 1520~1578
- **출신** : 문과
- **부모** : 현감 이국형(李國衡), 나주임씨(羅州林氏)
- **공신 내용** : 광국공신(2등)

본관은 연안(延安)이고 자(字)는 계진(季眞)이며 호는 청련(靑蓮)이다. 명종 10년(1555) 문과에 급제 후 승문원주서를 거쳐 1558년 승문원박사, 그 뒤 전한(典翰)이 되고 이어 사서·병조좌랑·이조정랑 등을 역임하였다. 선조 즉위년(1567) 동부승지가 되었고 이어 대사간·도승지·이조참판 등을 역임했으며 1573년 종계변무사(宗系辨誣使)로 명나라에 다녀왔다.

1574년 형조판서, 다음 해 평안도관찰사가 되었다. 그 뒤 이조판서 등을 지내고 호조판서 재임시 휴가를 얻어 함양에 성묘 갔다가 그곳에서 사망하였다. 사망 후인 선조 23년(1590) 종계변무의 공으로 광국공신(光國功臣)에 녹훈되고 연양군(延陽君)으로 추봉되었다. 선조 때 청백리에 선정되었다.

이후백 글씨

- **시호(諡號)** : **문청(文淸)** -숙종실록 22년(1696) 7월 24일

이후원(李厚源)

- **출생, 사망** : 1598~1660
- **출신** : 공신→문과
- **부모** : 봉산군수 이욱(李郁), 병조판서 황정욱(黃廷彧)의 딸
- **공신 내용** : 정사공신(3등)

본관은 전주(全州, 광평대군파)이고 자(字)는 사심(士深)이며 호는 우재(迂齋)이다. 인조반정에 공을 세워 인조 1년(1623) 정사공신(靖社功臣)에 녹훈되고 완남군(完南君)에 봉해졌다. 1624년 이괄(李适)의 난이 일어나자 태인현감으로 군사 400명을 인솔하고 정부군에 참여하였고 1627년 정묘호란 때는 총융사로 변란에 임했다. 1635년 익산군수로 있으면서 문과에 급제하였다. 병자호란 때 척화론을 앞장서

이후원

주장하였다.

1639년 동부승지, 1642년 대사간, 1645년 대사헌, 1653년 도승지, 1655년 예조판서가 되었다. 이후 충청도관찰사·강화유수·형조·공조·이조판서 등을 거쳐 1657년 우의정(右議政)에 올랐다.

- **시호**(諡號) : **충정**(忠貞) -현종실록 9년(7월 21일)

이훈(李塤)

- **출생, 사망** : 1429~1481
- **출신** : 효령대군 사위
- **부모** : 황해도관찰사 이축(李蓄), 형조판서 서선(徐選)의 딸
- **공신 내용** : 좌리공신(4등)

본관은 한산(韓山)이며 자(字)는 화백(和伯), 도옹(賭翁)이다. 효령대군의 사위로 세종 21년(1439) 11세에 사직(司直)이 되고 얼마 지나지 않아 정3품직에 올라 제용감·군자감의 판사를 거쳐 판전농시사가 되고 1460년 공조참의, 1462년 한성부윤·형조참의를 역임하였다.

세조 13년(1467) 이시애(李施愛)가 함경도에서 난을 일으키자 토평대장이 되어 적의 진로을 차단하였다. 이듬해 경기관찰사에 이어 한성판윤을 역임하였다. 성종 즉위 및 보좌에 공이 크다고 성종 2년(1471) 좌리공신(佐理功臣)에 녹훈되고 한성군(韓城君)에 봉하여졌다. 이후 오위도총부도총관을 거쳐 의정부 좌참찬에 이르렀다. 성종때 청백리에 선정되었다.

- **시호**(諡號) : **안소**(安昭) -성종실록 12년(1481) 5월 15일

이휘(李徽)

- **출생, 사망** : ?~1456
- **출신** : 음직
- **부모** : 동지중추원사 이사검(李思儉), 서보(徐補)의 딸
- **공신 내용** : 좌익공신(3등)

본관은 양성(陽城)이고 자(字)는 미경(美卿)이며 호는 송죽헌(松竹軒)이다. 음직으로 벼슬을 시작하여 1442년 이조좌랑을 지냈고 1455년 세조의 즉위에 협력한 공으로 좌익공신(佐翼功臣)에 녹훈되고 동부승지에 임명되었다. 1456년 성삼문·박팽년 등 사육신이 단종의 복위를 모의할 때 공조참의로서 이 모의에 참가하였다가 일이

발각되자 사육신 등과 같이 거열형(車裂刑)을 당하고 가산이 적몰(籍沒)되었으며 관작이 삭탈되었다.

이휴복(李休復)
- **출생, 사망** : 1568~1624
- **출신** : 의병→무과
- **부모** : 승사랑 이인(李寅), 박희삼(朴希參)의 딸
- **공신 내용** : 진무공신(3등)

본관은 인천(仁川)이고 자(字)는 사장(士長)이며 호는 양졸정(養拙亭)이다. 임진왜란 때 곽재우와 함께 의병을 일으켰고 선조 39년(1606) 무과에 급제한 후 절충장군·순천부사를 역임하였다. 인조 2년(1624) 이괄(李适)의 난이 일어나자 관군 별장(別將)으로 길마재 전투에서 공을 세워 진무공신(振武功臣)에 녹훈되고 호산군(壺山君)에 봉하여지고 사망 후 호조판서에 추증되었다.

이흥립(李興立)
- **출생, 사망** : 1582~1624
- **출신** : 무과
- **부모** : 현령 이여청(李汝淸), 연일정씨(延日鄭氏)
- **공신 내용** : 정사공신(1등)

본관은 광주(廣州)이며 무과에 급제한 후 여러 관직을 거쳐 광해군 4년(1612) 삭주부사를 지내고 회양부사로 임명되었으나 삭주부사 때 해유(解由)를 받지 못하였기 때문에 파직되었다. 1615년에 전라좌수사가 되었으며 광해군 말기에는 당시 재상 박승종과 사돈이었던 까닭에 훈련대장에 임명되었다.

인조반정 때 주동자 중 1명인 장유(張維)가 동생인 장신(張紳)이 이흥립의 사위인 점을 이용하여 이흥립을 설득하여 반정군에 가담하게 되었다.

인조 즉위 후 반정에 협조한 공으로 정사공신(靖社功臣)에 녹훈되고 광주군(廣州君)에 봉하여졌으며 수원부사가 되었다. 이듬해 이괄(李适)의 난이 일어나자 수원부사 겸 경기방어사가 되었으나 이괄의 반란군에 투항하였다가 난이 평정되자 옥에서 자결하였다.

- **참고** : 족보에는 개명(改名)한 이름인 이경립(李景立)으로 등재되어 있음.

이흥상(李興商) 또는 이흥적(李興商)
- ■ **출생, 사망** : 1390~1465
- ■ **출신** : 음직
- ■ **부모** : 강릉대도호부사 이수(李䇕), 좌정승 이연(李䋲)의 딸
- ■ **공신 내용** : 정난공신(3등)

본관은 경주(慶州)이고 자(字)는 자연(子衍)이다. 음직으로 행수(行首)가 되었고 이후 판선공감사 등을 지냈으며 단종 1년(1453) 계유정난 당시 의금부 진무(鎭撫)로서 수양대군의 지시를 받고 김종서와 그 아들 김승벽을 죽이는 등 공을 세워 정난공신(靖難功臣)에 녹훈되고 첨지중추원사에 승진되었다. 이듬해인 1454년 계림군(鷄林君)에 봉하여졌고 1455년 중추원부사가 되었다.

- ■ **시호(諡號)** : **양희**(襄僖) -세조실록 11년(1465) 4월 2일

이희건(李希建)
- ■ **출생, 사망** : 1576~1627
- ■ **출신** : 무과
- ■ **부모** : 충주목사 이종장(李宗張), 송홍지(宋弘之)의 딸
- ■ **공신 내용** : 진무공신(2등)

본관은 홍주(洪州)이고 자(字)는 중식(仲植)이다. 무과에 급제 후 여러 관직을 거쳐 안주목사로 있다가 평안도 우후(虞候)로 좌천되었다가 선천부사가 되었다. 인조 2년(1624) 용천부사로 있을 때 이괄(李适)이 난을 일으키자 원수 장만(張晩)을 따라 반란군을 길마재에서 격파, 진무공신(振武功臣)에 녹훈되고 홍양군(洪陽君)에 봉하여졌다.

인조 5년(1627) 정묘호란 때 의주·안주가 함락되어 적이 깊숙히 들어오자 성을 지킬 수 없음을 알고 적진에 뛰어들어 일전을 결심, 운암(雲巖)에 이르러 한판 승부를 겨루다가 화살에 맞아 전사하였다. 뒤에 좌찬성에 추증되었다.

- ■ **시호(諡號)** : **장렬**(壯烈) -정조실록 5년(1781) 11월 20일

이희령(李希齡)
- ■ **출생, 사망** : ?~?
- ■ **출신** : 이마(理馬)
- ■ **부모** : 불명
- ■ **공신 내용** : 호성공신(3등)

본관은 해주(海州)이며 사복시 소속의 잡직 정6품인 이마(理馬)로서 임진왜란으로 의주로 몽진하는 선조를 모시고 다닌 공으로 1604년 호성공신(扈聖功臣)에 녹훈되고 해신군(海愼君)에 봉해졌으며 종2품인 가의대부까지 올랐다.

- **참고** : (1) 해주이씨 족보에서 확인이 되지않으며 20공신회맹록을 보면 적장손 어모장군 충좌위부사용 이세문(李世文)이 참여했다고 되어있음.
  (2) 전주이씨 효령대군파 이희령(李希齡)이 호성공신 3등이라고 되어있으나 그는 1697년생이고 1776 사망하였으므로 시대가 맞지않는다.

이희옹(李希雍)

- **출생, 사망** : ?~1541
- **출신** : 문과
- **부모** : 이수영(李壽嬰), 이영홍(李永弘)의 딸
- **공신 내용** : 정국공신(4등)

본관은 전의(全義)이고 자(字)는 중우(仲友)이다. 연산군 10년(1504) 문과에 급제 후 여러 관직을 거쳐 승정원 주서(注書)로 있으면서 중종반정을 도운 공으로 정국공신(靖國功臣)에 녹훈되었다. 중종 11년(1516) 남원부사가 되었고 중종 13년(1518) 장단부사를 지냈고 중종 20년(1525) 사간으로 재직하다 언관(言官)에 합당치 못하다는 탄핵으로 체직(遞職)되었다.

중종 25년(1530) 순천부사, 중종 32년(1537) 찰리사(察理使)에 이어 장례원판결사에 제수(除授)되었다가 그 뒤 강원도관찰사·황해도관찰사 등을 역임하였다. 중종 36년(1541) 천추사(千秋使)로 북경에 갔다가 돌아오는 도중에 병사하였다.

임 – 황

임득의(林得義)
- **출생, 사망** : 1558~1612
- **출신** : 천거→무과
- **부모** : 의주부사 임식(林植), 해미현감 최제운(崔霽雲)의 딸
- **공신 내용** : 청난공신(3등)

본관은 평택(平澤)이고 자(字)는 자방(子房)이다. 천거로 무관(武官)이 되었다가 선조 19년(1585) 무과에 급제하였고 임진왜란 때는 선전관으로 선조를 호종하였고 1594년 체찰사의 군관으로 근무하기도 하였다. 선조 29년(1596) 이몽학(李夢鶴)이 충청도 홍산에서 승속군(僧俗軍) 600~700명을 이끌고 반란을 일으키자 마침 고향인 홍주에 있던 그는 의병 800여명을 모집하여 홍주성으로 들어가 박명현·최호·신경행 등과 함께 목사 홍가신을 도와 난을 평정하는 데 공을 세웠다.

난 평정 후 형조정랑에 제수되었고 선조 37년(1604) 청난공신(淸難功臣)에 녹훈되고 충청도수군우후가 되었으며 평성군(平城君)에 봉해졌고 호성원종공신, 선무원종공신에 채록되었다. 광해군 1년(1609) 경상우도병마절도사가 되었다가 사직하였다. 사망 후 병조판서에 추증되었다.

임발영(任發英)
- **출생, 사망** : 1539~1593
- **출신** : 음직→무과
- **부모** : 임희성(任希聖), 임천령(林千齡)의 딸
- **공신 내용** : 호성공신(3등)

본관은 장흥(長興)이며 선조 1년(1568) 사마시에 합격하였으나 그 뒤 무과를 지망하였는데 시험관이 원서를 받아주지 않자 왕에게 소를 올렸고 왕은 그 뜻을 기특하게 여겨 선전관으로 특채하였다. 1592년 임진왜란 때는 종묘서령(宗廟署令)으로서 두 손으로 종묘의 신주(神主)를 받들어 모시고 의주까지 따라가니 왕이 크게 감격하여 손을 잡고 위로하였으며 그날로 무과를 보게 하니 그 무과는 오로지 그를 위한 것이었다.

무과에 급제한 뒤 안주목사가 되고 이듬해에는 운량사(運糧使)로 군량 수송에 공

을 세웠다. 사망 후인 1604년 호성공신(扈聖功臣)에 녹훈되고 예양군(汭陽君)에 추봉되었으며 형조판서에 추증되었다.

임언충(任彥忠)
- **출생, 사망** : ?~?
- **출신** : 역관(譯官)
- **공신 내용** : 개국공신(3등)

중국 한족(漢族)으로 고려 때 귀화하여 고려말 호군(護軍) 벼슬을 갖고 역관(譯官)으로 활동하였고 1392년 7월 조선을 개국하고 이성계를 왕위에 옹립하는데 기여한 공으로 태조 1년(1392) 9월 개국공신(開國功臣)에 추록되고 판선공감사가 되었으나 이후 삭훈되었다.

- **참고** : 세종 초기 충호위 제거(提擧)인 아들 임군례(任君禮)가 부정을 저지르고 상왕(上王)에 대한 험담을 하여 거열형(車裂刑)에 처해졌다. 본인이 사망한 이후로 추정되며 아들 문제로 삭훈(削勳)된 것으로 보임.

임우(林祐)
- **출생, 사망** : 1562~1599
- **출신** : 환관
- **부모** : 판돈녕부사 임철(林鐵), 김해김씨(金海金氏)
- **공신 내용** : 호성공신(3등)

본관은 평택(平澤)이고 자(字)는 덕응(德應)이며 호는 망우당(忘憂堂)이다. 선조 16년(1583) 내시가 되었고 1592년 임진왜란으로 선조가 의주로 몽진할 때 호종(扈從)하였다. 몽진하는 동안 행재소가 마땅하지 않을 때에는 사전에 답사하여 행재소를 마련하였다. 특별 가자로 정2품인 자헌대부에 오르고 사망 후인 선조 37년(1604) 호종공신(扈從功臣)에 녹훈되고 울릉군(蔚陵君)에 봉해졌다. 1605년 숭록대부에 추증되었다.

- **참고** : 울진임씨 시조 임우(林祐)가 호종공신이라고 하나 그는 고려시대 사람이므로 시대가 맞지 않는다.

임원산(任元山)
- **출생, 사망** : ?~?
- **출신** : 환관

- **부모** : 불명
- **공신 내용** : 정국공신(4등)

중종반정에 협력하여 정국공신(靖國功臣)에 녹훈되고 보안군(保安君)에 봉해졌다.

- **참고** : 『조선왕조실록』, 『청선고』, 『국조공신록』에는 임원산(任元山)으로 되어있고 『전고대방』에는 임원산(林元山), 부안인(扶安人)이라고 되어있으나 임씨 족보에서 찾지 못함.

임원준(任元濬)

- **출생, 사망** : 1423~1500
- **출신** : 음직→문과
- **부모** : 임견(任肩), 태인송씨(泰仁宋氏)
- **공신 내용** : 좌리공신(3등)

본관은 풍천(豊川)이고 자(字)는 자심(子深)이며 호는 사우당(四友堂)이다. 세종 27년(1445) 집현전 찬서국(撰書局)에 들어갔고 1447년 부사정이 되었으며 세조 2년(1456) 문과에 장원급제하였다. 1462년 호조참판으로서 『의약론(醫藥論)』을 주해(註解)하였다.

성종의 즉위 및 보좌에 공이 있어 성종 2년(1471) 좌리공신(佐理功臣)에 녹훈되고 서하군(西河君)에 봉해졌다. 좌찬성 때 최항(崔恒) 등과 함께 『경국대전(經國大典)』 편찬에도 참여하였다. 사망 후인 1506년 중종반정 후 아들 임사홍의 죄로 관작이 삭탈되었다.

- **시호(諡號)** : **호문(胡文)** -연산군일기 6년(1500) 11월 23일

임자번(林自蕃)

- **출생, 사망** : ?~1486
- **출신** : 무과
- **부모** : 지(知) 함안군사 임계중(林繼仲), 장흥고사(使) 정빙(鄭憑)의 딸
- **공신 내용** : 정난공신(3등)

본관은 예천(醴泉)이며 세종 때 무과에 급제하였고 단종 1년(1453) 계유정난 때 수양대군을 도와 정난공신(靖難功臣)에 녹훈되었다. 세조 8년(1462) 판사복시사에 올랐으며 세조 12년(1466) 양양군(襄陽君)에 봉해졌다. 1467년 이후 오위도총부도총관·내금위장·경상좌도병마절도사·전라도병마절도사가 되었고 성종 13년(1482)

형조판서에 올랐다.
- **시호**(諡號) : **양평**(襄平) -청선고

장담(張湛)
- **출생, 사망** : ?~1400
- **출신** : 태조 형(兄)의 사위
- **부모** : 불명
- **공신 내용** : 개국공신(2등), 정사공신(2등)

당초 중(僧)이었으나 환속하여 태조 이성계의 형(兄)인 이원계의 딸과 결혼하였다. 1392년 7월 조선을 개국하고 이성계를 왕위에 옹립하는데 기여한 공으로 태조 1년(1392) 8월 개국공신(開國功臣)에 녹훈되고 결성군(結城君)에 봉해졌다. 그해 판군자감사(判軍資監事)가 되었고 태조 5년(1396) 동지중추원사로 정주(定州)의 수령에 임명되었다.

태조 7년(1398) 제1차 왕자의 난 때 이방원(태종) 측에 협력하여 정사공신(定社功臣)에 녹훈되었으나 정종 2년(1400) 제2차 왕자의 난 때 조전절제사로서 이방간을 도왔다. 이방간이 싸움에서 패하자 파직되어 옥에서 신문을 받다가 장독(杖毒)으로 죽었다. 세종 4년(1422) 직첩과 녹권이 추탈되고 하사된 토지와 노비도 회수당했다.

- **시호**(諡號) : **양안**(良安) -정종 2년(1400) 2월 4일
- **참고** : 『성씨의 고향』을 보면 덕수장씨 공신명단에 장담이 있는데 족보에서는 찾지 못함. 일부 자료에는 본관이 결성(結城)으로 되어있으나 결성 장씨 족보에서도 찾지 못함.

장돈(張暾)
- **출생, 사망** : 1574(?)~1627
- **출신** : 음직
- **부모** : 전생서 직장 장부정(張富楨), 경력 김언호(金彦浩)의 딸
- **공신 내용** : 정사공신(2등)

본관은 인동(仁同)이며 음직으로 출사(出仕)하여 증산현령으로 있으면서 인조반정 때 공을 세워 인조 1년(1623) 정사공신(靖社功臣)에 녹훈되었다. 이듬해 이괄(李适)의 난 때 대장 정충신 휘하에서 우협장(右挾將)이 되어 반란을 진압하는데 공을

세웠다. 이후 여러 벼슬을 거쳐 인조 5년(1627) 개천군수를 지냈는데 그해 정묘호란이 일어나 아민(阿敏)이 이끄는 3만 명의 후금군이 쳐들어오자 자원하여 좌영장(左營將)으로 안주전투에 참전하였다.

그는 성이 함락되려 하자 "일은 이미 틀렸다."하고 자기 구역을 지키다가 장렬히 전사하였다. 그해 옥산군(玉山君)에 봉해졌으며 사망 후 영돈녕부사에 추증되었다. 진무공신 장만(張晩)과 4촌간이다.

장돈

- **참고** : 족보에는 출생연도가 1604, 1614년으로 두 가지가 있다고 하나 1623년 인조반정에 10살도 안된 나이로 참여했다는 것은 맞지않고 당시 현령이었다면 적어도 30-40살 정도였을 것이므로 어딘가 오류가 있다고 생각된다.

장만(張晩)

- **출생, 사망** : 1566~1629
- **출신** : 문과
- **부모** : 면천군수 장기정(張麒禎), 봉사 조광침(趙光琛)의 딸
- **공신 내용** : 진무공신(1등)

본관은 인동(仁同)이고 자(字)는 호고(好古)이며 호는 낙서(洛西)이다. 선조 24년(1591) 문과에 급제하였고 예문관검열·예조좌랑 등을 거쳐 봉산군수를 지낸 뒤 승지에 올랐다. 이후 영남안찰사·호조참판·형조판서를 지냈고 병조판서로 있다가 광해군 15년(1623) 병을 핑계로 사직하고 통진(通津)에 은거하였다.

1623년 인조반정 이후 팔도도원수로 임명되어 평양에 있었는데 인조 2년(1624) 이괄(李适)이 영변에서 반란을 일으키자 길마재에서 크게 무찔러 난을 평정하는 데 공을 세워 진무공신(振武功臣)에 녹훈되고 옥성부원군(玉城府院君)에 봉해졌다. 사망 후인 1635년 영의정에 추증되었다. 인조반정의 주동자 최명길의 장인이다.

장만

- **시호(諡號)** : **충정**(忠定) -청선고

장말손(張末孫)

- **출생, 사망** : 1431~1486
- **출신** : 문과
- **부모** : 홍산현감 장안량(張安良), 고승안(高承顔)의 딸
- **공신 내용** : 적개공신(2등)

장말손

본관은 인동(仁同)이며 자(字)는 경윤(景胤)이다. 세조 5년(1459) 문과에 급제 후 1463년 승문원박사를 거쳐 한성참군·사헌부감찰·함길도평사를 역임하였다. 1467년 5월 이시애(李施愛)의 난 때 예조좌랑으로서 진북장군(鎭北將軍) 강순(康純) 휘하의 도사(都事)로 평정에 공을 세워 적개공신(敵愾功臣)에 녹훈되고 내섬시 첨정에 임명되었다.

성종 1년(1470) 장악원 부정(副正)을 거쳐 부사직·첨지충추부사 등을 역임하고 1479년 해주목사에 임명되었으며 1482년 연복군(延福君)에 봉해졌다.

- **시호(諡號)** : **안양**(安襄) -성종실록 17년(1486) 6월 7일

장사길(張思吉)

- **출생, 사망** : 1341~1418
- **출신** : 만호(萬戶)
- **부모** : 의주만호 장열(張烈), 판삼사사 강윤성(康允成)의 딸
- **공신 내용** : 개국공신(1등), 정사공신(2등)

본관은 안동(安東)이며 아버지가 본래 안동에서 살다가 북방으로 이주해 의주 지방의 토호(土豪)로 자리잡았으며 고려 조정에 복종하지 않고 독립적인 세력을 형성하였다. 아버지의 직을 세습해 만호(萬戶)가 되었다가 이성계에게 무예를 인정받아 위화도에서 함께 회군한 뒤 회군공신(回軍功臣)에 서훈되고 공양왕 2년(1390) 밀직부사를 거쳐 동지밀직사사가 되었다

1392년 7월 조선을 개국하고 이성계를 왕위에 옹립하는데 기여한 공으로 태조 1년(1392) 8월 개국공신에 녹훈되고 지중추원사로서 의흥친군위동지절제사를 겸해 이성계의 친병(親兵)을 통솔하였다. 1398년 제1차 왕자의 난 때 이방원(태종)을 도운 공으로 정사공신(定社功臣)에 녹훈되고 영가군(永嘉君)에 책봉되었다.

이후 참찬문하부사·판공조사(判工曹事)·의흥삼군부우군절제사를 지내고 이어

화산군(花山君)으로 개봉(改封)되었다. 태종 때 우군총제·참찬의정부사 등을 지낸 뒤 화산부원군(花山府院君)에 진봉되어 공직을 물러났다. 의주에서 여연(閭延)에 이르는 압록강 연안 1,000리를 조선 영토로 편입하는 데 공헌하였다. 태조의 계비 신덕왕후 강씨가 이모이다.

- **시호**(諡號) : **희양**(僖襄) -세종실록 즉위년(1418) 10월 30일

장사정(張思靖)

- **출생, 사망** : ?~?
- **출신** : 불명
- **부모** : 의주목사 장열(張烈), 판삼사사 강윤성(康允成)의 딸
- **공신 내용** : 개국공신(3등), 정사공신(2등)

본관은 안동(安東)이며 의주에서 자랐고 무예에 뛰어나 이성계(李成桂)에게 인정을 받았다. 1392년 7월 조선을 개국하고 이성계를 왕위에 옹립하는데 기여한 공으로 태조 1년(1392) 9월 개국공신(開國功臣)에 추록되었다. 이어 대장군을 거쳐 태조 6년(1397) 중추원부사에 임명되었다. 그해 다시 조전절제사가 되어 풍해도 연해에서 노략질하는 왜구를 물리쳤다.

1398년 제1차 왕자의 난 때 상의중추원사로서 이방원(태종)을 도와 정사공신(定社功臣)에 녹훈되고 화성군(花城君)에 봉해졌다. 정종 1년(1399) 탄핵을 받아 청주로 귀양갔다 얼마 후 풀려났다. 태종 17년(1417) 유배 중이던 이방간의 첩을 데려와 산 죄로 탄핵을 받아 유배되었다. 태조의 계비 신덕왕후 강씨가 이모이며 같은 개국공신인 장사길의 동생이다.

- **참고** : 형 장사길이 1341년생이고 중간에 형이 2명 있으므로 장사정은 1350년경 출생한 것으로 생각된다.

장신(張紳)

- **출생, 사망** : ?~1637
- **출신** : 음직
- **부모** : 이조판서 장운익(張雲翼), 도승지 박숭원(朴崇元)의 딸
- **공신 내용** : 정사공신(2등)

본관은 덕수(德水)이며 광해군 9년(1617) 지금의 경희궁을 지을 때 자신의 집터를 궁궐터로 내놓아 1619년 관직을 얻었다. 1623년 인조반정 때 장인인 훈련대장

이흥립(李興立)을 같은 정사공신인 형(兄) 장유(張維)와 함께 설득하여 반정에 참여시켰고 그 자신도 반정군으로 참여하여 인조 1년(1623) 정사공신(靖社功臣)에 녹훈되었다.

이후 양주목사 등을 역임한 후에 인조 5년(1627) 황해도관찰사로 있다가 그만두었다. 이듬해 수원부사에 임명된 것을 비롯하여 황해도관찰사·평안도관찰사 등을 지냈다. 1636년 병자호란이 일어나자 강화유수로 부임하여 강화도를 수비하였다.

이듬해 1월 청나라 군대가 배를 타고 공격해오자 제대로 싸우지도 못하고 도망함으로써 강화도가 함락되었다. 이 죄로 나라로부터 자진할 것을 명령받고 스스로 목숨을 끊었다.

장온(張溫)

- **출생, 사망** : 1455~1533
- **출신** : 무과
- **부모** : 교동(喬桐)현감 장계손(張季孫), 감찰 강효지(康孝之)의 딸
- **공신 내용** : 정국공신(3등)

본관은 단양(丹陽)이고 자(字)는 군현(君賢)이며 호는 민양(敏襄)이다. 성종 1년(1470) 무과에 급제한 후 주부(注簿)가 되었다. 이후 오위도총부도사 겸 내금위장을 역임하였다.

장온 신도비 및 사당

중종반정에 가담하여 중종 1년(1506) 정국공신(靖國功臣)에 녹훈되고 단양군(丹陽君)에 봉해졌다. 사옹원 판관(判官)·호조참판을 지냈고 사망 후 좌찬성에 추증되었다.

- **참고** : 족보에 시호가 민양(敏襄)이라고 하나 시호 받은 근거 불명

장유(張維)

- **출생, 사망** : 1587~1638
- **출신** : 문과
- **부모** : 이조판서 장운익(張雲翼), 도승지 박숭원(朴崇元)의 딸
- **공신 내용** : 정사공신(2등)

본관은 덕수(德水)이고 자(字)는 지국(持國)이며 호는 계곡(谿谷)이다. 광해군 1년

(1609) 문과에 급제하였고 검열·주서 등을 지냈다. 1612년 김직재의 무옥(誣獄)에 연루해 파직되었다. 1623년 인조반정에 가담해 공을 세워 정사공신(靖社功臣)에 녹훈되고 봉교를 거쳐 전적과 예조·이조의 낭관을 지내고 그 뒤 대사간·대사헌 등을 역임하였다.

장유

인조 2년(1624) 이괄(李适)의 난 때 공주로 몽진하는 왕을 호종하였고 이듬해 신풍군(新豊君)에 책봉되고 이조참판·대사헌 등을 지냈다. 그 뒤 대제학을 지냈고 1629년 나만갑의 억울함을 구제하려다가 나주목사로 좌천되었다.

다음 해 대사헌·좌부빈객(左副賓客)·예조판서·이조판서 등을 역임했으며 1631년 인조의 아버지에 대한 추숭론(追崇論)이 대두하자 반대하였다. 1637년 예조판서를 거쳐 우의정에 임명되었으며 어머니가 사망하여 물러났고 장례 후 과로로 병사하였다.

■ **시호**(諡號) : **문충**(文忠) -승정원일기 효종 8년(1657) 9월 19일(이전)

장정(張珽)
- ■ **출생, 사망** : 1467~1508
- ■ **출신** : 무과
- ■ **부모** : 사섬시정 장우규(張友奎), 이조참판 성귀달(成貴達)의 딸
- ■ **공신 내용** : 정국공신(1등)

본관은 덕수(德水)이며 성종 20년(1489) 무과 급제 후 선전관·의주판관 등을 지냈다. 성종 21년(1490) 한성판관으로 전임하여 대마도치위관(對馬島致慰官)으로 일본에 다녀온 뒤 하동군수에 제수되었다.

연산군 2년(1496) 중앙관직으로 들어왔다가 1500년 창성부사가 되었는데 이때 의창(義倉)에 불이 난 일로 파직될 뻔하였으나 그의 무재(武才)를 중히 여긴 재상들에 의하여 불문에 붙여졌다. 1504년 수원부사가 되어 연산군의 총애를 받고 있던 장녹수가 부당하게 차지한 농토를 농민에게 나누어준 일로 인하여 파직되었다.

연산군의 학정이 날로 심해져 박원종·성희안 등이 반정을 도모하자 이에 가담하여 거사 당일 진성대군(중종)의 사저를 호위하였다. 정국공신(靖國功臣)에 녹훈되고 하음군(河陰君)에 봉해졌다. 이 해 함경북도병마절도사에 제수되었고 하원군(河源

君)에 개봉(改封)되었으며 품계가 자헌대부에 올랐다.
- **시호**(諡號) : **충렬**(忠烈) -기년편고V12

장지화(張至和) 일명 장지화(張志和)
- **출생, 사망** : ?~1398
- **출신** : 문과
- **부모** : 불명
- **공신 내용** : 개국공신(3등)

고려 우왕 6년(1380) 문과에 급제한 뒤 공양왕 때 경력(經歷)으로 있으면서 이초(李初)의 옥(獄)에 연루된 우현보, 정몽주 등을 맹렬히 공격하였다. 1392년 7월 조선을 개국하고 이성계를 왕위에 옹립하는데 기여한 공으로 태조 1년(1392) 8월 개국공신(開國功臣)에 녹훈되었고 교서감(校書監)에 임명되고 흥성군(興城君)에 봉해졌다. 태조 4년(1395) 간관을 거쳐 1398년 충청도관찰출척사를 역임하였으나, 이해 8월에 일어난 제1차 왕자의 난에 연좌되어 죽었다.
- **참고** : (1) 태조의 계비 신덕왕후의 인척으로 전라도 흥성 출신이라고 하며 선계(先系) 불명 (2) 『성씨의 고향』을 보면 인동장씨(장금용계) 공신명단에 장지화가 있는데 족보에서는 찾지 못함.

장철(張哲)
- **출생, 사망** : 1359~1399
- **출신** : 만호(萬戶)
- **부모** : 의주만호 장열(張烈), 판삼사사 강윤성(康允成)의 딸
- **공신 내용** : 정사공신(2등)

본관은 안동(安東)이며 고려 우왕 14년(1388) 만호로 있을 때 이성계(李成桂)를 따라 요동 정벌에 종군하였다가 위화도회군에 가담하였고 조선 개국에 기여하였다. 태조 7년(1398) 중추원부사가 되고 그 해 제1차 왕자의 난에 이방원(태종) 측에 협력한 공으로 정사공신(定社功臣)에 녹훈되었다.

그 뒤 화산군(花山君)에 봉해지고 이어서 첨절제사·영흥부사를 지냈다. 정종 1년(1399) 상왕(上王)으로 있던 태조를 수행하여 한양에 갔다가 급사하였다. 태조의 계비 신덕왕후 강씨가 이모이다.
- **시호**(諡號) : **장양**(莊襄) -청선고

장한공(張漢公)
- **출생, 사망** : 1465~1535
- **출신** : 무과
- **부모** : 부사과 장익손(張益孫), 감정(監正) 육세준(陸世俊)의 딸
- **공신 내용** : 정국공신(4등)

본관은 안동(安東)이며 무과 급제 후 여러 관직을 지냈고 중종반정에 참여하여 중종 1년(1506) 정국공신(靖國功臣)에 녹훈되었다. 그 뒤 포도장(捕盜將)에 제수되었다. 1512년 관악산에 출몰한 도적떼 소탕 작전에서 군기(軍機)를 그르쳤다는 죄목으로 의금부의 탄핵을 받아 사형이 선고되었으나 감형되어 함경도 삭주로 유배갔다가 이듬해 풀려났다. 말년에 황주목사로 재직하다 병사하였다.

전균(田畇)
- **출생, 사망** : 1409~1470
- **출신** : 환관
- **공신 내용** : 정난공신(2등), 좌익공신(2등)

본관은 하음(河陰)이며 어릴 때 환관이 되어 동첨(同僉) 내시부사가 되고 세종 29년(1447) 동판(同判) 내시부사를 거쳐 문종 2년(1452) 동지(同知) 내시부사가 되었다. 단종 1년(1453) 수양대군이 계유정난을 일으킬 당시 적극적으로 도와 정난공신(靖難功臣)에 녹훈되고 강천군(江川君)에 봉해졌다.

세조가 왕으로 즉위하는데 공을 세워 세조 1년(1455) 좌익공신(佐翼功臣)에 녹훈되었다. 1458년 판내시부사에 승진되고 1466년 하음군(河陰君)으로 개봉(改封)되고 1468년 품계가 숭록대부에 이르렀다. 환관으로 공신이 되고 품계가 1품에 이른 것은 전균이 처음이다.

- **시호(諡號)** : **충익(忠翼)** -전고대방(공신록)

전용(全龍)
- **출생, 사망** : 1559~?
- **출신** : 견마(牽馬)
- **부모** : 전응조(全應祖), 송계남(宋繼男)의 딸
- **공신 내용** : 호성공신(3등)

본관은 정선(旌善)이고 자(字)는 여견(汝見)이며 호는 석천(石泉)이다. 1592년 임진왜란시 견마배(牽馬陪)로서 의주로 몽진하는 선조 임금을 수가(隨駕)하였다. 선조

26년(1593) 수문장이 되었고 선조 34년(1601) 사복시 판관에 임명되었다. 선조 37년(1604) 호성공신(扈聖功臣)에 녹훈되고 석릉군(石陵君)에 책봉되었다. 선조 38년(1605) 자헌대부 내사복시 내승(內乘)에 올랐다.

정곤수(鄭崑壽)
- **출생, 사망** : 1538~1602
- **출신** : 천거→문과
- **부모** : 사맹 정사중(鄭思中), 이환(李煥)의 딸
- **공신 내용** : 호성공신(1등)

본관은 청주(淸州)이고 자(字)는 여인(汝仁)이며 호는 백곡(栢谷)이다. 1572년 성균관의 천거를 받아 의금부도사가 되었다. 이후 경력·장례원 사평 등을 역임하였다. 선조 9년(1576) 문과에 장원으로 급제했고 부사과를 거쳐 1577년 공주목사로 승진했다가 곧 상주목사로 옮겼다. 1581년 파주목사, 1583년 부호군 겸 오위장을 거쳐 강원도관찰사가 되었다.

1585년 이후 우부승지·우승지·황해도관찰사·첨지중추부사가 되었다. 1589년 판결사가 되었으며 이듬해 대사성 등을 역임하였다. 1591년 대사성·한성부좌윤 등을 거쳐 1592년 병조참판이 되었다가 형조참판으로 옮겼다.

1592년 임진왜란이 일어나자 의주로 몽진하는 선조를 호종하였고 명나라에 원병을 청하도록 건의했으며 청병진주사(請兵陳奏使)로 중국에 파견되었다. 1593년 원병을 성공시킨 공로로 숭정대부에 오르고 서천군(西川君)에 봉해졌으며 판돈녕부사, 판의금부사가 되었다. 1595년 도총관·예조판서, 1596년 좌찬성을 역임하고 1597년 판의금부사·도총관 등을 겸하였다.

사망 후 영의정에 추증되고 1604년 호성공신(扈聖功臣)에 녹훈되었으며 서천부원군(西川府院君)에 추록되었다. 선조때 청백리에 선정되었다.

- **시호(諡號)** : **충익(忠翼)** -승정원일기 정조 22년(1798) 7월 21일(이전)

정기원(鄭期遠)
- **출생, 사망** : 1559~1597
- **출신** : 문과
- **부모** : 별좌 정상신(鄭象信), 부정(副正) 이경(李璟)의 딸
- **공신 내용** : 선무공신(3등)

본관은 동래(東萊)이며 자(字)는 사중(士重)이고 호는 현산(見山)이다. 선조 18년(1585) 문과에 급제 후 승문원주서가 되었다. 이후 사헌부감찰에 제수되었다가 호조·형조의 좌랑 등을 역임했고 1589년 사간원 정언에 임명되었다. 1592년 병조좌랑에 제수되어 춘추관 기사관을 겸했다가 곧 정랑에 임명되었다.

정기원 묘

이후 안악현감, 이듬해 병조정랑을 거쳐 홍문관수찬·우부승지 등을 역임하였다. 1596년 고급주문사(告急奏聞使)로 명나라에 가서 심유경이 강화회담을 그르치고 왜군이 다시 침입해올 움직임이 있음을 알렸다.

이듬해 정유재란 때 예조참판으로 명나라 부총병 양원(楊元)의 접반사(接伴使)가 되어 남원에 갔다. 왜적이 성 가까이 근접하자 양원이 피신을 권유했으나 이를 거절하고 왜군과 싸우다가 제장(諸將)과 함께 전사하였다.

명나라 장수 양원(楊元)이 조정에 돌아와 당시의 상황을 전하자 선조는 예조판서를 증직했고 뒤에 다시 좌찬성을 더하였다. 1604년 선무공신(宣武功臣)에 녹훈되었고 내성군(萊城君)으로 추봉되었다.

■ **시호(諡號) : 충의(忠毅)** -정조실록 14년(1790) 4월 11일

정난종(鄭蘭宗)
■ **출생, 사망** : 1433~1489   ■ **출신** : 문과
■ **부모** : 진주목사 정사(鄭賜), 이백인(李伯仁)의 딸
■ **공신 내용** : 좌리공신(4등)

본관은 동래(東萊)이고 자(字)는 국형(國馨)이며 호는 허백당(虛白堂)이다. 세조 즉위년(1456) 문과에 급제하여 승문원 부정자·이조좌랑 등을 역임하였다. 1463년 시강원 문학을 거쳐 예조정랑·종부시소윤을 지내고 1466년 문과 중시에 급제하고 동부승지가 되었다. 이어 좌부승지·예조참판을 지낸 뒤 형조참판으로 오위장을 겸하였다.

1467년 황해도관찰사로 군정(軍丁)을 징발하여 진압군을 만들어 이시애(李施愛)

정난종 묘

의 난 평정에 공을 세우고 이듬해 호조참판이 되었다. 1469년 동지춘추관사로 『세조실록』 편찬에 참여하였다.

1470년 동지중추부사로서 성종의 즉위 및 보좌에 공이 있어 1471년 좌리공신(佐理功臣)에 책록되고 동래군(東萊君)에 봉하여졌다. 그 뒤 호조참판·한성부판윤·이조판서·호조판서 등을 역임하였다.

- **시호**(諡號) : **익혜**(翼惠) -성종실록 20년(1489) 2월 13일

정대길(鄭大吉)
- 출생, 사망 : ?~?
- 출신 : 환관
- 부모 : 불명
- 공신 내용 : 호성공신(3등)

환관으로서 1592년 임진왜란이 발발하자 의주로 몽진하는 선조를 수가(隨駕)한 공으로 호성공신(扈聖功臣)에 녹훈되고 봉양군(鳳陽君)에 봉하여졌다.

- 참고 : 『전고대방』에 봉산인(鳳山人)이라고 되어있고 『증보문헌비고』 제계고(帝系考)를 보면 봉산(鳳山) 정씨가 있으나 족보를 찾을 수 없음.

정도전(鄭道傳)
- 출생, 사망 : 1342~1398
- 출신 : 문과
- 부모 : 형부상서 정운경(鄭云敬), 우연(禹淵)의 딸
- 공신 내용 : 개국공신(1등)

본관은 봉화(奉化)이고 자(字)는 종지(宗之)이며 호는 삼봉(三峯)이다. 고려 공민왕 11년(1362) 문과에 급제한 이후 태상박사·사예 등을 거쳐 남양부사·성균관 대사성·밀직부사를 역임하고 1388년 이성계의 위화도 회군 후 조준(趙浚) 등과 함께 공양왕을 세웠다.

정도전

1392년 7월 조선을 개국하고 이성계를 왕위에 옹립하는데 기여한 공으로 태조 1년(1392) 8월 개국공신(開國功臣)에 녹훈되었다. 이어 판삼군부사·삼도도통사 등 요직을 역임하였고 1398년 제1차 왕자의 난 때 이방원(태종) 측에 의해 죽임을 당했다.

- **시호**(諡號) : **문헌**(文憲) -고종실록 8년(1871) 3월 16일

정미수(鄭眉壽)

- **출생, 사망** : 1456~1512
- **출신** : 문종의 외손자
- **부모** : 영양위 정종(鄭悰), 문종의 딸 경혜공주(敬惠公主)
- **공신 내용** : 정국공신(3등)

본관은 해주(海州)이며 자(字)는 기수(耆叟)이고 호는 우재(愚齋)이다. 사육신사건에 관련되어 부모가 같이 광주(光州)로 유배되어 광주에서 출생하였고 세조의 왕비 정희왕후에 의해 궁궐에서 자랐다. 성종이 어릴 때 궁궐에서 같이 자랐고 성종이 즉위한 후 성종 4년(1473) 돈녕부직장·형조정랑을 지냈다. 죄인의 자손에게 벼슬을 주었다고 여러 차례 탄핵을 받았으나 성종의 무마로 무사하였다.

1476년 중부참봉(中部參奉)을 거쳐 이듬해 선전관을 지내고 1489년 장령·인천부사 등을 지냈다. 연산군이 즉위하자 당상관으로 올라 장례원판결사에 임명되고 연산군 2년(1496) 충청도관찰사가 되었다.

1498년 동부승지·도승지 등을 거쳐 1502년 공조참판·지돈녕부사·한성부판윤을 지내고 1504년 의정부참찬으로 판의금부사를 겸하였다.

정미수 사당

중종 1년(1506) 우찬성이 되었으며 중종반정 때 협력한 공으로 정국공신(靖國功臣)에 녹훈되고 정1품에 올랐으며 해평부원군(海平府院君)에 봉해졌다.

- **시호**(諡號) : **소평**(昭平) -중종실록 7년(1512) 4월 16일

정수충(鄭守忠)

- **출생, 사망** : 1401~1469
- **출신** : 음직→문과

- **부모** : 감찰 정제(鄭提), 충청도관찰사 김약채(金若采)의 딸
- **공신 내용** : 좌익공신(3등)

정수충

본관은 하동(河東)이고 자(字)는 경부(敬夫)이다. 경사(經史)에 널리 통하여 처음에는 환관(宦官)들을 교육하였고 뒤에는 세종대왕의 아들 영응대군 염(琰)을 가르쳤다. 승의부위사정(丞義副尉司正)·경창부승 등을 거쳐 1450년 문과에 급제하였다.

이듬해 승문원 부교리가 되어 수양대군을 따라 집현전에 나아가서 『역대병요(歷代兵要)』를 찬하였고 그 뒤 훈련원주부·성균관사예 등을 거쳤다. 단종 1년(1453) 사용(司勇)으로서 계유정난(癸酉靖難)에 협력하여 6품에서 4품으로 승진되었고 세조 즉위를 도운 공으로 세조 1년(1455) 좌익공신(佐翼功臣)에 녹훈되었다.

이듬해 성균관 사성이 되고 1457년 집현전 직제학으로 승진, 하원군(河原君)에 봉하여졌다. 1467년 첨지중추원사가 되고 숭정대부에 승진하였고 이해 의경세자(懿敬世子)가 사망하자 세조의 명으로 주상자(主喪者)가 되었다. 예종 1년(1469) 봉조하가 되었다.

- **시호(諡號)** : **문절**(文節) -예종실록 1년(1469) 9월 7일

정숭로(鄭崇魯)

- **출생, 사망** : ?~?
- **출신** : 불명
- **부모** : 불명
- **공신 내용** : 적개공신(2등)

본관은 동래(東萊)이며 세조 1년(1455) 부사직으로 세조 즉위에 공로가 있어 좌익원종공신 3등에 책록되었다. 1467년 5월 이시애(李施愛)의 난 때 도총사 구성군 이준(李浚) 밑에서 좌사대장(左射隊將)을 맡았다. 평정에 공을 세워 적개공신(敵愾功臣)에 녹훈되고 상호군으로 승진하였다. 그러나 예종 즉위년(1468) 남이(南怡)의 옥사 때 남이의 심복으로 지목되어 공신녹권(功臣錄券)이 몰수되고 가산은 적몰되었다.

- **참고** : 동래정씨 안산공파보 116쪽 공신록을 보면 정숭로가 있는데 족보의 자손록에서는 찾지 못함.

정숭조(鄭崇祖)

- **출생, 사망** : 1442~1503
- **출신** : 음직
- **부모** : 영의정 정인지(鄭麟趾), 판한성부사 이휴(李携)의 딸
- **공신 내용** : 좌리공신(4등)

본관은 하동(河東)이고 자(字)는 효숙(孝叔)이며 호는 삼성재(三省齋)이다. 세조 4년(1458) 음직으로 통례문 봉례랑이 되고 그 뒤 사섬시주부·한성부소윤 등을 거쳐 1465년 지사간원사에 올랐다. 그 뒤 첨지중추부사를 거쳐 이조·공조의 참판을 역임하였다. 성종의 즉위 및 보좌에 공이 있어 성종 2년(1471) 좌리공신(佐理功臣)에 녹훈되고 하남군(河南君)에 봉해졌다.

1474년 형조참판이 되었고 1477년 한성부판윤으로 도총관을 겸하였으며 뒤에 지의금부사를 거쳐 1489년 하남부원군에 진봉되었다. 이듬해 한성부판윤에 재임되었다. 그 뒤 경상도관찰사·경상좌도병마절도사, 1492년 호조판서가 되었으나 수뢰 혐의로 파직되었다. 1500년 숭정대부에 오르고 봉조하(奉朝賀)가 되었다.

- **시호(諡號)** : **장정**(莊靖) -승정원일기 영조 41년(1765) 8월 7일

정용수(鄭龍壽)

- **출생, 사망** : ?~1412
- **출신** : 태조 시위(侍衛)
- **부모** : 불명
- **공신 내용** : 개국공신(2등)

본관은 동래(東萊)이며 고려 말 나하추(納哈出)의 침입에 대한 대책을 게을리하였다는 이유로 유배되었다. 1392년 7월 조선을 개국하고 이성계를 왕위에 옹립하는데 기여한 공으로 태조 1년(1392) 8월 개국공신(開國功臣)에 녹훈되었다. 개국과 더불어 판사복시사(判司僕寺事)가 되었다.

정종 2년(1400) 승녕부윤(承寧府尹)이 되었고 이듬해에는 판사로 승직되었으며 1402년 조사의(趙思義)의 난에 연루되어 탄핵을 받았으나 개국공신인 관계로 사면을 받았다. 태종 12년(1412) 장성군(長城君)에 봉해졌으나 1418년 세종 즉위 후 불충(不忠)했다하여 고신과 공신전을 삭탈당하였다. 이후 직첩은 돌려주었다.

- **시호(諡號)** : **호목**(胡穆) -태종실록 12년(412) 7월 9일
- **참고** : 동래정씨 안산공파보 116쪽 공신록을 보면 정용수가 있는데 족보 자손

록에서는 찾지 못함.

정원로(鄭元老)
- **출생, 사망** : ?~1680
- **출신** : 불명
- **부모** : 동지중추부사 정진기(鄭進禥), 고원군수 기익헌(奇益獻)의 딸
- **공신 내용** : 보사공신(3등)

본관은 동래(東萊)이며 전(前) 교수(敎授)로서 영의정 허적의 집을 드나들다 허적의 서자인 허견(許堅)과 친하게 지냈으나 숙종 6년(1680) 4월 허견이 인조의 손자이며 인평대군의 세 아들인 복창군(福昌君) 등과 함께 역적모의를 도모했다는 고발을 하였다. 그해 5월 보사공신(保社功臣)에 녹훈되고 동흥군(東興君)에 봉해졌으나 본인도 같이 역적모의를 하였다는 사실이 탄로나 공신이 취소되고 복주(伏誅)되었다.

정윤겸(鄭允謙)
- **출생, 사망** : 1463~1536
- **출신** : 무사(武士)→무과
- **부모** : 해운판관 정온(鄭溫), 원자민(元自敏)의 딸
- **공신 내용** : 정국공신(3등)

본관은 초계(草溪)이고 자(字)는 익부(益夫)이다. 일찍부터 무재(武才)가 있어 성종 22년(1491) 야인을 토벌할 때 원수 허종(許琮) 막하에서 활약하였다. 이듬해 무과에 급제, 훈련원에 보직되고 이어 사헌부감찰·사복시판관 등을 역임하였다. 1506년 중종반정에 참여하여 정국공신(靖國功臣)에 녹훈되고 군기시첨정에 발탁되었다.

이듬해 당상관에 오르고 간성군수에 임명되었으며 4년 뒤 웅천부사로 옮겼다가 충청도수군절도사를 거쳐 함경남도병마절도사가 되었다. 중종 13년(1518) 첨지중추부사로 전보되었다가 이듬해 청계군(淸溪君)에 봉하여지고 회령부사에 제수되었다.

1522년 전라도수군절도사에 이어 훈련원도정이 되었다가 1526년 평안도병마절도사가 되고 상호군을 거쳐 충청도병마절도사로 있을 때 무고로 인하여 횡성에 유배되었다. 그러나 곧 죄가 풀려 부총관에 서용되고 동지중추부사를 거쳐 삼척부사가 되었다. 사망 후 병조판서에 추증되었다.
- **시호(諡號)** : **장양(莊襄)** -중종실록 31년(1536) 6월 12일

정인지(鄭麟趾)

- **출생, 사망** : 1396~1478
- **출신** : 문과
- **부모** : 석성현감 정흥인(鄭興仁), 진천의(陳千義)의 딸
- **공신 내용** : 정난공신(1등), 좌익공신(2등), 익대공신(3등), 좌리공신(2등)

본관은 하동(河東)이고 자(字)는 백저(伯雎)이며 호는 학역재(學易齋)이다. 태종 14년(1414) 문과에 장원급제 후 예조좌랑·이조정랑 등을 거쳐 집현전 학사, 집현전 직제학에 올랐으며 1427년 좌필선(左弼善)이 되고 이후 부제학·우군동지총제 등을 지냈다.

1432년 예문관제학을 지냈고 이듬해 인수부윤(仁壽府尹)을 지낸 이후 이조참판·충청도관찰사를 거쳐 1439년 형조참판으로 등용되고 이듬해 형조판서에 승진, 1443년 지중추원사, 1445년 우참찬을 지냈다.

예조판서를 거쳐 1448년 이조판서가 되었고 이후 공조판서를 지내고 문종 2년(1452) 병조판서, 단종 1년(1453) 판중추부사로 계유정난(癸酉靖難)에 수양대군(세조)을 도와 정난공신(靖難功臣)에 녹훈되고 우의정으로 승진하고 하동부원군(河東府院君)에 봉해졌다. 1455년 세조가 즉위하자 영의정에 오르고 세조 즉위에 협력한 공으로 좌익공신(佐翼功臣)에 녹훈되었다.

정인지

1465년 나이 70이 되자 치사(致仕)를 청했으나 허락되지 않고 궤장(几杖)을 하사받았고 예종 즉위년(1468) 남이(南怡)의 옥사(獄事)를 다스린 공으로 다시 익대공신(翊戴功臣)에 녹훈되었다. 성종 1년(1470) 원상(院相)으로서 서정(庶政)을 총괄하고 이듬해 성종의 즉위 및 보좌에 공이 있어 좌리공신(佐理功臣)에 녹훈되었다.

- **시호(諡號)** : **문성**(文成) -성종실록 9년(1478) 11월 26일

정종(鄭種)

- **출생, 사망** : 1417~1476
- **출신** : 무과
- **부모** : 내섬시판관 정선경(鄭善卿), 감찰 이유(李洧)의 딸
- **공신 내용** : 적개공신(3등)

본관은 동래(東萊)이고 자(字)는 묘부(畝夫)이며 호는 오로재(吾老齋)이다. 세종

24년(1442) 무과에 급제하였고 여러 관직을 거쳐 단종 1년(1453) 이징옥(李澄玉)의 난 때 종성절제사로서 이징옥을 포살(捕殺)한 공으로 군공(軍功) 1등에 책록되고 당상관으로 승진하였다. 그 뒤 종성도호부사에 임명되었다가 곧 상호군이 되었으며 이듬해 세조의 즉위를 도와 좌익원종공신 1등에 녹훈되었다.

세조 3년(1457) 충청도절제사가 되고 1461년 중추원부사가 되었다. 1463년 경상좌도도절제사를 지내고 1467년 5월 이시애(李施愛)의 난이 일어나자 도통사 구성군 이준(李浚) 휘하에서 총통군(銃筒軍)을 이끌고 출전하여 평정에 공을 세웠다. 그 공으로 적개공신(敵愾功臣)에 녹훈되고 상호군 겸 오위장에 임명되었다.

처음 칠산군(漆山君)에 봉하여졌다가 곧이어 동평군(東平君)으로 개봉(改封)되었다. 이어 충청도도절제사를 거쳐 성종 2년(1471) 경주부윤이 되었으나 이듬해 가뭄으로 인한 농작물 손실 조사를 소홀히 하여 파직되고 포천으로 정역(定役)되었으나 1476년 정월 풀려났다.

- **시호(諡號) : 양평(襄平)** -청선고

정준(鄭俊)

- **출생, 사망** : ?~1467
- **출신** : 무재(武才)
- **부모** : 호조참판 정승적(鄭承積), 어머니는 불명
- **공신 내용** : 적개공신(3등)

본관은 초계(草溪)이며 훈도(訓導)로서 세조 6년(1460) 신숙주(申叔舟) 휘하에서 모련위(毛憐衛) 정벌에 공이 있어 원종공신 3등에 책훈되었다. 이듬해 3월 온성절제사로서 잠입하여 온 야인을 추격, 사살하는 등 북방에서 무위를 떨쳤으나 조정 명령을 거역하였다고 하여 추국당하였다.

1467년 5월 이시애(李施愛)의 난이 일어나자 4도병마도총사 구성군 이준(李浚)의 비장(裨將)으로 출전하여 총통군(銃筒軍)을 이끌고 평정에 공을 세워 적개공신(敵愾功臣)에 녹훈되고 대호군에 임명되었고 풍성군(豊城君)으로 봉하여졌다가 초계군(草溪君)으로 개봉(改封)되었다.

그해 10월 건주위(建州衛) 정벌 후 포로로 잡은 야인을 요동으로 호송하는 책임 장수로 호송 도중 가산군(嘉山郡)에 이르러 병으로 사망하였다.

- **시호(諡號) : 장양(莊襄)** -세조실록 13년(1467) 11월 7일

정창손(鄭昌孫)

- **출생, 사망** : 1402~1487
- **출신** : 문과
- **부모** : 형조판서 정흠지(鄭欽之), 예조판서 최병례(崔丙禮)의 딸
- **공신 내용** : 좌익공신(2등), 익대공신(3등), 좌리공신(2등)

본관은 동래(東萊)이고 자(字)는 효중(孝仲)이다. 세종 8년(1426) 문과에 급제한 뒤 승문원부정자가 되고 1441년 사섬서령(司贍署令)으로 전임되었다. 1444년 응교 때 한글 제정을 반대하여 파직, 투옥되었다가 이듬해 풀려나와 응교에 복직, 1446년 집의 때 왕실의 불교 숭상을 반대하여 재차 파직되었다. 다음해 직제학이 되고 문종 1년(1451) 동부승지·병조판서 등을 지내고 단종 1년(1453) 이조판서가 되었다.

우찬성 때 세조의 즉위를 도운 공로로 세조 1년(1455) 좌익공신(佐翼功臣)에 녹훈되고 봉원군(蓬原君)에 책봉되었다. 이듬해 사위 김질(金礩)과 함께 사육신 음모를 고변한 공으로 봉원부원군(蓬原府院君)에 진봉(進封)되고 우의정에 임명되었으며 좌익공신 3등에서 2등으로 승차하였고 1457년 영의정이 되었다.

예종 즉위년(1468) 남이(南怡)의 옥사처리에 공을 세워 익대공신(翊戴功臣)에 녹훈되고 1469년 원상(院相)으로 성종의 즉위 및 보좌에 공이 있어 성종 2년(1471) 좌리공신(佐理功臣)에 녹훈되었으며 궤장(几杖)을 하사받았다. 1475년 영의정이 되었다. 연산군 10년(1504) 갑자사화 때 연산군의 생모 죽음과 관련하여 부관참시 되었다가 중종 때 신원(伸寃)되었다. 성종 묘정(廟庭)에 배향되었고 중종때 청백리에 선정되었다.

- **시호(諡號)** : **충정**(忠貞) -성종실록 18년(1487) 1월 27일

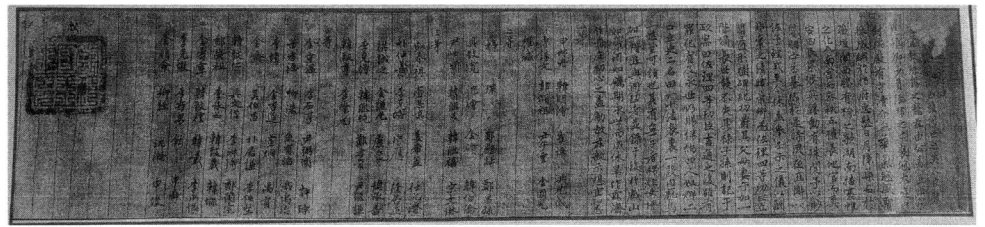

정창손 공신녹권

정철(鄭澈)

- **출생, 사망** : 1536~1593
- **출신** : 문과
- **부모** : 돈녕부판관 정유침(鄭惟沈), 대사간 안팽수(安彭壽)의 딸

■ **공신 내용** : 광국공신(3등), 평난공신(2등)

본관은 영일(迎日)이고 자(字)는 계함(季涵)이며 호는 송강(松江)이다. 1545년 을사사화에 누이의 남편인 계림군이 관련되어 부친이 유배당하자 배소(配所)를 따라 다녔다. 1551년 특사되어 온 가족이 고향인 전라도 담양 창평(昌平)으로 이주하였다.

명종 17년(1562) 문과에 장원급제하여 전적(典籍) 등을 역임하였고 1566년 함경도 암행어사를 지낸 뒤 1578년 장악원정(掌樂院正)에 기용되고 곧이어 승지에 올랐으나 사직하고 고향으로 돌아갔다. 1580년 강원도 관찰사로 등용되었고 3년 동안 강원·전라·함경도관찰사를 지냈고 1585년 사직하고 고향으로 돌아갔다.

정철 선생 나신곳

1589년 우의정에 발탁되어 정여립(鄭汝立)의 모반사건을 다스리게 되자 서인(西人)의 영수로서 철저하게 동인 세력을 추방했고 다음해 좌의정에 올랐으며 종계변무에 공이 있어 광국공신(光國功臣)에 책록되고 정여립의 모반사건을 잘 처리한 공으로 평난공신(平難功臣)에 녹훈되었고 인성부원군(寅城府院君)에 봉해졌다.

1591년 세자책봉 문제로 선조의 노여움을 사 파직되었고 진주로 유배되었다가 이어 강계(江界)로 이배(移配)되었다. 이듬해 임진왜란이 일어나자 왕의 부름을 받아 선조를 의주까지 호종하였으나 얼마 후 동인들의 모함으로 사직하고 강화의 송정촌(松亭村)에 우거(寓居)하다가 사망하였다.

■ **시호**(諡號) : **문청**(文淸) -숙종실록 11년(1685) 8월 11일

정총(鄭摠)

■ **출생, 사망** : 1358~1397   ■ **출신** : 문과
■ **부모** : 정당문학 정추(鄭樞), 지도첨의 한대순(韓大淳)의 딸
■ **공신 내용** : 개국공신(1등)

본관은 청주(淸州)이고 자(字)는 만석(曼碩)이며 호는 복재(復齋)이다. 고려 우왕 2년(1376) 문과에 장원급제하여 춘추관 검열이 되고 대간·응교·사예를 거쳐 대호군에 이르고 공양왕 1년(1389) 병조판서에 승진되었으며 1391년 이조판서를 거쳐 정당문학에 이르렀다. 당시 중국에 보낸 표전문(表箋文)은 대부분 그가 지었다.

1392년 7월 조선을 개국하고 이성계를 왕위에 옹립하는 데 기여한 공으로 태조 1년(1392) 8월 개국공신(開國功臣)에 녹훈되고 첨서중추원사로서 서원군(西原君)에 봉하여졌다. 태조 3년(1394) 정당문학이 되고 다시 예문춘추관태학사가 되어 정도전과 같이 『고려사』를 편찬하고 그 서문을 썼다.

정총 영모단

1395년 태조 이성계의 고명(誥命) 및 인신(印信)을 줄 것을 청하러 명나라에 사신으로 갔다가 황제가 내려준 옷을 입지 않았다고 대리위(大理衛)로 유배 가는 도중 사망하였다.

■ **시호**(諡號) : **문민**(文愍) -정종실록 1년(1399) 10월 19일

정충신(鄭忠信)

■ **출생, 사망** : 1576~1636   ■ **출신** : 무과
■ **부모** : 정윤(鄭綸), 어머니는 불명
■ **공신 내용** : 진무공신(1등)

본관은 하동(河東)이고 자(字)는 가행(可行)이며 호는 만운(晚雲)이다. 광주목(光州牧)에서 목사 권율(權慄)의 통인(通引)으로 있었으며 1592년 임진왜란이 일어나 권율이 이치(梨峙)의 전과(戰果)를 의주에 있는 행재소에 보내는 보고서를 17세의 어린 그가 왜군으로 가득한 길을 단신으로 뚫고 행재소에 전달하였다.

정충신

권율의 사위인 병조판서 이항복이 그에게 사서(史書)를 가르쳤는데 머리가 총명하여 아들같이 사랑하였다. 이해 가을에 행재소에서 실시하는 무과에 응시하여 급제하였다. 1609년 조산포만호를 지냈고 광해군 10년(1618) 이항복이 유배가게 되자 따라갔다. 광해군 13년(1621) 만포첨사로 국경을 수비했으며 인조 1년(1623) 안주목사로 방어사를 겸임하였다.

다음해 이괄(李适)의 난 때는 도원수 장만(張晚) 휘하에서 전부대장(前部大將)이 되어 이괄의 군사를 황주와 서울 길마재에서 무찔러 진무공신(振武功臣)에 녹훈되고 금남군(錦南君)에 봉해졌다.

1627년 정묘호란 때는 부원수를 지냈고 1633년 김시양(金時讓)과 함께 조정에서 후금과의 단교를 위하여 보내는 사신을 대기시키고 사신 보내는 것에 반대한 것이 문제가 되어 당진에 유배되었다. 이후 다시 장연으로 이배되었다가 곧 풀려 나와 이듬해 포도대장·경상도병마절도사를 지냈다.

- 시호(諡號) : **충무**(忠武) -숙종실록 11년(1685) 8월 11일

정탁(鄭擢)

- 출생, 사망 : 1363~1423
- 출신 : 문과(고려)
- 부모 : 정당문학 정공권(鄭公權), 지도첨의 한대순(韓大淳)의 딸
- 공신 내용 : 개국공신(1등), 정사공신(2등)

본관은 청주(淸州)이고 자(字)는 여괴(汝魁)이며 호는 춘곡(春谷)이다. 고려 우왕 8년(1382) 문과에 급제한 뒤 춘추관 수찬이 되고 사헌부규정·호조좌랑을 지냈다. 1392년 7월 조선을 개국하고 이성계를 왕위에 옹립하는데 기여한 공으로 태조 1년(1392) 8월 개국공신(開國功臣)에 녹훈되고 사헌지평(司憲持平)·교주강릉도안렴부사를 거쳐 성균대사성이 되었다.

태조 5년(1396) 그의 표문(表文)이 경박하다고 명나라 황제의 비난을 받자 명나라에 가서 해명했다. 돌아와서 좌승지 등을 역임하고 1398년 도평의사사사로 청성군(淸城君)에 봉해지고 그 해 제1차 왕자의 난에 이방원(태종)을 도와 정사공신(定社功臣)에 녹훈되었다. 이어 중추원첨서사·의정부지사·삼사우사 등을 지냈다.

태종 5년(1405) 살인죄로 영해부(寧海府)에 유배되었다가 공신이라 하여 풀려나와 개성유후사유후를 거쳐 1409년 세자좌빈객이 되었다. 1411년 의정부참찬사가 되고 1415년 청성부원군(淸城府院君)에 진봉되고 세종 3년(1421) 우의정에 올랐다.

- 시호(諡號) : **익경**(翼景) -세종실록 5년(1423) 10월 21일

정탁(鄭琢)

- 출생, 사망 : 1526~1605
- 출신 : 문과
- 부모 : 정이충(鄭以忠), 한종걸(韓從傑)의 딸
- 공신 내용 : 호성공신(3등)

본관은 청주(淸州)이고 자(字)는 자정(子精)이며 호는 약포(藥圃)이다. 명종 13년

(1558) 문과에 급제하고 교서관에 들어갔다. 이후 전적·정언에 이어 예조정랑·형조좌랑 등을 지냈고, 1568년『명종실록』편찬에 참여하였다. 도승지·강원도관찰사 등을 역임하고 1580년 대사헌에 올랐다. 그 뒤 예조·형조·이조판서를 역임하였다. 1592년 임진왜란이 일어나자 좌찬성으로 왕을 의주까지 호종하였다.

정탁

1595년 우의정이 되었고 1597년 3월 옥중의 이순신(李舜臣)이 죄 없음을 극구 변호하는 차자(箚子)를 올렸고 1599년 병으로 일시 귀향했다가 이듬해 좌의정에 승진되고 판중추부사를 거쳐 1603년 영중추부사에 올랐다. 다음해 호종공신(扈從功臣)에 녹훈되고 서원부원군(西原府院君)에 봉하여졌다.

- **시호(諡號) : 정간(貞簡)** -인조실록 13년(1635) 8월 1일

정한기(鄭漢璣)

- **출생, 사망** : ?~?
- **출신** : 환관
- **부모** : 불명
- **공신 내용** : 호성공신(3등)

환관으로 임진왜란으로 의주로 몽진하는 선조를 수가(隨駕)한 공으로 호성공신(扈聖功臣)이 되고 청하군(淸河君)에 봉해졌다.

- **참고** : (1) 하동(河東)정씨 문성공파 족보 봉군(封君)란에 정한기가 있는데 내시로 임난호성공신이라고 되어있으나 자손록에는 없음. 20공신회맹록을 보면 적장손 정세규(鄭世奎)가 참여하였다고 되어있음.

  (2) 경주정씨 문헌공파 족보에 정한기가 있는데 공신(功臣), 자헌대부, 호조판서로 되어있으며『한국족보자료시스템』에 선조조 호성공신이라고 나온다. 그러나 족보를 보면 백부 인량(仁良)의 아들 홍덕(弘德)은 세종 기해년(1419) 등제했고 증손자 숙형(叔亨)은 1449년 출생이고 숙부 인검(仁儉)의 손자 지년(知年)은 1395년 출생한 것을 보면 정한기가 호성공신이라는 것이 이해하기 어렵다.

정현조(鄭顯祖)
- **출생, 사망** : 1440~1504
- **출신** : 부마(세조의 딸 의숙공주)
- **부모** : 영의정 정인지(鄭麟趾), 판한성부사 이휴(李携)의 딸
- **공신 내용** : 익대공신(2등), 좌리공신(1등)

본관은 하동(河東)이며 세조 1년(1455) 세조의 딸 의숙공주(懿淑公主)와 결혼하여 하성위(河城尉)에 봉해졌고 1466년 의빈부의빈(儀賓府儀賓)이 되었으며 1467년 10월 하성군(河城君)으로 개봉되었다. 이듬해 온양 별시 문과에 급제하였는데 부마로서 과거에 응시한 것은 그가 처음이었다.

예종 즉위년(1468) 10월 남이(南怡)의 옥사 처리에 공을 세워 익대공신(翊戴功臣)에 녹훈되고 성종의 즉위 및 보좌에 공이 있어 성종 2년(1471) 좌리공신(佐理功臣)에 녹훈되고 하성부원군(河城府院君)에 진봉되었다.

- **시호(諡號)** : **편정(褊玎)** -청선고

정효상(鄭孝常)
- **출생, 사망** : 1432~1481
- **출신** : 문과
- **부모** : 사예(司藝) 정지년(鄭知年), 현감 주창(周昶)의 딸
- **공신 내용** : 익대공신(3등), 좌리공신(3등)

본관은 경주(慶州)이고 자(字)는 가구(可久)이다. 단종 2년(1454) 문과에 급제하여 집현전 부수찬이 되고 이듬해 6월 경연사경(經筵司經)으로 있으면서 사육신사건에 연루된 혐의를 받았으나 화를 면하였다. 이후 감찰·이조좌랑·세자시강원필선을 지냈다.

예종 즉위년(1468) 10월 동부승지에 발탁되고 남이(南怡)의 옥사를 다스리는 데 공을 세워 익대공신(翊戴功臣)에 녹훈되고 가선대부에 오르고 계림군(鷄林君)에 봉하여졌다. 그 뒤 우부승지·좌부승지·도승지를 거쳐 성종 즉위 및 보좌에 공이 있어 성종 2년(1471) 3월 좌리공신(佐理功臣)에 녹훈되고 정헌대부(正憲大夫)에 올랐다. 1472년 경상도관찰사를 겸하였고 1474년 공조판서·이조판서가 되었으며 1477년 지중추부사가 되었다.

- **시호(諡號)** : **제안(齊安)** -성종실록 12년(1481) 1월 4일

정희계(鄭熙啓)

- **출생, 사망** : 1348~1396
- **출신** : 문과
- **부모** : 문하평리 정휘(鄭暉), 도첨의중찬 김심(金深)의 딸
- **공신 내용** : 개국공신(1등)

본관은 경주(慶州)이고 호는 양성헌(養性軒)이다. 고려 공민왕 18년(1369) 과거에 급제하고 공민왕의 총애를 받아 근시(近侍)가 되었다가 대호군에 이르렀고 우왕 때 서북면도순문사를 거쳐 밀직사에 이르렀다. 이성계가 실권을 잡자 부인이 태조의 계비 신덕왕후 강씨의 조카임을 고려하여 판자혜부사에 등용하였으나 1390년 이른바 이초(李初)의 옥에 연루되어 안변에 유배 갔다 이듬해 풀려났다.

1392년 판개성부사가 되었고 그해 7월 조선을 개국하고 이성계를 왕위에 옹립하는데 기여한 공으로 태조 1년(1392) 8월 개국공신(開國功臣)에 녹훈되고 참찬문하부사, 계림부원군(鷄林府院君)에 봉해졌다. 이어 좌참찬 등을 거쳐 판한성부사로 있었다.

정희계 묘

- **시호(諡號)** : **양경(良景)** -태조실록 5년(1396) 9월 5일

정희번(鄭姬藩)

- **출생, 사망** : 1543~?
- **출신** : 문과
- **부모** : 대사헌 정유(鄭裕), 한수성(韓守性)의 딸
- **공신 내용** : 호성공신(2등)

본관은 온양(溫陽)이고 자(字)는 자한(子翰)이며 호는 고송(孤松)이다. 선조 3년(1570) 문과에 급제하고 여러 관직을 거쳐 1585년 충주목사가 되었다. 1592년 임진왜란이 일어나자 장령(掌令)으로서 의주로 몽진하는 선조를 수가(隨駕)하였다. 그해 10월 직무를 태만히 한다는 탄핵을 받고 파직되었다가 12월 사간이 되었다.

이듬해인 1593년 1월 동부승지가 된 뒤 우부승지·공조참의·병조참지 등을 역임한 뒤 1594년 좌승지·경연참찬관 등을 지냈다. 임진왜란으로 의주로 몽진하는 선조를 호종한 공으로 1604년 호성공신(扈聖功臣)에 녹훈되고 온성군(溫城君)에 봉

하여졌다.

조건(趙狷)
- **출생, 사망** : 1351~1425
- **출신** : 문과(고려)
- **부모** : 판도판서 조덕유(趙德裕), 첨의평리 오의(吳誼)의 딸
- **공신 내용** : 개국공신(2등)

본관은 평양(平壤)이고 자(字)는 종견(從犬)이며 호는 송산(松山)이다. 중(僧)으로 지내다가 30세가 넘어서 환속하여 고려 때 문과에 급제, 안렴사가 되었다. 1392년 7월 조선을 개국하고 이성계를 왕위에 옹립하는데 기여한 공으로 태조 1년(1392) 9월 개국공신(開國功臣)에 추록되었다. 태조 3년(1394) 경상도도절제사, 태조 6년(1397) 지중추원사, 정종 2년(1400) 삼사우복야를 지냈다.

태종 2년(1402) 도총제로 있다가 어떤일로 축산도(丑山島)에 유배되었다가 풀려났다. 태종 3년(1403) 좌군도총제가 되었고 평성군(平城君)에 봉해졌다. 태종 7년(1407) 충청도도절제사 겸 수군도절제사를 거쳤다.

조건 묘

세종 1년(1419) 판우군도총제부사를 지내고 세종 3년(1421) 3월 궤장(几杖)을 하사받고 평성부원군(平城府院君)에 책봉되었다.

- **시호(諡號)** : **평간(平簡)** -청선고

조경(趙儆)
- **출생, 사망** : 1541~1609
- **출신** : 무과
- **부모** : 포도대장 조안국(趙安國), 권세임(權世任)의 딸
- **공신 내용** : 선무공신(3등)

본관은 풍양(豊壤)이고 자(字)는 사척(士惕)이다. 무과에 급제한 뒤 선전관·제주목사 등을 거쳐 1591년 강계부사로 있을 때 그곳에 유배되어 온 정철(鄭澈)을 우대하였다는 이유로 파직되었다.

이듬해 임진왜란이 일어나자 경상우도방어사가 되어 황간·추풍 등지에서 왜군과 싸웠으나 패배, 이어 김산(金山)에서 왜적을 물리치다 부상을 입었다. 그해 겨울 수

원부사로서 적에게 포위된 독산성(禿山城)의 전라감사 권율을 도왔고 이듬해 도원수 권율과 함께 행주산성에서 대첩을 거둬 가선대부에 가자되고 도성서도(都城西都) 포도대장으로 임명되었다.

1593년 새로 편제된 훈련도감 당상을 겸하고 중국의 신병법책인 『기효신서(紀效新書)』의 신진법(新陣法)을 우리나라 실정에 맞게 해석하여 적응시켰으며 이듬해 훈련대장이 되었다. 그 뒤 함경북도 병사·한성부판윤 등을 거쳐 1599년 충청병사·회령부사를 지냈고 1601년 제주목사를 지내고 1604년 선무공신(宣武功臣)에 녹훈되고 풍양군(豊壤君)에 봉하여졌다. 이후 1606년 영흥부사를 지냈다.

조경

■ **시호(諡號) : 장의(莊毅)** -승정원일기 영조 32년(1756) 5월 29일

조계상(曺繼商)
- ■ **출생, 사망** : 1466~1543
- ■ **출신** : 문과
- ■ **부모** : 영흥도호부판관 조구서(曹九叙), 예조판서 이승손(李承孫)의 딸
- ■ **공신 내용** : 정국공신(2등)

본관은 창녕(昌寧)이고 자(字)는 종성(宗聖)이다. 연산군 1년(1495) 문과에 급제하여 홍문관정자를 지내고 1502년 부교리에 올랐다. 1506년 박원종 등이 주도한 중종반정에 가담하여 정국공신(靖國功臣)에 녹훈되고 창녕군(昌寧君)에 봉하여졌다. 중종 2년(1507) 12월 충청도관찰사로 나갔다가 이듬해 대사헌에 올랐다.

1510년 다시 대사헌이 되고 공조참판을 거쳐 이듬해 또 대사헌이 되었다. 그 뒤 동지중추부사·한성부좌윤을 거쳐 이조참판을 역임하였다. 1514년 경상도관찰사가 되고 뒤에 예조·호조의 참판을 거쳐 공조판서에 올랐고 1537년 우참찬이 되고 1539년 우찬성에 이르렀다.

■ **시호(諡號) : 충정(忠貞)** -청선고

조계은(曺繼殷)
- ■ **출생, 사망** : ?~?
- ■ **출신** : 공신→문과
- ■ **부모** : 영흥도호부판관 조구서(曹九叙), 예조판서 이승손(李承孫)의 딸

- 공신 내용 : 정국공신(4등)

본관은 창녕(昌寧)이고 자(字)는 도성(導聖)이다. 1506년 중종반정이 일어나자 이에 참가하여 같은해 정국공신(靖國功臣)에 녹훈되고 창산군(昌山君)에 봉하여졌다. 군수로 재임 중인 중종 6년(1511) 문과에 급제하여 목사·종부시정에 이르렀다. 같은 정국공신인 조계상의 형이다.

조계형(曺繼衡)
- 출생, 사망 : 1470~1518
- 출신 : 문과
- 부모 : 조순(曺珣), 권회(權恢)의 딸
- 공신 내용 : 정국공신(4등)

본관은 창녕(昌寧)이고 자(字)는 평보(平甫)이다. 연산군 7년(1501) 문과 급제 후 여러 관직을 거쳐 동부승지에 이르렀다. 1506년 중종반정이 일어나자 승지로서 대궐을 빠져나와 반정군에 합류하여 정국공신(靖國功臣)에 녹훈되고 창성군(昌城君)에 봉하여졌다. 이후 풍기군수, 우승지 등을 지냈으나 1514년 대간들로부터 탄핵을 받아 사훈되었다.

조구(趙球)
- 출생, 사망 : ?~?
- 출신 : 공신
- 부모 : 불명
- 공신 내용 : 평난공신(2등)

황해도 안악에 살면서 정여립의 제자가 되었고 같은 제자 변숭복 등과 정여립이 주도하는 역적모의에 참여하였다가 안악군수에게 붙잡혀 모의 내용을 실토하여 정여립 일당을 토벌하는데 공을 세웠다. 그 공으로 평난공신(平難功臣)에 녹훈되고 금릉군(金陵君)에 봉하여졌으며 군자감정까지 지냈다.
- 참고 : 『성씨의 고향』을 보면 강진(康津) 조씨 공신명단에 조구(趙球)가 있는데 인구수가 적어서인지 강진 조씨 족보를 찾을 수 없음.

조귀수(趙龜壽)
- 출생, 사망 : ?~1623
- 출신 : 환관

- **부모** : 불명
- **공신 내용** : 호성공신(3등)

환관으로서 1592년 임진왜란이 일어나자 의주로 몽진하는 선조를 수가(隨駕)한 공으로 호성공신(扈聖功臣)에 녹훈되었고 화성군(花城君)에 봉해졌으나 인조반정 직후 그동안 환관으로서 횡포가 심하였다고 참형에 처해졌다.

- **참고** : (1) 『성씨의 고향』을 보면 횡성 조씨 공신명단에 조귀수가 있는데 족보에서는 찾지 못함. (2) 국조공신록을 보면 계(繼) 적장손(嫡長孫) 예립(禮立)이라고 되어있으나 조씨(趙氏) 족보에서 찾지못함.
  (3) 군호(君號)가 화산군(花山君)이라는 자료도 있음.

조기(趙琦)
- **출생, 사망** : ?~1395
- **출신** : 군졸
- **부모** : 문하좌찬성 조성주(趙成柱), 어머니는 불명
- **공신 내용** : 개국공신(2등)

본관은 배천(白川)이며 고려 말 군졸로 출발하여 최영(崔瑩) 휘하에서 판도판서에 이르렀다. 이성계(李成桂)의 위화도회군으로 최영이 실각하자 이성계의 휘하로 들어가 군무(軍務)를 담당하였다.

1392년 7월 조선을 개국하고 이성계를 왕위에 옹립하는데 기여한 공으로 태조 1년(1392) 8월 개국공신(開國功臣)에 녹훈되고 은천군(銀川君)에 봉하여졌다. 그해 8월 동지중추원사·의흥친군위동지절제사가 되었으며 같은 해 11월 의흥친군위 상진무(上鎭撫)가 되었다. 사망 후 문하시랑찬성사에 추증되었다.

- **시호(諡號)** : **충위**(忠魏) -태조실록 4년(1395) 2월 17일

조득림(趙得林)
- **출생, 사망** : 세종~연산군 무렵
- **출신** : 공신
- **부모** : 조만(趙萬), 박씨(朴氏)
- **공신 내용** : 좌익공신(3등), 익대공신(3등)

세조가 잠저에 있을 때 노(奴)였는데 눈치가 빠르고 말을 잘하므로 안평대군측 동향파악을 담당하여 계유정난시 많은 도움이 되었다. 세조 즉위에 공이 많아 세조 1

년(1455) 좌익공신(佐翼功臣)에 녹훈되고 파산군(巴山君)에 봉해졌다. 예종 즉위년 (1468) 남이의 옥 처리에 공이 있어 익대공신(翊戴功臣)에 녹훈되었으며 숭정대부까지 승진하였다.

- **시호(諡號) : 양호(襄胡)** -청선고
- **참고** : (1)『전고대방』 공신록에 양천인(陽川人)이라고 되어있고 『증보문헌비고』 제계고를 보면 양천 조씨가 있으나 족보를 찾지 못함.
  (2)『성씨의 고향』 양주(楊州) 조씨 공신명단에 조득림이 있으나 그는 1800년생이고 1835년 문과 급제, 1867년 사망하였으므로 공신이 아님.
  (3) 국조공신록을 보면 적장손(嫡長孫)은 희(僖), 지금(영조 대)는 자흥(自興)이라고 하나 조씨(趙氏) 족보에서 찾지 못함.

조문명(趙文命)

- **출생, 사망** : 1680~1732
- **출신** : 문과
- **부모** : 도사 조인수(趙仁壽), 승지 김만균(金萬均)의 딸
- **공신 내용** : 분무공신(2등)

본관은 풍양(豊壤)이고 자(字)는 숙장(叔章)이며 호는 학암(鶴巖)이다. 숙종 39년 (1713) 문과에 급제 후 검열이 되었고 경종 1년(1721) 수찬을 거쳐 부교리가 되었다가 문학(文學)으로 옮겨 마침 왕세제로 책봉된 연잉군(영조)의 보호에 힘쓰면서 김일경 중심의 소론 과격파에 대립하였다.

1724년 영조가 즉위하자 지평(持平)이 되었고 세자시강원 겸보덕을 지냈으며 다음 해 동부승지가 되었다. 영조 3년(1727) 정미환국으로 소론이 재진출하면서 이조참의에 특별히 임명되었다.

조문명

그 해 딸이 왕세자(효장세자)의 빈(嬪)이 되자 호조참판과 도승지에 올라 수어사·어영대장을 겸했으며 이듬해 3월 발생한 이인좌(李麟佐)의 난 진압에 병조판서로서 공을 세워 같은해 4월 분무공신(奮武功臣)에 녹훈되고 풍릉군(豊陵君)에 봉해졌다.

이후 이조참판 송인명과 탕평론을 재천명했고 대제학, 이조판서를 거쳐 1730년 우의정에 발탁되었고 좌의정에 이르렀

다. 영조 묘정(廟庭)에 배향되었다.
- **시호**(諡號) : **문충**(文忠) -영조실록 8년(1732) 11월 21일

조박(趙璞)
- **출생, 사망** : 1356~1408
- **출신** : 문과(고려)
- **부모** : 전의령(典儀令) 조사겸(趙思謙), 전리판서 이배중(李培中)의 딸
- **공신 내용** : 개국공신(1등), 정사공신(1등), 좌명공신(4등)

본관은 평양(平壤)이고 자(字)는 안석(安石)이며 호는 우정(雨亭)이다. 고려 우왕 8년(1382) 문과에 급제하고 여러 관직을 거쳐 삼사좌윤(三司左尹)에 이르렀다. 1392년 7월 조선을 개국하고 이성계를 왕위에 옹립하는데 기여한 공으로 태조 1년(1392) 8월 개국공신(開國功臣)에 녹훈되고 평원군(平原君)에 봉해졌다.

그해 9월 양광도안렴사, 태조 3년(1394) 전라도관찰사, 1398년 겸(兼) 대사헌으로서 지경연사, 정당문학을 지냈다. 같은 해 8월 제1차 왕자의 난에 이방원(태종)을 도와 정사공신(定社功臣)에 녹훈되었다. 정종 1년(1399) 정월 지경연사, 3월에 대사헌이 되었고 그 후 경상도감사가 되었다. 1400년 8월 조준(趙浚)을 무고한 혐의로 이천에 유배되었다가 11월 참찬문하부사가 되었다.

그해 제2차 왕자의 난에 이방원(태종)측에 협력하여 좌명공신(佐命功臣)에 녹훈되었고 판한성부사가 되었으며 1402년 참찬의정부사에 제수되었다. 그 후 예문관대제학, 호조판서, 동북면도체찰사가 되었다. 사망 후인 1409년 생전에 불교를 신봉했다는 탄핵을 받아 공신녹권이 추탈되었고 세종 4년(1422) 공신녹권이 소각되었다. 이방원(태종)과 동서간이다.

- **시호**(諡號) : **문평**(文平) -태종실록 8년(1408) 12월 6일

조반(趙胖)
- **출생, 사망** : 1341~1401
- **출신** : 역관(譯官)
- **부모** : 호군 조세경(趙世卿), 찬성사 양백연(楊伯淵)의 딸
- **공신 내용** : 개국공신(2등)

본관은 배천(白川)이며 12세에 아버지를 따라 북경(北京)에 가서 매부인 단평장(段平章)의 집에 있으면서 한문과 몽고어를 배웠고 이후 원나라 승상 탈탈(脫脫)의

조반

인정을 받아 중서성역사(中書省譯史)가 되었다. 고려 공민왕 17년(1368) 고려로 돌아왔다. 우왕 8년(1382) 판도판서로서 하정사 겸 주청사가 되어 명나라에 가서 시호와 승습(承襲)을 청했고 돌아와 밀직부사가 되었다.

1385년에도 사은사로 명나라에 가서 시호와 승습을 청하고 돌아왔다. 그 뒤 동지밀직사사·개성윤이 되었다. 공양왕 1년 (1389) 순안군(順安君) 왕방(王昉)과 함께 명나라에 가서 왕의 즉위를 알렸다. 다음해 돌아와 윤이(尹彝)와 이초(李初)의 사건을 보고하여 이색(李穡) 등 수십 명이 피해를 당하는 옥사를 일으켰다.

1392년 지밀직사사가 되었고 그해 7월 조선을 개국하고 이성계를 왕위에 옹립하는데 기여한 공으로 태조 1년(1392) 8월 개국공신(開國功臣)에 녹훈되고 복흥군(復興君)에 봉해졌으며 지중추원사가 되었다. 조선이 개국한 사실을 알리러 명나라에 갔다왔고 1395년 판중추원사에 제수되었다가 상의문하부사를 거쳐 참찬문하부사에 이르렀다.

■ **시호(諡號)** : **숙위(肅魏)** -태종실록 1년(1401) 10월 27일

조석문(曺錫文)

- ■ **출생, 사망** : 1413~1477
- ■ **출신** : 문과
- ■ **부모** : 전라도관찰사 조항(曺沆), 민설(閔渫)의 딸
- ■ **공신 내용** : 좌익공신(3등), 적개공신(1등), 익대공신(3등), 좌리공신(1등)

본관은 창녕(昌寧)이고 자(字)는 순보(順甫)이다. 세종 16년(1434) 문과에 급제, 정자에 이어 이조·형조·예조의 정랑을 역임하였다. 지안산군사(知安山郡事)가 되었다가 홍주목사에 특진되었다. 이후 상호군·지형조사(知刑曹事)에 승진되고 곧 동부승지에 임명되었다.

세조가 즉위할 때 협력한 공으로 세조 1년(1455) 좌익공신(佐翼功臣)에 녹훈되고 1457년 도승지에 임명되었다. 1459년 호조참판에 임명되고 창녕군(昌寧君)에 봉해졌으며 1461년 호조판서, 1466년 우찬성에 임명되었다. 1467년 5월 이시애(李施愛)의 반란이 일어나자 병마부총사(兵馬副摠使)로서 출정했고 반란을 진압한 공으로 적개공신(敵愾功臣)에 녹훈되고 좌의정에 임명되었으며 조금 뒤 영의정에 승진되

었다.

　1468년 예종이 즉위한 뒤 벌어진 남이(南怡) 등의 옥사를 다스린 공으로 익대공신(翊戴功臣)에 녹훈되었다. 성종의 즉위 및 보좌에 공이 있어 성종 2년(1471) 좌리공신(佐理功臣)에 녹훈되었다. 1476년 창녕부원군(昌寧府院君)에 봉해졌으며 이듬해 영중추부사가 되었다.
- **시호**(諡號) : **충간**(忠簡) -성종실록 8년(1477) 8월 5일

조세훈(趙世勛)
- **출생, 사망** : 1483~1539
- **출신** : 공신
- **부모** : 부사직 조익상(趙益祥), 소위(昭威)장군 신지노(申知老)의 딸
- **공신 내용** : 정국공신(4등)

　본관은 풍양(豊壤)이며 중종반정에 참여하여 중종 1년(1506) 정국공신(靖國功臣)에 녹훈되고 풍양군(豊壤君)에 봉해졌다. 이후 관직에 올라 고산현감·회덕현감·고창군수·풍저창수(豊儲倉守) 등을 지냈다. 사망 후 공조판서에 추증되었고 풍양군(豊壤君)에 봉해졌다.

조시준(趙時俊)
- **출생, 사망** : ?~?
- **출신** : 무과
- **부모** : 조덕후(趙德厚), 김제삼(金齊參)의 딸
- **공신 내용** : 진무공신(2등)

　본관은 김제(金堤)이며 광해군 12년(1620) 무과 급제 후 해영중군(海營中軍)등을 거쳐 회령부사를 지냈다. 인조 2년(1624) 이괄(李适)의 난 때 공을 세워 진무공신(振武功臣)에 녹훈되고 풍성군(豊成君)에 봉해졌으며 이후 구성부사 등을 지냈다.
- **참고** : 족보에는 진무원종공신이라고 되어있음.

조연(趙涓) 초명(初名)은 조경(趙卿)
- **출생, 사망** : 1374~1429
- **출신** : 음직→문과
- **부모** : 용원부원군 조인벽(趙仁璧), 태조의 동생 정화공주(貞和公主)
- **공신 내용** : 좌명공신(4등)

본관은 한양(漢陽)이고 자(字)는 여정(汝靜)이다. 태조 이성계의 생질로 음직으로 7세에 산원(散員)이 되고 우왕 12년(1386) 문과에 급제하였다. 1388년 승봉랑·고공좌랑 등을 역임하고 공양왕 4년(1392) 공조총랑이 되었다. 같은 해 조선이 건국되자 천우위대장군이 되었다.

태조 5년(1396) 중추원우승지·동지삼군부사 등을 역임하였다. 정종 2년(1400) 제2차 왕자의 난에 이방원(태종)을 도와 좌명공신(佐命功臣)에 녹훈되고 한평군(漢平君)에 봉해졌다. 태종 2년(1402) 우군총제를 거쳐 1404년 도총제를 역임하였다. 1407년 겸좌군총제가 되었고 이듬해 상호군·판의용순금사사 등을 차례로 역임하였다.

1409년 병서강토총제(兵書講討摠制)가 되고 이듬해 길주도도안무찰리사로 나가 변방을 침범하는 모련위 야인의 수장 파아손(巴兒孫)·올량합(兀良哈) 등을 죽인 뒤 그들의 근거지까지 쳐부수고 남녀 포로 수십 인을 포획하여 돌아왔다. 1412년 중군도총제·겸판사복시사 등을 거쳐 1413년 공조판서·지의정부사를 역임하였다.

1416년 판좌군부사가 되고 이듬해 한평부원군(漢平府院君)에 진봉되었으며 1419년 세종이 즉위하자 동지총제가 되었다. 1420년 찬성사가 되었으며 1426년 우의정에 올랐으나 사헌부의 탄핵을 받아 황해도 수안에 부처되었다가 곧 방면되었다.

■ 시호(諡號) : 양경(良敬) -세종실록 11년(1429) 10월 11일

조영규(趙英珪) 초명(初名)은 조평(趙評)

■ 출생, 사망 : ?~1395   ■ 출신 : 천거
■ 공신 내용 : 개국공신(2등)

신창(新昌) 조씨의 시조이다. 이성계(李成桂)의 사병(私兵)으로 있다가 우왕 11년(1385) 판위위시사(判衛尉寺事)가 되어 함주 일대에 창궐하는 왜구를 토벌하는 이성계 휘하에서 종군하여 전공을 세웠다. 그 뒤 여러 차례 왜구 토벌전에 참전하여 공을 세웠다.

공양왕 4년(1392) 이방원(태종)의 지시로 이성계를 문병하고 돌아가는 정몽주를 선죽교에서 격살하는 데 주동적 역할을 하였다. 그해 7월 조선을 개국하고 이성계를 왕위에 옹립하는데 기여한 공으로 태조 1년(1392) 8월 개국공신(開國功臣)에 녹훈되고 예조전서에 올랐고 사망 후 참찬문하부사에 추증되었다.

조영무(趙英茂)

- **출생, 사망** : 1338~1414
- **출신** : 태조 시위(侍衛)
- **부모** : 조세진(趙世珍), 판문하부사 최한백(崔閑伯)의 딸
- **공신 내용** : 개국공신(3등), 정사공신(1등), 좌명공신(1등)

본관은 한양(漢陽)이고 자(字)는 건아(乾也)이며 호는 퇴촌(退村)이다. 고려 공양왕 4년(1392) 이방원(태종)의 지시로 조영규 등과 함께 정몽주를 격살한 뒤 그해 7월 조선을 개국하고 이성계를 왕위에 옹립하는데 기여한 공으로 태조 1년(1392) 8월 개국공신(開國功臣)에 녹훈되었으며 한산백(漢山伯)에 봉해졌다.

조영무

태조 3년(1394) 상의중추원사로서 강계등처도병마사를 겸임하고 1397년 충청도도절제사가 되었다. 이듬해 제1차 왕자의 난 때 이방원(태종)측에 협조하여 정사공신(定社功臣)에 녹훈되었다. 이후 판중추원사·의흥삼군부중군동지절제사를 거쳐 참찬문하부사에 승진하였다.

정종 2년(1400) 도독중외제군사도진무로 병권을 장악, 제2차 왕자의 난에도 이방원(태종)을 도와 좌명공신(佐命功臣)에 녹훈되었다. 사병 혁파 때 이를 거부하고 무기를 수납하는 군관을 구타했다가 황주에 유배되었으나 곧 풀려나와 서북면도순문사 겸 평양부윤으로 나갔다.

그 뒤 판삼군부사·판승추부사 등을 거쳐 영승추부사로 병조전서(兵曹典書)를 겸하였다. 1405년 우정승에 올랐으며 이듬해 판이병조사(判吏兵曹事)를 겸직한 뒤 1408년 한산부원군(漢山府院君)에 진봉되었다. 1409년 훈련관도제조를 지내고 영삼군부사(領三軍府事)를 지내다 병으로 사직하였다.

1412년 수군첨절제사에 임명된 박영우(朴英祐)의 위임거부로 물의가 일어나자 추천한 장본인으로서 탄핵을 받아 파직되었으나 이듬해 우정승에 복직되었다. 태종 묘정(廟庭)에 배향되었다.

- **시호(諡號)** : **충무(忠武)** -태종실록 14년(1414) 7월 28일

조온(趙溫)

- **출생, 사망** : 1347~1417
- **출신** : 태조 이성계의 생질

■ **부모** : 용원부원군 조인벽(趙仁璧), 하동정씨(河東鄭氏)
■ **공신 내용** : 개국공신(2등), 정사공신(2등), 좌명공신(4등)

본관은 한양(漢陽)이며 어려서 어머니를 여의었고 계모가 이성계의 동생 정화궁주인 관계로 어려서부터 이성계를 유달리 따랐고 고려 우왕 14년(1388) 위화도회군 때 이조판서로 회군에 참여, 회군공신에 책록되었다. 이후 밀직부사를 거쳐 1392년 7월 조선을 개국하고 이성계를 왕위에 옹립하는데 기여한 공으로 태조 1년(1392) 8월 개국공신(開國功臣)에 녹훈되고 평양윤(平壤尹)에 임명되고 한천군(漢川君)에 봉해졌다.

태조 2년(1393) 서북면도순문사로 수주(隋州)에 쳐들어온 왜구를 격파했고 1398년 제1차 왕자의 난에 친군위도진무로서 이방원(태종) 측에 협력하여 그 공으로 정사공신(定社功臣)에 녹훈되었다. 중추원사를 거쳐 의흥삼군부좌군동지절제사·상의문하부사를 역임하였다. 정종 2년(1400) 제2차 왕자의 난 때 참찬문하부사로서 이방원(태종) 측에 협력하여 난을 평정하는 데 공을 세웠다.

이 해 상왕의 명으로 제1차 왕자의 난 때 정도전 등을 죽인 죄로 완산부에 유배되었다가 곧 풀려나와 삼사좌사(三司左使)에 올랐다. 1401년 태종이 즉위하자 참찬의정부사로서 좌명공신(佐命功臣)에 녹훈되고 한천부원군(漢川府院君)에 책봉되었다. 1402년 의정부찬성사·동북면찰리사를 지냈다.

■ **시호(諡號) : 양절(良節)** -태종실록 17년(1417) 윤5월 19일

조원륜(趙元倫)

■ **출생, 사망** : ?~?   ■ **출신** : 공신
■ **부모** : 여산군수 조숭지(趙崇智), 호군 정수경(鄭守敬)의 딸
■ **공신 내용** : 정국공신(4등)

본관은 김제(金堤)이며 중종반정 때 공을 세워 정국공신(靖國功臣)에 녹훈되었으며 후에 마천군(馬川君)에 봉해졌다. 사헌부 감찰을 지냈으며 사망 후 병조판서에 증직되었다.

조익정(趙益貞)

■ **출생, 사망** : 1436~1498   ■ **출신** : 문과

- **부모** : 옹진현령 조온지(趙溫之), 예빈시정 오축(吳軸)의 딸
- **공신 내용** : 익대공신(3등)

본관은 풍양(豊壤)이고 자(字)는 이원(而元)이다. 세조 10년(1465) 문과에 급제했고 이듬해『동국통감』편찬에 수찬으로 참여하였다. 1467년 예문관봉교·승정원주서를 지냈고 남이(南怡)의 옥사를 다스린 공으로 예종 즉위년(1468) 10월 익대공신(翊戴功臣)에 녹훈되었다.

1469년 사헌부지평 등을 거쳐 춘추관 수찬관으로『세조실록』편수에 참여하였고 성종 1년(1470) 형조참의가 되었다.

1481년 한성부좌윤으로 한평군(漢平君)에 봉하여지고 이듬해 이조참판이 되었다. 1489년 호조참판이 되었고 이후 대사헌·예조참판 등을 지냈다. 연산군 1년(1495) 한성부 좌윤, 같은 해 8월 공조참판, 1498년 오위도총부부총관을 겸임하였다. 사망 후 예조판서에 추증되었다.

조익정 신도비

- **시호**(諡號) : **공숙**(恭肅) -고종실록 27년(1890) 8월 30일(이전)

조인옥(趙仁沃)

- **출생, 사망** : 1347~1396
- **출신** : 음직
- **부모** : 이조판서 조돈(趙暾), 평리 이홍복(李洪福)의 딸
- **공신 내용** : 개국공신(1등)

본관은 한양(漢陽)이고 자(字)는 군계(君啓)이다. 고려 공민왕 22년(1373) 음직으로 산원(散員)이 되고 우왕 13년(1387) 판전의시사를 거쳐 이듬해 우군도통사 이성계 휘하에 종군하여 최영 등 구세력 숙청에 가담하였다. 위화도에서 회군할 때 남은(南誾) 등과 더불어 이성계를 왕으로 추대할 것을 비밀리에 의논하였는데 이성계가 이를 알고 제지하였다.

위화도회군 후 토지와 가택(家宅)을 하사받았고 전법판서가 되고 회군공신이 되었

조인옥 부조묘

다. 1389년 이성계·정도전 등과 우왕(禑王)을 폐위시키고 창왕(昌王)을 옹립하였으며 신진 세력의 중심인물로 전제개혁을 적극 지지하였다.

공양왕 2년(1390) 정몽주 일파의 탄핵을 받아 파직당하였으나 1392년 이성계의 천거로 밀직제학(密直提學)을 거쳐 이조판서가 되었다. 그해 7월 조선을 개국하고 이성계를 왕위에 옹립하는데 기여한 공으로 태조 1년(1392) 8월 개국공신(開國功臣)에 녹훈되고 중추원부사가 되었다. 태조 4년(1395) 한성부원군(漢城府院君)에 봉해졌으며 태조 묘정(廟庭)에 배향되었다.

■ **시호**(諡號) : **충정**(忠靖) -태조실록 5년(396) 9월 14일

조준(趙浚)

- ■ 출생, 사망 : 1346~1405   ■ 출신 : 음직→문과
- ■ 부모 : 판도판서 조덕유(趙德裕), 첨의평리 오의(吳誼)의 딸
- ■ 공신 내용 : 개국공신(1등), 정사공신(1등)

본관은 평양(平壤)이고 자(字)는 명중(明仲)이며 호는 우재(吁齋)이다. 음직으로 마배행수(馬陪行首)가 되었고 고려 우왕 즉위년(1374) 문과에 급제한 후 좌우위호군 겸 통례문부사가 되고 강릉도안렴사·지제교 등을 거쳐 전법판서에 올랐다. 1382년 최영 휘하에서 체찰사로 왜구를 토벌하고 그 뒤 도검찰사로 있을 때 왜구를 토평해 선위좌명공신(宣威佐命功臣)에 책록되고 은퇴하였다.

1388년 밀직사지사사에 올랐고 이성계와 전제개혁의 필요성을 협의, 상소하였고 문하평리로서 조선군충의군(朝鮮郡忠義君)에 봉해진 뒤 전제개혁을 반대하는 조민수를 탄핵, 유배케 한 뒤 공양왕 2년(1390) 문하부지사 겸 대사헌이 되었다.

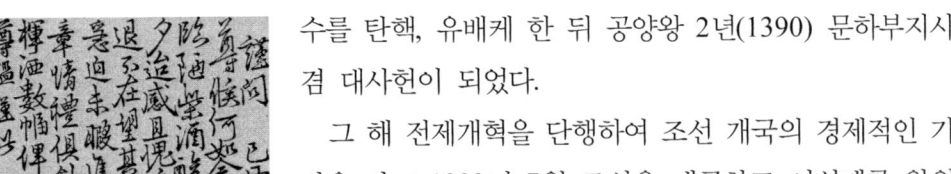

그 해 전제개혁을 단행하여 조선 개국의 경제적인 기반을 닦고 1392년 7월 조선을 개국하고 이성계를 왕위에 옹립하는데 기여한 공으로 태조 1년(1392) 8월 개국공신(開國功臣)에 녹훈되고 평양백(平壤伯)에 봉해진 뒤 5도도통사로 병권을 장악하고 이방원(태종)을 세자로 책봉해야 한다고 주장했으나 묵살당하자 사직하였다.

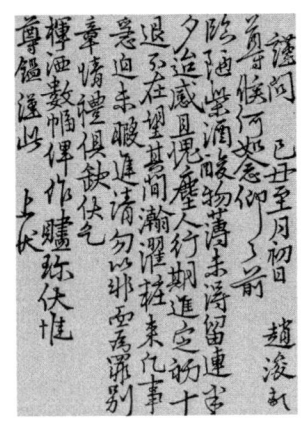

조준 글씨

왕의 만류로 재차 문하좌시중을 지내다가 신덕왕후 강

씨(康氏)의 무고로 한때 투옥되었다가 풀려나 좌정승에 올랐다.

1398년 제1차 왕자의 난이 일어나자 이방원측에 협력하여 정사공신(定社功臣)에 녹훈되고 1400년 문하부판사때 이방원(태종)을 왕위에 옹립하였고 영의정 부사에 오르고 평양부원군(平壤府院君)에 진봉되었다. 태조 묘정(廟庭)에 배향되었다.

- **시호(諡號) : 문충(文忠)** -태종실록 5년(1405) 6월 27일

조태상(趙泰相)

- **출생, 사망** : 1652~1680
- **출신** : 음직
- **부모** : 우승지 조윤석(趙胤錫), 첨지 서경림(徐景霖)의 딸
- **공신 내용** : 보사공신(2등)

본관은 양주(楊州)이며 영의정 허적(許積)의 아들 허견 등의 행동을 예의 주시하다가 반역 모의사실을 고변하여 1678년 보사공신에 추록되고 양원군(楊原君)에 책봉되었으며 사산감역에 제수되었으나 몇 달 뒤 사망하였다.

- **참고** : 양주조씨 문강공파 족보에는 보사공신 3등이고 사망 후 병조판서에 추증되었다고 되어있음.

조현명(趙顯命)

- **출생, 사망** : 1690~1752
- **출신** : 문과
- **부모** : 도사 조인수(趙仁壽), 좌부승지 김만균(金萬均)의 딸
- **공신 내용** : 분무공신(3등)

본관은 풍양(豐壤)이고 자(字)는 치회(稚晦)며 호는 귀록(歸鹿)이다. 숙종 45년 (1719) 문과에 급제, 검열을 거쳐 경종 1년(1721) 연잉군(영조)이 왕세제로 책봉되자 겸설서로서 세제보호론을 주창, 소론의 핍박으로 곤경에 처해 있던 왕세제 보호에 힘썼다. 영조 즉위 후 용강현령·지평·교리를 역임하고 영조 4년(1728) 이인좌(李麟佐)의 난이 발생하자 사로도순무사 오명항의 종사관으로 반란군을 진압하는데 공을 세웠다.

같은해 4월 분무공신(奮武功臣)에 녹훈되고 풍원군(豐原君)에 책봉되었다. 이후 대사헌·도승지를 거쳐 1730년 경상

조현명

도관찰사로 갔다가 전라도관찰사를 지낸 뒤 1734년 공조참판이 된 후 어영대장·이조·병조·호조판서 등의 요직을 두루 역임하였다.

1740년 우의정이 되고 뒤이어 좌의정이 되었으며 1750년 영의정에 올랐으나 탄핵을 받아 영돈녕부사로 물러났다. 같은 분무공신인 조문명의 동생이다.

- 시호(諡號) : **충효**(忠孝) -영조실록 29년(1753) 4월 23일

조효문(曺孝門)

- 출생, 사망 : ?~1462
- 출신 : 문과
- 부모 : 예조참판 조혼(曺渾), 정윤숭(鄭允崇)의 딸
- 공신 내용 : 좌익공신(3등)

본관은 창녕(昌寧)이며 세종 26년(1444) 문과에 급제 후 예문관검열에 임명되고 단종 2년(1454) 헌납을 거쳐 의정부 사인이 되었다. 세조 즉위에 협력한 공으로 세조 1년(1455) 좌익공신(佐翼功臣)에 녹훈되고 이듬해 경상도관찰사가 되었다.

1458년 예조참판에 승진되고 창성군(昌城君)에 봉해졌다. 1459년 대사헌에 임명되고 곧 평안도관찰사로 나갔으며 1461년 다시 예조참판에 임명되고 악학도감제조(樂學都監提調)를 겸직, 악률(樂律)을 개정하였다.

- 시호(諡號) : **성도**(成度) -세조실록 8년(1462) 10월 10일

조흡(趙潝)

- 출생, 사망 : 1591~1661
- 출신 : 음직
- 부모 : 교리 조수익(趙守翼), 변씨(邊氏)
- 공신 내용 : 정사공신(3등)

본관은 풍양(豊壤)이고 자(字)는 흡여(潝如)이다. 광해군 때 음직으로 승문원 정자(正字)가 되었고 김류·이귀 등이 반정을 꾀함을 알고 이에 호응, 이천(伊川)으로 가서 방어사 이중로(李重老)와 군병을 모아 인조반정에 공을 세웠다. 인조 1년(1623) 반정의 공으로 정사공신(靖社功臣)에 녹훈되고 6품관에 초수(超授), 종부시 주부가 되었다.

이어 장례원사평·양구현감을 역임하고 1627년 정묘호란 때는 강화도로 몽진하는 인조를 호종하고 형조좌랑을 거쳐 청안현감, 이어 창평현령을 역임하고, 부평도

호부사·상의원정을 거쳤다. 1644년에는 특지(特旨)로 공조참의에 발탁되었으며 여주목사로 나갔다가 병으로 사임하였다.

1646년 가선대부에 오르고 풍안군(豊安君)에 봉해졌으며 광주부윤(廣州府尹)이 되었다. 뒤에 간성군수·오위도총부부총관을 역임하고 효종 때는 한성부 좌윤으로 있다가 효종 2년(1651) 범법자를 다스리지 못하는 등의 이유로 탄핵을 받고 다시 파직되었다. 벼슬은 공조참판에 이르렀고 사망 후 좌참찬에 추증되었다.

- **시호(諡號) : 경목(景穆)** -숙종실록 32년(1706) 9월 6일

조희민(趙希閔)
- **출생, 사망** : ?~1410
- **출신** : 불명
- **부모** : 보문각대제학 조호(趙瑚), 노씨(盧氏)
- **공신 내용** : 좌명공신(3등)

본관은 풍양(豊壤)이며 정종 2년(1400) 제2차 왕자의 난 때 이방원(태종)측에 협력한 공으로 좌명공신(佐命功臣)에 녹훈되었다. 1402년 9월 완산부윤이 되었고 1405년 평강군(平江君)에 봉해지고 한성부윤이 되었다. 1409년 10월 민무구·민무질의 옥사에 관련되어 광양에 유배되었다가 이듬해인 1410년 초 유배지에서 처형되었다.

- **참고** : 『조선왕조실록』에는 처음에는 평천군(平川君)으로 나오다가 나중에는 평강군(平江君)으로 나온다. 족보에는 평강군(平江君)이라고 되어있음.

지계최(池繼漼)
- **출생, 사망** : 1594~1637
- **출신** : 의병
- **부모** : 참봉 지세륜(池世倫), 참봉 김귀형(金貴亨)의 딸
- **공신 내용** : 진무공신(3등)

본관은 충주(忠州)이고 자(字)는 언숙(彦叔)이다. 의병 800명을 모아 인조 1년(1623) 도원수 장만(張晩)의 휘하에서 서로소모별장(西路召募別將)이 되었다.

1624년 부원수 이괄(李适)이 강적(姜適)을 보내어 반란에 가담할 것을 종용했으나 거절하고 강적을 죽였다. 이괄이 난이 일어나자 길마재에서 정충신·남이흥 등과 적을 진압하는데 공을 세워 진무공신(振武功臣)에 녹훈되고 충성군(忠城君)에 봉해

졌다.

1631년 희천군수를 지낸 뒤 서흥부사로 나가 선정을 베풀었고 1636년 병자호란 때 원수(元帥) 김자점의 소모장(召募將)이 되어 서흥 검수참(劍水站)에서 용전하였으나 전세가 불리하자 남한산성으로 철수하다가 신계(新溪)에서 포위되자 자결하였다. 사망 후 한성판윤에 추증되었다.

지계최신도비각

■ 참고 : 『조선왕조실록』에도 지계최(池繼崔), 지계최(池繼淮) 등으로 되어있는데 『전고대방』 공신록에는 지계관(池繼灌)이라고 되어있고 『청선고』 녹훈(錄勳)과 족보에는 지계최(池繼漼)라고 되어있다.

진극일(陳克一)

■ 출생, 사망 : 1584~1643   ■ 출신 : 무과
■ 부모 : 주부 진여의(陳汝義), 고세장(高世璋)의 딸
■ 공신 내용 : 소무공신(3등)

본관은 여양(驪陽)이며 선조 36년(1603) 무과에 급제 후 이안현감을 지냈다. 횡성에 은거하던 전 익찬 이인거는 인조 5년(1627) 9월 군사 70여명과 많은 백성들을 동원하여 반란을 일으켰으나 횡성현감 이탁남의 급보를 받은 원주목사 홍보 등의 공격으로 진압되었다.

진극일

진극일은 자신의 4촌과 이인거가 사돈간이므로 평소 알고 지내던 사이로 이인거로부터 거사 소식을 들은 진극일은 밤을 새워 이 사실을 조정에 알린 공으로 이듬해 소무공신(昭武功臣)에 추록되고 여평군(驪平君)에 봉해졌으며 강음현감, 평구찰방, 안성군수 등을 지내고 사망 후 공조판서에 추증되었다.

■ 참고 : (1) 『청선고』와 족보, 석계집(石溪集)에는 여평군(驪平君)으로 되어있고 『전고대방』에는 신창군(新昌君)으로 되어있음. 『조선왕조실록』에는 군호(君號) 수여 기록이 없고 『승정원일기』에는 여평군(呂平君)으로 되어있음.
(2) 족보를 보면 1643년 사망한 것으로 나오는데 승정원일기 등을 보면 1646

년 장례원 사평에 임명된 것을 보면 사망 연도에 착오가 있는 것 같음.

차운혁(車云革) 초명(初名)은 차운남(車云南)

- **출생, 사망** : 1393~1467
- **출신** : 불명
- **부모** : 찬성 차견질(車堅質), 밀직 김의지(金義之)의 딸
- **공신 내용** : 적개공신(3등)

본관은 연안(延安)이고 자(字)는 홍기(弘器)이며 호는 송암(松庵)이다. 고려 말 성리학의 대가였던 숙부 차원부(車原頫) 사건과 관련되어 길주, 회령 등지에서 유배 생활을 하였다. 세종 때 차원부의 억울함이 밝혀지자 차운혁도 유배에서 풀려난 뒤 은거 생활을 하였다.

세종때 어모장군 겸 사복시장에 임명되었다.

단종이 승하하자 관직을 사퇴하고 도봉산에 은거하던 중 세조 13년(1467) 이시애(李施愛)가 길주에서 반란을 일으키자 선봉대장이 되어 토벌에 나섰다. 함경도 이성(利城)에 이르러서 그 무리인 이시합과 이시백을 사로잡았는데 마운령에 이르러 자신의 부장(副將) 최윤손이 배신으로 이시애에게 잡혔고 단천(端川)에서 순절하였다. 적개공신(敵愾功臣)에 추록되고 연천군(延川君)에 봉해졌으며 호조판서에 추증되었다.

차운혁

- **시호(諡號)** : **강열**(剛烈) -승정원일기 헌종 7년(1841) 2월 21일

채수(蔡壽)

- **출생, 사망** : 1449~1515
- **출신** : 문과
- **부모** : 남양도호부사 채신보(蔡申保), 유승순(柳承順)의 딸
- **공신 내용** : 정국공신(4등)

본관은 인천(仁川)이고 자(字)는 기지(耆之)이며 호는 나재(懶齋)이다. 예종 1년(1469) 문과에 장원급제하여 사헌부감찰이 되었다. 성종 1년(1470) 예문관 수찬이 된 뒤 홍문관 교리·이조정랑 등을 역임하였다. 1477년 응교, 승지를 거쳐 대사헌으로 있을 때 폐비 윤씨(연산군 생모)를 받들어 휼양(恤養)할 것을 상소했다가 왕의 노여움을 사서 벼슬에서 물러났다.

채수 신도비

1485년 충청도관찰사가 되었다가 성균관 대사성 등을 거쳐 호조참판이 되었다. 연산군이 왕위에 오른 이후 외직으로 있었으며 연산군 5년(1499) 이후 예조참판·평안도관찰사 등에 임명되었으나 나아가지 않았다.

연산군 10년(1504) 갑자사화 때는 정희왕후가 언서(諺書)로 적은 폐비 윤씨의 죄상을 사관(史官)에게 넘겨준 것이 죄가 되어 경상도 단성으로 장배(杖配)되었다가 얼마 후 풀려났다.

1506년 중종반정에 가담하여 정국공신(靖國功臣)에 녹훈되고 인천군(仁川君)에 봉해졌다. 그 뒤 벼슬을 버리고 낙향하였다.

■ **시호**(諡號) : **양정**(襄靖) -중종실록 10년(1515) 11월 8일

최내길(崔來吉)

■ **출생, 사망** : 1583~1649 ■ **출신** : 문과
■ **부모** : 영흥부사 최기남(崔起南), 병조참판 유영립(柳永立)의 딸
■ **공신 내용** : 정사공신(3등)

본관은 전주(全州)이고 자(字)는 자대(子大)이다. 광해군 3년(1611) 문과에 급제 후 성균관전적·사예 등을 역임하였다. 1623년 인조반정 때 뒤늦게 반정군에 합류하여 공을 세워 정사공신(靖社功臣)에 책록되었다.

장악원정을 거쳐 예조참의에 오르고 이듬해 이괄(李适)의 난이 일어나자 공주로 몽진하는 왕을 호종하였고 완천군(完川君)에 봉해졌으며 한성부의 좌우윤, 형조와 공조의 참판을 지내고 인조 8년(1630) 장흥부사가 되었다.

이어 청주·능주의 목사를 역임하였고 1636년 병자호란 때 남한산성으로 몽진하는 왕을 호종하였으며 1645년 오위도총부 도총관이 되었다. 2년 후 경기감사, 1649년 공조판서가 되었고 사망 후 영의정에 추증되었다. 인조반정의 주동자 최명길의 형이다.

최명길(崔鳴吉)

- **출생, 사망** : 1586~1647
- **출신** : 문과
- **부모** : 영흥부사 최기남(崔起南), 병조참판 유영립(柳永立)의 딸
- **공신 내용** : 정사공신(1등)

본관은 전주(全州)이고 자(字)는 자겸(子謙)이며 호는 지천(遲川)이다. 선조 38년(1605) 문과에 급제한 후 승문원을 거쳐 성균관 전적이 되었고 광해군 3년(1611) 공조좌랑과 병조좌랑을 거쳤다. 광해군 6년(1614) 병조좌랑으로 명나라 사신 숙소 관리를 책임지고 있었는데 유생이 사사로이 명사(明使)와 접촉하는 것을 방치하였다는 탄핵을 받아 투옥되고 삭탈관직 당하였다.

이귀 등과 반정을 모의하여 1623년 반정이 성공하자 정사공신(靖社功臣)에 녹훈되고 완성군(完城君)에 봉해졌다. 이후 이조의 좌랑·참의·참판 및 대동청 당상에 임명되었으며 호패청 당상을 맡기도 하였다. 인조 5년(1627) 정묘호란 때는 후금과 화의를 성사시켰으나 화의를 주장했다는 등의 이유로 끊임없이 탄핵을 받았다.

또 인조가 친아버지를 추숭(追崇) 하고자 하자 찬성하여 홍문관의 배척을 받았고 경기도관찰사로 나갔다가 1632년 이조판서에 올랐다. 인조 13년(1635) 이조판서에서 면직되었다가 몇 달 뒤 호조판서가 되었다. 이듬해 병자호란이 일어나자 남한산성으로 몽진하는 인조를 호종하였고 산성이 포위당하자 인조 15년(1637) 1월 항복하였다.

항복 문서의 초안을 최명길이 작성하였고 이후 몇 차례 청나라와 문서를 주고받는 데 관여하였다. 청나라 군대가 물러간 뒤 우의정과 좌의정이 되었고 완성부원군(完城府院君)에 봉해졌으며 인조 16년(1638) 영의정이 되었다.

조선 국왕이 청나라에 입조하는 건과 조선군이 명나라 정벌에 참가하는 문제를 막으려 노력하였다. 인조 21년(1643) 1월 청나라에 불려가 구금되었다가 11월 석방되었다.

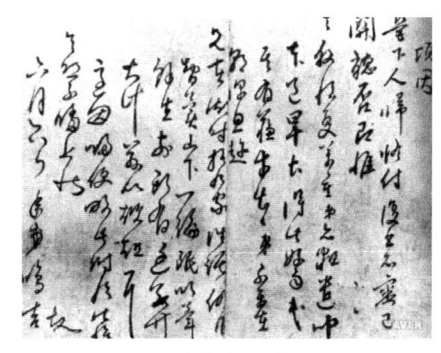

최명길 글씨

- **시호(諡號)** : **문충(文忠)** -숙종실록 7년(1681) 12월 17일

최빈(崔賓)

- **출생, 사망** : 1539~1593
- **출신** : 무과
- **부모** : 군수 최치운(崔致雲), 강덕삼(姜德三)의 딸
- **공신 내용** : 호성공신(3등)

본관은 해주(海州)이며 자(字)는 관국(觀國)이고 호는 화암(花巖)이다. 선조 16년 (1583) 무과에 급제하였고 임진왜란으로 의주로 몽진하는 선조를 호위하다가 선조가 타던 말이 병으로 죽자 선조를 업고 5일 동안 밤낮으로 걸어가서 왜군으로부터 멀어졌다. 도총부 경력에 임명되었으나 걱정과 울분으로 병이 나서 서울로 돌아오기 전에 피를 토하고 죽었다. 사망 후인 1604년 호성공신(扈聖功臣)에 녹훈되고 해릉군(海綾君)에 봉해졌으며 병조판서에 추증되었다.

최산휘(崔山輝)

- **출생, 사망** : 1585~1637
- **출신** : 공신
- **부모** : 강원도관찰사 최현(崔晛), 창원부사 김복일(金復一)의 딸
- **공신 내용** : 영사공신(3등)

본관은 전주(全州)이고 자(字)는 백옥(伯玉)이며 호는 낙남(洛南)이다. 아버지가 인조 5년(1627) 9월 발생한 이인거의 난에 연관되어 유배를 가자 최산휘는 오랜 기간 대궐 앞에서 아버지의 무죄를 읍소하였는데 이듬해 1월 모(某) 금부도사가 밤에 만나기를 청하여 찾아가니 " 내일이면 세상이 바뀔 것이다." 라며 역모 이야기를 해 주었다. 최산휘는 즉시 이 사실을 고변하였다.

최산휘

이 사건은 인조반정으로 제천에 귀양가 있던 유효립(柳孝立)이 꾸민 반역사건으로 고변으로 인해 1628년 1월 반군들이 거사 전날 동대문과 남대문으로 들어오는 것을 일망타진 하였다. 이 사건은 허적 등도 고변한 사건이다.

역적모의 사실을 고변한 공으로 같은 해 3월 영사공신(寧社功臣)에 녹훈되고 완해군(完海君)에 봉하여졌으며 사섬시 주부(主簿)가 되었고 관직이 청송도호부사에 이르렀다. 병자호란 때 의병을 일으킨 아버지의 지시로 인조에게 보고하고 귀로에 사망하였다. 사후 호조판서에 추증되었다.

- **시호**(諡號) : **효헌**(孝憲) -승정원일기 고종 8년(1871) 5월 3일

최세준(崔世俊)
- **출생, 사망** : ?~?
- **출신** : 사알(司謁)
- **부모** : 최억만(崔億萬), 김종석(金從石)의 딸
- **공신 내용** : 호성공신(3등)

본관은 경주(慶州)이며 액정서에 소속된 잡직 정6품인 사알(司謁)로 임진왜란으로 의주로 몽진하는 선조를 수가(隨駕) 한 공으로 호성공신(扈聖功臣)에 녹훈되었고 계림군(鷄林君)에 봉해졌으며 자헌대부까지 올랐다. 내수사 별좌를 지냈다.

최언순(崔彦恂) 또는 최언준(崔彦俊)
- **출생, 사망** : ?~?
- **출신** : 환관
- **부모** : 불명
- **공신 내용** : 호성공신(3등)

본관은 경주(慶州)이며 임진왜란으로 인해 의주로 몽진하는 선조를 수가(隨駕)하여 호성공신(扈聖功臣)에 책록되고 숭록대부까지 승진하였으며 월성군(月城君)에 봉하여졌다.

- **참고** : (1) 『선조실록』, 유성룡의 『징비록』 등에는 최언준(崔彦俊)으로 나오고 『선조수정실록』, 『광해군일기』, 『인조실록』, 『청선고』, 『국조공신록』에는 최언순(崔彦恂)으로 되어있고 『전고대방』에는 최언순(崔彦恂)이고 자(字)는 대미(大美)라고 되어있다.

    (2) 『전고대방』에 경주인(慶州人)이라고 되어있고 월성군(月城君)이라고 하는 것을 보면 본관이 경주가 맞는 것 같으나 친부모는 확인이 불가하고 내시 정여손(鄭呂孫)의 양자로 들어가 내시가 되었다. 본인도 내시를 양자로 들여 내시 족보가 전해오고 있다.

최유(崔濡)
- **출생, 사망** : ?~?
- **출신** : 음직→문과
- **부모** : 불명

■ **공신 내용** : 좌익공신(3등)

세종 3년(1421) 음직으로 부사직에 임명되고 그 뒤 여러 관직을 거쳐 문종 1년 (1451) 전농소윤(典農少尹)이 되었다. 세조의 즉위에 협력한 공으로 세조 4년(1458) 좌익공신(佐翼功臣)에 추록되고 첨지중추원사에 임명되었다. 1462년 개성군(開城君)에 봉해졌고 1465년 문과에 급제하였다.

1467년 아들 최윤손이 반란을 일으킨 이시애(李施愛)와 서신을 교환하고 적당(賊黨)에 가담하였다 하여 대신들이 처형을 주장하였으나, 세조는 공신이라는 이유로 아들 최윤손만 처형토록 하였다. 그러나 신하들의 계속된 주청으로 성종 2년(1471) 삭훈되었다.

■ **참고** :『성씨의 고향』을 보면 삭녕(朔寧)최씨 공신명단에 최유가 있는데 족보에서는 찾지 못함. 고향이 길주(吉州)라고 함.

최유림(崔有臨)
■ **출생, 사망** : 1426~1471   ■ **출신** : 무과
■ **부모** : 절충장군 최경(崔涇), 경력 김광발(金光發)의 딸
■ **공신 내용** : 적개공신(3등)

본관은 수성(隋城)이고 자(字)는 자앙(子昻)이다. 세종 32년(1450) 무과에 급제 후 고성현령(固城縣令)을 거쳐 의금부 진무가 되었다. 세조 1년(1455) 사직(司直) 때 좌익원종공신 2등에 책록되었으며 이후 지중추원부사를 지냈다. 1467년 5월 이시애(李施愛)의 난이 일어나자 진압군의 비장(裨將)으로 출전, 함흥 등지에서 반란군을 격파하여 적개공신(敵愾功臣)에 녹훈되고 수성군(隋城君)에 책봉되었으며 그해 경상우도병마절도사가 되었다.

■ **시호(諡號)** : **안양**(安襄) -성종실록 2년(1471) 8월 28일

최유정(崔有井)
■ **출생, 사망** : ?~?   ■ **출신** : 군관
■ **공신 내용** : 정국공신(4등)

군관으로 중종반정에 참여하여 정국공신(靖國功臣)에 녹훈되고 길성군(吉城君)에 봉해졌으며 가산군수, 단련사 등을 지냈으며 절충장군이 되었다.

■ **참고** : (1) 『중종실록』 14년 11월 9일 기록을 보면 최유정은 영안도 사람으로 재상을 잘 섬기어 공신이 된 사람이라고 기록되어있음.

(2) 『전고대방』 녹훈(錄勳)에는 길주인(吉州人), 길성군(吉城君)이라고 되어있고 『청선고』에는 길성군(吉城君), 절충장군이라고 되어있으며 『국조공신록』에는 절충장군, 길성군(吉城君)으로 되어있으나 최씨 여러 족보에서 조건에 맞는 인물을 찾지 못함.

(3) 『증보문헌비고』 제계고(帝系考) 씨족 3을 보면 길주 최씨가 있으나 현재는 길주 최씨를 찾을 수 없고 인터넷에는 길주 최씨 시조가 최유정이라는 자료도 있음.

(4) 3명의 최유정을 찾았는데 조금씩 이상하고 『한국역대인물종합정보시스템』에는 본관이 수원(水原)이라는 최유정(崔有井)이 있는데 생몰년은 불명이라고 되어있음.

① 본관이 수원(水原)인 최유정은 족보를 보면 1450년생이고 사망연도는 불명이며 아버지는 경원부사 최계근(崔繼根), 어머니는 부사직 김사준(金思俊)의 딸, 1450년생으로 연산군때 정국이 어지러운 것을 보고 벼슬을 단념하고 있다가 1506년 중종반정에 참여하였고 이후 다려사를 지냈다고 되어있음. 벼슬이 없는 사람이 57세에 반정에 참여하여 공신이 되었다는 것이 이상하고 셋째 아들이 1557년 태어났다고 하는데 107살에 아들을 보았다는게 이해되지 않음.

② 본관이 탐진(耽津)인 최유정의 족보를 보면 1434년생이고 사망연도는 불명이며 아버지는 대호군 최치평(崔治平), 어머니는 전주이씨. 절충장군을 지냈다고 하는데 72세이고 벼슬이 없는 사람이 중종반정에 참여하여 공신이 되었다는 것이 상식적으로 이해되지 않음.

③ 본관이 경주인 최유정(崔有井)은 길성군파 파시조로 정국공신, 길성군이라고 하는데 족보를 보면 형(兄)의 아들인 청(淸)은 고려 충혜왕(재) 갑신생(1344)으로 태종 14년(1414) 사망하였고 동생 수안(守安)의 아들인 윤겸(允謙)은 고려 충숙왕(재) 무인생(1338)으로 태종 6년(1406) 사망하였으며 윤겸의 아들 봉룡(鳳龍)은 고려 우왕 을축생(1385) 이고 봉룡의 아들 래(浹)는 태종 신사생(1401)이며 래의 아들 우정(禹鼎)은 세종 무신생(1428)인데 최유정

이 1506년 9월 발생한 정국공신(중종반정공신)이라는 것은 이해하기 어렵다.
(5) 숙종 대 회맹공신록에는 적장손 상림(尙霖)이 참석하였다고 되어있고 영조 대 회맹공신록에는 홍석(洪錫)이 참석하였다고 되어있으며 1623년 간행된 회맹공신록에는 손자 국(國)이 참석하였다고 되어있으나 위 3 집안 족보에서 위 사람들을 찾을 수 없음.

최윤(崔潤)

- **출생, 사망** : ?~1465
- **출신** : 무과
- **부모** : 종사랑 최지(崔池), 어머니는 불명
- **공신 내용** : 정난공신(3등)

본관은 경주(慶州)이며 단종 1년(1453) 수양대군이 일으킨 계유정난에 참여하여 공을 세우고 정난공신(靖難功臣)에 녹훈되었으나 세조 11년(1465) 봉석주, 김처의 등과 함께 모반을 도모하다 목천(木川)에서 체포되었다. 그해 4월 19일 봉석주, 김처의와 함께 능지처참되었다.

최윤영(崔潤榮)

- **출생, 사망** : ?~?
- **출신** : 환관
- **부모** : 불명
- **공신 내용** : 호성공신(3등)

본관은 탐진(耽津)이며 환관으로서 임진왜란으로 의주로 몽진하는 선조를 수가(隨駕)한 공으로 호성공신(扈聖功臣)에 녹훈되고 오산군(鰲山君)에 봉해졌다.

- **참고** : 본관은 탐진(耽津)이라는 자료도 있으나 탐진 최씨에서 찾지못함.

최응수(崔應水)

- **출생, 사망** : ?~?
- **출신** : 문과
- **부모** : 최한량(崔漢亮), 어머니는 불명
- **공신 내용** : 진무공신(3등)

본관은 경주(慶州, 화숙공파)이며 1624년 이괄의 난 때 공을 세워 진무공신(振武功臣)에 녹훈되고 1625년 삼화현령이 되었으며 1628년 가선대부로 품계가 오르고

결성군(潔城君)에 봉해졌으며 1630년 선천부사, 이듬해 만포첨사에 이르렀고 사망 후 형조판서에 추증되었다.

최응숙(崔應淑)
- **출생, 사망** : ?~?
- **출신** : 무과
- **부모** : 불명
- **공신 내용** : 호성공신(3등)

선조 때 무과에 급제하고 감찰로 있으면서 임진왜란으로 의주로 몽진하는 선조를 수가(隨駕)한 공으로 호성공신(扈聖功臣)에 녹훈되고 화성군(和城君)에 봉해졌다. 벼슬이 부총관에 이르렀고 사망 후 형조판서에 추증되었다.

- **참고** : (1)『전고대방』을 보면 양천인(陽川人)이고 우윤(右尹)을 지냈으며 화양군(和陽君)이라고 되어있음. (2)『성씨의 고향』,『한국인의 족보』를 보면 양천(陽川) 최씨 라고 하나 족보에서 찾지 못함. (3)『청선고』에는 화성군(和城君)이라고 되어있음. (4) 영조 때 작성한 국조공신록을 보면 적장손이 경생(慶生)이나 현재는 후손이 없다고 되어있음.

(5) 영조시대 작성한 것을 1973년 국사편찬위원회에서 발간한 여지도서(輿地圖書) 황해도 재령편을 보면 최응숙은 선조 때 무과에 급제하고 감찰로 있으면서 임진왜란으로 의주로 몽진하는 선조를 호종하였으며 부총관을 지냈고 화성군(和城君)에 봉해졌으며 형조판서에 추증되었다고 되어있음. 그러나 본관이나 출생, 사망 기록은 없으며 용사(龍蛇) 호종록인 후광세첩(厚光世牒)에도 무과 급제자라고 되어있음.

(6)『한국민족문화대백과사전』,『두산백과』에는 "최해운(崔海雲)은 본관이 충주(忠州)로 호성공신 최응숙(崔應淑)의 후손이다." 라고 하나 충주최씨 족보에서 찾을 수 없고 대종회에 문의해도 알 수 없다고 함.

(7) 승정원일기 영조 17년(1741) 12월 11일 기록을 보면 경기도 고양의 유학(幼學) 최선 등이 상소하기를 "호성공신 최응숙의 적장자 경생(慶生)이 아들이 없이 죽어 양자를 들이려 하니.... "하는 것으로 보아 후손이 경기도 고양에 거주했다고 보여지나 본관 등 확인이 안됨.

(8) 전북 임실에 소재하고 있는 정자(亭子)인 양요정(兩樂亭) 안내문을 보면

① "양요정은 임진왜란(1592) 이후 이곳(임실)으로 낙향한 최응숙(崔應淑)이 세운 정자이다. 최응숙은 임진왜란 당시 성균관에서 공부하던 진사로서 임금을 호위한 공로로 호성공신(扈聖功臣) 3등에 책봉된 사람이다." …라고 되어있고
② 임실군청 자료에는 조선 선조때 최응숙(崔應淑) 선생이 임진왜란시 이곳에 낙향하여 마을을 개척하였으며, 건축자 최응숙은 임진왜란시 공적으로 호성공신(扈聖功臣) 3등에 책봉되었으며…라고 되어있음.
③ 『한국역대인물종합정보시스템』을 보면 최응숙이 진사시에 입격한 것이 1546년이며 본관은 전주(全州)이고 거주지는 임실로 되어있음.
④ 전주최씨 문충공파 - 威靖公파 족보를 보면 최응숙은 중종 기해(己亥, 1539) 출생이라고 하는데 8살에 진사가 되었다는 것도 이상하고 임진왜란은 1592년에 일어났으므로 나이가 54세인데 성균관에서 공부할 나이는 아닌 것으로 보이며 1598년 사망하였다고 함.
⑤ 또한 아버지 최몽량(崔夢良)이 1627년 정묘호란 당시 의주판관으로 있었다고 하는데 아들 최응숙이 1539년 출생이므로 적어도 1525년경에는 결혼을 했다는 것인데 그러면 아버지가 100살이 넘었을 때 최응숙이 태어났다는 것인데 이해하기 어려움
⑥ 족보에 최응숙의 시호가 충현(忠顯)이라고 하나 근거불명
⑦ 국조공신록을 보면 적장손이 경생(慶生)인데 문충공파-威靖公파 족보에서 경생을 찾을 수 없음.

최응일(崔應一)

- **출생, 사망** : 1578~1651
- **출신** : 무과
- **부모** : 선전관 최경립(崔敬立), 안침(安琛)의 딸
- **공신 내용** : 진무공신(3등)

본관은 수성(隋城, 宗簿公派)이며 무과 출신으로 강동현감(江東縣監)으로 있다가 1624년 이괄(李适)의 난이 일어나자 향도장(嚮導將)으로 난을 진압하는 데 공을 세워 인조 2년(1624) 진무공신(振武功臣)에 녹훈되었다. 충주영장을 지내던 인조 6년(1628) 한풍군(漢豊君)에 봉해졌다. 효종 즉위년(1649) 평안북도 안주전위사를 지냈으며 사망 후 병조판서에 추증되었다.

- **참고** : 전주최씨 문충공파에도 최응일이 있는데 아버지는 최광윤(崔光胤)이고 무과에 급제하였으며 진무공신이고 시호가 공효(恭孝)라고 함. 『한국역대인물종합정보시스템』을 보면 현종 6년(1665) 무과에 급제하였다고 하는데 이괄의 난은 1624년 발생한 사건이므로 앞뒤를 살펴보면 이해하기 어려움.

최한홍(崔漢洪)
- **출생, 사망** : 1469~1529
- **출신** : 내금위→무과
- **부모** : 장흥부사 최형손(崔亨孫), 판중추부사 박치안(朴致安)의 딸
- **공신 내용** : 정국공신(2등)

본관은 경주(慶州)이며 내금위에 근무하다 연산군 3년(1497) 무과에 급제하였다. 중종 1년(1506) 중종반정으로 축출된 연산군을 강화도 교동에 유폐하는 일을 담당하였다. 그 공로로 정국공신(靖國功臣)에 녹훈되고 계림군(鷄林君)에 봉해졌다. 충청도절도사, 공조참판, 한성부좌윤, 경상우도병마절도사 등의 관직을 역임하였다. 함경남도 병사로 있으면서 1525년 변방에 호인(胡人)의 소요가 일자 그는 직접 전장에 나아가 우두머리를 꾀어 참수하는 공을 세웠다.

최항(崔恒)
- **출생, 사망** : 1409~1474
- **출신** : 문과
- **부모** : 직 보문각 최사유(崔士柔), 오섭충(吳燮忠)의 딸
- **공신 내용** : 정난공신(1등), 좌익공신(2등), 좌리공신(1등)

본관은 삭녕(朔寧)이고 자(字)는 정보(貞父)이며 호는 태허정(太虛亭)이다. 세종 16년(1434) 문과에 장원으로 급제, 집현전 부수찬이 되어 정인지 등과 훈민정음 창제에 참여했다. 1444년 집현전 교리, 1445년 응교(應敎) 때 『용비어천가(龍飛御天歌)』 창제 등에 참여했다. 문종 즉위년(1450) 『세종실록(世宗實錄)』 편찬에 참여했다.

1451년 정인지 등과 『고려사(高麗史)』를 개찬했으며 단종 1년(1453) 동부승지 때 수양대군이 일으킨 계유정난에

최항 묘비

협력하여 정난공신(靖難功臣)에 녹훈되고 도승지가 되었다. 1454년 이조참판으로 영성군(寧城君)에 봉해지고 세조 즉위에 협력하여 세조 1년(1455) 좌익공신(佐翼功臣)에 녹훈되고 대사헌이 되었다. 1458년 형조·공조판서, 1460년 이조판서를 지내고, 1461년 『경국대전』 편찬에 착수, 조선 초기의 법률제도를 집대성했다.

1464년 『사서오경(四書五經)』에 구결(口訣)을 달았으며 1467년 우의정·좌의정을 거쳐 영의정이 되었고 예종 1년(1469) 『경국대전』을 찬진했다. 1470년 영성부원군(寧城府院君)에 진봉(進封)되고 성종의 즉위 및 보좌에 공이 있어 성종 2년(1471) 좌리공신(佐理功臣)에 녹훈되었다.

- **시호**(諡號) : **문정**(文靖) -성종실록 5년(1474) 4월 28일

최호(崔湖)
- **출생, 사망** : 1536~1597
- **출신** : 무과
- **부모** : 벽동군수 최한정(崔漢楨), 부사 김계옥(金繼玉)의 딸
- **공신 내용** : 청난공신(2등)

본관은 경주(慶州)이고 자(字)는 수부(秀夫)이다. 무과에 급제하고 여러 관직을 거쳐 1594년 함경도병마절도사가 되었는데 야인들의 감파보(甘坡堡) 침입을 막지 못하여 견책을 받았다. 선조 29년(1596) 충청도수군절도사로 있을 때 홍산에서 이몽학(李夢鶴)이 반란을 일으키자 홍주목사 홍가신과 함께 주장(主將)이 되어 홍산(鴻山)·임천(林川) 등지에서 난적을 소탕하여 공을 세웠다.

이듬해 정유재란이 일어나자 충청도 수군을 이끌고 칠천량해전에 참전하였으나 패사(敗死)하였다. 사망 후인 선조 37년(1604) 6월 이몽학의 난 때 세운 공로로 청난공신(淸難功臣)에 녹훈되고 계성군(雞城君)에 봉해졌으며 병조판서에 추증되었다.

- **시호**(諡號) : **충원**(忠元) -한국민족문화대백과

최황(崔滉)
- **출생, 사망** : 1529~1603
- **출신** : 문과
- **부모** : 성주목사 최여주(崔汝舟), 한세륜(韓世倫)의 딸
- **공신 내용** : 광국공신(3등), 평난공신(3등)

본관은 해주(海州)이고 자(字)는 언명(彦明)이며 호는 월담(月潭)이다. 명종 21년

(1566) 문과에 급제한 이후 여러 관직을 거쳐 선조 5년 (1572) 학유·검열이 되었고 그 뒤 형조좌랑, 정언 등을 지내고 경상도 도사가 되어서는 군적(軍籍)을 잘 다스렸다. 1576년 수안군수를 지냈고 1583년 성절사로, 1589년 사은부사로 명나라를 다녀왔다. 이후 예조참판·대사간·한성판윤 등을 거쳐 1590년 이조판서가 되었다.

1590년 종계변무(宗系辨誣)의 공으로 광국공신(光國功臣), 정여립의 역모사건 처리에 대한 공으로 평난공신(平難功臣)에 각각 녹훈되고 해성군(海城君)에 봉해졌다.

최황

1592년 임진왜란 때는 평양까지 선조를 호종하였으며 왕비와 세자빈을 배종(陪從)하였고 이듬해 선조와 함께 환도하여 좌찬성·세자이사(世子貳師)로 지경연사를 겸하였다. 사망 후 영의정에 추증되었다.

- 시호(諡號) : **문헌**(文憲) -전고대방(공신록)

최흥원(崔興源)

- **출생, 사망** : 1529~1603
- **출신** : 문과
- **부모** : 종친부 전첨 최수진(崔秀珍), 이세신(李世臣)의 딸
- **공신 내용** : 호성공신(2등)

본관은 삭녕(朔寧)이고 자(字)는 복초(復初)이며 호는 송천(松泉)이다. 선조 1년 (1568) 문과 급제 후 장령·집의·사간 등을 역임하고 이어 동래부사를 지내고 1578년 부평부사로 재임 중 효릉(孝陵) 감역(監役)이 문제되어 파직되었다가 다시 승지로 기용되고 1588년 평안도관찰사가 되었다.

이후 지중추부사를 거쳐 1592년 임진왜란이 일어나자 우의정·좌의정을 거쳐 영의정에 기용되었다. 이듬해 병으로 사직했다가 영돈녕부사, 영평부원군(寧平府院君)에 봉해졌다. 임진왜란 당시 왕을 의주까지 호종했던 공으로 사망 후인 1604년 호성공신(扈聖功臣)에 녹훈되었다. 선조때 청백리에 선정되었다.

- 시호(諡號) : **충정**(忠貞) -승정원일기 영조 41년(1765) 8월 7일

하륜(河崙)

- **출생, 사망** : 1347~1416
- **출신** : 문과
- **부모** : 순흥부사 하윤린(河允潾), 검교예빈경 강승유(姜昇裕)의 딸
- **공신 내용** : 정사공신(1등), 좌명공신(1등)

본관은 진주(晉州)이고 자(字)는 대림(大臨)이며 호는 호정(浩亭)이다. 고려 공민왕 14년(1365) 문과에 급제, 감찰규정(監察糾正)이 되었지만 권력자인 신돈과 불화로 파직되었다가 고공좌랑(考功佐郞)에 올랐다. 밀직사첨서사를 거쳐 우왕 14년(1388) 요동 공격을 반대하다가 양주(楊州)로 귀양갔다.

조선 개국 후 태조 2년(1393) 경기도도관찰사, 이듬해 중추원첨서사가 되었다. 중국 명나라 태조 주원장이 표전문(表箋文)이 불손하다고 트집잡자 1396년 한성부윤

하조대-하륜과 조준이 놀았다고 함

으로 계품사(啓稟使)가 되어 명나라에 가서 표전문 작성의 전말을 해명하였다. 1398년 충청도도관찰사로 제1차 왕자의 난 때 이방원(태종)을 도와 정사공신(定社功臣)에 녹훈되고 진산군(晉山君)에 봉해지고 정당문학이 되었다.

정종 2년(1400) 제2차 왕자의 난에도 이방원(태종)을 도운 공으로 좌명공신(佐命功臣)에 녹훈되고 문하부참찬사에 오르고 다시 의흥삼군부 판사를 거쳐 우정승으로 진산백(晉山伯)에 진봉되었다.

6조 직계제(直啓制)를 도입하여 판서들의 권한을 강화하였다. 신문고를 설치하여 백성의 의견을 수렴할 수 있도록 하였고 관직에서 물러났다가 좌정승에 복관, 승추부판사를 겸하였다.

1409년 의정부영사가 되어 군정(軍政)을 개정한 데 이어 춘추관영사로『태조실록(太祖實錄)』편찬을 지휘하고 1412년 다시 좌의정을 거쳐 태종 16년(1416) 70세로 치사(致仕)하였다. 진산부원군(晉山府院君)에 진봉되고 왕명으로 함길도에 있는 선왕(先王)의 능침(陵寢)을 순심(巡審)하고 돌아오는 길에 사망하였다. 태종 묘정(廟庭)에 배향되었다.

- **시호(諡號)** : **문충**(文忠) -태종실록 16년(1416) 11월 6일

한계미(韓繼美)

- **출생, 사망** : 1421~1471
- **출신** : 음직
- **부모** : 함경도관찰사 한혜(韓惠), 지중추원사 성달생(成達生)의 딸
- **공신 내용** : 좌익공신(3등), 적개공신(3등), 좌리공신(2등)

본관은 청주(淸州)이고 자(字)는 공보(公甫)이다. 세종 20년(1438) 음직으로 충의위사용(司勇)이 되고 이후 부사직·감찰을 역임하였다. 나주판관을 거쳐 문종 2년(1452) 형조도관좌랑에 제수되었다. 단종 즉위년(1453) 군자시판관이 되었다.

한계미

1455년 사복시소윤에 제수되었고 같은해 세조가 즉위하는데 협력한 공으로 좌익공신(佐翼功臣)에 녹훈되었다. 세조 2년(1456) 동부승지, 좌부승지가 되었다. 1458년 호조참판이 되고 서원군(西原君)에 봉해졌다. 1463년 이조판서가 되었고 1465년 겸사복장이 되었다가 오위도총부도총관으로 옮겼다. 1467년 평안도병마수군절도사 겸 영변대도호부사로 부임하였다.

그해 5월 이시애(李施愛)의 난이 일어나자 평안도의 정병(精兵)을 이끌고 난을 평정하는 데 공을 세워 적개공신(敵愾功臣)에 녹훈되었고 우찬성 겸 오위도총부도총관이 되었다. 예종 1년(1469) 좌찬성으로 옮기고 이조판서를 겸하였다. 1470년 보국숭록대부에 승품되고 서원부원군(西原府院君)에 봉해졌다. 성종의 즉위 및 보좌에 공이 있어 1471년 좌리공신(佐理功臣)에 녹훈되고 이어 영중추부사가 되었다. 부인은 세조의 왕비 정희왕후(貞熹王后)의 언니이다.

- **시호(諡號)** : **문양**(文襄) -성종실록 2년(1471) 12월 23일

한계순(韓繼純)

- **출생, 사망** : 1431~1486
- **출신** : 음직
- **부모** : 함경도관찰사 한혜(韓惠), 지중추원사 성달생(成達生)의 딸
- **공신 내용** : 익대공신(1등), 좌리공신(3등)

본관은 청주(淸州)이고 자(字)는 수옹(粹翁)이다. 음직으로 충의위에 속했다가 세자익위사 우세마가 되고 사헌부감찰·종부시주부 등을 역임하였다. 세조 10년

(1464) 공조정랑으로 승진하고 다음해 사재감첨정이 되었다. 1467년 동부승지에 특진되었고 다음해 예종이 즉위하자 우부승지에 전임되었다. 그 해 남이(南怡)의 옥사(獄事)를 다스리는 데 공을 세워 익대공신(翊戴功臣)에 녹훈되고 청평군(淸平君)에 봉해졌다.

예종 1년(1469) 우승지로 전임되고 다음해 성종이 즉위하면서 좌승지로 전임되었다. 다음해 공조판서에 승진하고 성종의 즉위 및 보좌에 공이 있어 성종 2년(1471) 좌리공신(佐理功臣)에 녹훈되고 오위도총관을 겸하였다.

1472년 충청도관찰사에 부임하였다가 이듬해 이조판서가 되었고 1479년 지중추부사로서 도총관을 겸임하였다. 창경궁을 건축할 때 선공제조(繕工提調)가 되어 공사를 관장했으며 그 공로로 1484년 숭정대부에 올랐다. 같은 좌리공신인 한계미의 동생이다.

- **시호(諡號) : 양평(襄平)** -성종실록 17년(1486) 2월 13일

한계희(韓繼禧)

- **출생, 사망 : 1423~1482**
- **출신 : 문과**
- **부모 : 함경도관찰사 한혜(韓惠), 지중추원사 성달생(成達生)의 딸**
- **공신 내용 : 익대공신(3등), 좌리공신(2등)**

본관은 청주(淸州)이고 자(字)는 자순(子順)이다. 세종 29년(1447) 문과에 급제, 승문원정자가 되었다가 곧 집현전 정자로 뽑혔다. 이어 부수찬·지제교로서 경연관을 겸하고 부교리에 이르렀다. 1455년 세조가 즉위한 뒤 우문학으로 세자에게 경학을 가르쳤다.

이듬해 좌필선·집의, 1457년 예문관직제학·지제교 겸 춘추관기주관으로 문한(文翰)의 직을 역임한 뒤 세자우보덕을 겸하였다. 1458년 병조지사(兵曹知事), 1460년 우승지, 1461년 공조참판·중추원부사, 1462년 이조참판으로서 세자우부빈객을 겸하였다.

이듬해 인순부윤(仁順府尹)을 거쳐 1465년 이조판서, 1467년 중추부사가 되었다. 1468년 세조가 병환이 심할 때 약을 조제하는 임무를 맡았고 세조가 사망하기 전날에는 세조의 지시로 어보(御寶)와 곤룡포를 세자에게 전수하는 일을 주관하였다.

예종이 즉위 후 남이(南怡)의 사건을 처리하는데 공을 세워 예종 즉위년(1468) 익

대공신(翼戴功臣)에 녹훈되고 서원군(西原君)에 봉해졌다. 성종의 즉위 및 보좌에 공이 있어 성종 2년(1471) 좌리공신(佐理功臣)에 녹훈되었으며 지경연사(知經筵事), 1478년 좌찬성에 이르렀다. 같은 좌리공신인 한계미의 동생이다.
- **시호**(諡號) : **문정**(文靖) -성종실록 13년(1482))) 윤8월 19일

한교(韓嶠)
- **출생, 사망** : 1556~1627
- **출신** : 의병
- **부모** : 직장 한수운(韓秀雲), 죽산박씨(竹山朴氏)
- **공신 내용** : 정사공신(3등)

본관은 청주(淸州)이고 자(字)는 사앙(士昻)이며 호는 동담(東潭)이다. 성리학을 비롯하여 천문·지리·복서(卜筮)·병략(兵略) 등의 학문을 두루 통달하였다. 선조 25년(1592) 임진왜란이 일어나자 의병을 일으켜 왜군을 토벌하였으며 그 공으로 벼슬길에 나가 예빈시주부·군자감판관 등을 거쳐 죽산·의흥의 현감을 역임하였다.

1594년 유성룡의 추천을 받아 문인으로서는 특례로 훈련도감 낭관에 임명되어 중국의 병법(兵法)『기효신서(紀效新書)』를 읽고 명나라 진중에 자주 왕래하면서 명나라 장수들에게 질의하여 포(砲)·검(劍)·창(槍) 등 무기의 각종 새로운 사용기법을 터득하고 그림을 그려 책을 만든 다음 가르치게 하니, 이것이 뒷날의 종합무술교과서인 『무예도보통지(武藝圖普通誌)』의 근원이 되었다.

광해군 때 곡산부사로 있다가 벼슬길에서 물러나 아차산(峨嵯山) 아래 광나루에 집을 짓고 은거하였으며 1623년 인조반정에 참여하여 정사공신(靖社功臣)에 녹훈되고 서원군(西原君)에 봉하여졌고 부총관을 지냈다.
- **시호**(諡號) : **양무**(襄武) -시호받은 근거 불명

한규(韓珪)
- **출생, 사망** : ?~1416
- **출신** : 군관(軍官)
- **부모** : 이조판서 한영수(韓永守), 어머니는 불명
- **공신 내용** : 좌명공신(4등)

본관은 청주(淸州)이며 태조 때 전라수군대장군을 지내고 정종 2년(1400) 제2차 왕자의 난에 이방원(태종)측에 협력한 공으로 좌명공신(佐命功臣)에 녹훈되었으며

면성군(沔城君)에 봉하여졌다. 태종 3년(1403) 8월 중군총제(中軍摠制)가 되었고 태종 6년(1406) 우군총제를 겸하였으며 태종 8년(1408) 개성유후사·호익(虎翼)상호군·우군도총제, 태종 12년(1412) 중군절제사가 되었다.

- ■ 시호(諡號) : **공무(恭武)** -태종실록 16년(1416) 11월 13일

한명진(韓明溍)
- ■ 출생, 사망 : 1426~1454
- ■ 출신 : 공신
- ■ 부모 : 감찰 한기(韓起), 대제학 이적(李逖)의 딸
- ■ 공신 내용 : 정난공신(3등)

본관은 청주(淸州)이며 단종 1년(1453) 수양대군이 일으킨 계유정난에 참여하여 정난공신(靖難功臣)에 녹훈되고 서원군(西原君)에 봉해졌다. 1454년 전구서승(典廐署丞)으로 재임 중 사망하자 병조참판에 추증되었다. 계유정란의 주모자 한명회의 동생이다.

- ■ 시호(諡號) : **양도(襄悼)→이양(夷襄)** -성종 1년(1470) 12월 1일
  위 날자는 시호를 고쳐야 한다고 한 날이고 언제 이양(夷襄)으로 고쳐졌는지는 불명이나 족보에도 이양(夷襄)으로 되어있음

한명회(韓明澮)
- ■ 출생, 사망 : 1415~1487
- ■ 출신 : 음직
- ■ 부모 : 감찰 한기(韓起), 대제학 이적(李逖)의 딸
- ■ 공신 내용 : 정난공신(1등), 좌익공신(1등), 익대공신(1등), 좌리공신(1등)

본관은 청주(淸州)이고 자(字)는 자준(子濬)이며 호는 압구정(狎鷗亭)이다. 문종 2년(1452) 음직으로 경덕궁직(景德宮直)이 되었고 친구인 교리 권람(權擥)의 주선으로 수양대군의 참모가 되었다. 그리고 무사 홍달손 등 30여 명을 추천해 심복을 삼게 하였다. 단종 1년(1453) 계유정난에 공을 세워 군기시녹사가 되고 정난공신(靖難功臣)에 녹훈된 뒤 사복시소윤에 올랐다.

이듬해 동부승지, 1455년 세조가 즉위하자 좌부승지가 되고 좌익공신(佐翼功臣)에 녹훈되고 우승지가 되었다. 세조 2년(1456) 도승지가 되었다가 1457년 이조판서에 오르고 상당군(上黨君)에 봉해졌으며, 이어 병조판서가 되었다. 1461년 상당부원

군에 진봉되었고 이듬해 우의정, 1463년 좌의정을 거쳐 1466년 영의정에 올랐다.

남이(南怡)의 옥사(獄事)를 다스린 공으로 예종 즉위년(1468) 익대공신(翊戴功臣)에 녹훈되고 예종 1년(1469) 다시 영의정에 복직되었다. 예종이 사망하고 성종이 즉위하자 병조판서를 겸임하였다. 성종의 즉위 및 보좌에 공이 있어 성종 2년(1471) 좌리공신(佐理功臣)에 녹훈되고 1484년 70세로 궤장(几杖)이 하사되었다.

압구정

사망 후인 연산군 10년(1504) 갑자사화 때 연산군의 생모 윤씨의 폐비 및 사사(賜死) 건에 관련되었다고 부관참시 되고 관작이 삭탈되었으나 뒤에 신원(伸寃)되었다. 세조 묘정(廟庭)에 배향되었다.

- 시호(諡號) : **충성**(忠成) -성종실록 9년(1488) 1월 8일

한백륜(韓伯倫)

- **출생, 사망** : 1427~1474
- **출신** : 문과
- **부모** : 강원도관찰사 한창(韓昌), 대사성 이창동(李昌東)의 딸
- **공신 내용** : 익대공신(3등), 좌리공신(2등)

본관은 청주(淸州)이고 자(字)는 자후(子厚)이며 호는 의암(毅菴)이다. 세종 26년(1444) 문과에 급제하였고 세조 9년(1463) 사옹원 별좌로 있을 때 딸이 세자(예종)빈(嬪)이 되었고 1466년 의빈부도사(都事)가 되고 1468년 공조정랑이 되었다.

그 해 예종이 즉위하고 딸이 왕비(안순왕후)가 되자 국구(國舅)로서 청천군(淸川君)에 봉해지고 남이(南怡)의 옥사를 처리한 공으로 익대공신(翊戴功臣)에 녹훈되었다. 1469년 성종 즉위 후 우의정에 올랐으며 성종의 즉위 및 보좌에 공이 있어 1471년 좌리공신(佐理功臣)에 녹훈되고 청천부원군(淸川府院君)에 진봉되었다.

- 시호(諡號) : **양혜**(襄惠) -성종실록 5년(1474) 5월 3일

한보(韓堡)

- **출생, 사망** : 1447~1522
- **출신** : 음직
- **부모** : 영의정 한명회(韓明澮), 한성판윤 민대생(閔大生)의 딸

■ 공신 내용 : 좌리공신(4등)

본관은 청주(淸州)이고 자(字)는 장보(障父)이다. 음직으로 용양위 사정(司正)이 되었고 그 뒤 충무위 호군이 되었으며 1462년 세자익위사우사어(右司禦)·사섬시소윤에 이르렀다. 이듬해 통례원사(通禮院事), 1465년 의흥위 섭호군 겸 판통례문사, 1466년 첨지중추부사가 되고 예종 1년(1469) 낭성군(琅城君)에 봉하여졌다.

성종의 즉위 및 보좌에 공이 있어 성종 2년(1471) 좌리공신(佐理功臣)에 녹훈되고 동지중추부사가 되었으며 이듬해 한성부우윤, 1475년 공조참의 겸 도총부도총관이 되었다가 사헌부의 탄핵을 받고 파직되었다. 1476년 복직되었고 1492년 천추사(千秋使)가 되어 명나라에 다녀왔으며 1515년 치사(致仕)하여 봉조하(奉朝賀)가 되었다.

■ 시호(諡號) : **양호**(襄胡) -청선고
■ 참고 : 대부분의 자료에 출생연도가 1427, 사망연도가 1502로 되어있는데 족보 확인 결과 20년씩 차이가 있다.

한사문(韓斯文)
■ 출생, 사망 : 1446~1507　　■ 출신 : 음직
■ 부모 : 좌찬성 한계희(韓繼禧), 좌랑 여계(呂稽)의 딸
■ 공신 내용 : 정국공신(4등)

본관은 청주(淸州)이고 자(字)는 자예(子藝)이다. 세조 8년(14620 음직으로 문소전직(文昭殿直)이 되었고 이후 세자익위사세마·이조정랑·부평부사·강화부사 등을 지냈다. 성종 9년(1478) 충훈부경력을 지내고 이후 집의·제용감정 등을 거쳐 1492년 우부승지·좌승지를 지냈다. 연산군 1년(1495) 청천군(淸川君)에 봉하여졌고 이어 개성부유수·한성부좌윤이 되고 1498년 동지중추부사가 되었다.

1500년 대사헌을 지냈고 이어 병조와 공조의 참판을 지냈으며 이어 공조판서로서 오위도총부도총관이 되었다. 1506년 함경도관찰사 겸 함흥부윤이 되었는데 이해 중종반정에 가담하여 정국공신(靖國功臣)에 녹훈되었고 그 후 함경도관찰사를 지냈다.

■ 시호(諡號) : **공간**(恭簡) -청선고

한상경(韓尙敬)

- **출생, 사망** : 1360~1423
- **출신** : 문과(고려)
- **부모** : 대제학 한수(韓脩), 검교태자태보 권적(權適)의 딸
- **공신 내용** : 개국공신(3등)

본관은 청주(淸州)이고 자(字)는 숙경(叔敬)이며 호는 신재(信齋)이다. 고려 우왕 8년(1382) 문과에 급제하여 예의좌랑·전리정랑(典理正郞)·예문응교·종부령(宗簿令)을 거쳐 공양왕 4년(1392) 밀직사 우부대언에 승진하였다. 그해 7월 조선을 개국하고 이성계를 왕위에 옹립하는데 기여한 공으로 태조 1년(1392) 9월 개국공신(開國功臣)에 추록되었다.

개국 후 도승지가 되고 첨서중추원사·도평의사사사에 승진되었으며 충청도도관찰사가 되고 서원군(西原君)에 봉해졌다. 다시 경기좌도도관찰사가 되었다가 태종 때 참찬의정부사·이조판서를 거쳐 서원부원군(西原府院君)·우의정·영의정에 이르렀다.

- **시호(諡號)** : **문간**(文簡) -세종실록 5년(1423) 3월 7일

한서구(韓瑞龜)

- **출생, 사망** : 조선 초
- **출신** : 공신
- **부모** : 중추원부사 한승순(韓承舜), 판중추원사 이근(李懃)의 딸
- **공신 내용** : 정난공신(3등)

본관은 청주(淸州)이며 무사로서 단종 1년(1453) 수양대군이 일으킨 계유정난 때 참여하여 정난공신(靖難功臣)에 녹훈되었다. 1455년 통례문 봉례랑에 임명되었고 세조 2년(1456) 사복시 소윤(少尹)을 거쳐 1461년에는 첨지중추원사에 승진되었으며 1464년에는 청원군(淸原君)에 봉하여졌다. 성종 14년(1483) 가정대부가 되고 1488년에는 자헌대부가 되었다.

- **시호(諡號)** : **양이**(襄夷) -청선고

한세창(韓世昌)

- **출생, 사망** : 1478~1530
- **출신** : 음직
- **부모** : 군기시 판관 한익(韓翊), 판중추부사 박중선(朴仲善)의 딸

■ **공신 내용** : 정국공신(4등)

본관은 청주(淸州)이고 자(字)는 희백(熙伯)이다. 음직으로 전함별좌가 된 후 선전관·사복시 주부·사헌부감찰을 역임하였다. 1506년 중종반정에 참여하여 정국공신(靖國功臣)에 녹훈되었고 서원군(西原君)에 봉해졌다. 그 후 돈녕부첨정·첨지중추부사 등을 지내고 순천, 가평의 군수를 거쳐 원주목사, 파주목사, 영흥대도호부사를 지냈다. 중종반정의 주동자 박원종의 생질이다.

한숙창(韓叔昌)
■ **출생, 사망** : 1479~1537　　■ **출신** : 음직
■ **부모** : 군기시판관 한익(韓翊), 판중추부사 박중선(朴仲善)의 딸
■ **공신 내용** : 정국공신(4등)

본관은 청주(淸州)이고 자(字)는 희경(熙卿)이다. 음직으로 선전관이 되었으며 이후 사복시 주부·호조정랑·내섬시 부정 등 여러 관직을 역임하였다. 중종반정에 참여한 공으로 정국공신(靖國功臣)에 녹훈되고 정3품 절충장군에 올랐다.

1507년 호조참의에 제수되고 그 후 돈령부 도정을 거쳐 양주·광주·파주·여주의 목사를 차례로 지냈으며 부평도호부사를 역임하였다. 중종 29년(1535) 가선대부에 올랐으며 장례원 판결사에 임명되고 서평군(西平君)으로 봉해졌다. 사망 후 공조판서에 추증되었다. 중종반정의 주동자 박원종의 생질이다.

한순(韓恂)
■ **출생, 사망** : 1453~1534　　■ **출신** : 음직
■ **부모** : 우의정 한백륜(韓伯倫), 감찰 임유(任柔)의 딸
■ **공신 내용** : 정국공신(3등)

본관은 청주(淸州)이며 연산군 4년(1498) 음직으로 참군(參軍)에 등용된 뒤 군자감주부·공조좌랑 등을 역임하였다. 그 뒤 동부승지·우승지가 되었고 연산군의 처남과 인척 관계로 관리들에게 횡포가 심하였다. 1506년 중종반정 당일 승지로서 대궐로 들어가려다 반정군에 붙들리자 반정에 협력하여 정국공신(靖國功臣)에 녹훈되고 서원군(西原君)에 봉하여졌다.

그러나 연산군이 총애하던 신하라고 탄핵을 받아 벼슬에서 물러났다. 중종 3년

(1508) 숭정대부에 가자(加資)되었다. 1527년 충훈부 유사 당상이 되었다가 지돈녕부사에 이르렀다. 예종의 왕비 안순왕후(安順王后)의 동생이다.
- **시호**(諡號) : **양평**(襄平) -명종실록 5년(1550) 7월 7일

한여복(韓汝復)
- **출생, 사망** : 1584~1648
- **출신** : 공신
- **부모** : 봉사 한흘(韓屹), 상호군 정세덕(鄭世德)의 딸
- **공신 내용** : 정사공신(3등)

본관은 청주(淸州)이며 인조반정 때 백금(百金)을 내어 비용을 충당하도록 한 공으로 반정 후 정사공신(靖社功臣)에 녹훈되고 서성군(西城君)에 봉하여졌으며 호조참판 겸 오위도총부총관에 임명되었다. 사후 호조판서에 증직되었다.
- **시호**(諡號) : **양혜**(襄惠) -승정원일기 영조 22년(1746) 10월 7일

한연(韓淵)
- **출생, 사망** : ?~1595
- **출신** : 무관(武官)
- **부모** : 한삼덕(韓參德), 현감 이춘성(李春成)의 딸
- **공신 내용** : 호성공신(2등)

본관은 청주(淸州)이며 선전관으로서 선조 25년(1592) 임진왜란으로 선조가 의주로 몽진할 때 수가(隨駕)하면서 종시토록 임금 곁을 떠나지 않으니 임금이 이르기를, "나의 신하로는 오직 한연 한 사람만 있을 뿐이다." 하였다. 호조좌랑이 되었다가 공조정랑에 이르렀고 선조가 명나라로 가려하자 따라갈 사람으로 자원하기도 하였다. 사망 후인 1604년 호성공신(扈聖功臣)에 녹훈되고 청계군(淸溪君)에 추봉되었다.
- **참고** : 족보에는 사망 후 병조판서에 추증되었고 시호가 충정(忠正)이라고 하는데 시호 받은 근거 불명.

한응인(韓應寅)
- **출생, 사망** : 1554~1614
- **출신** : 문과
- **부모** : 부사직 한경남(韓敬男), 현감 김만일(金萬鎰)의 딸
- **공신 내용** : 광국공신(2등), 평난공신(1등)

본관은 청주(淸州)이며 자(字)는 춘경(春卿)이고 호는 백졸재(百拙齋)이다. 선조 9년(1576) 문과에 급제해 승문원에 속했다가 곧 승정원주서·지평 등을 지내고 1584년 종계변무주청사(宗系辨誣奏請使)의 서장관으로 명나라에 다녀왔다. 그 뒤 성균관 직강을 거쳐 1588년 선천군수로 부임한 이듬해 정여립의 모반사건을 적발, 고변한 공으로 호조참의에 이어 도승지가 되었다.

1590년 종계변무의 공으로 광국공신(光國功臣)에 녹훈되고 정여립 모반사건을 고변한 공으로 평난공신(平難功臣)에 녹훈되고 청평부원군(淸平府院君)에 봉해졌다. 1591년 예조판서로서 진주사(陳奏使)가 되어 명나라에 가서 일본의 도요토미(豊臣秀吉)가 명나라를 공격하기 위해 조선에 길을 빌려 달라는 사실을 고해 명나라의 조선에 대한 의심을 풀게 하였다.

이듬해 돌아오는 길에 임진왜란이 일어났다는 소식을 듣고 개성에서 몽진하는 선조를 만나 제도도순찰사(諸道都巡察使)로 임진강 방어에 임하였으나 가토(加藤淸正)의 유인작전에 속아 대패하였다. 그 후 선조를 뒤따라가 의주의 행재소(行在所)에서 공조판서에 임명된 뒤 요동(遼東)에 건너가 원병(援兵)의 급속한 출병을 요구하였다.

그해 12월 이여송(李如松)이 원군을 이끌고 압록강을 건너자 한어(漢語)에 능한 그가 접반관(接伴官)으로 이여송을 맞이하였다. 이듬해 청평군(淸平君)에 봉해지고 서울이 수복되자 호조판서에 임명되어 군량미 보급에 진력하였다.

1595년 주청사(奏請使)로 명나라에 다녀왔고 다음 해 평안감사에 임명되어 당시 평안도에 있던 많은 명나라 군사와의 화합을 도모하였다. 그 뒤 우찬성에 올랐고 1600년 이조판서, 다음해 호조판서·병조판서 등을 거쳐 1607년 우의정에 올랐다.

■ **시호**(諡號) : **충정**(忠靖) -광해군일기(정초본) 6년(1614) 3월 23일

한의(韓嶬)
- ■ **출생, 사망** : 1443~1485
- ■ **출신** : 음직
- ■ **부모** : 좌찬성 한계미(韓繼美), 판중추원사 윤번(尹璠)의 딸
- ■ **공신 내용** : 좌리공신(4등)

본관은 청주(淸州)이며 세조 5년(1459) 음직으로 전구서녹사(典廐署錄事)가 되었고 건원릉·문소전 직장과 사복시의 직장을 지냈다. 예종 초 병조참판을 지내고 아버

지의 군호(君號)인 서원군(西原君)을 습봉(襲封)하였다. 성종의 즉위 및 보좌에 공이 있어 성종 2년(14710 좌리공신(佐理功臣)에 녹훈되고 형조참판·공조참판·한성부 좌윤이 되었다.

어머니상(喪)을 당하여 시직했다가 첨지중추부사·부총관을 지내고 1483년 이모인 세조의 왕비 정희왕후가 사망하자 수릉관(守陵官)이 되었다.

■ **시호**(諡號) : **공도**(恭悼) -성종실록 16년(1485) 3월 23일

한종손(韓宗孫)
- ■ **출생, 사망** : ?~1467
- ■ **출신** : 내금위→무과
- ■ **부모** : 동지중추원사 한서룡(韓瑞龍), 지돈녕부사 김점(金漸)의 딸
- ■ **공신 내용** : 좌익공신(3등)

본관은 청주(淸州)이며 내금위에 속해있다가 무과에 급제하였고 단종 1년(1453) 계유정난이 있은 후 수양대군이 동교(東郊)에서 군대를 사열할 때 중위장(中衛將)으로서 군율을 엄중히 하였다고 포상을 받았다. 지병조사(知兵曹事)로서 세조가 왕으로 즉위하는데 협력한 공으로 세조 1년(1455) 좌익공신(佐翼功臣)에 녹훈되었고 청성군(淸城君)에 봉하여졌다. 그 후 첨지중추원사, 병조참의를 거쳐 첨지중추부사가 되었다.

■ **시호**(諡號) : **안양**(安襄) -세조실록 13년(1467) 3월 21일

한준(韓準)
- ■ **출생, 사망** : 1542~1601
- ■ **출신** : 문과
- ■ **부모** : 돈녕부도정 한수경(韓守慶), 사의(司議) 유조의(柳祖誼)의 딸
- ■ **공신 내용** : 평난공신(2등)

본관은 청주(淸州)이며 자(字)는 공칙(公則)이고 호는 남강(南崗)이다. 명종 21년(1566) 문과에 급제하여 예문관에 등용되었다. 예조좌랑·전라도관찰사·호조참판 등을 지냈다. 선조 21년(1588) 우참찬이 되었다가 황해도관찰사가 되었다.

이듬해 안악군수 이축, 재령군수 한응인 등이 연명으로 정여립(鄭汝立)의 모역 사건을 알리자 황해도관찰사로서 고변서를 조정에 비밀 장계로 올렸다. 그 공으로 1590년 평난공신(平難功臣)에 녹훈되고 좌참찬이 되었으며 청천군(淸川君)에 봉하

여겼다.

1592년 임진왜란 때 호조판서로 순화군(順和君)을 호종, 강원도로 피난하였고 이듬해 한성부판윤에 전임되었으며 다시 이조판서가 되었다.
- ■ 시호(諡號) : **정익(靖翼)** -영조실록 43년(1767) 11월 14일

한충(韓忠)
- ■ 출생, 사망 : ?~?
- ■ 출신 : 무인(武人)
- ■ 부모 : 불명
- ■ 공신 내용 : 개국공신(3등)

본관은 개성(開城)이고 자(字)는 서경(恕卿)이며 호는 송재(松齋)이다. 무인(武人)으로 1392년 7월 조선을 개국하고 이성계를 왕위에 옹립하는데 기여한 공으로 태조 1년(1392) 9월 개국공신(開國功臣)에 추록되었다. 상장군으로 사망하였다.
- ■ 참고 : 종인(宗人)이 적어서인지 족보가 없어 부모 인적사항 등 확인할 수 없음. 군호(君號)가 확인되지 않음.

한치례(韓致禮)
- ■ 출생, 사망 : 1441~1499
- ■ 출신 : 무과
- ■ 부모 : 좌의정 한확(韓確), 이조판서 홍여방(洪汝方)의 딸
- ■ 공신 내용 : 좌리공신(4등)

본관은 청주(淸州)이며 무과에 급제하여 세조 12년(1466) 훈련원도정, 병조참지를 거쳐 이듬해 첨지중추부사에 승진하였다. 1469년 성종이 즉위 후 동지중추부사에 오르고 성종의 즉위 및 보좌에 공이 있어 성종 2년(1471) 3월 좌리공신(佐理功臣)에 녹훈되고 서릉군(西陵君)에 봉해졌으며 1473년 병조참판이 되었다.

1480년 이조판서에 올랐고 이듬해 좌참찬이 되었다. 1485년 판중추부사를 거쳐 호조·병조·공조의 판서 등을 두루 역임하였다. 1494년 이철견(李鐵堅)의 범간사건(犯奸事件)에 관련되었다는 탄핵을 받아 사직하였다가 이듬해 도총부 도총관으로 복직되었다. 연산군 5년(1499) 영돈녕부사로 서릉부원군(西陵府院君)에 진봉되었다. 성종의 외삼촌이다.
- ■ 시호(諡號) : **장간(莊簡)** -청선고

한치의(韓致義)
- **출생, 사망** : 1440~1473
- **출신** : 음직
- **부모** : 좌의정 한확(韓確), 이조판서 홍여방(洪汝方)의 딸
- **공신 내용** : 좌리공신(4등)

본관은 청주(淸州)이며 자(字)는 의지(誼之)이다. 세조 1년(1455) 음직으로 사정 겸상서녹사(司正兼尙瑞錄事)가 되고 1459년 통례문봉례랑이 되었으며 세조 9년(1463) 군기부정(軍器副正)이 되었다. 1466년 안동대도호부사가 되었고 1467년 중추부첨지사가 되었으며 이어 훈련원도정으로 군사를 거느리고 평안도의 변방으로 가서 여진족의 침입에 대비하였다.

예종 1년(1469) 경상좌도병마절도사 등을 역임하고 성종 1년(1470) 한성부 좌윤이 되었다. 1471년 호조참판이 되고 성종의 즉위 및 보좌에 공이 있어 좌리공신(佐理功臣)에 녹훈되고 청성군(淸城君)에 봉해졌다. 1472년 청양군(淸陽君)으로 개봉되고 이어 병조판서에 제수되었으나 병으로 사직하였다. 성종의 외삼촌이다.

- **시호(諡號)** : **장도(章悼)** -성종실록 4년(1473) 8월 14일

한치인(韓致仁)
- **출생, 사망** : 1421~1477
- **출신** : 음직
- **부모** : 좌의정 한확(韓確), 이조판서 홍여방(洪汝方)의 딸
- **공신 내용** : 좌리공신(4등)

본관은 청주(淸州)이며 세종 26년(1444) 음직으로 세자시강원 우세마(右洗馬)가 되었다. 이어 단종 때 공조정랑을 거쳐 세조 8년(1462) 공조참의를 역임하였다. 1467년 서천군(西川君)에 봉해졌다가 서성군(西城君)으로 개봉되고 성종 1년(1470) 호조참판에 올랐다.

성종의 즉위 및 보좌에 공이 있어 1471년 좌리공신(佐理功臣)에 녹훈되었고 이듬해 지중추부사가 되었다. 이어 지돈녕부사 등을 지내고 성종 6년(1475) 판돈녕부사가 되었다. 성종의 외삼촌이다.

- **시호(諡號)** : **공안(恭安)** -성종실록 8년(1477) 9월 11일

한치형(韓致亨)

- **출생, 사망** : 1434~1502
- **출신** : 음직
- **부모** : 정랑 한질(韓石+失), 중군총제 조서(趙敍)의 딸
- **공신 내용** : 좌리공신(3등)

본관은 청주(淸州)이고 자(字)는 통지(通之)이다. 문종 1년(1451) 음직으로 군직(軍職)을 받았다가 장령·사복시소윤을 거쳐 세조 13년(1467) 장례원판결사가 되었다. 같은 해 5월 좌부승지에 오르고 이어 우승지·좌승지를 거쳐 그해 12월 이조참판이 되었다.

1468년 예종 즉위 직후 함길도관찰사로 나갔다가 이듬해 호조참판이 되었으며 성종이 즉위한 뒤 동지중추부사를 거쳐 대사헌이 되었다. 성종의 즉위 및 보좌에 공이 있어 성종 2년(1471) 좌리공신(佐理功臣)에 녹훈되고 청성군(淸城君)에 봉하여졌으며 형조판서에 승진되었다.

그 뒤 개성부유수·경기도관찰사·한성부판윤, 호조와 병조의 판서를 거쳐 1481년 좌참찬에 올랐다. 연산군 즉위 후 좌찬성으로 대사헌을 겸하였고 우의정을 역임한 뒤 연산군 4년(1498) 무오사화 때는 좌의정으로서 유자광·노사신 등과 함께 사화에 깊이 관여하였다.

한치형 묘

1500년 영의정이 되었고 사망 후인 1504년 갑자사화 때 연산군의 생모인 윤비(尹妃)를 폐출시킨 모의에 가담하였다 하여 윤필상·한명회 등과 함께 부관참시되고 일가가 몰살되었다가 중종반정 후 신원되었다. 양녕대군의 사위이다.

- **시호(諡號)** : 질경(質景) - 연산군일기 8년(1502) 10월 3일

한확(韓確)

- **출생, 사망** : 1403~1456
- **출신** : 음직
- **부모** : 지순창군사 한영정(韓永矴), 판승령 김영렬(金英烈)의 딸
- **공신 내용** : 정난공신(1등), 좌익공신(1등)

본관은 청주(淸州)이고 자(字)는 자유(子柔)이며 호는 간이재(簡易齋)이다. 태종

17년(1417) 진헌부사(進獻副使)가 되어 명나라 성조(成祖)의 후궁으로 선발된 누나를 호송하였다. 누나가 여비(麗妃)로 책봉되자 명나라 광록시소경(少卿)에 제수되었다.

1418년 세종이 즉위하자 승습사(承襲使)로 명나라에 갔고 세종 1년(1419) 1월 명나라의 책봉사가 되어 부사인 홍로시승(鴻臚寺丞) 유천(劉泉)과 함께 귀환하였다. 1420년 1월 명나라에 가서 태종 이래 추진했던 금과 은의 공물(貢物) 면제를 허락받고 귀국하였다. 1424년 명나라 성조가 북정(北征) 중 사망하자 여비도 자결하였다. 이후 또 그의 누이동생이 명나라 선종(宣宗)의 후궁으로 간택되어 1428년 진헌사로 명나라에 다녀왔다.

1435년 중추원부사· 지중추원사 등을 거쳐 1438년 중추원사, 1439년 판한성부사· 경기도관찰사 등을 역임하였다. 1440년 병조판서· 함길도도관찰사 등을 지내고, 1443년 동지중추원사로 의금부제조를 겸하였다. 1446년까지 이조판서를 역임하면서 인사에 공정을 기해 자못 명망이 있었다.

1446년 판중추원사가 되고, 이듬해 평안도도관찰사 겸 평양윤으로 파견되고 1448년에는 병마절도사까지도 겸임하였다. 문종 즉위년(1450) 판중추원사를 지냈다.

단종 즉위년(1452) 좌찬성이 된 뒤 이듬해 계유정난 때 수양대군(首陽大君)을 도와 정난공신(靖難功臣)에 녹훈되고 서성부원군(西城府院君)에 봉해졌다.

세조 1년(1455) 좌의정이 되고 세조 즉위에 협력하여 좌익공신(佐翼功臣)에 녹훈되고 서원부원군(西原府院君)에 다시 봉해졌다.

한확신도비각

1456년 사은 겸 주청사로 명나라에 가서 세조의 왕위 찬탈을 양위라고 설득하고 귀국 도중 사하포(沙河浦)에서 사망하였다. 성종의 외할아버지이다. 세조 묘정(廟庭)에 배향되었다.

■ **시호**(諡號) : **양절**(襄節) -세조실록 2년(1456) 9월 11일

함부림(咸傅霖)

- **출생, 사망** : 1360~1410
- **출신** : 문과(고려)
- **부모** : 대제학 함승경(咸承慶), 예성군 최선여(崔宣茹)의 딸
- **공신 내용** : 개국공신(3등)

본관은 강릉(江陵)이고 자(字)는 윤물(潤物)이며 호는 난계(蘭溪)이다. 고려 우왕 1년(1385) 문과에 급제하여 예문관검열이 되고 좌정언을 거쳐 공양왕 즉위년(1389) 우헌납이 되었으나 탄핵을 받고 지춘주지사에 좌천되었다가 뒤에 형조정랑이 되었으며 중방(重房)의 무신들이 문신을 경멸하는 데 항거하다가 파직되었다.

공양왕 4년(1392) 병조정랑 겸 도평의사사경력사도사(經歷司都事)로 복직하였으며 그해 7월 조선을 개국하고 이성계를 왕위에 옹립하는데 기여한 공으로 태조 1년(1392) 8월 개국공신(開國功臣)에 녹훈되었다.

예조의랑(禮曹議郎)을 거쳐 좌산기상시겸상서소윤을 지냈으며 명성군(溟城君)에 봉해졌다. 태종 3년(1403) 의정부참지사가 되고 동원군(東原君)으로 개봉(改封)되었고 다음해 대사헌이 되었다. 1408년 형조판서가 되고 병으로 물러났다가 경기·충청·경상·전라도 등의 도관찰출척사·동북면도순문찰리사를 지냈다.

- **시호**(諡號) : **정평**(定平) -태종실록 10년(1410) 12월 1일

함우치(咸禹治)

- **출생, 사망** : 1408~1479
- **출신** : 음직
- **부모** : 형조판서 함부림(咸傅霖), 보문각제학 조인재(趙麟才)의 딸
- **공신 내용** : 좌리공신(4등)

본관은 강릉(江陵)이고 자(字)는 문명(文命)이며 호는 송담(松潭)이다. 음직으로 감찰이 되고 고부군수·군기시부정·나주목사를 거쳐 문종 1년(1451) 판사복시사에 올랐다. 단종 1년(1453) 첨지중추원사·동부승지 등을 역임하였다. 세조 1년(1455) 공주목사에 이어 1457년 함길도도관찰사가 되었으며 1459년에는 대사헌을 거쳐 중추원부사를 역임하였다.

이후 충청도·전라도·경상도관찰사를 역임하고 개성부유수가 되었고 1465년 형조참판이 되고 동평군(東平君)에 봉해졌다. 성종 1년(1470) 형조판서에 올랐고 성종의 즉위 및 보좌에 공이 있어 1471년 좌리공신(佐理功臣)에 녹훈되고 좌우참찬을

역임하였으며 뒤에 봉조하(奉朝賀)가 되었다. 사망 후 좌찬성에 추증되었다.
- ■ 시호(諡號) : **문희**(文僖) -한국인명자호사전

허계(許稧)
- ■ 출생, 사망 : 1564~1649
- ■ 출신 : 공신
- ■ 부모 : 참봉 허방(許昉), 첨사 윤암(尹巖)의 딸
- ■ 공신 내용 : 영사공신(2등)

본관은 양천(陽川)이고 자(字)는 자길(子吉)이다. 인조 6년(1628) 1월 초 형(兄) 허적(許䙗)으로 부터 유효립 등의 역모 사실을 알게 되고 형의 뜻에 따라 아들 허선을 시켜 도승지 홍서봉에게 역모 사실을 알렸다.

홍서봉은 즉시 조정에 알려 비변사(備邊司)에서 군사를 동원해 동대문과 남대문에 잠복하였다가 1월 4일을 거사일로 정하고 거사 전날 무기를 소지하고 동대문과 남대문으로 들어오던 역도들을 모두 체포하여 처형하였다.

역모를 고변한 공으로 같은 해 3월 영사공신(寧社功臣)에 녹훈되고 양평군(陽平君)에 책봉되었고 한성부 우윤 등을 지냈다. 사망 후 좌찬성에 추증되었다.

허계 증직교지

허광(許礦)
- ■ 출생, 사망 : 1468~1534
- ■ 출신 : 음직→문과
- ■ 부모 : 우의정 허종(許琮), 정랑 한서봉(韓瑞鳳)의 딸
- ■ 공신 내용 : 정국공신(4등)

본관은 양천(陽川)이고 자(字)는 중질(仲質)이며 호는 척금(滌襟)이다. 음직으로 벼슬을 시작하여 부정(副正)으로 있을 때인 연산군 12년(1506) 문과에 급제하였고 중종반정에 동참하여 정국공신(靖國功臣)에 녹훈되었고 제양군(齊陽君)에 봉해졌다. 1508년 판결사를 지냈고 강릉부사로 있다가 사망하였으며 사망 후 예조판서에 추증되었다.

■ 시호(諡號) : **양평(襄平)** -시호보

허상(許嘗)
- ■ 출생, 사망 : ?~?
- ■ 출신 : 역사(力士)
- ■ 부모 : 우의정 허종(許琮), 어머니는 불명
- ■ 공신 내용 : 정국공신(3등)

본관은 양천(陽川)이며 중종반정에 참여하여 정국공신(靖國功臣)에 녹훈되고 양산군(陽山君)에 봉해졌다.

허선(許選)
- ■ 출생, 사망 : 1592~1665
- ■ 출신 : 공신
- ■ 부모 : 한성부우윤 허계(許棨), 김희경(金喜慶)의 딸
- ■ 공신 내용 : 영사공신(2등)

허선

본관은 양천(陽川)이다. 유생(儒生) 신분으로 인조 6년(1628) 1월 초 큰아버지 허적과 아버지 허셰로부터 유효립(柳孝立)의 역적모의가 진행된다는 고변서를 급히 도승지 홍서봉에게 전하라는 명을 받고 역도들보다 먼저 한양에 도착하여 전달하였다.

홍서봉은 즉시 조정에 알려 비변사에서 군사를 동원해 동대문과 남대문에 잠복하였다가 1월 4일을 거사일로 정하고 거사 전날 무기를 소지하고 동대문과 남대문으로 들어오던 역도들을 모두 체포하여 처형하였다.

이와 같은 공으로 그해 3월 영사공신(寧社功臣)에 녹훈되고 양원군(陽原君)에 봉해졌으며 6품의 실직을 제수받았고 군수까지 지냈다.

허유례(許惟禮)
- ■ 출생, 사망 : 세조 무렵
- ■ 출신 : 음직
- ■ 부모 : 길주권임(吉州權任) 허숭도(許崇道), 이씨(李氏)
- ■ 공신 내용 : 적개공신(2등)

본관은 양천(陽川)이며 함경도에서 반란을 일으킨 이시애의 처 생질로 세조 13년(1467) 5월 이시애가 반란을 일으키자 사옹원 별좌(別坐)로 있다가 자원하여 함길도병마절도사 허종(許琮) 휘하에 속하여 출정하였다.

이때 그의 아버지 허승도가 이시애 밑에서 길주권임(吉州權任)으로 있있는데 이를 설득하라는 허종의 명을 받고 단신으로 길주로 잠입하였다. 한때 정탐꾼으로 몰려 죽을 뻔하였으나 계교로 이시애를 속여 위기를 면하였다.

아버지를 만나 대의(大義)로써 역(逆)과 순(順)을 설명하여 동의를 얻은 뒤 적장 이운로(李雲露) 등의 지원을 얻어 경성 운위원(雲委院)에서 이시애 일당을 체포하여 난을 평정하는 데 결정적 공로를 세웠다.

이 공로로 적개공신(敵愾功臣)에 녹훈되고 길성군(吉城君)에 봉해졌으며 중추부 첨사에 임명되었으나 길주로 내려가 은거하였다. 성종 2년(1471) 정월 상경하였으나 이시애의 잔당을 숨겨주었다는 혐의를 입고 이듬해 3월 고신(告身)이 몰수되고 공신적(功臣籍)에서 삭제되는 동시에 수원으로 안치되었다. 1474년 4월 귀양에서 풀려나고 다음해 2월 고신을 돌려받았으며 1476년 5월 공신전·별사전 등도 돌려받았다. 사망 후 공조판서에 추증되었다.

- **시호**(諡號) : **효장**(孝莊) -승정원일기 영조 8년(1732) 5월 18일

허적(許䄂)

- **출생, 사망** : 1563~1640
- **출신** : 문과
- **부모** : 참봉 허방(許昉), 첨사 윤암(尹巖)의 딸
- **공신 내용** : 영사공신(1등)

본관은 양천(陽川)이고 자(字)는 자하(子賀)이며 호(號) 수색(水色)이다. 선조 30년(1597) 문과에 급제하였고 선조 32년(1599) 북청판관으로 있다가 형장(刑杖)을 남용한 죄로 사헌부의 탄핵을 받아 체직되고 선조 35년(1602) 예조좌랑에서 체직되었다. 선조 38년(1605) 경기좌도 경차관(敬差官), 영천군수가 되고 선조 40년(1607) 형조정랑이 되었다.

광해군 6년(1614) 호조좌랑을 지냈고 인조 4년(1626) 성균관 사예(司藝)로 재직 중 제례를 그릇되게 시행하였다는

허적

탄핵을 받기도 하였다. 허적이 고향 죽산에 있을 때인 인조 5년(1627) 가을 평소 허풍이 심한 5촌 조카 전 참봉 허유로부터 머지않아 큰일이 일어날 것이라는 이야기를 듣고 지나쳤다가 이듬해 1월 초 허유 등이 한양으로 떠나는 것을 보았고 1월 4일 궁궐을 쳐들어가기로 되었다는 것을 알게되었다.

허적은 이런 사실을 서신으로 작성하여 동생 허계의 아들 허선과 사돈 황성원의 아들인 조카사위 황진으로 하여금 도승지 홍서봉에게 전하도록 하였고 홍서봉은 즉시 조정에 알려 비변사(備邊司)에서 군사를 동원해 동대문과 남대문에 잠복하였다가 1월 4일을 거사일로 정하고 거사 전날 무기를 소지하고 동대문과 남대문으로 들어오던 역도들을 모두 체포하여 처형하였다.

같은해 3월 영사공신(寧社功臣)에 녹훈되고 양릉군(陽陵君)에 봉해졌다. 이후 같은해 군자감정이 되었고 1632년 종묘제조가 되었다.

허종(許琮)

- **출생, 사망** : 1434~1494
- **출신** : 문과
- **부모** : 재령군수 허손(許蓀), 부녹사 최안선(崔安善)의 딸
- **공신 내용** : 적개공신(1등), 좌리공신(4등)

본관은 양천(陽川)이고 자(字)는 종경(宗卿), 종지(宗之)이며 호는 상우당(尙友堂)이다. 세조 2년(1457) 문과에 급제하였고 이후 의영고 직장 겸 세자 우정자(右正字)등을 지냈고 1459년 사가독서했으며 이어 통례문 봉례랑이 되었다. 1460년 여진족의 침입 때 평안도병마절제사 도사(都事)로 출정했고 이후 성균관주부·예문관봉교 등을 거쳐 이듬해 형조도관 좌랑이 되었다.

그 뒤 함길도 경차관·훈련원판관 등을 거쳐 1465년 성균관사예에 올랐다가 함길도 등 4도체찰사 한명회(韓明澮)의 종사관이 되어 북변 경영에 공헌하고 동부승지에 발탁되었다.

1466년 함길도병마절도사가 되었으나 아버지상을 당해 사직했다가 1467년 5월 이시애(李施愛)의 난이 일어나자 함길도절제사로 기복되어 난을 평정한 공으로 적개공신(敵愾功臣)에 책록되고 양천군(陽川君)에 봉해졌다.

허종 글씨

예종 1년(1469) 평안도관찰사·전라도병마절도사 등을 거쳐 대사헌에 오르고 이듬해 병조판서가 되었다. 성종의 즉위 및 보좌에 공이 있어 1471년 좌리공신(佐理功臣)에 녹훈되었고 지중추부사·오위도총부 도총관 등을 거쳐 1477년 예조판서가 되었다.

1477년 10월 건주위(建州衛) 여진족이 침입하자 평안도순찰사로 파견되었고 이듬해 의정부 좌참찬이 되었고 1481년 호조판서가 되었다. 이듬해 우찬성이 되었고 1487년 이조판서가 되었다가 이듬해 병조판서가 되었다.

1489년 영안도관찰사가 되었고 1491년 여진족 우디거(兀狄哈)가 함길도 방면으로 침입하자, 북정도원수(北征都元帥)가 되어 이를 격파하고, 이듬해에 우의정에 올랐다. 성종 때 청백리에 선정되었다.

■ 시호(諡號) : 충정(忠貞) -성종실록 25년(1494) 2월 14일

허준(許浚)

■ 출생, 사망 : 1539~1615　　■ 출신 : 천거
■ 부모 : 용천부사 허론(許碖), 영광김씨(靈光金氏)
■ 공신 내용 : 호성공신(3등)

본관은 양천(陽川)이고 자(字)는 청원(淸源)이며 호는 구암(龜巖)이다. 선조 초 장령 유희춘의 천거로 의관(醫官)에 채용되었고 1575년 어의 안광익과 함께 선조를 진료하기 시작했으며 1578년 내의원 첨정이 되었다. 1587년 10월에는 태의(太醫) 양예수 등과 함께 선조를 진료하여 건강이 좋아지자 호피(虎皮)를 상으로 받았다. 1590년에는 광해군의 두창(痘瘡)을 치료한 공으로 이듬해 당상관의 반열에 올랐다.

1592년 임진왜란으로 선조가 의주로 몽진할 때 어의로서 선조 옆을 떠나지 않고 끝까지 모셨다. 1596년 세자인 광해군의 병을 고쳐 가의대부에 제수되었고 선조의 명을 받아 『동의보감(東醫寶鑑)』 편찬에 착수하였다.

1601년 지중추부사로 승진하였고 1604년 호성공신(扈聖功臣)에 녹훈되었으며 1606년에는 양평군(陽平君)에 봉해지고 종1품인 숭록대부로 승진하였으나 중인 신분으로

허준

는 과도한 벼슬이라 하여 대간(臺諫)들의 반대로 보류되기도 하였다.

1608년 선조가 승하하자 어의로서 책임을 지고 의주로 유배되었다가 바로 풀려나 광해군의 어의로 있었으며『동의보감(東醫寶鑑)』을 완성하였다. 사망 후 정1품인 보국숭록대부에 추증되었다.

홍가신(洪可臣)

- **출생, 사망** : 1541~1615
- **출신** : 학행(學行)
- **부모** : 장원서 장원 홍온(洪昷), 군수 신윤필(申允弼)의 딸
- **공신 내용** : 청난공신(1등)

본관은 남양(南陽)이고 자(字)는 흥도(興道)이며 호는 만전당(晚全堂)이다. 학행으로 선조 4년(1571) 강릉(康陵) 참봉이 되었고 그 뒤 예빈시주부·형조좌랑·지평을 거쳐 1584년 안산군수를 지냈다. 1588년 수원부사를 지냈고 평소 정여립(鄭汝立)과 가까이 지낸 이유로 1589년 정여립의 모반사건 때 파직당하였다.

홍가신

1593년 파주목사가 되었다가 이듬해 홍주목사로 갔는데 선조 29년(1596) 이몽학(李夢鶴)이 반란을 일으키자 민병을 규합해 무장(武將) 박명현·임득의 등과 함께 난을 평정하였다.

이후 강화부사·강원도관찰사·개성부유수 등을 지내고 선조 37년(1604) 6월 이몽학의 난을 평정한 공으로 청난공신(淸亂功臣)에 녹훈되고 이듬해 영원군(寧原君)에 봉해졌다. 광해군 초 장례원정·한성부우윤 겸 지의금부사 등을 거쳐 1610년 형조판서에 이르렀다.

- **시호(諡號)** : **문장**(文莊) -숙종실록 19년(1693) 1월 2일

홍경림(洪景霖)

- **출생, 사망** : ?~1545
- **출신** : 공신→문과
- **부모** : 지중추부사 홍임(洪任), 재령군수 허손(許蓀)의 딸
- **공신 내용** : 정국공신(4등)

본관은 남양(南陽)이고 자(字)는 윤경(潤卿)이다. 유생(儒生)으로 중종반정에 참여

하여 중종 1년(1504) 정국공신(靖國功臣)에 녹훈되었다. 중종 5년(1510) 문과에 급제해 1512년 사간이 되고 다음 해 대사간에 제수되었다. 1517년 동부승지로 있다가 이듬해 공조참의가 되었다.

1520년 강원도관찰사가 되었고 1521년 개성부유수, 1523년 호조참판, 이듬해 전라도관찰사로 나갔으며 1526년 경기도관찰사가 되었다가 이듬해 공조참판이 되었다. 1530년 예조참판, 1539년 공조참판, 1540년 공조판서가 되었고 나중에 기로소에 들어갔으며 익원군(益原君)에 봉해졌다. 중종반정의 주동자 홍경주의 형이다.

- ■ 시호(諡號) : **문익**(文翊) -시호받은 근거불명

홍경주(洪景舟)

- ■ 출생, 사망 : ?~1521
- ■ 출신 : 문과
- ■ 부모 : 지중추부사 홍임(洪任), 재령군수 허손(許蓀)의 딸
- ■ 공신 내용 : 정국공신(1등)

본관은 남양(南陽)이고 자(字)는 제옹(濟翁)이다. 연산군 7년(1501) 문과에 급제해 홍문관 정자를 거쳐 1504년 지평에 올랐다. 1506년 박원종·성희안 등이 반정을 도모하자 사복시첨정으로 신윤무·박영문 등과 힘께 군대 동원 책임을 맡아 거사를 성사시켰다. 그 공으로 중종 1년(1506) 정국공신(靖國功臣)에 녹훈되고 남양군(南陽君)에 봉해졌으며 동부승지가 되었다가 곧 도승지가 되었다.

이어 병조판서에 올라 지경연사(知經筵事)를 겸하였고 그 뒤 판중추부사로 옮겼다가 호조판서·좌찬성 등을 지냈다. 조광조 등 사림들이 위훈(僞勳) 삭제를 요구하자 1516년 남곤 등과 함께 기묘사화를 일으켜 사림을 숙청하였다. 그 뒤 판중추부사를 거쳐 좌찬성, 1521년 이조판서에 올랐다.

- ■ 시호(諡號) : **도열**(度烈) -청선고

홍길민(洪吉旼)

- ■ 출생, 사망 : 1353~1407
- ■ 출신 : 음직→문과(고려)
- ■ 부모 : 검교중추원부사 홍보현(洪普賢), 참지문하정사 이천선(李千善)의 딸
- ■ 공신 내용 : 개국공신(2등)

본관은 남양(南陽)이고 자(字)는 경문(敬文)이다. 음직으로 출사하여 전법정랑(典

法正郎)에 이르고 고려 우왕 2년(1376) 문과에 급제 후 강릉도안렴사가 되어 지방의 강한 무리를 억제하였고 이후 장령이 되었다. 공양왕 2년(1390) 우사의대부가 되었고 정몽주의 고신(告身)에 서경(署經)을 거부하다 파직되었다.

1392년 7월 조선을 개국하고 이성계를 왕위에 옹립하는데 기여한 공으로 태조 1년(1392) 8월 개국공신(開國功臣)에 녹훈되었다. 이어 좌부승지, 상의중추원사로 임명되고 남양군(南陽君)에 봉해졌다. 집현전대제학·호조판서를 지냈다.

- **시호**(諡號) : **문경**(文景) -태종실록 7년(1407) 2월 15일

홍달손(洪達孫)

- **출생, 사망** : 1415~1472
- **출신** : 내금위→무과
- **부모** : 홍치(洪治), 판중추원사 이명덕(李明德)의 딸
- **공신 내용** : 정난공신(1등), 좌익공신(2등)

본관은 남양(南陽)이고 자(字)는 가칙(可則)이다. 음직으로 벼슬을 시작하여 단종 즉위년(1452) 의주도수군첨절제사 재직 중 의주성 남문 공사가 부진하다고 파직되었다. 그 후 한명회와 시사(時事)를 논하면서 의기가 투합하였고 이듬해 무과에 급제하고 첨지중추부사가 되었다.

홍달손 묘

단종 1년(1453) 계유정난 때는 순장(巡將)으로서 휘하의 군사를 거느리고 수양대군을 도와 정난공신(靖難功臣)에 녹훈되고 병조참의에 제수되었다. 1454년 병조참판이 되고 남양군(南陽君)에 봉해졌다.

세조 즉위에 협력한 공으로 세조 1년 (1455) 좌익공신(佐翼功臣)에 녹훈되고 1456년 병조판서, 1458년 판중추사, 1459년 영중추부사에 승진하면서 남양부원군(南陽府院君)으로 진봉되었다.

1464년 사옹원 도제조 재직 중 어선(御膳)이 정결치 못하다고 문책되었으나 용서되고 세조 13년(1467) 오위도총부 도총관에 이어 좌의정 자리에 올랐다. 1468년 장악원 도제조를 겸하였다.

- **시호**(諡號) : **안무**(安武) -성종실록 3년(1472) 11월 25일

홍보(洪霙)
- **출생, 사망** : 1585~1643
- **출신** : 음직→문과
- **부모** : 형조좌랑 홍난상(洪鸞祥), 구예연(具禮淵)의 딸
- **공신 내용** : 소무공신(1등)

본관은 풍산(豊山)이고 자(字)는 여시(汝時)이며 호는 월봉(月峰)이다. 음직으로 금화사별좌·한성부참군을 지내다 1615년 부친상으로 사직하였다. 인조 즉위년(1623) 문과에 장원으로 급제해 전적·수찬·장령 등을 역임하였다.

인조 5년(1627) 7월 원주목사로 있을 당시 횡성에 은거하고 있던 전 익찬 이인거 등이 군사 70여명과 많은 백성들을 모아 서울로 진격한다고 횡성 등지의 군기(軍器)를 탈취한다는 보고를 받고 횡성현감 이탁남 등과 이인거를 기습, 체포함으로써 난을 진압하였다.

그 공으로 부호군이 되고 그해 11월 소무공신(昭武功臣)에 녹훈되고 풍녕군(豊寧君)에 봉해졌다. 병자호란 때에는 강화도에 들어가 수릉관(守陵官)을 지냈다. 1638년 형조판서가 되었는데 이때 3공 6경(三公六卿)들은 모두 자제를 청나라에 인질로 보내도록 되어있었는데 이를 어긴 탓에 탄핵을 받아 유배되기도 하였다. 벼슬은 좌참찬에 이르렀고 사망 후 영의정에 추증되었다.

- **시호(諡號)** : **경헌**(景憲) -순조실록 6년(1806) 9월 24일

홍서(洪恕)
- **출생, 사망** : ?~1418
- **출신** : 불명
- **부모** : 동밀직사사 홍사범(洪師範), 한산이씨(韓山李氏)
- **공신 내용** : 좌명공신(4등)

본관은 남양(南陽)이며 고려말에 대호군을 역임하고 정종 1년(1399) 우군동지총제가 되었고 이듬해 12월 시위를 소홀하게 하여 파직되었으나 제2차 왕자의 난에 이방원(태종) 측에 협력한 공으로 태종 1년(1401) 좌명공신(佐命功臣)에 녹훈되고 남성군(南城君)에 봉하여졌다.

1402년 전라도병마도절제사로 파견되어 왜구를 소탕하였으며 1412년 개천도감 제조가 되고 곧이어 남양군(南陽君)에 개봉(改封)되었다.

- **시호(諡號)** : **강양**(康襄) -세종실록 즉위년(1418) 10월 21일

홍서봉(洪瑞鳳)

- **출생, 사망** : 1572~1645
- **출신** : 문과
- **부모** : 대사간 홍천민(洪天民), 군수 송세경(宋世勁)의 딸
- **공신 내용** : 정사공신(3등), 영사공신(2등)

본관은 남양(南陽)이고 자(字)는 휘세(輝世)이며 호는 학곡(鶴谷)이다. 선조 27년 (1594) 문과에 급제 후 1600년 사서가 된 뒤 정언·부수찬에 이어 1602년 이후 이조좌랑·성주목사 등을 지냈고 광해군 즉위년(1608) 사성·응교 등을 역임하고 사가독서(賜暇讀書)하였다.

1610년 강원도관찰사를 거쳐 이듬해 동부승지 재직 중 김직재옥사(金直哉獄事)에 장인인 황혁(黃赫)이 연루되어 삭직당하였으나 1623년 인조반정에 참여하여 정사공신(靖社功臣)에 녹훈되고 익녕군(益寧君)에 봉해졌다.

이조참의·대사간·대사헌·병조참판 등을 차례로 역임한 뒤 1626년 도승지가 되었다. 인조 6년(1628) 유효립(柳孝立)의 역모사건 고변이 있자 신속히 대처하여 같은해 3월 영사공신(寧社功臣)에 녹훈되고 지의금부사가 되었다.

홍서봉

예조판서를 거쳐 1630년 대사헌·이조판서 등을 역임한 뒤 1634년 예조판서를 지냈다. 이듬해 좌참찬·대제학을 지내고 1636년 우의정을 거쳐 좌의정에 올랐다. 그해 겨울 병자호란이 일어나자 화의(和議)를 주장, 최명길 등과 청나라 군사 진영을 내왕하며 화의를 위한 실무를 수행하였다.

1639년 익녕부원군(益寧府院君)에 봉해지고 이듬해 영의정에 올랐고 1645년까지 영의정과 좌의정을 번갈아 역임하며 국왕을 적극적으로 보필하였다.

- **시호(諡號)** : **문정**(文靖) -숙종실록 32년(1706) 2월 5일

홍성민(洪聖民)

- **출생, 사망** : 1536~1594
- **출신** : 문과
- **부모** : 황해도관찰사 홍춘경(洪春卿), 고성군수 이맹우(李孟友)의 딸
- **공신 내용** : 광국공신(2등), 평난공신(2등)

본관은 남양(南陽)이고 자(字)는 시가(時可)이며 호는 졸옹(拙翁)이다. 명종 19년

(1564) 문과에 급제 이후 정자, 교리 등을 지냈으며 선조 즉위년(1567) 사가독서(賜暇讀書)하였다. 이후 대사간을 거쳐 선조 8년(1575) 호조참판으로 사은사가 되어 명나라에 가서 종계변무(宗系辨誣)에 힘썼다.

그 후 부제학·예조판서·대사헌을 역임하였고 선조 23년(1590) 종계변무에 힘쓴 공으로 광국공신(光國功臣)에 녹훈되었으며 익성군(益城君)에 봉해졌다. 또 정여립 모반사건 처리에 공이 있어 평난공신(平難功臣)에 녹훈되었다.

홍성민 신도비

이듬해 판중추부사가 되었다가 세자 책봉문제로 송강 정철이 실각하자 홍성민도 그 일당으로 몰려 함경도 북변(北邊)에 유배되었다. 1592년 임진왜란이 일어나자 유배에서 풀려나 대제학에 올랐다.

■ **시호**(諡號) : **문정**(文貞) -승정원일기 순조 16년(1816) 5월 13일

홍순로(洪純老)

- ■ **출생, 사망** : 1416~1474
- ■ **출신** : 무인(武人)
- ■ **부모** : 판중추원사 홍약(洪約), 어머니는 불명
- ■ **공신 내용** : 정난공신(3등)

본관은 남양(南陽)이며 완력(腕力)과 무예가 뛰어나 내금위에 소속되었다가 사직(司直)에 승진되었다. 단종 즉위년(1452) 고명(誥命)사은사 수양대군(세조)을 따라 명나라에 다녀왔다. 단종 1년(1453) 수양대군이 일으킨 계유정난에 가담하여 그 공으로 정난공신(靖難功臣)에 녹훈되고 위용장군(威勇將軍)이 되었다.

세조 3년(1457) 대호군에 임명되고 같은해 아버지 형제들이 금성대군의 단종복위 사건에 연루되어 사형을 받게 되었으나 그의 공으로 귀양만 가는 데 그쳤다. 1463년 첨지중추원사가 되었고 이듬해 동지중추원사에 승진, 당성군(唐城君)에 봉하여졌다.

■ **시호**(諡號) : **안양**(安襄) -성종실록 5년(1474) 4월 20일

홍순손(洪順孫)

- ■ **출생, 사망** : 조선 초기
- ■ **출신** : 무과

- **부모** : 홍치(洪治), 판중추원사 이명덕(李明德)의 딸
- **공신 내용** : 정난공신(3등)

본관은 남양(南陽)이며 무과에 급제하였고 단종 1년(1453) 수양대군이 일으킨 계유정난에 참여하여 공을 세우고 사용(司勇)에 임명되고 정난공신(靖難功臣)에 녹훈되었으며 당천군(唐川君)에 봉하여졌다. 1455년 좌군부사직, 군기부정(軍器副正), 1460년 첨지중추부사를 지내고 이듬해 파적위장(破敵衛將)을 지냈다. 같은 정난공신인 홍달손의 동생이다.

- **시호(諡號)** : **양무**(襄武) -성종실록 13년(1482) 11월 8일(이전)

홍순언(洪純彦)

- **출생, 사망** : 1530~1598
- **출신** : 역관(譯官)
- **부모** : 홍겸(洪謙), 안동권씨(安東權氏)
- **공신 내용** : 광국공신(2등)

본관은 당성(唐城)이고 자(字)는 사준(士俊)이며 호는 동고(東皐)이다. 역관(譯官)으로 선조 때 명나라에 갔다가 청루(靑樓)에 나온 소복(素服)한 미인을 공금(公金)으로 구해주고 돌아와 구금되었다. 선조 17년(1584) 종계변무사(宗系辨誣使) 황정욱(黃廷彧)을 따라 다시 명나라로 가게 되었다. 이때 과거 청루에서 구해준 여인이 명나라 예부상서 석성(石星)의 후처가 되어 만나게 되었다.

그 여인은 홍순언을 위해 "보은(報恩)"이란 글자를 수놓은 비단 수십필을 선사하고 석성의 도움으로 종계변무의 어려운 임무도 완수하고 돌아왔다. 이 공으로 선조 23년(1590) 광국공신(光國功臣)에 녹훈되고 당릉군(唐陵君)에 책봉되었다. 선조 24년(1591) 역관으로서 우림위장을 지냈다.

이어 임진왜란이 일어나자 명나라의 원군 파견을 위해 중국에 갔는데 마침 석성이 병부상서이므로 공을 세웠으며 전쟁 기간에도 지속적으로 명나라 군과의 회담에 통역을 담당하였다.

- **참고** : 여러 자료에 본관이 남양(南陽)이고 당홍(唐洪)이라고 나오는데 족보를 보면 당성홍씨(唐城洪氏)라고 되어있다.

홍윤성(洪允成)
- **출생, 사망** : 1425~1475
- **출신** : 문과
- **부모** : 홍제년(洪齊年), 능성현령 이흥발(李興發)의 딸
- **공신 내용** : 정난공신(2등), 좌익공신(3등), 좌리공신(1등)

본관은 남양(南陽)이고 자(字)는 수옹(守翁)이며 호는 영해(領海)이다. 문종 즉위년(1450) 문과에 급제, 승문원 부정자에 임명되었고 무재(武才)가 있어 특별히 사복시 주부를 겸하였다. 이듬해 한성부 참군·통례문 봉례랑에 임명되었다. 수양대군이 문종의 명을 받아 『진서(陣書)』를 찬술할 때 좌랑으로서 참여하였다.

단종 1년(1453) 수양대군이 계유정난을 일으키자 이에 적극 협력하였다. 그 공으로 정난공신(靖難功臣)에 녹훈된 데 이어 사복시판관·장령을 거쳐 1455년 판사복시사가 되었다. 세조 즉위 후 예조참의에 임명되고 세조 즉위에 협력한 공으로 좌익공신(佐翼功臣)에 추록되었다. 1456년 예조참판으로 승진하면서 인산군(仁山君)에 봉해졌다. 세조 3년(1457) 예조판서·경상우도도절제사, 1459년 예조판서에 임명되었다.

이듬해 모련위(毛憐衛)의 야인(여진)이 반란을 일으키자 대장 신숙주의 부장(副將)이 되어 이를 토벌하였다. 1467년 우의정, 예종 1년(1469) 좌의정에 올랐다. 그해 영의정에 올랐고 다음해 인산부원군(仁山府院君)에 진봉되었다. 성종의 즉위 및 보좌에 공이 있어 성종 2년(1471) 좌리공신(佐理功臣)에 녹훈되었다.

- **시호(諡號)** : **위평(威平)** -성종실록 6년(1475) 9월 8일

홍응(洪應)
- **출생, 사망** : 1428~1492
- **출신** : 문과
- **부모** : 한성부윤 홍심(洪深), 이조참의 윤규(尹珪)의 딸
- **공신 내용** : 익대공신(3등), 좌리공신(3등)

본관은 남양(南陽)이고 자(字)는 응지(應之)이며 호는 휴휴당(休休堂)이다. 문종 1년(1451) 문과에 장원급제하여 좌정언이 되었다. 이후 사가독서(賜暇讀書)한 뒤 교리·보덕 등을 지냈다. 세조 9년(1463) 도승지를 지냈고 1466년 발영시(拔英試)에 2등으로 급제하였으며 1468년 남이(南怡)의 옥사를 다스리는데 공을 세워 익대공신(翊戴功臣)에 녹훈되었다.

그 뒤 지중추부사가 되고 익성군(益城君)에 봉해졌다. 성종의 즉위 및 보좌에 공이 있어 성종 2년(1471) 좌리공신(佐理功臣)에 녹훈되고 익성부원군(益城府院君)으로 진봉되었다. 1479년 우의정이 되고 1485년에 4도 순찰사를 거쳐 좌의정이 되었다. 성종 묘정(廟庭)에 배향되었다.

- 시호(諡號) : 충정(忠貞) -성종실록 23년(1492) 4월 4일

홍진(洪進)

- 출생, 사망 : 1541~1616
- 출신 : 문과
- 부모 : 홍인우(洪仁祐), 청도군수 김희직(金希稷)의 딸
- 공신 내용 : 호성공신(2등)

본관은 남양(南陽)이고 자(字)는 희고(希古)이며 호는 인재(訒齋)이다. 선조 3년(1570) 문과에 급제한 뒤 승문원정자가 되고 검열을 역임하였다. 1574년 홍문관 박사가 되고 부수찬·정언을 거쳐 1576년 헌납이 되었다가 1583년 용담현령으로 부임하였고 1589년 응교가 되었다.

1592년 임진왜란이 일어나자 호군(護軍)으로서 의주로 몽진하는 선조를 수가(隨駕)하였고 이후 우승지·좌승지 등으로 선조의 측근에서 근무하였다. 이듬해 9월 환도(還都)에 앞서 한성판윤에 임명되었고 1595년 대사헌이 되고 약방제조(藥房提調)를 겸하였다.

홍진

이후 동지중추부사·이조판서·예조판서 등을 역임하였다. 이어 좌참찬·형조판서 등을 거쳐 1604년 판의금부사가 되었다. 1604년 임진왜란 때 호종한 공으로 호성공신(扈聖功臣)에 녹훈되었으며 당흥부원군(唐興府院君)에 봉해졌다. 광해군 1년(1609) 관상감 제조가 되었으며 사망 후 영의정에 추증되었다.

- 시호(諡號) : 단민(端敏) -청선고

홍진도(洪振道)

- 출생, 사망 : 1584~1649
- 출신 : 음직
- 부모 : 동지돈녕부사 홍희(洪憙), 좌찬성 구사맹(具思孟)의 딸

■ **공신 내용** : 정사공신(3등)

본관은 남양(南陽)이고 자(字)는 자유(子由)이며 호는 청회(聽檜)이다. 광해군 5년(1613) 음직으로 별제(別提)를 지냈고 목천현감이 되었다가 의금부로 전임되었다. 1623년 인조반정에 가담하여 그 공으로 공조좌랑이 되고 이듬해 정사공신(靖社功臣)에 녹훈되고 남양군(南陽君)에 봉해졌다.

홍진도

1625년 부평부사·오위도총부부총관을 거쳐 1631년 공주목사를 지내고 한성부우윤을 역임한 뒤 남양부사가 되었다. 1636년 이후 도총관, 지돈녕부사를 거쳐 한성부판윤·판중추부사에 이르렀다. 사망 후 영의정에 추증되고 남양부원군(南陽府院君)에 추봉되었다. 인조와 이종 4촌간이다.

■ **시호(諡號)** : **충목(忠穆)** -승정원일기 영조 17년(1741) 8월 20일

홍진문(洪振文)

■ **출생, 사망** : 1599~1653   ■ **출신** : 공신
■ **부모** : 동지돈녕부사 홍희(洪憙), 좌찬성 구사맹(具思孟)의 딸
■ **공신 내용** : 정사공신(3등)

본관은 남양(南陽)이고 자(字)는 질보(質甫)이다. 유생(儒生)으로 1623년 인조반정에 가담하여 그 공으로 정사공신(靖社功臣)에 녹훈되고 남창군(南昌君)에 봉하여졌다. 같은해 장성현감이 되었고 이후 종부시 주부를 비롯하여 한성부 좌윤·부총관 등을 역임하였다.

홍진문 묘

1629년 상의원 판관·안산군수를 거쳐 1631년 장례원 사평이 되고 이듬해 면천군수·청주목사를 역임하였다. 1633년 예천군수가 되고 그 뒤 남양부사를 역임하였다. 1644년 광주부윤(廣州府尹), 1646년 해주목사를 지냈으며 1648년 수원부사를 거쳐 1650년 한성우윤·좌윤을 차례로 거쳤다. 숙종 때 이조판서에 추증되었다. 인조와 이종 4촌간이다.

■ **시호(諡號)** : **충정(忠靖)** -숙종실록 45년(1719) 11월 10일

홍택(洪澤)

- **출생, 사망** : ?~?
- **출신** : 사알(司謁)
- **부모** : 통훈부도사 홍우룡(洪遇龍), 승지 신영홍(申永洪)의 딸
- **공신 내용** : 호성공신(3등)

본관은 남양(南陽)이며 액정서 소속의 잡직 정6품 사알(司謁)로 1592년 임진왜란으로 의주로 몽진하는 선조를 수가(隨駕)한 공으로 호성공신(扈聖功臣)에 녹훈되고 당계군(唐溪君)에 봉하여졌다. 1628년 가의대부에 제수되었다.

홍효손(洪孝孫)

- **출생, 사망** : ?~?
- **출신** : 불명
- **부모** : 북병사 홍건(洪建), 판관 윤희열(尹禧悅)의 딸
- **공신 내용** : 정사공신(3등)

본관은 당성(唐城)이며 인조반정에 참여하여 정사공신(靖社功臣)에 녹훈되고 익풍군(益豊君)에 봉해졌으며 숙천부사 등을 지냈고 사후 한성판윤에 증직되었다.

- **참고** : 광국공신(光國功臣) 홍순언(洪純彦)의 손자로 여러 자료에 본관이 남양(南陽)이고 당홍(唐洪)이라고 나오는데 족보를 보면 남양홍씨라고도 하지만 족보 표지는 당성홍씨(唐城洪氏)라고 되어있다.

황거정(黃居正)

- **출생, 사망** : 고려말~조선초
- **출신** : 불명
- **부모** : 공부상서 황신(黃信), 어머니는 불명

황거정 묘비

- **공신 내용** : 개국공신(3등), 좌명공신(3등)

본관은 창원(昌原)이며 1392년 7월 조선을 개국하고 이성계를 왕위에 옹립하는데 기여한 공으로 태조 1년(1392) 9월 개국공신(開國功臣)에 추록되었다. 태조 5년(1396) 상의중추원사가 되고 1400년 제2차 왕자의 난에 이방원(태종) 측에 협력하여 태종 1년(1401) 좌명공신(佐命功臣)에 녹훈되었다.

1406년 참지의정부사를 거쳐 1411년 사헌부로부터 1392년 정도전의 지시로 이숭인을 죽인 사건으로 탄핵되어 서인

(庶人)으로 폄출되고 가산이 적몰(籍沒)되었으며 공신도 취소되었다. 자손은 금고 (禁錮)처분을 받았다가 나중에 해제되어 벼슬을 하였다.
- ■ 시호(諡號) : **충현**(忠賢) -시호받은 근거 불명

황림(黃琳)
- ■ 출생, 사망 : 1517~1597
- ■ 출신 : 문과
- ■ 부모 : 선산부사 황순경(黃舜卿), 우찬성 조계상(曺繼商)의 딸
- ■ 공신 내용 : 광국공신(3등)

본관은 창원(昌原)이고 자(字)는 여온(汝溫)이며 호는 겸재(謙齋)이다. 명종 7년 (1552) 문과에 급제하였고 명종 17년(1562) 돈녕부 도정에 올랐다. 선조 11년 (1578) 종계변무(宗系辨誣) 주청사(奏請使)로 명나라에 갔다온 공으로 1590년 광국공신(光國功臣)에 녹훈되었으며 의창군(義昌君)에 봉해졌다. 이후 여러 관직을 거쳐 대사헌, 이조판서에 이르렀으며 사망 후 영의정에 추증되었다.

- ■ 시호(諡號) : **평장**(平莊) -두산백과
- ■ 참고 : (1) 사망 연도가 자료에 따라 1597년, 1591년으로 나오는데 족보를 보면 1597년이 맞다. (2)『국조공신록』에는 의성군(義城君), 3등 공신이라고 하고 족보에는 의성군(義城君), 2등 공신이라고 되어있는데『조선왕조실록』을 보면 의창군(義昌君)으로 나온다.

황맹헌(黃孟獻)
- ■ 출생, 사망 : 1472~1535
- ■ 출신 : 문과
- ■ 부모 : 김해도호부사 황관(黃瓘), 집의 강미수(姜眉壽)의 딸
- ■ 공신 내용 : 정국공신(4등)

본관은 장수(長水)이고 자(字)는 노경(魯卿)이며 호는 월헌(月軒)이다. 연산군 4년 (1498) 문과에 급제하여 정언을 지냈고 중종반정에 가담하여 중종 1년(1506) 정국공신(靖國功臣)에 녹훈되고 사인(舍人)이 되었다. 이듬해 동부승지가 되고 장원군 (長原君)에 봉하여졌으며 이어 대사헌을 거쳐 호조참판이 되었다.

이후 형조·공조·예조의 참판, 강원도관찰사를 역임하다가 선산부사로 좌천되었다. 그때 조광조 일당인 김식(金湜)이 선산으로 귀양왔다가 도망하여 그 책임으로

공훈이 1등급 감해졌다. 1524년 경상도관찰사로 특별 제수되었으며 곧 예조참판 겸 동지의금부사로 옮겼다. 이듬해 한성부판윤에 올랐다가 경기감사로 전직된 뒤 벼슬에서 물러났다.

- **시호**(諡號) : **소양**(昭襄) -청선고

황성원(黃性元)
- **출생, 사망** : ?~1677(?)
- **출신** : 공신
- **부모** : 감찰 황기(黃愭), 참봉 이노(李魯)의 딸
- **공신 내용** : 영사공신(2등)

본관은 장수(長水)이다. 인조 6년(1628) 유효립(柳孝立)의 역모 사실을 알게 된 허적(許䙝)은 조카인 허선과 본인과 사돈간인 황성원에게 상의하니 황성원은 아들 황진에게 빨리 한양으로 가라고 하였다.

편지를 받은 홍서봉은 즉시 조정에 알려 비변사(備邊司)에서 군사를 동원해 동대문과 남대문에 잠복하였다가 1월 4일을 거사일로 정하고 거사 전날 무기를 소지하고 동대문과 남대문으로 들어오는 역도들을 모두 체포하여 처형하였다. 그 공으로 영사공신(寧社功臣)에 녹훈되었고 장원군(長原君)에 봉해졌으며 부호군을 지냈다. 사망 후 호조판서에 증직되었다.

- **참고** : 기존 자료에 사망 연도가 1667년이라고 되어있으나 족보에는 사망 연도가 정사(丁巳)라고 되어 있는데 정사(丁巳)는 1677년이므로 어딘가 착오가 있음.

황수신(黃守身)
- **출생, 사망** : 1407~1467
- **출신** : 음직
- **부모** : 영의정 황희(黃喜), 전서 양진(楊震)의 딸
- **공신 내용** : 좌익공신(3등)

본관은 장수(長水)이고 자(字)는 계효(季孝)이며 호는 나부(懦夫)이다. 음직으로 감찰·지평·장령 등을 지냈다. 세종 29년(1447) 도승지로 있을 때 파당(派黨)을 만든다고 한때 삭직되었으나 다시 관직에 복귀하여 한성부윤·형조참판·경상도관찰사 등을 역임하였다.

세조 즉위에 협력한 공으로 세조 1년(1455) 좌익공신(佐翼功臣)에 녹훈되고 남원군(南原君)에 봉해졌다. 이후 좌참찬·좌찬성 등을 거쳐 1464년 우의정이 되었고 1466년 좌의정에 오르고 이듬해 영의정에 올랐다.

- 시호(諡號) : **열성**(烈成) -세조실록 13년(1467) 5월 21일

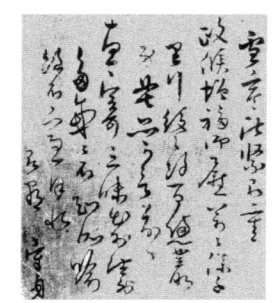
황수신 글씨

황정욱(黃廷彧)

- **출생, 사망** : 1532~1607
- **출신** : 문과
- **부모** : 오위장 황열(黃悅), 부사직 허용(許墉)의 딸
- **공신 내용** : 광국공신(1등)

본관은 장수(長水)이고 자(字)는 경문(景文)이며 호는 지천(芝川)이다. 명종 13년(1558) 문과에 급제하였고 사관(史官)이 된 뒤 예문관검열·봉교 등을 거쳐 시강원설서에 제수되었다. 1561년 호조·예조의 좌랑을 역임하였다. 이듬해에 해미현감으로 나갔다가 성균관직강이 되었고 1565년 헌납 겸 지제교·부수찬 등을 거쳐 지평을 지냈다. 선조 13년(1580) 진주목사를 거쳐 충청도관찰사가 되었다.

그 뒤 승지에 올랐으며 1584년 종계변무(宗系辨誣) 주청사로 명나라에 가서 사명을 완수하고 돌아왔다. 그 공으로 동지중추부사가 되고 이어 호조판서로 승진하였다. 1589년 정여립(鄭汝立)의 모반 사건에 연좌되어 파직되었다가 곧 복직되었다. 이듬해 종계변무의 공으로 광국공신(光國功臣)에 녹훈되고 장계부원군(長溪府院君)에 책봉되면서 대제학이 되었다.

이어 예조판서·병조판서 등을 역임하였다. 1592년 임진왜란이 일어나자 호소사(號召使)가 되어 왕자 순화군(順和君)을 배종(陪從)해 관동으로 피신하였다. 여기서 의병을 모집하는 격문을 돌렸다. 그러나 왜군의 진격으로 회령에 들어갔다가 아전 국경인(鞠景仁)의 모반으로 왕자와 함께 포로가 되어 안변의 토굴에 감금되었다.

이때 왜장 가토(加藤淸正)로부터 선조에게 보내는 항복권유문을 쓰도록 강요받았다. 처음에는 거절했으나 손자와 왕자를 죽이겠다는 위협을 받자 아들 황혁(黃赫)이 대신 썼

황정욱 글씨

다. 한편, 항복 권유문이 거짓임을 밝히는 또 하나의 글을 썼으나 선조에게 전달되지 못하였다.

이듬해 왜군이 부산으로 철수할 때 석방되었으나 항복 권유문을 기초한 문제로 이후 정권을 장악한 동인의 집요한 공격을 받아 길주에 유배되었다. 1597년 왕의 특명으로 석방되었으나 복관되지 못한 채 죽었다. 인조 1년(1623) 신원(伸寃)되었으며, 영조 때 영의정에 추증되었다.

- **시호(諡號) : 문정(文貞)** -영조실록 17년(1741) 8월 20일

황진(黃縉)

- **출생, 사망 : 1590~1645**
- **출신 : 공신**
- **부모 : 부호군 황성원(黃性元), 부평부사 신호(申濩)의 딸**
- **공신 내용 : 영사공신(2등)**

본관은 장수(長水)이다. 인조 6년(1628) 1월 초 사돈인 허적(許禚)과 아버지로부터 유효립(柳孝立)의 역모사실을 처족(妻族)인 허선과 같이 급히 도승지 홍서봉에게 알리라는 명을 받고 역도들보다 먼저 한양에 도착하여 홍서봉에게 알렸다.

그리하여 비변사(備邊司)에서 군사를 동원해 동대문과 남대문에 잠복하였다가 거사 예정일 저녁에 도성으로 들어오던 역도들을 모조리 체포하여 처형하였다.

이 공으로 인조 6년(1628) 3월 영사공신(寧社功臣)에 녹훈되고 통정대부에 올랐으며 황간현감에 제수되었다. 1637년 부호군 등을 지냈고 장천군(長川君)에 봉해졌으며 같은해 인천부사 등을 지내고 사망 후 공조판서에 증직되었다.

황진

황탄(黃坦)

- **출생, 사망 : 1462~?**
- **출신 : 무과**
- **부모 : 대사헌 황사효(黃事孝), 군수 김일지(金日知)의 딸**
- **공신 내용 : 정국공신(3등)**

본관은 장수(長水)이며 성종 때 무과에 급제하고 여러 관직을 거쳐 중종반정에 참여하여 정국공신(靖國功臣)에 녹훈되고 장원군(長原君)에 봉해졌으며 이후 형조참판까지 지냈고 사망 후 병조판서에 추증되었다.

- **시호(諡號)** : **정의**(貞毅) -승정원일기 정조 12년(1788) 9월 18일

황헌(黃憲) 초명(初名)은 황익(黃翼)

- **출생, 사망** : 1596~?
- **출신** : 무과
- **부모** : 니산(尼山)현감 황득중(黃得中), 훈련원정 정사영(鄭士榮)의 딸
- **공신 내용** : 영국공신(2등)

본관은 창원(昌原)이며 무과에 급제하였으며 남한산성에서 근무하다 인조 22년(1644) 3월 남한수어사 심기원의 역모를 고변한 공으로 그해 6월 영국공신(寧國功臣)에 녹훈되고 회흥군(檜興君)에 봉해지고 가의대부에 올랐다. 경상좌병사·어영대장을 거쳐 병조참의·도총부부총관 등을 역임하였다. 효종 2년(1651) 12월에 일어난 김자점의 옥사에 연루되었으나 무죄임이 드러나 풀려났고 이후 평안병사, 통제사 등을 역임하였다.

1654년 장오죄(臟汚罪)를 범하였으나 공신임을 감안하여 사형에서 한 등이 감해져 수년 동안 유배 생활을 하였다. 석방된 뒤인 현종 5년(1664) 직첩(職牒)을 돌려주도록 하였다. 그 후 얼마 지나지 않아 서용하라는 명이 여러 차례 있었으나 대간의 반대로 결국 실현되지 못했다.

황효원(黃孝源)

- **출생, 사망** : 1414~1481
- **출신** : 문과
- **부모** : 승문원 정자 황사간(黃士幹), 소윤 오현(吳顯)의 딸
- **공신 내용** : 좌익공신(3등), 좌리공신(4등)

본관은 상주(尙州)이고 자(字)는 자영(子永)이며 호는 소원(少原)이다. 세종 26년(1444) 문과에 장원급제하여 예빈시주부가 되고, 예조좌랑·좌헌납·이조정랑을 역임하였다. 단종 1년(1453) 검상(檢詳)을 거쳐 사인(舍人)에 승진되고 1454년 사복시윤에 제수되었다. 세조 즉위에 협력한 공으로 세조 1년(1456) 좌익공신(佐翼功臣)에 녹훈되고 이듬해 이조참의에 승진되었다. 1457년 호조참판에 승진되고 상산군(商山

君)에 봉하여졌다.

　1458년 대사헌이 되고 이어 형조참판을 거쳐 충청도도관찰사로 나갔으며, 이듬해 예조참판이 되었다가 경기도관찰사로 나갔다. 1460년 한성부윤, 1467년 강원도관찰사가 되었다. 성종 1년(1470) 우참찬이 되었으며 성종의 즉위 및 보좌에 공이 있어 1471년 좌리공신(佐理功臣)에 녹훈되었고 숭록대부에 올랐다. 세조때 청백리에 선정되었다.

- **시호**(諡號) : **양평**(襄平) -성종실록 12년(1481) 9월 19일

황희석(黃希碩)

- **출생, 사망** : ?~1394
- **출신** : 불명
- **부모** : 판도판서 황천록(黃天祿), 습독 김돈(金敦)의 딸
- **공신 내용** : 개국공신(2등)

　본관은 평해(平海)이며 본래 중(僧) 생활을 하다가 환속하여 고려 우왕 때 판전농시사를 지냈다. 우왕 7년(1381) 왜구가 명량(鳴梁) 지역에 침입하는 등 전라도가 소란해지자 체복사(體覆使)로 파견되어 민심을 수습하였다. 뒤에 청주상만호(靑州上萬戶)에 임명되어 1383년 7월 요양(遼陽)과 심양(瀋陽)의 적이 단주(端州, 현 함경도 단천군)에 침입하자 단주상만호 육려(陸麗), 청주천호(靑州千戶) 이두란(李豆蘭) 등과 연합해 해양(海陽) 등지까지 추격해 격퇴하였다.

　1388년 요동 원정군이 발진하게 되자 청주상만호로서 예하 군사를 이끌고 우군도통사 이성계(李成桂)의 휘하에 들어갔다. 이성계가 회군을 단행해 반정에 성공하자 동지밀직사사에 승진되었다. 공양왕 1년(1389) 회군공신에 책봉되었다.

　1392년 3월 이성계가 낙마해 위기에 몰렸을 때 병사들을 이끌고 이성계를 보호하였다. 1392년 7월 조선을 개국하고 이성계를 왕위에 옹립하는데 기여한 공으로 태조 1년(1392) 11월 개국공신(開國功臣)에 추록되었다. 상의중추원사로서 의흥친군위도진무를 겸하였다. 1394년 지중추원사로 있다가 사망하였고 사망 후 문하시랑찬성사로 추증되었다.

- **시호**(諡號) : **양무**(襄武) -태조실록 3년(1394) 8월 3일

공신 책정 자체가 삭제된 공신

1. 보익공신(保翼功臣) → 위사공신(衛社功臣)

- **공신 책정이유** : 명종 즉위 한 달 뒤 윤임(尹任) 등을 제거하여 사직(社稷)을 지켰다는 공으로 책록된 공신. 당초에는 보익공신(保翼功臣)이라 하여 정순붕(鄭順朋) 등을 3등으로 나누어 책록하였으나 한 달 뒤 2등, 3등을 조금 변경하고 위사공신(衛社功臣)이라 개호(改號)하였으며 김명윤(金明胤) 등은 명종 3년 12월에 추록(追錄)되었다. 선조 10년(1577) 공신호가 삭탈되었다.
- **공신 책정일** : 명종 즉위년(1545) 9월 6일
- **공신 명단**(청선고 자료)

등급	이름	본관	관직	참고
1등 (4명)	정순붕(鄭順朋)	온양(溫陽)	우의정	
	이기(李芑)	덕수(德水)	영의정	
	임백령(林百齡)	선산(善山)	우찬성	
	허자(許磁)	양천(陽川)	좌찬성	
2등 (8명)	홍언필(洪彦弼)	남양(南陽)	영의정	
	윤인경(尹仁鏡)	파평(坡平)	영의정	
	윤원형(尹元衡)	파평(坡平)	예조참의	
	민제인(閔齊仁)	여흥(驪興)	대사헌	
	최보한(崔輔漢)	수원(水原)	이조판서	
	김광준(金光準)	상주(尙州)	판돈녕부사	본관이 光山이라는 자료도 있음
	임구령(林九齡)	선산(善山)	광주목사	임백령 동생
	한경록(韓景祿)	청주(淸州)	청원위(淸原尉)	중종, 문정왕후의 딸 의혜공주 남편
3등 (24명)	이언적(李彦迪)	여주(驪州)	좌찬성	
	정옥형(丁玉亨)	나주(羅州)	좌찬성	
	신광한(申光漢)	고령(高靈)	좌찬성	영의정 申叔舟 손자
	윤개(尹漑)	파평(坡平)	좌의정	
	송인수(宋麟壽)	은진(恩津)	한성부좌윤	
	최연(崔演)	강릉(江陵)	승지	
	송세형(宋世珩)	여산(礪山)	이조판서	

등급	이름	본관	관직	참고
	이윤경(李潤慶)	광주(廣州)	병조판서	영의정 李浚慶의 형
	윤돈인(尹敦仁)	파평(坡平)	수원도호부사	
	이만년(李萬年)	전주(全州)	보성수(寶城守)	정순붕 사위
	최언호(崔彦浩)	경주(慶州)	수원도호부사	
	정현(鄭礥)	온양(溫陽)	성천도호부사	정순붕 아들
	조박(趙璞)	한양(漢陽)	한림	
	신수경(申秀涇)	고령(高靈)	여주목사	중종,문정왕후의 딸 경헌공주 시아버지
	박한종(朴漢宗)	밀양(密陽)	환관(숭정대부)	
	윤참(尹參)	파평(坡平)	별좌	문정왕후 하교
	김명윤(金明胤)	?	한성부우윤	고발자
	심연원(沈連源)	청송(靑松)	영의정	명종의 왕비 조부
	황헌(黃憲)	우주(紆州)	좌의정	추록
	권벌(權橃)	안동(安東)	우찬성	추록
	이원우(李元祐)	덕수(德水)	선전관	추록, 이기(李芑)의 아들
	윤금손(尹金孫)	파평(坡平)	우찬성	추록
	안세우(安世遇)	?	상의원 첨정	추록, 고발자

2. 정운공신(定運功臣)

■ **공신 책정 이유** : 선조 말년 왕위계승 문제를 둘러싸고 북인은 대북과 소북으로 갈라졌다. 광해군을 지지하던 파를 대북이라 하고, 선조의 적자인 영창대군(永昌大君)을 지지하던 파를 소북이라 하였다. 1608년 2월 선조가 갑자기 죽고 광해군이 즉위하자 귀양갔던 대북파 정인홍(鄭仁弘), 이이첨(李爾瞻) 등이 돌아와 소북파인 유영경, 이홍로(李弘老) 등을 제거하는 데 성공하였다.

이들은 소북파 제거의 공으로 위태롭던 사직을 안정시켰다고 하여 공신에 책록되었다. 그러나 이는 이산해와 이이첨 둘이서 상의하여 책록하였기 때문에 이를 아는 사람도 없었고, 책록된 사람 중 사양하는 자들도 있어 실제 받은 자는 3인에 불과하였다. 1623년 인조반정 후 공신호가 삭탈되었다.

■ **공신 책정일** : 광해군 4년(1612) 9월
■ **공신 명단**(조선왕조실록, Naver 자료)

등급	이름	본관	관직	참고
1등 (2명)	이산해(李山海)	한산(韓山)	영의정	광국공신3등
	정인홍(鄭仁弘)	서산(瑞山)	영의정	
2등 (5명)	이이첨(李爾瞻)	광주(廣州)	광창부원군(廣昌府院君)	
	이성(李惺)	전주(全州)	대사헌	
	이담(李憺)	전주(全州)	사포서 별좌	
	박건(朴楗)	고령(高靈)	판서	
	박여량(朴汝樑)	삼척(三陟)	사간(司諫)	
3등 (4명)	정엄(鄭淹)	서산(瑞山)	부사	
	이정원(李挺元)	경주(慶州)	이조참의	
	하성(河惺)	진주(晉州)	장수현감	
	불명-1명			

3. 형난공신(亨難功臣)

■ **공신 책정이유** : 광해군 4년(1612) 2월 봉산군수 신율(申慄) 등이 당시 황해도에 있던 김직재, 김백함(金百緘) 부자가 역모를 도모하였다고 무고함에 따라 김직재의 옥이 일어나게 되었다.

　이 옥사는 결국 당시 권신(權臣)이던 이이첨(李爾瞻) 등에 의해 왕손인 진릉군(晉陵君)을 비롯한 소북파(小北派)의 잔당을 뿌리뽑기 위한 무옥(誣獄)으로 연결되었다. 처음에는 무려 170명이 공신으로 책록되었으나 뒤에 24명으로 조정되었다. 1623년 인조반정 이후 공신호가 삭탈되었다.

■ **공신 책정일** : 광해군 4년(1612) 9월
■ **공신 명단**(Naver 자료)

등급	이름	본관	관직	참고
1등 (2명)	신율(申慄)	평산(平山)	예조참판	고발자
	유공량(柳公亮)	문화(文化)	지의금부사	황해병사로 역모자송치
2등 (12명)	김이원(金履元)	선산(善山)	이조판서	金孝元 동생
	강욱(康昱)	신천(信川)	파주목사	
	이척(李惕)	연안(延安)	도총관	

등급	이름	본관	관직	참고
	이덕형(李德馨)	광주(廣州)	영의정	
	이항복(李恒福)	경주(慶州)	영의정	호성공신 1등
	기자헌(奇自獻)	행주(幸州)	좌의정	임백령의 外孫
	조정(趙挺)	양주(楊州)	형조판서	
	송순(宋諄)	진천(鎭川)	호조판서	
	이이첨(李爾瞻)	광주(廣州)	광창부원군(廣昌府院君)	삭훈된 정운공신 2등
	민형남(閔馨男)	여흥(驪興)	우찬성	초명(初名)은 민덕남(閔德男)
	박진원(朴震元)	밀양(密陽)	형조판서	
3등 (10명)	신경진(辛慶晉)	영월(寧越)	대사헌	청백리
	심희수(沈喜壽)	청송(靑松)	좌의정	청백리
	유인길(柳寅吉)	문화(文化)	이조참판	
	박건(朴楗)	고령(高靈)	좌찬성	
	최유원(崔有源)	해주(海州)	대사헌	
	윤훤(尹暄)	해평(海平)	황해도관찰사	
	이필영(李必榮)	광주(廣州)	경기도관찰사	
	윤수겸(尹守謙)	해평(海平)	분호조참판	
	윤중삼(尹重三)	파평(坡平)	호조참판	
	유숙(柳潚)	고흥(高興)	병조참판	
	기협(奇恊)	행주(幸州)	황해도관찰사	

4. 위성공신(衛聖功臣)

- **공신 책정이유** : 임진왜란 때 광해군을 따라 이천(伊川), 전주(全州) 등에 갔던 자들을 녹훈한 것인데 인조반정 이후 공신호가 삭탈되었다.
- **공신 책정일** : 광해군 5년(1613) 3월 12일
- **공신 명단**(청선고 자료)

등급	이름	본관	관직	참고
1등 (10명)	최흥원(崔興源)	삭녕(朔寧)	영의정	호성공신 2등
	윤두수(尹斗壽)	해평(海平)	영의정	호성공신 2등
	정탁(鄭琢)	청주(淸州)	좌의정	호성공신 3등

등급	이름	본관	관직	참고
	이항복(李恒福)	경주(慶州)	영의정	호성공신 1등
	이기(李耆)	전주(全州)	해풍군(海豊君)	왕족, 호성공신 2등
	윤자신(尹自新)	남원(南原)	호조판서	호성공신 2등
	심충겸(沈忠謙)	청송(靑松)	병조판서	호성공신 2등
	이경온(李景溫)	전주(全州)	순의군(順義君)	왕족, 호성공신 2등
	이경검(李景儉)	전주(全州)	순녕군(順寧君)	왕족, 호성공신 2등
	유자신(柳自新)	문화(文化)	영돈녕부사	광해군 국구(國舅)
2등 (17명)	이헌국(李憲國)	전주(全州)	좌의정	호성공신 3등
	유희림(柳希霖)	문화(文化)	동지돈녕부사	호성공신 3등
	이유중(李有中)	덕수(德水)	우승지	호성공신 3등
	임발영(任發英)	장흥(長興)	형조판서	호성공신 3등
	이수곤(李壽崑)	전주(全州)	절신군(節愼君)	왕족, 호성공신 3등
	강인(姜絪)	진주(晉州)	상주목사	호성공신 3등
	이병(李覮)	전주(全州)	완창군(完昌君)	왕족
	정창연(鄭昌衍)	동래(東來)	좌의정	
	유홍(俞泓)	기계(杞溪)	좌의정	광국공신 1등, 평난공신 2등
	한준(韓準)	청주(淸州)	이조판서	평난공신 2등
	이예윤(李禮胤)	전주(全州)	영산군(寧山君)	왕족
	이성윤(李誠胤)	전주(全州)	금산군(錦山君)	왕족
	이언(李彦)	전주(全州)	순창군(順昌君)	왕족
	조공근(趙公瑾)	한양(漢陽)	동지중추부사	
	유희분(柳希奮)	문화(文化)	병조판서	광해군 처남
	황신(黃愼)	창원(昌原)	호조판서	
	김권(金權)	청풍(淸風)	호조판서	
3등 (54명)	이순인(李純仁)	전의(全義)	예조참의	
	유정립(柳挺立)	문화(文化)	삼가현감(三嘉縣監)	문안군(文安君)
	이원(李𪊽)	전주(全州)	춘계군(春溪君)	왕족
	이성윤(李聖胤)	전주(全州)	낭성군(琅城君)	왕족
	이효충(李孝忠)	전주(全州)	양근군(楊根君)	왕족
	허잠(許潛)	양천(陽川)	동지중추부사	청백리, 許積의조부
	유조인(柳祖認)	문화(文化)	호조참의	
	강준(姜濬)	진주(晉州)	종묘직장(宗廟直長)	
	윤건(尹健)	파평(坡平)	회양도호부사	
	김이원(金履元)	선산(善山)	이조판서	형난공신 2등

조선시대 공신 톺아보기

등급	이름	본관	관직	참고
	이응인(李應寅)	원주(原州)	안변부사	호성공신 李應順 동생
	유기(柳淇)	진주(晉州)	영평현령	
	최산립(崔山立)	삭녕(朔寧)	영안군(寧安君)	영의정 崔興源 아들
	유희담(柳希聃)	문화(文化)	장례원판결사	광해군 처남
	유대건(俞大建)	기계(杞溪)	대사간	좌의정 俞泓 아들
	장형(張逈)	풍덕(豊德)	평시서령(平市署令)	
	민사권(閔思權)	여흥(驪興)	사복시정	
	박종남(朴宗男)	밀양(密陽)	회령부사	
	유몽인(柳夢寅)	고흥(高興)	이조참의	어유야담 저자
	박진(朴晉)	밀양(密陽)	병마절도사	
	오백령(吳百齡)	동복(同福)	이조참판	청백리 오억령 동생
	조응록(趙應祿)	풍양(豊壤)	병조좌랑	
	임예신(任禮臣)	풍천(豊川)	금산군수	청백리 임호신 4촌
	조국필(趙國弼)	한양(漢陽)	이조판서	광해군의 손위 동서
	한수겸(韓守謙)	청주(淸州)	광흥창수	
	김탁(金琢)	안동(安東)	현감	김자점 아버지
	이상의(李尙毅)	여주(驪州)	좌찬성	
	정희현(鄭希玄)	하동(河東)	가리포첨사	
	장유(張瀏)	?	?	
	이공기(李公沂)	한산(韓山)	유의(儒醫)	호성공신 3등
	신숙(辛熟)	영월(寧越)?	?	
	양자검(梁子儉)	제주(濟州)	환관	호성공신 3등
	최윤영(崔潤榮)	탐진(耽津)	환관	호성공신 3등
	정대길(鄭大吉)	봉산(鳳山)	환관	호성공신 3등
	박몽주(朴夢周)	고성(高城)	환관	호성공신 3등
	박봉림(朴奉琳)	?	환관(정5품)	
	김언해(金彦海)	?	환관(정5품)	
	이응화(李應華)	경주(慶州)	첨정	영의정 오윤겸(吳允謙) 장인
	윤명은(尹鳴殷)	파평(坡平)	전라도관찰사	
	이언경(李彦慶)	전주(全州)	?	
	김한걸(金漢傑)	개성(開城)	환관(정9품)?	
	정예남(鄭禮男)	온양(溫陽)	의관(醫官)	
	한응록(韓應祿)	청주(淸州)	세자익위사 사직(司直)	

등급	이름	본관	관직	참고
	김허룡(金許龍)	?	사약(司鑰)	
	김원남(金元男)	?	제원(諸員)	
	김유형(金有馨)	?	?	
	김응룡(金應龍)	상산(商山)	사복(司僕)	
	김충남(金忠男)	안동(安東)	토산현감	
	허흔(許昕)	양천(陽川)	죽주부사	
	허임(許任)	하양(河陽)	남양도호부사	침의(鍼醫)
	신응록(申應祿)	평산(平山)	개성유수	
	조흥립(曺興立)	창녕(昌寧)	환관	
	한천두(韓天斗)	?		천민(賤民)

** 한천두는 천민으로 자기 말에 광해군을 태우고 자기가 말을 몰고 다녔다.

5. 익사공신(翼社功臣)

- **공신 책정 이유** : 임해군(臨海君)의 역모를 무고하고 옥사를 국문하였던 여러 신하들을 녹훈한 것이다. 공신호를 받은 자들 가운데는 환관과 위사(衛士)도 다수 포함되었다. 인조반정 후에 공신호가 삭탈되었다.
- **공신 책정일** : 광해군 5년(1613) 3월 12일
- **공신 명단**(Naver 자료)

등급	이름	본관	관직	참고
1등 (5명)	허성(許筬)	양천(陽川)	이조판서	홍길동 저자 허균의 형
	김이원(金履元)	선산(善山)	이조판서	형난공신, 金孝元동생
	유희분(柳希奮)	문화(文化)	병조판서	광해군 처남
	최유원(崔有源)	해주(海州)	대사헌	
	윤효전(尹孝全)	남원(南原)	경주부윤	초명(初名)은 윤효선(尹孝先)
2등 (15명)	이부(李琈)	전주(全州)	정원군(定遠君)	인조의 아버지
	이광(李珖)	전주(全州)	의창군(義昌君)	왕족
	이산해(李山海)	한산(韓山)	영의정	
	이원익(李元翼)	전주(全州)	영의정	호성공신2등, 청백리

등급	이름	본관	관직	참고
	심희수(沈喜壽)	청송(靑松)	좌의정	청백리
	이덕형(李德馨)	광주(廣州)	영의정	
	이항복(李恒福)	경주(慶州)	영의정	호성공신 1등
	윤승훈(尹承勳)	해평(海平)	영의정	
	기자헌(奇自獻)	행주(幸州)	좌의정	형난공신 2등
	민형남(閔馨男)	여흥(驪興)	우찬성	초명(初名)은 민덕남(閔德男)
	박승종(朴承宗)	밀양(密陽)	영의정	인조반정 후 자살
	윤승길(尹承吉)	해평(海平)	좌참찬	
	유근(柳根)	진주(晉州)	좌찬성	호성공신 2등
	이경함(李慶涵)	한산(韓山)	병조참판	
	김위(金渭)	경주(慶州)	동지중추부사	
3등 (28명)	이사경(李士慶)	용인(龍仁)	예조참의	
	임장(任章)	풍천(豊川)	나주목사	
	윤양(尹讓)	파평(坡平)	대사성	
	이사공(李士恭)	경주(慶州)	도총관	호성공신 3등
	황경중(黃敬中)	창원(昌原)	부총관	
	기협(奇協)	행주(幸州)	황해도관찰사	
	성시헌(成時憲)	창녕(昌寧)	부승지	
	목대흠(睦大欽)	사천(泗川)	공조참판	
	윤안성(尹安性)	파평(坡平)	전라도관찰사	
	정사호(鄭賜湖)	광주(廣州)	형조판서	
	이순경(李順卿)	전주(全州)	판결사	정종의 5대손
	조진(趙振)	양주(楊州)	공조판서	
	신응구(申應榘)	고령(高靈)	형조참의	
	남이공(南以恭)	의령(宜寧)	이조판서	
	김신국(金藎國)	청풍(淸風)	호조판서	
	이이첨(李爾瞻)	광주(廣州)	廣昌府院君	형난공신 2등
	임연(任兗)	풍천(豊川)	동부승지	
	조국필(趙國弼)	한양(漢陽)	이조판서	광해군과 동서지간

등급	이름	본관	관직	참고
	이시언(李時言)	전주(全州)	공조판서	
	변응성(邊應星)	원주(原州)	훈련대장	
	강홍립(姜弘立)	진주(晉州)	한성부우윤	1618년 명나라 지원군 도원수
	권진(權縉)	안동(安東)	한성판윤	
	서경우(徐景雨)	대구(大丘)	우의정	
	이봉정(李奉禎)	부안(扶安)?	환관(숭록대부)	보안군(保安君)?
	방준호(方俊豪)	온양(溫陽)	환관(보국숭록대부)	
	이덕장(李德章)	?	환관	
	박봉림(朴奉琳)	?	환관	호성원종공신 1등
	한신(韓信)	?	환관	

참고문헌

〈서적〉

강효석, 전고대방, 1924

김흥국, 한국 계행보(系行譜), 1992

국역증보문헌비고, 세종대왕기념사업회, 1979

국조방목, 조선총독부중추원, 1939

국조공신록, 충훈부

성씨의 고향,

신명호, 조선의 공신들, 가람기획, 2013.

신증동국여지승람, 민족문화추진회, 1985

이긍익, 연려실기술, 민족문화추진회, 1985

이석호, 한성판윤열전, ㈜가승미디어, 2010

전주이씨과거급제자총람, 전주이씨대동종약원, 2005

조선의 공신, 한국학중앙연구원, 2012

조성린, 시호받은 사람이 3,090명이나 된다고?, 조은출판사, 2021

조성린, 조선 500년 신통방통고사통

청선고(영인본), 장서각, 1972

한국성씨보감, 한국민족문화진흥회, 1992

한국성씨족보, 한국성씨족보편찬위원회, 2010

한국족보대전, 한국씨족사연구회, 1989

각 문중 족보

〈인터넷〉

Daum

Goole

Naver

고려사료DB

규장각 아카이브
승정원일기
인제대학교 족보도서관
조선왕조실록
한국고전번역원 한국고전종합 DB
한국역사정보종합정보시스템
한국역대인물종합정보시스템